MW01104723

TANTZOR

Paul-Loup Sulitzer est né le 22 juillet 1946. Cela fait plus de quinze ans qu'il occupe, dans la finance et les affaires internationales, une place de premier plan. Sa notoriété a dépassé le cadre de la France pour gagner la Grande-Bretagne et surtout les Etats-Unis. Il est économiste et, dans les affaires internationales, on fait appel à sa qualité d'expert financier. Tous ses romans : Money, Cash! *(prix du Livre de l'été, 1981),* Fortune, Le Roi vert, Popov, Hannah *et* L'Impératrice *(suite de* Hannah), La Femme pressée, Kate, Les Routes de Pékin, Cartel *et* Tantzor *sont des best-sellers internationaux. Ses romans sont traduits dans quarante pays.*

En Yakoutie d'abord, puis à Tbilissi, puis à Moscou, ils ont tenté de le tuer. Pourquoi vouloir avec tant d'acharnement la mort d'un jeune Géorgien sans famille – et sans un kopeck ?
Celui qu'on appellera bientôt Tantzor, « Le Danseur », ne le sait pas. Ce qu'il sait, c'est qu'il n'a pas l'intention de se laisser faire. Et que dans l'URSS de la perestroïka, conjuguant pénurie, misère et anarchie économique, tout redevient possible à qui veut gagner.
Tantzor va devenir riche. Influent. Connu. Et s'attacher à démasquer les assassins, à mettre à nu les haines et secrets d'un autre temps dans cette Russie d'apparatchiks en déroute et d'espions interlopes, de vieux privilégiés et de nouveaux mafieux. Avec au cœur la rage d'être libre. Et l'amour de Marina, fille du Roi des Voleurs...

PAUL-LOUP SULITZER

Tantzor

ROMAN

ÉDITION° 1/STOCK

*Pour tous les enfants
qui rêvent de la liberté
et de la démocratie.
À mon père,
qui s'est battu pour elles.*

1

Je suppose que c'est par l'histoire des renards qu'il convient de commencer. Si loin dans l'espace qu'elle se soit passée. Mais, après tout, c'est là, aux pays des Yakoutes, qu'ils ont tenté de me tuer pour la première fois.

Je suis en Yakoutie depuis onze jours quand l'affaire se produit. J'y suis depuis onze jours. Grâce à Chamchourine. C'est lui qui m'a offert de me joindre à son équipe et qui a obtenu pour moi les autorisations nécessaires. Nous nous sommes connus à l'hôtel *Novosibirsk*, dans la ville du même nom. Ses hommes et lui y séjournaient, attendant leur matériel, qui devait arriver de je ne sais trop où. Le courant a sauté à leur étage ; on a fait venir l'électricien chargé de l'entretien, et j'étais cet électricien. Chamchourine m'a regardé travailler ; nous avons bavardé. Il a la langue bien pendue ; moi aussi. Il m'a demandé qui j'étais, d'où je venais, ce que je savais faire à part remplacer des fils et des plombs, si mon insolence était naturelle ou, au contraire, affectée, si la perspective de passer mon existence à Novosibirsk me transportait d'extase. Je lui ai dit mon nom et mes prénoms, je lui ai appris que j'allais avoir vingt-deux ans, que je venais de terminer mon service militaire – au Kazakhstan, dans les transmissions –, que ma mère était morte deux semaines plus tôt, que j'habitais normalement

Barnaul (qui est à deux cents kilomètres environ au sud-sud-est de Novosibirsk), que j'avais trouvé cet emploi temporaire à l'hôtel, où je remplaçais un copain, que je détestais encore plus Novosibirsk que Barnaul (ce qui n'était pas peu dire), que mon passeport intérieur, de toute façon, ne m'autorisait pas à aller ailleurs, que lui, Chamchourine, aurait intérêt à se laver les pieds de temps à autre – disons une fois par an –, enfin, que mon insolence était naturelle, et partie intégrante de ma nature délicate.

J'ai précisé, en outre, que j'étais géorgien et fier de l'être, et que, si ça ne lui plaisait pas, il pouvait toujours aller se faire cuire un œuf, dans l'hypothèse improbable où il en trouverait un dans un rayon de mille kilomètres.

Chamchourine s'est tordu de rire ; son gros ventre a tressauté comme une montgolfière qu'on est en train de gonfler. Il a dit que je lui plaisais bien, qu'il lui manquait justement un électricien radio. Est-ce que ça me dirait de faire un petit tour dans le nord du Nord, aussi loin au nord qu'il est possible d'aller ? Il réglerait les formalités. Et hop ! Nous sommes partis installer un relais de télévision au pays de la glace qui chante.

Je suis en Yakoutie. Chez nous, en Union soviétique, on ne saurait imaginer plus au nord, plus à l'est, plus loin, plus froid – un pas de plus et l'on tombe dans le détroit de Behring. La Léna, l'Indigirka, la Kolyma y coulent, et leurs eaux de glace fondue s'insinuent dans les glaces de l'océan Arctique. L'avion nous a déposés à Yakoutsk ; notre équipe de huit hommes a poursuivi sa route jusqu'au sommet des monts Verkhoïansk, d'où il a fallu redescendre au bout d'une semaine, à cause d'une pièce manquante, que l'on doit nous envoyer de Magnitogorsk.

Et c'est vrai que la glace chante, ici.

– Écoute, dit Chamchourine.

Il y a des décennies de cela, dans les premières années du siècle, un riche négociant a fait creuser un puits dans le sol glacé de Yakoutie. On raconte qu'il cherchait une source, pour éviter de boire l'eau de la Léna, dans laquelle les Yakoutes faisaient pipi. Peut-être voulait-il surtout – avec l'arrogance du Russe qu'il était – trouver enfin de la vraie terre sous ses pieds. Il ignorait ce que l'on sait aujourd'hui : que la terre, en cet endroit du monde, est recouverte d'une carapace de glace épaisse de plusieurs centaines de mètres, que cette glace s'est formée il y a plusieurs millions d'années, emprisonnant tout ce qui vivait. Des efforts dérisoires du négociant, il est resté un gros trou. Qui, à présent, élargi, creusé et creusé encore, sert de laboratoire à un institut chargé de l'étude du permagel et des moyens d'en tirer quelque chose. Nous y sommes descendus, Chamchourine et moi. Nous avons déambulé dans ces cavernes de glace et vu les endroits où l'on a retrouvé des mammouths, des lapins, des cadavres humains et la culotte d'un soldat du tsar Alexandre.

Chamchourine a détaché des morceaux de glace très profonde. Il vient de les remonter à la surface et les expose au soleil.

– Des bulles, jeune Géorgien. Des bulles d'un air comprimé à sept ou huit atmosphères, et qui vont éclater. Écoute.

Et les bulles éclatent bel et bien, à mesure que fond la glace ; j'entends bel et bien des sons. Une sorte de musique. Parfois sifflante, voire suraiguë, ou plus grave. À vous faire imaginer que des bruits d'un temps très ancien, un temps d'avant la mémoire des hommes, ont été enfouis et conservés dans la glace et se libèrent maintenant.

– Tu n'entends pas le ramage des oiseaux, la protestation indignée d'une femme préhistorique qui engueule son mari parce qu'il ne lui a pas rapporté de mammouth pour le déjeuner, les mugissements des hordes d'aurochs ?

– Mon œil !

– Et les odeurs ? Tu ne sens pas les odeurs multimillénaires, le parfum des fleurs d'avant la glaciation ?

Le ton de Chamchourine est sérieux, il a vraiment l'air de croire que je vais lui répondre oui. Je dis non. Je n'entends rien d'autre que du bruit. Mais, si l'on veut baptiser ça chant, pourquoi pas ?

– Tu n'as pas la fibre poétique, dit Chamchourine. Est-ce que tu crois seulement à quelque chose ?

– Je ne crois à rien du tout.

– Tu es membre du Parti ?

– Non.

– Ils n'ont pas voulu de toi?

– Je ne leur ai rien demandé.

Nous avons laissé derrière nous la glace qui chante et nous avons décidé d'aller voir les élevages de renards argentés – la grande spécialité yakoute. Nous y sommes. Nous avons progressé à travers une forêt de mélèzes où les pieds de nos chevaux foulaient un épais tapis d'aiguilles roussâtres. Nous avons débouché dans une clairière.

Là, des myriades d'éperviers perchent sur les jeunes bouleaux et les sorbiers; ils font penser à la foule immense des stades, silencieuse au moment du pénalty.

– On parle bas, ici, je dirais même qu'on murmure, chuchote Chamchourine. C'est la raison de la présence de tous ces éperviers; ils savent que, de toute la Yakoutie, c'est le seul endroit où on ne leur tirera pas dessus. Tout bruit est interdit, qui pourrait empêcher une dame renarde de mettre bas, lui faire faire une fausse couche ou provoquer la naissance d'un renardeau dont la fourrure ressemblerait à un vieux tapis. Ne ricane pas, jeune Géorgien; c'est vrai. Même les avions n'ont pas le droit de survoler cette zone. Tu es prié de ne pas éternuer. Il a été scientifiquement prouvé que les renards ont un système nerveux d'une délicatesse extrême.

– C'est comme moi.

– Sauf qu'on ne tirerait pas deux kopeks de ta peau.

– Ou de la tienne.

– N'en rajoute pas trop dans l'insolence.

Nous franchissons un pont, et voici les cages. Les bêtes y font la sieste, seules les plus jeunes ouvrent un œil à notre passage. Plus loin, j'aperçois un traîneau bizarre, tout de métal jusqu'aux amorces des harnais. Je compte huit colliers de fer à diamètre variable, desquels partent des fils.

– L'équivalent sibérien de la chaise électrique. Comment crois-tu qu'on tue des renards argentés sans détériorer leur peau? On les électrocute.

Chamchourine est à peine plus grand que moi mais il a quarante kilos de plus. Il peut avoir dans les cinquante ans; il est sibérien lui-même, d'une famille venue s'établir à Yakoutsk au siècle dernier – à la demande instante de la police du tsar. Ce n'est qu'à partir de la troisième bouteille que la vodka commence à lui faire de l'effet : il se met à transpirer et, bientôt, il ruisselle. Le directeur de l'élevage est un de ses cousins. Nous montons tous les trois sur la tour d'observation en bois. Juste au-dessous de nous se trouve un enclos grillagé.

– Tu comprends à quoi il sert, jeune Géorgien ?

– Un terrain de volley-ball pour les renards.

– Non. Un enclos réservé aux ébats amoureux. On y place un monsieur renard et une dame renarde, ils disposent de trois heures, montre en main, pour se prouver leur affection.

– Et si l'un des deux n'est pas inspiré ?

– Couic ! La chaise électrique.

– Même traitement pour toute déviation, précise le cousin-directeur.

Déviation ? Ça existe, des renards homosexuels ?

– Eh oui. Tu es homosexuel, jeune Géorgien ?

– À peu près autant que Tarass Boulba.

– Tu es fiancé ?

Non. Ou alors dix ou quinze fois. J'essaie de compter, sans y parvenir, le nombre de fois où j'ai, à Barnaul et à Novosibirsk, rendu hommage à une demoiselle – toujours debout contre une porte ou un arbre, faute de disposer d'une chambre et d'un lit, inaccessibles aux galopins de mon âge. Chamchourine me regarde. Il demande :

– Comment des Géorgiens ont-ils pu se retrouver à Barnaul ?

À peu près de la même manière que les Chamchourine ont échoué à Yakoutsk. Nous sommes un peuple qui voyage beaucoup, mais presque jamais de sa propre initiative. Des circonstances qui ont conduit mes parents à plus de trois mille kilomètres de chez eux, je n'ai qu'une idée fort vague. Cela s'est passé voilà dix-huit ou vingt ans. Mon insolence naturelle ne s'exprimait alors que par des areu, areu. Mon père et ma mère venaient de Tbilissi (Tiflis), en Géorgie, mais, en réalité, ils étaient de Gori – comme Staline, à qui, au demeurant, ils vouaient un culte qui m'a toujours surpris. Le père de mon père était arrivé en Géorgie avec la 11e armée, au début des années 20. Il y avait épousé une

Géorgienne. Je crois que, juste avant son exil, mon père occupait des fonctions assez importantes dans l'administration des chemins de fer, tandis que ma mère était professeur d'anglais. Et puis, ils se sont retrouvés dans les mines du Kazakhstan. Mon père est mort presque aussitôt, d'un accident du travail. J'ai passé ma prime jeunesse à Karaganda. J'avais une quinzaine d'années quand, quittant la république kazakhe pour la Sibérie occidentale, nous avons déménagé pour Barnaul.

– Et ta mère est morte.

– Et ma mère est morte.

À cette seconde, je ressens comme une flambée de chagrin. J'en aurais presque les larmes aux yeux. La blessure n'est pas refermée; elle ne le sera peut-être jamais. Je m'accoude à la rambarde de la tour d'observation. En bas, des femmes yakoutes sont en train de nourrir les renards en cage; elles leur donnent des poissons. Les renards mangent avec une distinction nonchalante; on voit bien qu'ils sont habitués à recevoir leur nourriture sans se donner la peine de la chercher. Ils dégustent leur poisson par petites bouchées, se gardant bien d'avaler les têtes et les arêtes.

– Tu parles anglais?

– Oui.

Je sais aussi le géorgien, le kazakh et le tchétchène. Pour l'allemand, sans le connaître très bien, je me débrouille. Que faire d'autre à Barnaul sinon apprendre et lire? Et, au Kazakhstan surtout, il y avait des Tchétchènes (c'est une ethnie, musulmane, qui vit dans l'est du Caucase, à côté des Géorgiens) et des Allemands soviétiques, déportés depuis les bords de la Volga.

– On redescend, dit Chamchourine. On va boire. Tu viens?

– Je vais rester encore un peu.

Ils s'en vont, Chamchourine et son cousin. Dans le jour finissant je les vois parcourir cent ou deux cents mètres, jusqu'à un bâtiment de bois juché sur pilotis, comme toutes les constructions ici (une maison construite à même la glace la ferait forcément fondre, s'enfoncerait peu à peu et finirait par aller rejoindre les mammouths congelés). La nuit tombe lentement. Les femmes yakoutes sont reparties;

l'élevage est maintenant désert. À part moi. J'ai un coup de cafard extraordinaire, comme je n'imaginais pas que je pusse en avoir. C'est peut-être à cause de ces renards enfermés, que tant d'éperviers surveillent. Rien à voir, en tout cas, avec la mort de ma mère. Rien à voir non plus avec la proscription de ma famille – incident historique noyé dans une masse d'autres incidents du même genre, incident lointain, perdu dans la nuit des temps comme la Révolution ou l'incendie de Moscou. Cela ne tient même pas à ce que Chamchourine m'a clairement laissé entendre voilà une heure : il ne m'emploiera pas au-delà de cette mission-ci parce que son électricien radio titulaire va reprendre son poste. Non, cela n'a rien à voir avec la perspective de devoir retourner à Barnaul.

C'est bien plus vaste, bien plus profond.

D'accord ; c'est vrai ; l'idée de rentrer à Barnaul, à elle seule, me donne envie de vomir. D'accord.

De rares et faibles lumières se sont allumées en bas de la tour d'observation. Les cages ont disparu dans l'obscurité, seuls, quelques glapissements ponctuent un silence total. Les dix-neuf millions cinq cent mille éperviers postés sur les sorbiers et les bouleaux me regardent, j'en jurerais. Je sens qu'on me surveille.

La nuit est tombée, et sa fraîcheur. Je descends de la tour et je me dirige vers le bâtiment où sont entrés, vingt minutes plus tôt, Chamchourine et son cousin. Je contourne des cages, puis un long appentis, qui pue le poisson. Le premier coup manque ma nuque mais m'atteint à l'épaule. On ne m'a pas frappé avec quelque chose de dur. J'ai le temps de penser à un sac de sable ou à quelque chose comme ça. Je tombe à genoux, je lève les yeux et je distingue la silhouette d'un homme de haute taille au torse épais, qui porte une casquette. Le deuxième coup m'atteint au front. Je perds connaissance.

Une odeur de fauve, un contact glacé autour de mes poignets et de mes mains. La même sensation de froid sur mes chevilles. J'ouvre les yeux et je tente de porter les mains à mon visage. Mes bras ne m'obéissent pas. Je me découvre allongé, à plat ventre, les poignets enserrés dans un seul bracelet de fer, les chevilles aussi. En plus, on a mis autour de ma taille une espèce de ceinture, faite de colliers passés les uns dans les autres, dont le métal s'enfonce dans ma chair nue.

Je mets bien une seconde et demie à comprendre : je suis attaché à la chaise électrique pour renards, que l'humour sibérien a conçue en forme de traîneau.

Je fais deux choses en même temps : je hurle de toute la force de mes poumons et je me débats, tirant tout à la fois sur mes bras et sur mes jambes, me tortillant comme un ver hystérique. Il se produit alors un bel et grand éclair bleuâtre, mes cheveux se dressent sur ma tête, et je reperds connaissance.

— Comme manière de se suicider, me dit Chamchourine, j'ai déjà vu plus bête, mais c'était il y a longtemps.

— Je ne me suis pas suicidé.

— Évidemment : tu n'es pas mort.

— Je n'ai pas cherché à me suicider.

— C'était bien imité.

— Et en plus, dit le cousin-directeur, il a hurlé si fort qu'on a dû l'entendre en Alaska. S'il a perturbé mes renards, il faudra me dédommager.

Ils m'énervent, tous les deux. Je suis assis à même le sol glacé, le traîneau-chaise électrique à quelques pas de moi. Chamchourine et son abruti de cousin tiennent chacun une torche électrique et une bouteille de vodka. Ils ne sont pas les seuls à me considérer d'un air de reproche : toute une bande de Yakoutes font cercle autour de moi.

— Quelqu'un m'a mis sur la chaise électrique.

— Probablement les renards, dit Chamchourine, goguenard. Ils seront sortis de leurs cages, t'auront capturé et attaché. Et ensuite, ils se seront enfermés à nouveau pour avoir un alibi.

— On m'a assommé d'abord.

Chamchourine me donne à boire et me braque sa torche électrique sur la figure.

— Et on t'a frappé où ?

Ils se succèdent à peu près tous pour m'examiner en gros plan. On décrète que je ne porte aucune trace de coup. On ricane.

– Bande de crêpes! dis-je avec indignation. En supposant que je me sois attaché tout seul au traîneau, j'aurais fait comment pour établir le courant?

On m'indique ma cheville droite, de laquelle partent des tas de fils – à présent tranchés. Quelqu'un a mis en place un ingénieux contacteur à l'aide de deux plaquettes métalliques. J'ai tout bonnement déclenché le passage du courant moi-même, en me débattant.

– Ce n'est pas moi qui ai fait ça.

– Bois encore un coup, dit Chamchourine.

Je rebois un coup.

– Et comment se fait-il que je ne sois pas mort? Ce qui peut tuer quatre renards en même temps peut tuer un homme.

Chamchourine secoue la tête, apitoyé.

– Parce que tu as fait sauter les plombs, crétin de l'Oural!

On n'utilise la chaise que de jour. La nuit, avec plus de trois lampes allumées, ça saute.

Et je me prétends électricien!

Je rerebois un coup. Au-delà des visages des hommes et des femmes qui m'entourent, et dont certains, déjà, s'éloignent avec des hochements de tête, j'aperçois quelques centaines de milliers des dix-neuf millions cinq cent mille éperviers, qui continuent de me regarder.

Mais ce n'est pas leur regard que j'ai senti, tout à l'heure, quand je me trouvais encore sur la tour d'observation. Il y avait quelqu'un d'autre.

Chamchourine secoue sa crinière blonde et bouclée.

– Ne dis pas n'importe quoi, jeune Géorgien. On est au fin fond de la Sibérie ici. Depuis que tu y es arrivé, avec moi et mes gars, tu n'as pas fait cinquante pas tout seul. Tu ne connais personne dans le coin, personne ne t'y connaît, tu ne t'es disputé avec personne. À part ta grande gueule, il n'y a rien eu à te reprocher.

Il me scrute tout en me reprenant la bouteille. Est-ce que je me serais fâché avec quelqu'un sans que lui le sache?

Non.

– Tu as des ennemis mortels à Barnaul ou à Novosibirsk?

Non. Et puis quoi encore?

Chamchourine rit. En supposant, bien entendu, que ces-dits ennemis me haïssent au point de me poursuivre à des milliers de kilomètres…

– Non.

– Tu es peut-être un agent des services secrets de la République de Saint-Marin. Tu les as trahis et ils veulent se venger de toi.

– Et ta sœur?

– Tu n'aurais pas regardé de trop près une femme du coin? Avec la tête qu'elles ont!

Chamchourine en convient: il faudrait être d'une rare per-versité pour trouver du charme aux dames yakoutes. Et il ne croit pas à une blague qu'on m'aurait faite.

– Je crois que tu as voulu te suicider.

– Non.

– Tu as voulu jouer avec le feu.

– Non.

Il finit la bouteille d'un trait et en prend une autre, qu'il entame largement. Mais il n'est pas ivre, ses yeux bleus me fixent.

– Il faut toujours se méfier, avec les petits morveux dans ton genre qui ont la langue pointue et l'air de vouloir agres-ser le monde entier. À l'intérieur, ils sont cafardeux et mal-heureux.

Un peu de colère me vient. Disons de l'agacement.

– Je ne suis pas malheureux.

– Très bien.

Il n'insiste pas.

La pièce manquante que nous attendions finit par arri-ver de Magnitogorsk. Nous remontons aux sommets de ces foutus monts Verkhoïansk, nous achevons de poser la fou-tue antenne, nous regagnons Yakoutsk. Nous buvons. Je bois trop et je reprends la conversation où nous l'avions lais-sée.

– Je ne suis pas malheureux du tout, Sachinka. Je suis jeune, beau, intelligent…

– Modeste.

– Je suis paré de toutes les qualités possibles, et un ave-nir radieux s'ouvre devant moi.

– À Barnaul.

– J'adore Barnaul. La vie intellectuelle y est brillante et les nuits y sont enchanteresses.

– Tu n'es même pas un très bon électricien. Probablement parce que tu ne t'en donnes pas la peine. Un simple Yakoute, après une semaine d'entraînement, serait meilleur que toi.

– C'est vrai.

– Merci de ne pas me contredire pour une fois. Après cette mission, tu vas devoir rentrer dans ton patelin. Je pourrais essayer de te trouver quelque chose.

– Quand ?

– Dans quelque temps.

– Je n'ai pas du tout envie de passer mon existence à installer tes foutues antennes. En plus, je ne regarde jamais la télévision. Ça fait combien de temps, quelque temps ?

– Six mois, un an.

– J'aurai alors vingt-trois ans, et l'essentiel de ma vie sera derrière moi.

– Tu dois avoir une belle santé pour avoir déjà atteint un âge aussi avancé.

– Je suis bâti pour durer. Ça ne m'étonnerait pas du tout d'arriver à vingt-cinq ans.

– Tu es paumé, jeune Géorgien. Tu l'es comme jamais je n'ai vu quelqu'un l'être. C'est pour ça que je t'ai emmené avec moi à Novosibirsk. Tu avais l'air d'un jeune chat perdu prêt à sauter à la gorge de n'importe qui.

– Je t'emmerde, Alexandre Ivanovitch Chamchourine.

Chamchourine éclate de rire et boit d'un trait ce qui restait dans la bouteille. C'est sa troisième de la soirée, et il se met à transpirer abondamment. Les autres hommes de l'équipe sont déjà partis se coucher.

Je me rappelle être sorti, dans une nuit qui, déjà, sent l'approche de l'hiver. Je ne me rappelle pas grand-chose d'autre. Il paraît que Chamchourine m'a, sinon suivi, du moins retrouvé et ramené à l'hôtel. Il paraît que j'ai voulu boire encore et que j'ai pleuré dans mon verre, en voyant des assassins partout. À en croire Chamchourine du moins.

Il m'a sûrement menti.

D'abord, parce que j'ai bu à la bouteille, pas dans un verre.

Ensuite, parce que j'en suis presque arrivé à me convaincre que, après tout, j'ai peut-être bien essayé de me suicider. Qui diable aurait tenté de me tuer, et pourquoi ? Ou bien, alors, comme a dit Chamchourine, j'aurai voulu jouer avec le feu ; j'aurai essayé de découvrir ce que peut éprouver un renard enfermé à vie dans une cage sous la surveillance attentive de millions d'éperviers.

Chamchourine me tient par les épaules. Il m'a accompagné à l'aéroport de Yakoutsk, où je dois prendre – seul – l'avion de Novosibirsk.

– Tu vas rire, jeune Géorgien. Je ne te croyais pas vraiment quand tu niais avoir essayé de te tuer. Mais j'ai réfléchi cette nuit, après t'avoir porté dans ton lit. Et, maintenant que tu es prêt à accepter l'idée de ta tentative de suicide, c'est moi qui n'y crois plus beaucoup.

– En clair, ça veut dire quoi ?

– On a peut-être bien voulu te tuer.

– Non. À la rigueur, c'est une blague qu'on m'aura faite.

– Les Yakoutes ne font pas ce genre de blague. Ceux qui travaillent à l'élevage savent que la chaise électrique ne fonctionne pas la nuit – que toute l'installation électrique saute si on la met en marche. De toute façon, ils n'auraient pas pris le risque de te faire griller. Je commence à croire que tu es poursuivi par des assassins, que quelqu'un veut ta peau. Il y a dans le coin d'anciens bagnards des camps de la Kolyma et d'ailleurs. Ceux qu'on appelle des congelés. Ils tueraient n'importe qui pour dix roubles, et même moins. On a pu leur demander un service.

– Ça ne tient pas debout.

– Tu ne tiens pas debout non plus, tu as trop bu hier soir.

Fais quand même attention à toi, jeune Géorgien. Ça t'ennuie que je t'appelle jeune Géorgien ?

– Je suis géorgien et je suis jeune.

– Si on t'assassine à Barnaul, téléphone-moi. J'aimerais connaître la suite de tes aventures.

Il me serre sur son poitrail et, pis encore, m'embrasse sur la bouche. J'ai toujours eu horreur de ça entre hommes. Je monte dans l'appareil, me doutant bien que je ne reverrai jamais Chamchourine. Si les effets de la vodka se sont à peu près dissipés, on ne peut pas en dire autant de mon cafard.

J'arrive à Barnaul au début de l'après-midi du samedi. C'est aussi animé que d'habitude ; un chat traverse avec nonchalance la place, devant la gare. Normalement, je devrais passer à la maison. Je veux dire la pièce que je partageais encore avec ma mère il y a cinq semaines. Je n'en ai pas envie. Je n'ai pas envie de grand-chose. Lundi matin, il faudra que je me présente à l'usine de textiles pour y reprendre mon emploi.

À vomir.

Je rencontre un type qui en rencontre un autre et, sans très bien comprendre comment, je me retrouve à jouer au football. J'aime bien le football ; il y a même eu un temps où j'ai failli prendre la chose au sérieux. Là je joue avant-centre et je ne me prive pas de discuter avec l'arbitre, pour lui démontrer qu'il a tort. J'adore ça ; surtout si je m'en fiche éperdument, comme c'est le cas aujourd'hui. Je marque deux buts. L'un parce qu'un ballon m'est tombé sur la tête pendant que je bavardais agréablement avec l'arbitre, justement ; l'autre parce que, m'étant engagé dans une série de dribbles échevelés pour ne pas céder le ballon, je me suis retrouvé de l'autre côté de la ligne de but, dans la cage. Il n'y aurait pas eu le filet, je continuais sur des kilomètres. Les deux équipes font néanmoins match nul, un à un, grâce à moi. Il paraît que j'ai marqué contre mon camp.

Nous allons boire un verre chez le gardien de but. Là encore, je devrais rentrer chez moi, mais, plus ou moins inconsciemment, je retarde le moment de retrouver une pièce où personne ne m'attend, où je n'ai touché à rien depuis que ma mère est morte. Je bois à peine, pour une fois, et je m'endors très vite sur un divan, tandis qu'autour de moi on bavarde et on boit. Il est un peu plus de huit heures quand elle m'éveille. Même aujourd'hui, je me souviens à peine d'elle. C'est une fille de dix-huit ou dix-neuf ans à la forte poitrine et aux grosses joues rouges. Elle s'appelle Tania.

– Où sont les autres ?

Partis danser au club *Octobre rouge*. Ils ont essayé de me faire lever, mais ils n'y sont pas parvenus.

– Pourquoi es-tu restée, toi ?

Elle me sourit, se dandine. Elle ne m'inspire guère. Et d'ailleurs, son père, sa mère, ses frères, ses sœurs et quelques oncles et tantes sont là à me considérer, sans affection particulière.

– On peut sortir, propose Tania.

Odeur de choux dans le logement en bois, qui date des premiers temps de Barnaul, vers 1750, quand on y vivait de l'exploitation des mines d'or. Leur maisonnette est quasiment en ruine, mais c'est pourtant un privilège que d'en habiter une – le père de Tania est un notable local.

– Allons-y.

Les rues de Barnaul sont désertes, et, après trois cents pas, cela me vient d'un coup, inexplicable : ce même sentiment d'être surveillé que j'ai éprouvé sur la tour d'observation. Il n'y a pourtant pas d'éperviers cette fois. Tania parle et parle, dans le vide, sa voix m'horripile. Pour elle, il ne fait aucun doute que nous allons chez moi, où, forcément, nous serons seuls.

Pas question.

Et pas seulement parce que l'idée de faire entrer ce boudin dans l'endroit où j'ai vécu avec ma mère m'écœure. Mais aussi pour une autre raison, qu'il m'est difficile de cerner. Il me semble que, si quelqu'un m'attend quelque part pour réitérer la tentative ratée en Yakoutie, c'est là-bas.

– On ne va pas chez moi, Tania.

– Pourquoi ? Pour une fois qu'on pourrait avoir un lit et une chambre !

Je la regarde, et la mémoire me revient. C'est vrai que nous avons déjà fait deux ou trois fois panpan ensemble au cours des derniers mois. Je l'avais oublié. Mais elles sont un certain nombre à Barnaul ou à Novosibirsk…

– Parce que j'ai ramené des choses de Yakoutie.

– Quoi ?

– Des renards argentés. Environ trente-sept. Et des éperviers.

Elle croit tout ce que je lui dis. Parmi les choses qui me font grincer des dents à Barnaul, il y a cette conviction, professée par certains, que je suis capable de grandes choses, dans tous les domaines, alors que je n'ai pourtant réalisé aucun miracle. Tania fait partie de ces admirateurs qui m'exaspèrent. Elle est interloquée.

– Des renards et des éperviers ?

Je me retourne tout en marchant. Deux hommes sont derrière nous, mais ce sont des miliciens, et ils ne semblent pas nous accorder la moindre attention. Pourtant, mon impression d'être suivi persiste.

– Mais qu'est-ce que tu vas fabriquer avec tous ces renards ?

– Je viens de faire une découverte capitale, Tania. On dispose les renards en cercle en leur demandant de se mordre la queue les uns les autres. On fait passer un courant alternatif de faible voltage. Les poils des renards se hérissent et s'allongent de deux centimètres par semaine. C'est tout bête, il suffisait d'y penser. Je n'ai fait qu'appliquer les lois sur l'électricité de Paul McCartney et Joe Cocker.

Le nom de Paul McCartney rappelle vaguement quelque chose à Tania. Est-ce que ce n'était pas aussi un musicien ?

– C'est un homonyme.

Tania dit qu'elle n'aurait jamais cru ça de lui; elle le croyait normal avec les femmes.

Je me retourne une nouvelle fois. Les deux miliciens traversent l'avenue Lénine, s'apprêtent à s'engager dans la rue Piatiletka; la distance entre eux et nous s'est accrue. Personne d'autre en vue. Allons ! J'aurais fantasmé; la première explication de Chamchourine était la bonne. Qui chercherait à me tuer, et pourquoi ? Je suis sans importance. J'entraîne Tania dans la rue Maurice-Thorez, en direction de l'entrée principale de l'usine de produits chimiques Maïakovski.

– Et les éperviers ? demande Tania qui, maintenant, a passé son bras autour de ma taille et pousse sa hanche contre la mienne.

– Les éperviers sont indispensables à l'opération. Là, je me suis inspiré des recherches sur l'électromagnétisme de notre camarade cubain Carlos Santana. Le vecteur des éperviers étant égal au gradient des renards – à condition que lesdits renards se mordent bien la queue les uns les autres –, le produit scalaire de leur cohabitation est un champ électromagnétique au rotationnel nul, selon le fameux théorème de Gauss.

– Je ne comprends pas très bien, dit Tania, mais ça m'a

l'air vraiment intéressant. Moi, j'ai toujours su que tu allais faire des choses.

– C'est plus qu'intéressant, Tania. C'est génial. En toute modestie. Ils sont bien capables de me nommer héros du travail de l'Union soviétique.

Nous avons déjà parcouru plus de deux cents mètres dans la rue, et il n'y a toujours personne derrière nous. Allons, c'est dit : j'aurai tout rêvé. Nous approchons des bains publics. C'est l'un des très rares endroits de Barnaul où il soit possible à un couple de rencontre de s'isoler le temps d'un câlin furtif. On peut aussi sortir de la ville, dépasser les usines de métallurgie et de chimie, les usines de textiles artificiels, l'immense gare où se raccordent le Turksib et le Transsibérien sud, et les centrales électriques qui fonctionnent avec le charbon du Kémérovo ; ou trouver de la vraie campagne non polluée, avec de vrais arbres. Encore faut-il avoir une voiture et des miliciens dans sa poche – autant dire un tapis volant.

Tania dit que je suis bizarre. Pas spécialement ce soir. Même si, ce soir, je le suis un peu plus que d'habitude. J'ai toujours été bizarre d'après elle. Ses copines partagent d'ailleurs cette opinion. Personne n'a compris pourquoi j'étais parti à Novosibirsk – on n'est pas si mal à Barnaul. Sans parler de mon voyage en Sibérie. Pourquoi ne suis-je pas resté à l'usine Maïakovski ? Et puis, je me serais donné un peu de mal, j'aurais pu terminer mes études. Devenir ingénieur. Au moins. Intelligent comme je le suis. Ce n'est pas que ça gagne beaucoup, un ingénieur, mais ça a des opportunités (Tania ne dit pas *opportunités*, elle dit *occasions*). Il n'y a qu'à voir Grouzilov, qui n'est pourtant que contremaître : il se fait au moins mille roubles par mois avec ses travaux à domicile. *Na levo* * – au noir.

Nous entrons dans les bains publics. Ils sont officiellement fermés à pareille heure, mais c'est précisément là l'intérêt – à condition de savoir où se trouve la clé ouvrant la petite porte de côté, dans l'impasse. Nous ne sommes pas seuls à avoir eu l'idée de venir nous réfugier ici. Non dans les cabines elles-mêmes, dont un accord tacite avec les

* Au sens propre : à gauche.

24

employés interdit l'accès, mais dans les couloirs. Particulièrement dans celui qui conduit aux toilettes. Trois ou quatre couples sont déjà là et font l'amour debout, comme il se doit – personne n'irait s'allonger sur ce carrelage ébréché, d'une propreté plus que douteuse.

– Nous sommes presque seuls. Quelle chance ! dit Tania.

Et mon cafard, mon envie de vomir me reviennent. Je n'ai décidément pas bu assez.

– Ici, nous serons bien, chuchote Tania.

Seules deux ampoules sur six ne sont pas grillées. La pénombre règne dans ce corridor. Tania s'apprête. Elle a déjà retiré sa culotte et s'accroche à mon cou. Elle s'adosse au mur et me chevauche, ses jambes serrées autour de mes hanches. Elle m'embrasse. Et je me dégoûte moi-même : cette parodie d'amour n'empêche rien ; je suis aussi disposé qu'on peut l'être. Je pivote de façon à m'adosser au mur à mon tour. C'est ce mouvement qui va me sauver la vie. Je n'ai pas entendu s'ouvrir la porte qui donne sur l'impasse ; je n'ai pas vu entrer les deux hommes. J'aperçois leurs silhouettes ; j'ai le temps de remarquer que l'un d'entre eux porte ce qui me semble être un béret de parachutiste. Ensuite, c'est le bruit étouffé des rafales, l'impact des balles dans le dos de Tania, les soubresauts d'agonie de la jeune femme. Tout son corps s'agite. Ses bras, qui entouraient mon cou, se dénouent après une violente crispation. Quelqu'un hurle. Je perds l'équilibre et je m'effondre. À moins que ce ne soit un réflexe qui me jette au sol. Des éclats de carrelage me piquent le visage. Tania ne bouge plus. On hurle toujours. Les deux hommes continuent de tirer, mais plus dans notre direction.

C'est fini. Le silence est revenu, la porte donnant sur l'impasse reste béante. Les tireurs fous sont partis. Une fille rampe près de moi ; une écume sanglante lui sort de la bouche. Mes mains, qui tenaient Tania à la taille, sont pleines de sang. Je ne crois pas être blessé mais je n'en suis pas certain. Je fixe la porte sans oser bouger, recroquevillé sous le cadavre de Tania. Un jeune homme se redresse à ma gauche ; il se penche sur la fille qui vomissait son sang ; il s'approche prudemment du seuil et dit qu'il faut prévenir la milice, demander du secours.

– Oh ! Mon Dieu, gémit-il.

Il sort, et la milice, en effet, arrive.

On m'interroge à trois reprises, ni plus ni moins que les autres témoins survivants. Nous étions huit dans les bains publics. Il y a deux morts – Tania et une fille blonde qui n'avait que quinze ans – et trois blessés, dont un grave. Quant à moi, je n'ai strictement rien. Rien sinon une dérisoire petite coupure à la gorge, produite par un éclat de carrelage. Deux balles ont traversé le pan de mon blouson.

– Tu as eu de la chance, disent les miliciens. C'est bien sur toi et ta copine qu'ils ont tiré en premier ?

Je réponds que je ne sais pas, que je ne sais rien, que je n'ai rien vu. Je ne parle pas de l'affaire de Yakoutie. D'ailleurs, le fait que je sois arrivé le jour même de Sibérie orientale semble inciter les miliciens à croire que je suis tout à fait étranger à l'affaire – dans la nuit, ils vont parvenir à joindre Chamchourine, qui, apparemment, aura lui aussi choisi de garder le silence sur ce qui s'est passé dans l'élevage de renards argentés.

– Rentre chez toi, mais reste à notre disposition.

L'aube du dimanche s'est levée. J'ai eu le temps de faire une dizaine de pas hors du poste quand un milicien me rappelle et me ramène à l'intérieur.

J'attends plus d'une heure.

– Tu le reconnais ?

On me présente un homme de trente ans environ, trapu, yeux sombres, nez busqué, la barbe drue. Il tient à la main le béret bleu des vétérans d'Afghanistan. Je ne suis pas seul dans la pièce, mais c'est moi que cet homme fixe, avec une intensité qui me paraît manifeste mais que personne d'autre ne semble remarquer.

– Tu le reconnais, oui ou non ?

– Je n'ai vu personne.

À tort ou à raison, je crois lire, dans les yeux durs du prisonnier, une lueur de mépris. Je vais apprendre pourtant qu'il a avoué, qu'il a reconnu être l'auteur de la fusillade. Il affirme qu'il était saoul, qu'une fille l'a refusé, dans ces mêmes bains publics, voilà quelques jours, qu'il est sorti avec son arme et qu'il a tiré. Dans le tas. Sans viser personne en particulier. Sans connaître aucun de ceux qui se sont trouvés dans sa ligne de tir.

Ensuite, il murmure, comme en se parlant à lui-même, quelques mots dans une autre langue que le russe, et je suis peut-être le seul à le comprendre. C'est de l'argot géorgien et cela peut se traduire par :

– On aura ta peau, fils de pute.

Et il me fixe.

J'ai attendu plus d'une heure, à faire le guet, cherchant à savoir si quelqu'un surveillait l'endroit.

J'ai fait un grand détour. Je n'ai vu personne.

J'entre.

Le logement que j'occupais avec ma mère est au troisième étage d'un immeuble construit à la fin des années 60. Le toit plat est percé de gouttières imprévues, les murs sont lézardés et ils ont l'épaisseur d'une feuille de papier-journal. Je n'ai pas à sortir ma clé, la porte de l'appartement est entrouverte. Mais rien d'inquiétant à cela : les Toumanov et les Zaporojko tiennent normalement la place. Ce sont – c'étaient – nos colocataires, chaque famille occupant une partie du logement et partageant la salle de bain et la cuisine. La pièce qui nous était dévolue, à ma mère et à moi, fait trois mètres sur quatre ; elle est raisonnablement vaste. Le coffre et le petit bahut sont là, les deux étagères surchargées de livres aussi. On n'a pas touché au lit de ma mère, mais on a couché dans le mien.

– Tu voudras bien nous en excuser, m'explique Boris Toumanov. Tu étais absent, et l'un de mes neveux est venu vivre avec nous. C'est moi qui l'ai mis dans ton lit.

– Ça n'a pas d'importance, Boria.

– On va te changer les draps.

Je suis encore sur le seuil, hésitant à entrer. Je me décide et je vais jusqu'à la fenêtre. J'ai sans doute passé des centaines d'heures à cette fenêtre avec l'espoir que les sommets enneigés de l'Altaï m'apparaîtraient dans le lointain. Cet homme, dans le poste de milice, m'a parlé en géorgien. C'était un Géorgien lui-même, à en juger par son accent. Ce serait donc des Géorgiens qui veulent tant ma mort. Et ils ne souhaitent pas que la milice sache que je suis personnellement visé…

– Quelqu'un est venu pour moi, Boria? Récemment?

Boria dit que je fais bien de lui poser la question. Est-il bête! Il allait oublier! Quelqu'un, en effet, est venu me demander voilà à peu près deux semaines.

– Il t'a donné son nom?

– Kyryl. Il a dit que vous aviez fait votre service ensemble.

Je me souviens de deux Kyryl à l'armée.

– Comment était-il?

– De ton âge. Mais il semblait peut-être plus jeune.

– Brun ou blond? Grand ou petit?

– Plutôt brun, et pas très grand. Il était très mince. On aurait presque dit une fille.

Le signalement ne correspond à aucun des Kyryl que j'ai pu connaître.

– Je lui ai appris, dit Boris Toumanov, que tu étais à Novosibirsk. Ça a eu l'air – comment dire? – de le rassurer. Il a dit qu'il ferait un saut à Novosibirsk pour te saluer.

– C'est tout ce que tu sais de lui?

Boria hausse les épaules: oui. Une idée me vient, et je demande:

– Est-ce qu'il savait que ma mère était morte?

Oui. Le mystérieux Kyryl avait d'ailleurs l'air de la connaître puisqu'il a exprimé ses regrets.

– Et il n'a pas dit où je pouvais le joindre?

Non.

– Boria, tu n'aurais pas aperçu quelqu'un d'autre dans les environs? Par exemple un homme – ou plusieurs – coiffé d'un béret bleu?

Non. Notre immeuble fait partie d'un ensemble planté en pleine terre – en pleine boue – dans un paysage d'usines de textiles. On n'y voit guère d'étrangers. Venir se mettre à l'affût ici en attendant mon retour serait idiot; les guetteurs se feraient immédiatement remarquer. Je suis certain que mon retour, après deux mois d'absence, alimente déjà les conversations.

Ils doivent m'attendre quelque part, mais où?

Je suis convaincu que, après l'échec de leur dernière tentative, ils recommenceront.

Qui est ce Kyryl? L'un d'entre eux? Qui se serait rendu

à Novosibirsk, qui y aurait appris mon séjour en Yakoutie, qui aurait déclenché la chasse à l'homme ? J'aurais affaire à une bande aussi bien organisée ?

– Tu veux manger quelque chose avec nous ?

J'hésite puis j'accepte. Les Toumanov sont neuf, en comptant ce neveu tout droit débarqué de son kolkhoze, et ils partagent ce repas dominical avec la troisième famille occupant l'appartement, les Zaporojko, qui s'entassent à cinq dans une chambre. On s'attarde à table, comme toujours – c'est le moyen le plus simple d'occuper l'après-midi de ce dimanche –, dans une convivialité somme toute chaleureuse et que je me reproche de trouver envahissante. Il est plus de quatre heures quand je boucle rapidement un sac, en y mettant, pour l'essentiel, mon vieux manteau en mouton retourné, ma zipoune, et ce à quoi je tiens le plus : des chaussures de football toutes neuves, que ma mère m'a offertes trois mois plus tôt.

– Tu t'en vas ?

Boria est sur le seuil de la pièce.

– Je dois être à Novosibirsk demain matin. Boria, tu peux disposer de mon lit pour ton neveu.

En fait, je me doute – et Boria doit le savoir aussi – que cette pièce, où j'ai grandi et vécu en compagnie de ma mère, ne tardera pas à être attribuée à quelqu'un d'autre. Il est hors de question qu'on en laisse l'usage à un jeune homme seul.

Je ne vais pas à Novosibirsk, bien entendu. J'ignore quand cela s'est fait exactement ; peut-être l'idée s'est-elle formée à ma sortie du poste de milice ; mais ma décision est prise.

L'homme me prend en chasse alors que je viens à peine de laisser l'immeuble derrière moi. Au moins ma manœuvre – je suis sorti par la porte arrière et j'ai contourné plusieurs bâtiments – l'a-t-elle retardé : il est à deux cents mètres de moi. Mais sa réaction, lorsque j'ai débouché en terrain découvert, a été sans équivoque. Il a fait demi-tour et s'est presque élancé à ma poursuite.

Il me suit, pressant le pas, et moi, j'accélère. C'est assez bizarre. Il s'efforce de ne pas attirer l'attention sur lui, tandis que je me contente de maintenir entre lui et moi une distance que j'estime suffisante – il est trop loin pour me tirer dessus (je crois fermement qu'il veut me tuer).

Une voiture de la milice passe à vingt mètres de moi. Je suis sur le point d'en héler les deux occupants pour leur demander leur aide. J'y renonce. D'abord, parce qu'il me faudrait tout leur raconter, depuis la Yakoutie (et cela reviendrait à m'impliquer bien davantage dans le carnage des bains publics). Ensuite – et peut-être surtout –, parce que tous mes projets en seraient contrariés.

Les deux miliciens s'éloignent, l'homme, derrière moi, se rapproche. Probablement rassuré par le fait que je n'ai pas appelé au secours. Il trottine. Je fais de même. Une rue puis une autre. Il y a maintenant plus de deux kilomètres qu'il est sur mes talons. Je consulte ma montre, et c'est à croire qu'il a vu mon geste et deviné brusquement ma stratégie : il se met carrément à courir. Je démarre en trombe. Voilà quelques mois, j'ai abattu le kilomètre en deux minutes et trente secondes. Je serais fort étonné qu'il soit capable de la même performance. Je parcours les huit cents mètres suivants ventre à terre. Mes calculs se révèlent exacts : à l'angle de deux rues, je tombe sur le public qui vient d'assister à la rencontre de basketball. Il doit bien y avoir deux à trois mille personnes. Mon intention première était de me perdre dans cette foule, que je fusse ou non poursuivi, et d'embarquer à bord d'un des autocars qui desservent les quartiers périphériques…

Mais je me jette quasiment sur l'homme au béret, celui qui est entré le premier dans l'établissement de bains, celui qui a ouvert le feu. Je le reconnais à ses moustaches, à la largeur de ses épaules, à ses yeux noirs braqués sur moi. Il a sorti à demi de son caban bleu le manche d'un coutelas. Bon. J'aurais sans doute dû crier, ameuter tous ces gens, autour de moi. Mais mon réflexe est de filer. Je me lance à contrecourant des spectateurs, qui continuent de sortir du gymnase Gagarine, et je me retrouve dans une salle vide, où les lumières se sont presque toutes éteintes.

Je l'entends qui est entré derrière moi ; ses pas résonnent dans le couloir.

Je ne saurai jamais s'il existait une autre solution, mais ce que je fais alors est la seule chose à laquelle je puisse penser sur le moment.

Il avance sur le terrain où, quinze minutes plus tôt – on en parlait à table chez les Toumanov –, l'équipe de Barnaul affrontait celle de Novoaltaïsk (une ville de moindre importance située à une vingtaine de kilomètres à l'est). Il s'immobilise presque dans le rond central. Je ne vois plus le coutelas avec lequel il voulait m'étriper discrètement.

Son revolver, si.

Il tourne lentement à ma recherche. À croire qu'il sent ma présence. Sauf qu'il n'a pas – pas encore – l'idée de regarder du côté ou je suis. Je ne peux rien faire, sinon attendre. Et il ne bouge pas, sauf pour faire pivoter le canon de son arme, comme une tourelle de char.

Espèce d'enfant de salaud! Tu vas avancer encore un peu, oui ou non?

Il se fige. Il a entendu, comme moi, le léger bruit de pas. L'autre homme débouche à son tour, celui qui m'a suivi et qui m'a couru après. Il pénètre dans l'arène entourée de gradins. Lui aussi tient un revolver. Les tueurs échangent des signes silencieux: tu prends par la droite, moi par la gauche.

Je ne sais plus quoi faire. La corde pèse sur mon ventre. Le temps joue contre moi. Le moment viendra fatalement où, ayant constaté que toutes les portes sont fermées à l'exception de celle par laquelle nous sommes entrés tous les trois, ils penseront à me chercher où je me cache.

Je me jette dans le vide. Une seconde après que Béret-Bleu s'est mis en marche. La corde à grimper se déroule; le mouvement de pendule me projette sur l'homme. J'arrive sur lui pieds en avant, jambes tendues. Je le frappe, non pas à la nuque comme je l'espérais, mais un peu plus bas, entre les omoplates. Mes soixante-douze kilos suffisent à l'expédier au-delà de la table de marque du basketball; il va s'écraser contre les fauteuils. J'ai déjà lâché la corde, et je glisse à plat ventre sur le parquet jusqu'à l'entrée du couloir des vestiaires – j'ai joué dans ce gymnase à l'époque où j'hésitais encore entre le volley et le football. Une balle puis une autre fracassent des sièges sur ma gauche. Je me relève à demi et poursuis à quatre pattes. Je passe la porte des vestiaires. Une troisième balle traverse l'un des battants de contreplaqué. Je me retrouve dans le couloir. J'y fais dix mètres et je m'arrête. Si Béret-Bleu est encore conscient et aide son équipier à me poursuivre, je serai mort dans dix secondes…

Mais un seul homme paraît, me voit. Je plonge. Quatrième balle. Je passe l'angle du corridor et, dans la pénombre qui y règne, je me redresse et je cours, cette fois, aussi vite que je le peux. La porte, que je connais bien, s'ouvre. Je la franchis. J'ai juste le temps d'empoigner le banc de bois et de frapper à la volée. La cinquième balle va s'écraser contre le mur. Numéro-Deux a le visage en sang. Je ne prends même pas le temps d'essayer de lui ôter son arme. Je le tire par les épaules et, à la seconde même où il relève la main pour tirer sa sixième balle, je lui referme au nez la porte du sauna, dont je bloque la poignée avec une barre d'haltérophilie. Je pousse la température à cent vingt degrés, humidité à zéro.

Dans la grande salle du gymnase, Béret-Bleu gît encore au centre d'un enchevêtrement de tables et de chaises.

Moins de quatre minutes plus tard, je prends mon billet pour Novosibirsk et je saute dans le train en marche.

Je change de train à Novosibirsk, et je reviens à Barnaul, à bord, cette fois, du convoi pour Alma Ata. Il fait nuit, et la pluie, qui menaçait depuis hier matin, s'est mise à tomber.

Béret-Bleu n'est pas mort. Numéro-Deux n'a pas cuit dans le sauna. Ils sont tous les deux sur le quai de la gare de Barnaul. Et, aux regards qu'ils lancent, je découvre qu'en fait ils sont au moins quatre à projeter de me tuer avec tant d'acharnement. Mais, me semble-t-il, aucun n'embarque. Ils s'assurent simplement qu'un voyageur me ressemblant ne monte pas dans les wagons.

Mon idée d'aller d'abord jusqu'à Novosibirsk n'était pas si mauvaise en somme.

J'ai faim. Je n'ai rien avalé depuis le borchtch que j'ai partagé avec les Toumanov juste avant de partir. À Novosibirsk, en attendant le départ du convoi pour Alma Ata, j'ai préféré ne pas prendre de risques, et je suis resté caché dans un wagon à l'arrêt jusqu'à la dernière seconde.

J'ai déjà pris ce train, où je suis, et qui roule plein sud dans les premières lueurs de l'aube, laissant derrière lui – et à jamais pour moi -- les tristes maisonnettes de Barnaul, les usines de Barnaul, ma vie de Barnaul.

Je pars vraiment.

Je vais en Géorgie.

Je me suis même inventé une «bonne» raison de m'y rendre, pour autant qu'elle soit bonne! Aller en Géorgie est très probablement une ânerie monumentale – : si, comme je le pense, les hommes qui veulent me tuer ont quelque chose à voir avec Tbilissi et le pays de mes parents, c'est là-bas que, peut-être, je comprendrai.

Beau prétexte! Un plus mince m'eût autant servi. Je pars comme on s'échappe d'une prison où l'on étouffe, et voilà tout.

«*Nous avons laissé derrière nous des défaites, des crépuscules. Si seulement il y avait eu un envol insignifiant, même invisible…*»

Les premiers vers d'une chanson de Vissotski me viennent spontanément aux lèvres.

Je pars vraiment.

Et je ne suis qu'au début du chemin; je veux y croire. Même si j'ignore tout de ma destination finale, même si je n'imagine pas encore que, tout au bout de la route, je deviendrai le Danseur.

2

Le train a franchi la théorique frontière entre la Sibérie
occidentale, qui fait partie de la République de Russie, et
le Kazakhstan. Après une longue halte à Semipalatinsk, il
a repris sa course vers le sud, à travers le pays kazakh, et,
à chacun des arrêts, j'ai scruté les visages des voyageurs
qui embarquaient, craignant de reconnaître en l'un d'eux
un agent des tueurs lancés à mes trousses. Personne. Au point
que j'en suis arrivé à me moquer de ma propre hantise,
m'accusant de paranoïa. Du moins par moments. À d'autres,
je me rends à l'évidence : je n'ai pas rêvé les assassins de
Barnaul, ni cette première tentative de meurtre, en Yakoutie,
à trois mille kilomètres de distance. Et j'en reviens toujours
à cette question sans réponse : qui voudrait tant me tuer, et
pourquoi ?

J'ai bien vu que c'était décidément en Géorgie que je
pourrais trouver une explication. N'est-ce pas en géorgien
que l'homme m'a menacé ? J'ai donc fouillé mes souvenirs.

Je n'ai pas connu mon père, mort trop tôt. Quant à ma
mère, si elle m'a parfois – rarement – parlé de la Géorgie,
ç'a toujours été avec détachement. Je lui ai, certes, demandé
pourquoi mon père et elle avaient quitté Tbilissi, et pourquoi nous n'y étions jamais revenus. «*Disons que c'était
pour des raisons politiques. Ne cherche pas à savoir ; ne
t'occupe pas de ça ; ce n'est pas un sujet que j'ai envie*

d'aborder. » Il a fallu que je me le tienne pour dit. Ma mère ne parlait guère ; elle pouvait se taire des jours durant. Son regard m'a toujours un peu intimidé. Je ne me souviens pas qu'elle ait jamais fait, devant moi, la moindre allusion à ce passé vieux de vingt ans, et davantage. Elle ne m'a jamais mis en garde contre un danger quelconque.

Le train a dépassé de petites villes comme Souykboulak, Tcharsk, Janguiztobé, Jarma. La nuit tombe quand il fait un autre arrêt, plus long, à Aïagouz. Il fait nuit noire lorsqu'il longe ce qui reste du lac Balkhach, asséché par les plans d'irrigation. À gauche, on ne voit pas les montagnes de Djoungarie, ni le pays mongol.

Ma mère ne s'est jamais cachée à Barnaul. Pas plus qu'elle ne s'était cachée à Karaganda. Il lui était, certes, interdit d'exercer son ancien métier de professeur d'anglais. Hormis les cours privés, qu'elle me prodiguait avec une fermeté implacable, elle n'avait plus le droit d'enseigner à quiconque. Mais, à part cela, nous menions une existence en tous points normale. Nous n'étions pas les seuls qu'un passeport intérieur, limitant les déplacements, assignait à résidence : plus de la moitié des gens vivant à Barnaul ou à Karaganda étaient dans le même cas.

Une nouvelle aube se lève. Les monts de Djoungarie sont derrière nous ; nous traversons le bassin de l'Ili, que je connais un peu pour y avoir été cantonné quelques semaines quand je portais l'uniforme. J'ai déjà parcouru, depuis ma fuite de Barnaul, plus de quinze cents kilomètres. Dernier arrêt avant Alma Ata.

Où je crois très possible qu'ils m'attendent – Béret-Bleu et ses camarades. Ou d'autres, que je n'aurai même pas l'avantage de connaître.

J'explique à mes compagnons de voyage, auxquels j'ai raconté que j'allais reprendre mes cours à l'université et qui ont bien voulu partager avec moi le peu de provisions qu'ils avaient emporté, je leur explique que je vais me changer et me faire beau. J'emporte mon sac avec moi et, au premier ralentissement propice, je saute du train.

Eldar (son prénom signifie littéralement « donne de l'électricité » et lui a été donné en hommage aux vaillants pionniers qui ont électrifié nos campagnes), Eldar Nourpeïsov me contemple, ahuri. Il ne comprend pas d'où je sors. Eldar est un copain ; nous avons fait ensemble une bonne partie de notre service militaire.

– Tu es venu à pied de Dmitriïevka ?

– Et même d'un peu plus loin. Je suis tombé du train qui venait de Novosibirsk.

Quand il a atteint quinze ans et deux mètres de haut, Eldar a été recruté pour devenir champion olympique du lancer du poids. On l'a soumis à l'entraînement et au régime appropriés. Il n'a pas tardé à prendre dans les trente kilos. Quatre ans plus tard, il expédiait régulièrement son boulet à vingt mètres, et, au train où il était parti, il n'eût pas tardé à menacer le tenant du record du monde dans la spécialité. Il a fini quatrième aux Spartakiades et il a commencé à courir le monde ; non seulement il est allé plusieurs fois à Moscou, mais encore il a été envoyé à Berlin et à Prague, et même à Cuba – je lui ai fait cent fois raconter ses voyages, en l'écoutant avec avidité. Un jour, pourtant, la mécanique s'est déréglée. L'organisme d'Eldar n'a plus supporté les substances diverses qu'on lui administrait pour améliorer ses performances. À la suite d'une prise mal dosée, ou d'une réaction brutale, ce colosse est devenu bizarre. Il a bien envoyé à trente mètres le poids de sept kilos et des poussières (record du monde battu de plus de sept mètres). Mais c'était en bras roulé, et, qui plus est, le projectile a atterri dans les tribunes. Sur ce, Eldar a démoli tout un vestiaire et tenté de violer une lanceuse de disque qui faisait à peine neuf livres de moins que lui. Il a été renvoyé dans ses foyers, objet d'opprobre de l'athlétisme et du Kazakhstan. Plus personne n'a voulu lui adresser la parole. Il a été contraint d'effectuer son service militaire, comme le premier crétin venu (moi, par exemple). Mis en quarantaine par tous (sauf par moi) et tenu pour un abruti intégral, il a feint d'être plus stupide encore pour ne contrarier personne.

Il a grossi depuis la dernière fois que je l'ai vu.

– Tu pèses combien, Eldar ?

– Cent trente-neuf.

– Tu parles !

– Dans les cent cinquante.

Prise d'une espèce de remords tardif, l'administration a fini par lui trouver un emploi conforme à ses aptitudes : il conduit des autocars pour le transport des équipes qui vont disputer des compétitions ici et là.

— Tu es marié ?

Il ne l'est pas. Ce qui n'est pas pour me surprendre. Quand nous étions au service ensemble, j'avais créé une discothèque clandestine et je l'avais engagé comme videur. J'avais découvert qu'il était encore puceau à vingt ans passés et j'avais réussi à convaincre une fille que, certes, il était un peu grand et large, mais qu'elle ne risquait tout de même pas d'être broyée. Elle s'était sacrifiée par affection pour moi ; sans grand résultat d'après elle. Les saletés qu'on avait mises dans le sang d'Eldar avaient dû sérieusement perturber ses capacités viriles ; ou alors c'était sa timidité naturelle avec les dames qui l'avait empêché de mener à bien ce genre d'opération.

— Qui sont ces types qui veulent te tuer ?

— Aucune idée.

— Ce sont peut-être les frères d'une fille ?

Et puis quoi encore ? Je suis d'une nature plutôt friponne, mais pas au point d'attaquer des forteresses trop bien défendues.

— Eldar, je suis sûr que ça a un rapport avec mes parents. Quand ils étaient en Géorgie.

— C'était il y a plus de vingt ans.

— Ma mère meurt, et ça arrive. Je ne crois pas au hasard.

Et me revient le souvenir de ce mystérieux Kyryl, qui est passé à Barnaul voilà une huitaine de jours. J'ai pensé, sur le moment, qu'il s'agissait de l'un des tueurs. Mais il y a une autre explication : il pourrait s'agir de quelqu'un venu me prévenir. Eldar me demande :

— Tu as encore de la famille en Géorgie ?

— Des cousins très éloignés, peut-être. Et encore.

Ma mère était fille unique.

— Mange quelque chose, dit Eldar.

Je mange quelque chose, et je dors. Depuis que j'ai sauté du train, j'ai couvert une trentaine de kilomètres à pied — j'aurais dû attendre un peu et me rapprocher davantage d'Alma Ata. C'est joli, Alma Ata ; très joli même. Pendant des heures, j'ai traversé des vergers. Eldar s'est vu affecter un logement au-dessus du garage des autocars. Au départ, il ne s'agissait que d'un espace, sous la charpente métallique du toit, au plancher constitué aussi de poutrelles métalliques. Je suis stupéfait du parti qu'Eldar en a tiré : il s'y est construit une vraie maison, en bois – disons une énorme boîte...

– Où diable as-tu trouvé tout ce bois ?

– Je l'ai échangé contre un autocar.

– Un quoi ?

– Un autocar. C'est toi qui m'as appris à faire ces choses.

– Je ne me rappelle pas t'avoir jamais appris à vendre des autocars qui ne t'appartiennent pas. Et personne ne s'est aperçu qu'il manquait un autocar ?

– Personne ne sait combien il y en a.

Il y a bien un chef de garage, responsable officiel du parc, mais il ne vient jamais, trop occupé qu'il est à diriger l'atelier de réparations automobile qu'il a créé au noir. Et puis, Eldar n'a pas fait cadeau de son autocar sans prendre quelques précautions. Pièce par pièce, il en a fabriqué un, grâce à des bordereaux de commande dûment remplis, prétendant, un jour, qu'il lui fallait remplacer un capot, la fois suivante, un train arrière, et ainsi de suite.

– Et il est où, ce nouvel autocar ?

Il n'existe que sur le papier. Les pièces aussi existent. Il faudrait simplement les assembler pour que ça roule. Chose qu'Eldar n'est pas capable de faire – ses connaissances en mécanique ne vont pas si loin.

Je considère, de bas en haut, mon colosse favori – j'ai beau dépasser le mètre quatre-vingts, il me domine de trente centimètres à présent qu'il a achevé sa croissance. Son visage a cette expression d'abrutissement que je lui ai toujours connue. Son gigantisme aidant (c'est toujours rassurant de croire que les plus grands que nous sont forcément des crétins congénitaux), on jurerait qu'il ne sait même pas lire. Quand nous étions soldats, je l'avais, pour ainsi dire, pris sous mon aile. Avec le très vague soupçon qu'il était moins bête qu'on ne le croyait généralement. Je découvre que j'étais loin du compte.

– Eldar, tu veux dire que si, demain, tu as un contrôle, on trouvera le même nombre d'autocars ?

– Voilà.

Placide.

Et il ajoute même :

– En fait, j'en ai un de trop pour le moment.

– Puisque tu l'as échangé contre le bois de ta maison !

– J'ai assez de pièces pour deux autocars de plus, pas seulement pour un.

– Tu as des projets pour cet autocar excédentaire ?

Oui. Il voudrait meubler sa boîte-maison. Il lui faudrait, outre des meubles, de la moquette et des tapis, un autre réfrigérateur, une machine à laver le linge. Mais, pour ces menus achats, pas de problèmes ; il peut s'en tirer grâce aux randonnées – aux *charters* si l'on veut – : il se met, avec l'un de ses autocars, à la disposition de quiconque veut emmener un groupe quelque part, à la condition qu'il ne soit pas au même moment employé officiellement ; il n'accepte pas d'argent ; mais des cadeaux, oui. C'est ainsi qu'il a obtenu son poste de télévision en couleurs et l'antenne de toit qui lui permet de capter les stations allemandes.

– Tu comprends l'allemand, Eldar ?

– Non. Pourquoi ?

Je me suis endormi dans le surprenant lit à baldaquin festonné de dentelle rose (il appartenait jadis à la famille de je ne sais plus quel haut administrateur russe) d'Eldar Nourpeïsov. Nos mois passés ensemble sous les drapeaux lui ont manifestement laissé un souvenir impérissable ; il m'aime bien.

Il doit être dans les cinq heures de l'après-midi quand on touche mon bras. J'ouvre les yeux, et je vois Eldar qui, l'index posé sur la bouche, me fait signe de garder le silence. Aussitôt après, il descend dans le garage. Je me glisse sans bruit hors de la boîte (six mètres sur six dans tous les sens) et je m'allonge à plat ventre sur les poutrelles métalliques.

Béret-Bleu est juste sous moi, exactement comme dans le gymnase de Barnaul. Je vais finir par connaître au cheveu près sa calvitie naissante.

– Vous voulez louer un autocar ? demande Eldar.

— Je ne veux pas louer d'autocar, dit Béret-Bleu non sans une certaine impatience. Je cherche cet homme dont je vous ai donné le nom, avec qui vous avez fait votre service militaire.

— Je ne peux pas vous louer d'autocar, dit Eldar.

— Je suis un grand ami de cet homme. En fait, je suis son oncle, dit Béret-Bleu que la nervosité gagne. Je veux retrouver mon neveu pour lui donner de l'argent. Beaucoup d'argent. Je suis même prêt à vous donner un peu de cet argent si vous m'aidez à retrouver mon neveu. Disons cent roubles.

— Cent roubles, c'est pas assez, dit Eldar.

— D'accord ; cinq cents.

— Au moins sept cent cinquante, dit Eldar.

— D'accord pour sept cent cinquante.

— Mais il me faut une autorisation écrite du chef de garage, dit Eldar. Je ne peux pas vous louer un autocar, même pour sept cent cinquante roubles, sans l'autorisation écrite du chef de garage. Je suis un fonctionnaire de l'État.

D'où je suis, je ne peux pas voir le visage de Béret-Bleu. Mais tout, dans l'attitude de l'homme, traduit son exaspération. Il ne faudrait sans doute pas grand-chose pour qu'il sorte son revolver et vide le chargeur sur Nourpeïsov. Il se retourne et part vers la porte. Cet animal d'Eldar le suit.

— Moi, je veux bien vous louer un autocar. Surtout pour sept cent cinquante roubles. L'administration sera très contente de recevoir sept cent cinquante roubles pour la location d'un autocar. C'est beaucoup moins cher que ça, d'habitude. Mais il me faut l'autorisation écrite du chef de garage. Vous allez voir le chef de garage ; vous lui demandez une autorisation écrite. Vous m'apportez l'autorisation écrite, et je vous loue tous les autocars que vous voulez. Je suis un fonctionnaire de l'État et je ne peux pas louer d'autocar sans autorisation écrite. On m'a donné des ordres. Pour une autorisation écrite, il faut aller voir le chef…

— Eldar ! Nom d'un chien ! Tu arrêtes, oui ou non ?

Même à moi, il commençait à taper sur les nerfs. Il remonte et me regarde avec ses yeux de vache. Je lui demande :

— Tu n'en fais pas un peu trop ?

– En quoi faisant?

– Laisse tomber. Eldar, c'était lui, le type qui me pour-suit pour me tuer.

– Il a l'air méchant.

– Il n'en a pas que l'air. Tant que tu y étais, tu aurais pu lui donner juste un petit coup sur la tête.

– Je n'aime pas frapper les gens. Ça peut leur faire mal.

– À lui, tu pouvais faire mal sans problème. Eldar, je me suis renseigné. Dans six heures, le train qui part d'Alma Ata pour Tchimkent et Tachkent passera à Kaskélen. Tu me suis?

– Oui.

– Je voudrais que tu m'emmènes à Kaskélen.

– Pour quoi faire?

– J'y prendrai le train pour Tchimkent.

– Pourquoi tu ne le prends pas à Alma Ata? On est à un kilomètre au plus de la gare. Ce n'est pas loin.

J'explique avec patience que, en essayant d'embarquer à Alma Ata, je cours le risque d'être intercepté par Béret-Bleu et ses joyeux camarades, qui me cribleront de balles ou m'ouvriront la gorge.

– Je peux aller à Kaskélen, concède Eldar après mûre réflexion.

– Je te remercie infiniment. Je savais que je pouvais comp-ter sur toi.

– Mais je n'irai pas.

– Tu veux répéter?

– Je n'irai pas. On se demanderait ce que je fais dans la gare de Kaskélen avec mon autocar.

– Tu n'auras qu'à dire que tu es venu chercher une équipe de football. Et que, si elle n'est pas là, ce n'est pas ton pro-blème.

– Non.

– Tu veux dire que tu ne veux pas m'emmener à Kaskélen?

– Je peux t'emmener à la gare d'Alma Ata. C'est moins loin. Et, en plus, à la gare d'Alma Ata, ils ont l'habitude de me voir avec mon autocar; ils ne seront pas surpris.

Je n'arrive pas à y croire: Eldar me laisse tomber. Plus encore que la peur des dangers que son refus va m'obliger à affronter, c'est de la déception et de l'amertume que j'éprouve. Pour être franc, je suis blessé dans mon amour-propre ; j'aurais parié ma tête (c'est d'ailleurs un peu ce que j'ai fait) que je pouvais manipuler Eldar à ma guise.

J'achève de prendre ma douche, je me rase, je finis de m'habiller. Eldar a préparé des œufs – une douzaine ; je me demande bien où il a pu se les procurer. J'ai très envie de les lui flanquer à la tête. Mais j'ai faim. Je mange trois œufs ; il avale le reste, avec d'épaisses tranches de pain noir.

– On partira demain soir, dit-il enfin.

– Je serai loin demain soir.

– Pourquoi ?

– Parce que je vais partir maintenant.

Plus exactement, dans deux heures, s'il accepte de m'héberger jusque-là. Il me regarde avec son air bovin. Il ferait soixante-dix kilos de moins, je lui casserais la gueule.

– Je croyais que ces types t'attendaient à la gare ?

– Ils m'y attendent sûrement.

J'ai très envie de ne rien lui expliquer. Histoire de lui laisser ma mort sur la conscience. Si tant est que, de son cerveau épais à sa conscience, la communication n'ait pas été rompue à la naissance.

– Eldar, je vais marcher et courir jusqu'à Kaskélen.

– C'est à quarante kilomètres.

– Et alors ?

En supposant que le train pour Tchimkent et Tachkent parte à l'heure d'Alma Ata, il passera à Kaskélen dans cinq heures et quarante minutes. Je n'ai jamais couvert quarante kilomètres d'affilée, mais je suis convaincu d'arriver à les faire en moins de six heures.

– Et en plus, dit Eldar, peut-être qu'ils seront dans le train, et, alors, ils te verront monter à Kaskélen et ils te troueront de balles.

C'est bien possible. Mais je ne peux quand même pas aller jusqu'en Géorgie à pied. Quoique… À vue de nez, Tbilissi n'est jamais qu'à trois mille cinq cents kilomètres. Et puis, je peux toujours traverser la mer Caspienne à la nage, ça réduira la distance.

J'ai envie de pleurer et de rire en même temps.

– Je ne comprends pas pourquoi tu ne veux pas qu'on parte seulement demain, dit Eldar de sa grosse voix lente.

Tu n'es pas à un jour près. Et je ne peux pas annoncer à l'équipe qu'ils doivent partir ce soir. C'est trop tard.

Je le regarde ahuri : quelle équipe ?

— L'équipe de volleyball. Je veux bien monter dans le train avec mon autocar, mais, s'il n'y a pas d'équipe dans mon autocar, tout le monde va trouver ça louche. Si je monte dans le train avec mon autocar vide et seulement toi caché dans le coffre pour les bagages, les gens vont se dire : « Tiens ! C'est Eldar Nourpeïsov. Mais où va-t-il avec son autocar vide ? » Tandis que, si j'ai l'équipe de volley, ils penseront que j'emmène l'équipe dans mon autocar. Qui ne sera plus vide. Et, alors, je pourrai monter dans le train avec mon autocar, et les types ne te verront pas et ils ne te troueront pas de balles. Ça m'embêterait que tu sois troué de balles. Surtout que c'est moi qui nettoie les autocars. Donc, ce n'est pas la peine d'aller jusqu'à Kaskélen. C'est même mieux qu'on monte dans le train à Alma Ata. Est-ce que tu veux encore des œufs ? J'en ai encore trois douzaines, et, comme on part demain, ce n'est pas la peine de les laisser perdre. Et, en plus, si tu es au milieu de l'équipe de volleyball, les types qui veulent te trouer de balles ne te verront pas, et, même s'ils te voient, ils auront du mal à tirer. Tu veux combien d'œufs ?

Il me semble qu'il y a des heures et des heures que je suis enfermé dans l'un des coffres latéraux de l'autocar Icare, de fabrication hongroise, quand, enfin, j'entends un déclic de serrure. Eldar m'ouvre. Il fait nuit.

— Où sommes-nous ?

— Dans le train, dit Eldar. Et, toi tu es dans mon autocar, qui est dans le train.

Il m'énerve. Mais, avec lui, mieux vaut poser des questions précises.

— À quel endroit de la ligne de chemin de fer, entre Alma Ata et Tchimkent, sommes-nous ?

À Otar. Soit à cent cinquante kilomètres, déjà, de la capitale du Kazakhstan. En fait, nous avons dépassé Otar.

— Merci d'avoir attendu si longtemps pour me faire sortir du coffre, Eldar. J'y serais resté un tout petit peu plus longtemps, je mangeais un à un les sacs d'équipement, avant de mourir étouffé.

Les sarcasmes glissent sur lui. J'aspire à grosses goulées l'air frais de la nuit. L'autocar est sur une plate-forme. Eldar m'a longuement expliqué que c'était l'usage, d'embarquer ainsi les véhicules sur les trains pour des tournées d'équipes sportives à l'intérieur de la république. Cette fois, l'équipe de volley alma-atienne part jouer une série de rencontres de démonstration à Aktioubinsk – au nord-ouest du Kazakhstan, dans les contreforts des monts Oural –, pour la raison déterminante que l'un des principaux responsables du Komsomol de la république est précisément originaire de cet endroit perdu.

Je n'ai pas de carte, mais il me semble bien me rappeler que, si je parviens jusqu'à l'Oural, je ne serai plus très loin de la Volga (un millier de kilomètres, disons) et, de là, du Caucase, qui ne sera plus qu'à un autre millier de kilomètres.

Je serai presque arrivé en somme.

Eldar Nourpeïsov parle. Il s'est une nouvelle fois lancé dans une explication à vous rendre fou. En même temps, il prépare des brochettes sur un petit fourneau à charbon de bois qu'il a installé à l'intérieur de l'autocar.

– D'accord, Eldar. À Aktioubinsk, je continuerai seul.

Le colosse ne semble pas avoir entendu et poursuit son discours. Je ne l'écoute pas. Au-dehors, on ne voit rien. Nous n'allons pas tarder à faire halte à Tchou. J'y suis venu une fois avec un convoi de l'armée, et j'avais calculé que c'était le point le plus à l'ouest que j'avais jamais atteint dans mon existence (en exceptant Tbilissi, où je suis né mais dont je n'ai strictement aucun souvenir, puisque j'en suis parti à un an, ou à dix-huit mois). Je prends conscience de l'immensité du voyage que j'entreprends. Je compte mon trésor de guerre : deux cent quatre-vingt-onze roubles. L'équivalent d'un peu plus d'un mois de salaire. Assez pour payer mes billets de train jusqu'en Géorgie et survivre quelque temps. Pour la suite, je n'ai pas de projets.

Je mange trois brochettes et je m'allonge à même le plancher de l'autocar. Eldar parle toujours, sans que je lui prête attention. Je m'interroge, perplexe : comment se fait-il que je n'ai formé aucun projet ? Pas seulement pour le moment où je serai en Géorgie, si j'y arrive. Je n'ai jamais pensé à mon avenir. J'ai interrompu (sans le dire à ma mère) mes études d'ingénieur alors qu'il ne me restait plus qu'un an avant d'obtenir mon diplôme. L'électricité m'intéresse aussi peu que la physique nucléaire. Rien ne m'intéresse. Rien de ce que je connais en tout cas. Je ne suis peut-être doué pour rien.

– Tu veux du thé ?

Eldar me tend un gobelet de métal. Il fait jour. Je mets le morceau de sucre dans ma bouche et je bois mon thé.

– On arrive à Tchimkent, dit Eldar Nourpeïsov. Tu ferais mieux de retourner dans le coffre. Et il faut que tu fasses pipi.

À quoi bon discuter ? Debout sur la plate-forme, je fais donc pipi.

– Dépêche-toi.

– Ne m'énerve pas, Eldar.

Il a aménagé le coffre en retirant la plupart des sacs de sport. Je peux maintenant m'allonger confortablement.

– Je t'ai mis du pain, des concombres et de l'eau.

Nom d'un chien ! Il pense que je vais rester enfermé dans ce truc combien de temps ?

– Eldar, juste après le changement de train, à Tchimkent, tu…

Il me claque le battant au nez et donne un tour de clé avant que j'aie pu terminer ma phrase. Crétin !

Je n'en suis plus à traiter Nourpeïsov de crétin. Je le tuerai d'abord ; je le découperai à la scie sauteuse, et je brûlerai les morceaux. Parce qu'il y a des heures et des heures que je suis enfermé dans cette saloperie de coffre, et il n'est toujours pas venu m'ouvrir. J'ai dormi – combien d'heures ? –, j'ai mangé mon pain et mes concombres, j'ai bu toute la bouteille d'eau.

J'ai même essayé, en m'arcboutant contre l'ouverture, de tout enfoncer. Je suis sur le point de réussir. Ça commence à craquer, quand le train ralentit et stoppe. J'en fais autant. J'aurais l'air malin à sortir d'une boîte au beau milieu d'une gare (je ne sais pas quelle gare) ! Un certain temps s'écoule encore – une demi-heure peut-être.

Et voici maintenant l'autocar qui démarre. Placé comme

je le suis, j'ai l'impression que le moteur tourne à dix centimètres de mon oreille. Des cahots. Je glisse sur le sol métallique, qui s'incline brusquement.

Nous descendons du train. Pourquoi ce triple abruti d'Eldar ne m'a-t-il pas fait descendre plus tôt?

On roule un peu. On s'arrête; mais sans que le moteur soit coupé. On repart. J'essaie d'apercevoir quelque chose, mais en vain. En tout cas, nous roulons dans une agglomération.

Tout de même pas Aktioubinsk! Nous aurions déjà parcouru dans les mille cinq cents kilomètres?

Nouvel arrêt. Ceux qui étaient montés descendent, l'équipe de volley nous quitte. Eldar n'a plus de raison de me retenir encore…

Mais l'autocar se met à nouveau en route, et il me faut attendre encore une bonne trentaine de minutes avant de revoir enfin la lumière du jour.

– Mais c'était convenu entre toi et moi, dit Eldar avec la plus grande placidité. Je t'ai expliqué et tu étais d'accord. Je ne comprends pas pourquoi tu es en colère. On en a parlé, toi et moi. Je t'ai expliqué; tu as fait hum! hum! Donc, tu étais d'accord. Tu as fait hum! hum! J'en suis sûr; je m'en souviens très bien. Puisque tu étais d'accord. On ne s'est pas mis d'accord? On s'est mis d'accord. Ce n'est pas la peine de me frapper. Et, d'abord, tu ne me fais pas très mal. Arrête de me taper dessus; tu vas te blesser.

Je finis par m'asseoir par terre, hors d'haleine. J'ai bel et bien essayé de casser la figure à Nourpeïsov. L'un de mes coups de poing a même atteint sa lèvre, qui saigne. Mais, à part cela, j'aurais aussi bien pu essayer de démolir le Kremlin à coups de pied. Je regarde autour de moi. Nous sommes en pleine nature; le paysage est accidenté – une succession de moutonnements –; on ne voit pas âme qui vive.

– Où suis-je?

– Tu es assis par terre à côté de mon autocar.

D'accord.

– Eldar, nous sommes bien descendus du train, n'est-ce pas?

– Oui.

– Où ?

– À Aktioubinsk.

Et le voilà parti à expliquer que nous avons, lui, moi et l'autocar, quitté Alma Ata pour nous rendre, précisément, à Aktioubinsk, et que l'équipe de volley…

– Eldar ! La ferme !

– Tu ne veux pas que je t'explique ?

– Réponds simplement à mes questions. Qu'est-ce que tu as fait après que ton autocar est descendu du train ?

– J'ai emmené l'équipe de volley au stade d'Aktioubinsk.

– Et ensuite ?

– J'ai parlé à l'Arménien, je suis remonté dans l'autocar et je suis venu ici.

– C'est où, ici ?

Sur la route qui va d'Aktioubinsk à Alga. Et, si je regarde bien, je pourrai apercevoir la voie ferrée par laquelle le train est venu d'Alma Ata. Autrement dit, l'autocar est reparti vers le sud ; il a rebroussé chemin. C'est ça. Eldar est enchanté que j'aie enfin compris.

Je vais satisfaire à un besoin naturel qui commençait d'être urgent, puis je reprends la conversation où je l'ai laissée.

– Et qu'est-ce qu'on attend ici, Eldar ?

– L'Arménien.

– Et qui est l'Arménien ?

Cela prend dix bonnes minutes au colosse donneur d'électricité, mais l'histoire devient à peu près claire. Lors d'un voyage précédent dans la région d'Aktioubinsk, Eldar a fait la connaissance de ce fameux Arménien, qui cherchait justement un autocar à acheter. Eldar lui a donc vendu l'autocar. Pas exactement vendu, d'ailleurs : il le lui a échangé contre un camion, de l'essence et mille roubles. Eldar estime qu'il a négocié avec une rare rouerie. Quant à ce que nous ferons avec le camion, c'est simple : nous irons jusqu'à Gourjev par la route – Gourjev, qui est un port sur la mer Caspienne, à l'embouchure de l'Oural – ; et de Gourjev – c'est l'enfance même –, nous poursuivrons jusqu'à Astrakhan, sur la Volga, avant de descendre plein sud vers le Caucase, et, en un rien de temps, nous serons à Tbilissi.

Nous ?

– Toi et moi, dit Eldar. Mais tu devrais te cacher ; voilà l'Arménien qui arrive. Et ne te cache pas dans l'autocar cette fois, parce que, si tu te caches dans l'autocar, tu repartiras à Aktioubinsk avec l'Arménien, et il faudra que je revienne te chercher avec le camion. Si tu te caches dans l'autocar...

Je m'allonge dans un creux de terrain en grinçant des dents. J'entends un camion arriver, Eldar palabre à n'en plus finir avec l'Arménien, qui, tout arménien qu'il soit, a beaucoup de mal à ne pas devenir fou, surtout après que Nourpeïsov lui a répété neuf ou dix fois les conditions de la transaction – je ne suis toujours pas arrivé à déterminer, et je commence à désespérer d'y parvenir un jour, si les grands discours répétitifs d'Eldar lui sont naturels ou s'ils sont, au contraire, le fruit d'une stratégie – en bref, s'il est idiot ou s'il fait semblant de l'être.

L'autocar s'en va.

– Tu peux venir.

Je sors de ma cachette. Me reprochant d'ailleurs d'y être entré : qu'ai-je à craindre d'un trafiquant ?

– Nom d'un chien, Eldar ! Pourquoi ne m'as-tu pas débarqué tout simplement à Aktioubinsk ?

J'y aurais pris le train pour Ouralsk et Astrakhan et, après quelques milliers de kilomètres supplémentaires, j'aurais débarqué à Bakou. D'où il m'aurait été facile de gagner la Géorgie.

Explications d'Eldar. Je résume : Béret-Bleu et au moins deux de ses hommes étaient à bord du train qui nous a transportés depuis Alma Ata. À Aktioubinsk, ils se sont intéressés de très près à l'autocar. Et lorsque lui, Eldar, a déposé l'équipe de volley, on le suivait. En voiture, oui, évidemment ; pas à cheval. Et il lui a fallu être bougrement rusé pour dépister ses suiveurs. Qui maintenant vont sûrement se remettre à suivre l'autocar sitôt qu'il reparaîtra. Mais ils ne verront que l'Arménien, le nouveau propriétaire.

– Et si l'Arménien parle ?

L'Arménien ne parlera pas. Sinon, comment expliquerait-il le troc ? Il ne dira rien à personne. C'est le deuxième autocar qu'Eldar lui vend. Il en espère un troisième.

– Et ton équipe de volley ?

L'Arménien la prendra en charge. Puisqu'il a l'autocar à présent.

Eldar a pris le volant du camion. Nous sommes partis. Il se trouve, sous la bâche couvrant le plateau arrière, suffisamment de bidons d'essence pour aller, au moins, jusqu'en Espagne. Et je finis quand même par poser à Nourpeïsov la seule vraie question : pourquoi il est là ; ce qu'il fabrique au volant de ce camion, qui ressemble à une épave tombée du ciel mais qui roule néanmoins ; jusqu'où il compte aller ; et s'il a décidé d'abandonner Alma Ata pour toujours.

– Non, dit-il.

– Non, quoi ?

– Je reviendrai à Alma Ata.

Et mes autres questions ? Il dit qu'il a oublié. Quelles autres questions ?

– Qu'est-ce que tu fiches avec moi ?

Il va en Géorgie. Il ne connaît pas la Géorgie. Il a envie de connaître la Géorgie. Il paraît que les filles sont très jolies en Géorgie. Et on trouve des oranges en Géorgie.

– À Alma Ata aussi.

Il réfléchit. Cela lui prend trente kilomètres. Il dit qu'il m'aime bien, que j'ai été très gentil avec lui pendant que nous faisions notre service militaire, que je suis la première personne qui ait été gentille avec lui depuis sa naissance, que personne d'autre n'a été gentil – surtout pas ces types qui voulaient lui faire lancer le poids de sept kilos et quelques –, que je suis son ami, que c'est la moindre des choses, pour un ami, de faire un tour en camion jusqu'en Géorgie. Surtout quand on a envie de voir la Géorgie.

– Parce que j'ai envie de voir la Géorgie ; tu comprends ? Je ne connais pas la Géorgie. Les filles, en Géorgie…

Il recommence. Je le laisse parler sans l'interrompre désormais. Je ne sais toujours pas s'il fait exprès d'accumuler les explications, à chaque question qu'on lui pose, jusqu'à ce que son interlocuteur ait envie de hurler. Je ne le sais pas et je m'en fiche. Je commence à vraiment aimer Eldar Nourpeïsov, moi.

– Nous allons quitter le Kazakhstan et traverser des tas

d'autres républiques soviétiques, Eldar. Et si on t'arrête pour te demander ce que tu fabriques et où tu vas ?

– Pourquoi on m'arrêterait ?

Dix-sept kilomètres à peu près pour trouver cette question.

Je lui dis que n'importe qui peut nous arrêter. Nos passeports intérieurs ne nous autorisent sûrement pas à nous promener dans un camion d'origine douteuse (c'est le moins que l'on puisse dire) à travers toute l'Union soviétique.

– Eldar, suppose qu'un milicien nous arrête et nous demande où nous allons et ce que nous fichons, toi à deux ou trois mille kilomètres d'Alma Ata, et moi, aussi loin de Barnaul.

Nous avons dépassé Alga. À Kandagatch, nous avons tourné sur notre droite. Nous dépassons Soubarkoudouk. Nous roulons droit vers la mer Caspienne. Eldar a fini de réfléchir.

– J'expliquerai au milicien, dit-il.

Je n'y croyais pas ; je jugeais impossible d'effectuer un trajet par la route autrement qu'à bord d'un convoi militaire qui, lui, passe n'importe où. Jusque-là, je n'avais voyagé qu'en train – ou par avion quand je suis allé en Yakoutie. Je ne suis pas d'un pays où l'idée de prendre le volant pour aller loin est normale.

Mais nous l'avons fait. Presque. Nous avons dépassé Gourjev et traversé l'Oural. J'ai vu la Caspienne, la première mer que je voyais de ma vie. Nous avons atteint Astrakhan et la Volga. On nous a arrêtés à Astrakhan. Deux miliciens qu'on avait dû choisir exprès : le plus grand avait quinze centimètres de moins que moi. Eldar leur a expliqué. Moi, je suis resté dans le camion. En dix minutes, Eldar a rendu la situation très claire : il ne me connaissait pas et me conduisait à l'hôpital, après m'avoir ramassé sur le bord de la route ; ce premier point établi, il a ensuite expliqué sa présence au volant d'un camion sur le territoire de la république de Russie ; en cinquante minutes à peine, pendant lesquelles les miliciens n'ont guère pu placer que trois ou quatre mots, il a convaincu ses interlocuteurs de le laisser repartir. Ils ne l'ont pas seulement laissé repartir d'ailleurs, ils lui ont ordonné de ficher le camp au plus vite et d'aller se noyer dans les marais.

– Tu le fais exprès, Eldar.

– Je fais quoi?

– L'idiot. Tu le fais exprès.

– Je ne comprends pas ce que tu veux dire.

Et il y a, sur son visage, une telle expression d'abrutissement que je me remets à avoir des doutes.

– Tu rentreras comment à Alma Ata?

Avec le camion évidemment.

– Eldar, on te demandera où tu étais passé.

Il expliquera. Il expliquera qu'il est allé se promener, qu'il s'est trompé de route, qu'il ne sait pas où il est allé, qu'il ne sait pas comment il y est allé, ni pourquoi. Et on le croira.

Puisqu'il est idiot.

– Tu es déjà allé te promener ainsi?

Oui. Deux fois. Une fois quand il faisait un stage, à Prague, avec l'équipe d'athlétisme, il est allé faire un tour en Italie et dans un autre pays, qui s'appelait la Chvisse ou quelque chose comme ça. On a fini par l'arrêter et on l'a ramené, mais, comme il est idiot, personne ne lui a fait de reproche. Et une autre fois, à Alma Ata, avec un autocar, il est parti vers le nord, jusqu'à Sverdlovsk, Perm et Kazan. À Kazan, l'armée lui a demandé ce qu'il fabriquait là, et il a tout expliqué. On l'a enfermé dans un hôpital pendant quelques jours avant de le réexpédier dans ses foyers.

C'est dommage, car il aurait bien aimé pousser jusqu'à Moscou, dont il n'était plus si loin.

– Tu ne veux pas aller à Moscou, toi?

À mon tour, je prends le temps de réfléchir. Moscou? Ça m'a toujours paru lointain et inaccessible. Ce doit être grand.

– Oui, peut-être.

– On pourrait aller à Moscou avec le camion, après la Géorgie.

Il y a des heures et des heures que nous avons fait halte pour déjeuner et refaire le plein d'essence. Il y a deux jours que nous avons traversé Astrakhan et le vaste delta de la Volga. Nous venons de croiser la voie ferrée pour la deuxième fois au moins. Je n'ai pas de carte, je n'ai pas la moindre idée de l'endroit où nous sommes. Nous avons dépassé une ville appelée Kizliar, dont j'ignorais jusqu'à l'existence. Depuis quelque temps, la route descend, mais il me semble apercevoir dans le lointain quelque chose comme une chaîne de montagnes. Serait-ce déjà le Caucase ?

– J'adorerais aller à Moscou avec toi, Eldar. Un jour peut-être.

Eldar Nourpeïsov parle. De son discours confus, il ressort qu'il n'a guère vu Moscou, bien qu'il y ait séjourné plusieurs semaines. Mais il était cantonné dans un stade, et dans ce qu'il appelle une école. Il lançait des poids à longueur de journée.

– C'est à Moscou, le Kremlin ?
– Je crois.
– Je n'ai pas vu le Kremlin.
– Moi non plus, Eldar.
– Nous irons le voir ensemble.
– D'accord.

Je m'assoupis. J'ai essayé d'apprendre à conduire mais sans résultats, et j'ai fini par renoncer. Un jour, j'essaierai sur une voiture, pas sur cet énorme engin. Un jour. Quand j'irai à Moscou sans doute. À un moment, je dois m'endormir tout à fait car je suis plongé dans le plus profond sommeil quand une espèce de treuil me soulève et me pousse vers la portière ouverte. Je comprends que cet abruti d'Eldar m'a flanqué hors du camion et qu'il fait nuit. Le temps de me relever, de patauger dans la boue, et je vois le lourd véhicule qui s'éloigne et s'engage dans le virage.

Eldar est devenu fou ?

Je me mets à courir sur la route. Je ne vais pas très loin : le camion est là, stoppé par un barrage autour duquel sont plantés des soldats en armes. La portière, côté chauffeur, est ouverte. Eldar descend, déplie son énorme masse. J'entends un bruit de voix mais je suis trop loin pour suivre ce qui se dit. Je résiste à l'impulsion d'aller vers ces lumières et de mettre mon grain de sel dans la conversation. Je m'assieds.

On finit par embarquer Eldar. Deux soldats montent dans le camion et l'emmènent. Alors seulement, je découvre mon sac, que Nourpeïsov a également projeté hors de la cabine.

Le barrage me fermait le passage ; j'ai donc rebroussé chemin. Le jour s'est levé tandis que je refaisais, à pied, les quelque vingt kilomètres me séparant de Kizliar. À Kizliar, j'ai pris le train pour Bakou. C'est à bord de ce train que j'ai vu les sommets enneigés du Caucase, à l'horizon.

3

Il s'appelle Magomet Charipov et c'est un Tchétchène
– il appartient à cette ethnie, d'environ un million d'individus, originaire du Caucase. Quand il monte à bord du train,
à Makhatchkala, je ne sais évidemment pas qu'il est tchétchène. Je vois simplement un garçon de mon âge à peu près,
au visage maigre et au nez busqué, un peu plus petit que
moi. Il s'installe à côté de moi sur la banquette. La place
ne manque pas pourtant, il aurait pu s'asseoir ailleurs. C'est
lui qui engage la conversation. Il me demande si je suis
étudiant. Je réponds oui. Suis-je inscrit à l'institut des
sciences de Bakou ? Je réponds encore oui. Et je raconte
une histoire, fort plausible, ma foi, d'après laquelle je
reviens de Groznyi, où je suis allé rendre visite à un oncle,
haut fonctionnaire. Je prépare mon doctorat en télécom-
munications, qui me vaudra tôt ou tard un poste important
à Moscou. Confidence pour confidence, il me décrit, à son
tour, l'avenir radieux qui l'attend. Il travaille dans le cuir ;
il revient de Moscou et Léningrad, où il est allé négocier
d'importants marchés pour le compte de l'usine dirigée par
son père. Il projette une tournée commerciale à Paris et à
Londres.
   Je suis impressionné. J'ai toutefois un léger doute : il me
semble qu'il ment encore mieux que moi. Je me hasarde à
le lui dire. Loin de se fâcher, il éclate de rire :

– Je n'ai pas cru non plus un seul mot de ce que tu m'as dit. Tu as de l'argent ?

– Je roule sur l'or.

– C'est comme moi.

– Autrement dit, tu es fauché.

– Au premier coup d'œil, je t'ai pris pour un étudiant aux poches bourrées par papa, maman. Je ne me trompe pas souvent. Tu n'as vraiment rien en poche ?

– Onze roubles.

J'en ai encore deux cent quatre-vingt-trois mais je ne vois pas l'intérêt d'étaler ma fortune.

– On peut faire une sacrée fête avec onze roubles.

Je lui souris :

– On peut aussi se faire casser la gueule.

– Tu n'aurais pas une chance contre moi.

– J'essaierais quand même. Tu habites où ?

Nulle part pour l'instant. Il a travaillé quelques mois à Bakou, dans le cuir, mais il préfère le commerce au travail manuel. Il est allé à Makhatchkala pour une affaire et a bien failli pousser un peu plus au nord.

– Moscou. J'y ai mon frère aîné et une bonne partie de ma famille. Je vais sûrement aller les rejoindre.

Je lui parle du passeport intérieur et des restrictions qu'il impose en matière de résidence. Magomet s'esclaffe : ce genre de difficulté, qui me préoccupe tant, n'est certainement pas ce qui arrêtera un Tchétchène.

Je lui parle en tchétchène, et il est surpris : comment se fait-il que je parle le tchétchène ?

– À part les Tchétchènes, personne ne le parle.

Moi, si. Et voilà que ma connaissance de sa langue natale, s'ajoutant à un mouvement de sympathie spontané, établit entre nous un climat d'amitié. Je me méfie encore de lui mais je me laisse aller à lui confier que je veux passer en Géorgie.

– Tu n'as pas trop l'air d'un Géorgien ; je t'aurais cru russe.

– Ne me vexe pas, s'il te plaît.

Nous approchons de Bakou. Après s'en être un moment écartée, la voie ferrée longe à nouveau la mer Caspienne. On voit apparaître les premiers derricks.

– Tu sais où dormir ?

– Absolument pas.

Mon Tchétchène sait, à présent, que je n'ai jamais mis les pieds en Azerbaïdjan, ni même en Géorgie. Je le sens qui m'observe en se demandant ce qu'il va faire de moi, quel bénéfice il peut en tirer.

– Tu dormiras chez moi, décide-t-il.

Et il est clair qu'il ne m'offre pas seulement l'hospitalité. Il y a autre chose.

Dans la gare de Bakou, à nouveau, il m'enveloppe d'un regard scrutateur.

– On peut sortir de la gare par la porte centrale et avoir, probablement, un contrôle…

– Pourquoi un contrôle ?

– Parce que l'Azerbaïdjan est un peu agité. Est-ce que je l'ignore ? D'où est-ce que je viens donc ?

– Ou bien ?

Il rit. On peut également sortir sans être contrôlés. Une nouvelle fois, j'ai le sentiment qu'il me soumet à un examen. Je dis :

– Je n'ai rien à cacher. La porte centrale me convient.

Il hoche la tête en riant, et nous sortons de la gare en empruntant une succession de couloirs et de passages réservés au service. Nous nous retrouvons à l'extérieur sans avoir rencontré le moindre milicien.

– Tu es dans quoi, Magomet ? Le trafic d'armes ?

– Hé, hé ! Non.

– La drogue ?

– Non plus. Tu n'as vraiment rien à cacher ou tu as deviné que, de toute façon, je t'aurais fait échapper aux contrôles ?

– Je crois que tu n'avais pas très envie de parler à des miliciens.

– Hé, hé ! dit-il.

Il habite dans le vieux Bakou, à l'intérieur de l'ancienne enceinte turque, une vieille maison dans une vieille rue étroite dont on peut toucher les murs latéraux en écartant les bras. Il me fait entrer dans une cour, regarde autour de lui, hoche encore la tête.

– Ça ira très bien ici. Et ensuite, nous aurons à boire et à manger à portée de la main.

Il me frappe à l'estomac sur la dernière syllabe, double aussitôt son coup d'un crochet du droit qui m'atteint au menton. Je recule, trébuche et tombe. Il rit.

– Qu'est-ce que je disais? Pas une chance.

D'accord. Je me relève, j'esquisse une feinte du gauche, et je frappe du droit. J'évite un uppercut, qui frôle ma mâchoire. À son tour de s'asseoir sur les pierres. Il contemple le sang qui a coulé de sa lèvre sur le dos de sa main. Il me demande:

– Tu as fait de la boxe?

– Un peu.

– D'autres sports?

– Athlétisme, football et volley. On continue?

– Tu n'as pas faim?

– Je crève de faim.

– Allons manger.

La pièce où il vit – et il y vit seul, pour la seconde fois je suis impressionné – est pleine du plus surprenant matériel que j'aie jamais vu. Une vraie caverne d'Ali Baba. Il y a de tout: postes de radio, lecteurs de cassette de dix marques différentes, magnétophones, magnétoscopes, etc. Il y en a pour une fortune.

– Magomet, est-ce que tu avais besoin d'essayer de me casser la gueule avant de me montrer ça?

– Je voulais voir si tu avais du répondant.

Il a sorti d'un petit réfrigérateur (dans lequel j'ai aperçu un bel empilement de bouteilles de vodka) des morceaux d'agneau rôti. Il les dispose dans deux assiettes sur un coin de table.

– On mange.

Nous mangeons. L'agneau est légèrement faisandé, mais j'ai trop faim pour m'arrêter à ce genre de détail.

– Qu'est-ce que tu attends de moi, Magomet?

– Le plaisir de ta compagnie.

– Ne me fais pas rire.

– J'ai vraiment du plaisir à ta compagnie. Je t'aurais cru plus mou. Tu avais l'air mou. Un fils à maman. Et tu avais l'air russe. Je cherche un associé.

– Qui ait l'air russe et idiot.

– Tu n'as pas l'air idiot.

– Pas assez ?

– Non, ça ira.

Pendant l'heure qui suit, il s'explique. Il veut, certes, aller s'installer à Moscou, mais, avant, il souhaiterait administrer à sa famille la preuve qu'il est capable de se débrouiller tout seul. Il a monté un assez joli négoce de matériel de contrebande, *via* la Turquie. Mais, justement, ses affaires prennent trop d'ampleur ; il ne peut plus faire face. Et il ne veut pas d'un associé tchétchène. Il n'a pas confiance (il me dit ça sans rire). Et puis, surtout, ses clients, ceux qu'il espère recruter, préfèrent traiter avec un Russe qu'avec un Tchétchène. Et nous pourrions faire de grandes choses ensemble. Sans rester nécessairement en Azerbaïdjan, ou au Caucase. Nous pourrions aller à Moscou, qui est le centre du monde, et y devenir de vrais rois.

Décidément, tout le monde veut m'envoyer à Moscou. Eldar Nourpeïsov, déjà, souhaitait m'y entraîner – je me demande où est passé Eldar ; j'ai des remords de l'avoir abandonné ; mais je vois mal ce que j'aurais pu faire pour l'aider.

– Qu'est-ce que tu en penses ?

– Il faut que je réfléchisse, Magomet.

À mon tour, je l'examine, tout en finissant le reste d'agneau. Ma réponse l'a apaisé ; il pense m'avoir convaincu. Ce qui ne laisse pas d'être assez vexant ; il me prend vraiment pour un crétin.

– Ce n'est pas une proposition intéressante ?

– C'est intéressant, dis-je.

– Réfléchis. Tu arrives au Caucase sans y connaître personne et une rencontre dans le train te procure le gîte, le couvert, des perspectives d'avenir. Et un ami fidèle.

– C'est, en effet, inespéré.

Nous sommes dans le centre de Bakou, la partie la plus ancienne et la plus élevée, l'acropole. Beaucoup de turqueries dans ce que j'ai aperçu en arrivant. L'air tiède du soir porte des parfums d'épices, de menthe… et d'autres remugles, moins plaisants. J'éprouve une puissante sensation de dépaysement et, pour la première fois, j'ai la conviction d'avoir vraiment quitté le décor de ma jeunesse, d'être enfin arrivé quelque part. En voyageant avec

Nourpeïsov, en dépit des kilomètres parcourus (six ou sept mille depuis la Sibérie !), j'étais encore dans le même univers. Je viens d'en changer. Je demande à Magomet Charipov :

– Je peux me laver quelque part ?

– Il y a une salle d'eau à l'étage. Mais, à cette heure-ci, les femmes font la cuisine.

J'ai tout mon temps. Il me laisse la chambre pour la nuit. Lui-même va s'absenter. Il sourit.

– Rendez-vous avec une fille. Installe-toi, ma maison est la tienne. Ne te montre pas trop ; le mieux serait que tu ne sortes pas de cette pièce. Tu peux faire de la musique. Il y a plein de cassettes, sers-toi. Tu sais faire marcher ces appareils ?

– Oui.

– Prends mon lit. Si tout se passe bien, je ne rentrerai que demain matin. Sinon, je m'arrangerai avec une couverture. Pour nous autres, Tchétchènes, l'hospitalité est sacrée.

Il s'en va. Je compte jusqu'à cinq, je saisis mon sac et je file à mon tour. Dehors, des femmes me regardent, effectivement occupées à faire la cuisine. Je dégringole les escaliers, traverse la cour où nous nous sommes battus, débouche dans la rue juste à temps pour voir Magomet (si c'est bien son nom) en tourner l'angle. Je me mets à le suivre.

Ce n'est pas difficile : il va mains dans les poches, l'air de quelqu'un qui est en paix avec lui-même et le reste de la planète. Peut-être me suis-je trompé après tout ? Je le suis toujours. Nous dépassons l'enceinte de l'acropole ; nous voici dans la Bakou moderne, construite par les Russes il y a deux cents ans, au moment de la conquête. Les rues, ici, s'élargissent en avenues bordées d'arbres, au point que je donne du champ à mon Tchétchène. S'il prend un autobus, je vais avoir l'air malin !

Il ne prend pas l'autobus. Son pas est vif. D'évidence, il est en excellente forme physique. Mes doutes s'aggravent : il est tombé un peu trop vite sous mon crochet du droit, dans la cour.

Il finit par entrer dans un café. J'attends dix minutes, pour le cas où il en ressortirait. Mais non. À moins que, se sentant filé, il ait simplement traversé l'établissement pour ressortir par une porte de derrière. J'entre à mon tour et je le trouve là, attablé et jouant aux cartes avec quatre autres types. Il n'avait pas plus rendez-vous avec une fille que moi.

– Je peux te parler, Magomet?

Je l'ai pris par surprise.

– Qu'est-ce que tu fais là?

J'insiste. Avec des mines de conspirateur, je désigne mon sac comme s'il contenait une bombe prête à exploser. Il finit par se lever. Nous passons dans une salle, au fond. Il est intrigué.

– Tu m'as suivi?

– J'ai oublié de te parler de ce qu'il y a dans mon sac.

– Et il y a quoi, dans ton sac?

– Regarde toi-même.

Je lui tends le sac, qu'il prend à deux mains. Je profite de ce que ses deux mains sont occupées et je frappe de bon cœur. Il part en arrière et va s'effondrer aux pieds d'une femme en train de hacher des choux. Je le rejoins, le relève et le frappe à nouveau, trois fois. Il est encore plus résistant que je le craignais; il réussit à se mettre à quatre pattes et secoue la tête. Ses quatre partenaires aux cartes apparaissent sur le seuil et me regardent de travers.

– Ça va très bien, leur dit Magomet. Nous avons juste une discussion d'affaires, mon associé et moi.

Il s'assied sur le sol et mange un trognon de chou.

– Réflexion faite, tu n'es vraiment pas mou.

La femme continue de hacher ses choux et ne nous accorde pas la moindre attention. Les quatre autres sont retournés à leurs cartes.

– Je frappe encore ou ça suffit?

– Tu m'as pris par surprise.

– Cette fois, oui. Pas tout à l'heure, dans la cour. Tout à l'heure, dans la cour, tu voulais qu'on me voie te frapper et qu'on te voie tomber, vaincu. Qu'est-ce qui devait se passer ensuite?

– Comprends pas.

Il rit.

– Tu permets, dis-je à la femme.

Je lui prends son hachoir des mains et j'en applique le tranchant sur le nez de Magomet.

– À ton avis, tu serais comment sans nez ?

– Les miliciens seraient arrivés environ une heure après mon départ. Ils t'auraient trouvé avec tout ce matériel de contrebande, et tu aurais fini au trou.

– À ta place.

– Hé, hé ! dit-il. Eh oui !

Je l'aide à se relever, pas mécontent de constater qu'il a les jambes flageolantes. Je rends le hachoir à sa propriétaire, qui se remet à hacher. Magomet tâte avec précaution son arcade sourcilière fendue et vérifie que sa mâchoire fonctionne toujours.

Il sourit :

– Je ne vois rien qui nous empêche de devenir associés, après tout.

– C'était quoi, ce matériel ?

– Du premier choix.

– S'il y en a pour six cents roubles en tout, c'est le bout du monde. Où l'as-tu eu ?

Il l'a emprunté à un Azéri pour le vendre. Autrement dit, il le lui a volé. Et l'autre a prévenu la milice, et lui, Magomet, a pris le large. Mais il n'est pas allé très loin ; on lui doit de l'argent à Bakou, et c'est à regret qu'il partait pour Moscou sans l'avoir récupéré. C'est alors qu'il m'a vu.

– Et tu t'es dit que je ferais la poire idéale. On m'aurait vu m'installer chez toi après t'avoir cassé la figure.

– Je me suis trompé sur ton compte. Ça peut arriver. On pourrait vraiment s'associer, tu sais.

On verra. Pour le moment, je n'ai pas la moindre intention de m'associer avec qui que ce soit, mais pourquoi le lui dire ? Ce dont j'ai besoin, c'est d'un endroit où passer la nuit, et, de préférence, à l'abri des perquisitions de la milice.

– Tu t'appelles vraiment Magomet ?

– Je m'appelle Khan Pacha.

– Ne me mens pas : je connais quatre Tchétchènes qui s'appellent Khan Pacha.

– Et alors ? Je suis tchétchène.

– D'accord, *Salâm aleïkoum*, Khan Pacha.

– *Aleïkoum salâm*. Viens, nous allons nous trouver un lit.

Je pars le lendemain. Cette crapule de Khan Pacha-Magomet, ou je ne sais trop quoi, se montre désolé de ce départ, alors qu'une si belle amitié était en train de naître entre nous. Le plus étonnant, c'est que j'éprouve en effet de l'amitié pour lui. Malgré ou à cause de sa crapulerie. Dans le train qui m'emporte vers la Géorgie, je constate qu'en somme, durant les dernières semaines, j'ai fait la connaissance de trois hommes avec lesquels, en d'autres circonstances, j'aurais pu me lier d'une amitié réelle : Chamchourine, Eldar Nourpeïsov et, maintenant, ce Tchétchène. C'est trois fois plus que je n'ai fait de rencontres intéressantes durant mes vingt-deux années de vie.

Bien entendu, j'ignore, alors, que je vais les revoir.

Pour l'heure, je n'ai en tête que cette Géorgie vers laquelle je fais route, partagé entre une curiosité presque émue et l'appréhension – si je ne me suis pas trompé, c'est là que j'apprendrai pourquoi des hommes m'ont poursuivi sur des milliers de kilomètres pour me tuer. Peut-être que je vais les trouver à ma descente du train, enchantés que je sois venu me livrer de moi-même.

Le train parti de Bakou a d'abord traversé le marécageux bassin de la Koura, puis les derniers contreforts du Caucase, avant de dépasser Kirovabad et de longer les monts transcaucasiens et l'Arménie. Ma géographie n'est pas très précise. Une fois seulement, il m'a été donné de consulter une carte (ma mère n'en possédait pas) et d'y chercher la Géorgie. J'ai découvert une très petite chose coincée entre le Caucase du Nord, dont les sommets dépassent cinq mille mètres, et la chaîne du Sud, dont le mont Ararat est le point culminant. Une vallée que, si longtemps, j'ai imaginée heureuse.

J'y suis, je vais y être. Nous venons de voir la Koura, dont je sais tout de même qu'elle arrose Tbilissi. Je suis sur mes gardes. Depuis Bakou, j'ai scruté les visages de tous ceux qui voyagent avec moi ou qui sont montés en cours de route. Ma main n'a pas lâché la poignée de mon sac, et je suis installé au fond du dernier wagon.

Nous quittons la République d'Azerbaïdjan pour celle de Géorgie ; un panneau le signale.

Mon père et ma mère sont nés à Gori. C'est aussi la ville natale d'un certain Iossif Vissarionovitch Djougachvili, dit Staline. Mon père et ma mère – surtout ma mère – tenaient Staline pour un grand homme. Ce n'est pas que ma mère ait été politiquement engagée – à ma connaisance du moins, car ce sujet, comme beaucoup d'autres, nous ne l'avons jamais abordé ensemble. Elle était contre toute espèce d'autoritarisme. Elle exécrait les tsars autocrates, elle abhorrait tous les chefs, quels qu'ils fussent, et plus ils étaient haut placés, plus elle les haïssait ou les méprisait. Elle n'aurait jamais supporté que quiconque se mêlât de lui dire ce qu'elle devait penser. Elle considérait toute forme de gouvernement comme injuste. Malgré cela, Staline échappait miraculeusement à toutes ses critiques. Il était de Gori.

Je suis aussi de Gori. Même si je n'ai pas la moindre idée de ce à quoi Gori peut bien ressembler.

Et, après plus de vingt ans, je ne pense pas y trouver encore des parents.

Je descends du train à Roustavi, à une trentaine de kilomètres de Tbilissi; c'est ma première ville géorgienne. J'ai sauté de mon wagon à la dernière seconde, après que le train se fut remis en marche. Parmi les hommes et les femmes qui ont embarqué, deux m'ont inquiété – à tort peut-être. Personne ne paraît s'intéresser à moi. Au bord de la route, dans un paysage de complexes métallurgiques, j'attends plus d'une heure avant de trouver un camion qui accepte de me prendre et dont le conducteur ne me semble pas trop inquiétant. Il est petit, rond et chauve. Il croque des pommes – il en a avec lui un plein panier –; il m'en offre. Je lui raconte que je suis étudiant, sur le point de reprendre les cours à l'université, mais il s'en fiche. Seuls le football et l'éventuelle carrière en coupe d'Europe du Dynamo de Tbilissi l'intéressent. Fouillant ma mémoire, je parviens à retrouver les noms de trois ou quatre des joueurs de son équipe favorite, et cela suffit à alimenter la conversation. Nous entrons dans Tbilissi une trentaine de minutes plus tard. Le camionneur m'a demandé où il pouvait me déposer, et, faute de connaître un autre endroit de la ville, j'ai répondu : sur l'avenue Roustavelli.

Je m'y promène, mon sac à la main, étonné. Le peu que j'ai vu de Bakou m'avait déjà donné le sentiment d'être entré dans un autre monde. Comme villes, je n'avais connu jusque-là que Barnaul, Novosibirsk et Karaganda, moins précise dans ma mémoire. Cette foule qui marche autour de moi me surprend par sa nonchalance, sa gaieté. On a l'impression que les promeneurs n'ont rien d'autre à faire qu'à se promener dans l'air tiède de la fin d'après-midi. La ville est serrée entre les montagnes et la Koura, aux eaux brunes. Elle s'étage à flanc de colline. J'aperçois des villas ceintes de jardins privés, où poussent des citronniers. Comme dans l'acropole de Bakou, les ruelles sont multiples, grouillantes d'hommes et de femmes qui échangent des plaisanteries dans un géorgien dont, je le constate avec plaisir, je comprends presque chaque mot, moi qui n'ai jamais eu l'occasion de le parler qu'avec ma mère. Les magasins, les boutiques, les échoppes foisonnent et me semblent regorger de fruits, mais aussi de légumes ; on voit même de la viande, de l'agneau surtout, et les cartes des restaurants proposent cette viande comme si c'était la chose la plus normale. Il y a quelques queues, mais à peine.

La première fois, j'ai cru à une ressemblance, mais c'est bien lui, Staline. Il trône en photo à côté de Marilyn Monroe, de Paul McCartney, du footballeur brésilien Pelé, et de la Sainte Famille. Je le retrouve dans une dizaine de vitrines.

Je ne sais où aller. J'avais l'idée vague de repérer quelqu'un de mon âge, ou un groupe, et de lier connaissance d'une façon ou d'une autre, dans l'espoir de trouver un gîte pour la nuit. Mes pas me ramènent sur Roustavelli. À l'approche du soir, la foule des promeneurs est plus dense sous les platanes. Les jeunes que je cherchais sont là. Garçons et filles vont par bandes séparées mais se lancent des œillades. Je repère aussi des étrangers, des touristes, que l'on assaille de propositions : on veut acheter tout ce qu'ils portent, depuis leur teeshirt jusqu'à leurs jeans ou leurs chaussures, en passant par leurs appareils photo. Je n'en avais jamais vu, sauf une fois à Barnaul, quand une mission commerciale ouest-allemande était venue pour je ne sais quelle visite. Je pourrais essayer d'en accoster un ; je parle anglais. J'hésite, me reprochant ma timidité. Il y a également des Russes dans cette foule ; on les reconnaît aisément à leur allure lente et lourde, à l'impassibilité de leur visage, à leur peau plus claire. Je croise le regard de l'un d'entre eux, qui m'adresse un signe de tête. Ce n'est pas un signal, c'est la simple reconnaissance d'une identité. À l'évidence, il me prend pour un autre Russe, lui aussi exilé parmi les sauvages Géorgiens. Pour un peu, je lui courrais après pour lui assener que nous n'avons rien en commun, lui et moi.

... Ce qui est faux. La famille de mon père était russe. Je ne suis géorgien qu'à moitié, quoi que je puisse prétendre. Comment peut-on être russe ?

Je finis par élire un petit groupe de jeunes gens. Deux d'entre eux arborent des blousons de cuir d'assez piètre qualité, bardés d'insignes et de badges célébrant les rockers de Van Allen ou montrant les Rolling Stones sur la place Rouge. Je vais m'approcher d'eux quand on me dit :

— Continue à marcher et prends la première rue à droite.

Le ton est bas. Un coup d'œil me permet de découvrir un petit jeune homme à la beauté presque féminine. Et il est seul.

— Vite, dit-il encore. On va finir par te repérer, si ce n'est pas déjà fait. Tu es complètement fou de te promener comme ça dans Tbilissi. Je suis allé jusqu'à Barnaul pour te prévenir.

Sauf s'il est armé – et il ne semble pas l'être –, il ne me paraît pas très dangereux. J'enfile, nous enfilons, la première rue à droite.

— Par ici.

Il me précède et je le suis. Pas très longtemps ; je n'aime pas être conduit de la sorte. Je lui saisis l'épaule et l'immobilise.

— Tu as dit que tu étais allé à Barnaul pour me prévenir ?

— Les Toumanov ne t'ont pas parlé de moi ?

– Tu t'appelles comment ?

– Gogui. Mais, à Barnaul, je me suis présenté comme Kyryl.

Au mieux, il fait un mètre soixante-dix. Il porte, presque jusqu'aux épaules, des cheveux noirs, séparés par une raie médiane. Il a des yeux de fille, très sombres, ourlés de longs cils. Il est frêle. *« Gentil comme une fille »*, m'a dit Boria Toumanov.

– Qui es-tu ?

– Ton cousin, dit-il.

Enfin, une espèce de cousin à la mode géorgienne, au trente-troisième degré. Mais sa mère et la mienne étaient amies autrefois. Il a fait le voyage jusqu'à Barnaul pour me prévenir, sur les instances, justement, de sa propre mère.

– Me prévenir de quoi ?

De ce qu'on essaie de me tuer.

– Je suis déjà au courant.

– Et tu es venu à Tbilissi quand même ?

– Qui veut me tuer ? Tu le sais ?

Il regarde autour de lui.

– Nous ne devrions pas rester ici. Ses hommes pourraient te reconnaître. Il leur a distribué ta photo.

Il ?

Mais Gogui est déjà reparti, et je marche sur ses talons avec un tout petit peu moins de méfiance.

– Qui ça, il ?

Efféminé ou pas, il marche vite et presse constamment le pas. La nuit tombe. De deux choses l'une : ou je serai mort dans une heure, pris dans le piège subtil tendu par ce prétendu cousin, ou j'aurai un lit pour dormir. Nous tournons le dos à la rive est de la Koura ; nous laissons derrière nous un grand escarpement surmonté d'une vieille église et d'une statue équestre (est-ce que Staline montait à cheval ?). Sur l'autre berge du fleuve, Gogui me fait pénétrer dans un dédale de maisons aux toits de tôle ondulée, aux murs de plâtre craquelé renforcés par des étais branlants. J'aperçois des balcons et des moucharabiehs ; je remarque des bains turcs et les coupoles d'une mosquée, qu'un minaret domine. Tout en haut, on voit les tours d'un vieux château, dont je saurai plus tard qu'il a seize siècles. Là encore, il y a des boutiques étranges, si peu russes, dont les étalages croulent sous les tomates, les oignons, les piments et la menthe. Aux odeurs d'épices s'ajoutent celles de la poussière et de la moisissure. On entend diverses musiques ; des mélopées orientales couvrent la voix cassée de Leonard Cohen. Dans ce dédale, Gogui se faufile comme un chat ; j'ai presque du mal à le suivre. Enfin, nous entrons dans une cour qui me rappelle celle où je me suis battu avec le Tchétchène, à Bakou, et je me trouve soudain devant une femme.

Elle a la quarantaine, ou un peu plus ; ses épais et beaux cheveux noirs sont coupés courts, mais coupés n'importe comment, à croire qu'elle a opéré elle-même sans trop se soucier du résultat. Elle a dû être très belle. Elle l'est encore, bien qu'elle paraisse un peu empâtée. À notre entrée, elle était assise devant une vieille machine à coudre Singer, de celles qu'on actionne avec le pied. Elle me dévisage un moment, comme quelqu'un qui cherche un souvenir ou une ressemblance. Elle continue de me fixer mais c'est à Gogui qu'elle s'adresse.

— Où l'as-tu trouvé ?
— Sur l'avenue Roustavelli.
— Et il s'y promenait tranquille ?
— Eh oui, dit Gogui.
— Il est idiot ?
— Je ne sais pas encore, mais ça se pourrait bien.

Ils parlent de moi comme si j'étais encore en Sibérie, ou au Brésil. La femme m'examine des pieds à la tête. De près, je remarque ses nombreux cheveux blancs.

— Quand es-tu arrivé à Tbilissi ?

Cette fois, la question est pour moi.

— Cet après-midi.
— D'où viens-tu ?
— De New York, dis-je. Et avant, j'étais en Californie, sur mon yacht.
— Ne fais pas l'imbécile, ou je te colle deux claques, dit-elle. Je t'ai vu naître.

Le ton n'engage guère à la discussion. Bizarrement, il me rappelle celui de ma mère, quand elle avait en tête une idée précise sur ce qu'il convenait de faire ou de dire (ses idées étaient toujours précises).

– Je t'ai vu naître et j'ai connu ta mère ; elle était mon amie. Comment est-elle morte ?

– Le cœur.

– Tu l'as pleurée ?

Nos regards se rencontrent.

– Excuse-moi, dit-elle. Gogui va te montrer où tu peux dormir, et nous allons manger.

La maison a deux étages et deux pièces par étage. Gogui et sa mère y vivent seuls, ce qui, naturellement, m'étonne. On m'installe dans une des pièces du haut, où s'entassent des livres et des meubles. Les meubles donnent l'impression d'avoir été remisés là à la suite d'un énorme déménagement. Je pose mon sac, et ce simple geste déclenche en moi des sentiments bizarres. C'est comme si, au terme d'un très long voyage, j'arrivais chez moi, en un lieu sûr et paisible, où j'ai ma place depuis toujours.

– Tu pourras rester ici aussi longtemps que tu voudras, me dit Gogui qui semble avoir deviné mes pensées.

– Tu peux rester ici aussi longtemps que tu voudras, me dit sa mère au moment où nous prenons place autour de la table. On a cherché à te tuer ?

Je raconte la Sibérie, puis Barnaul, puis Béret-Bleu, acharné à me poursuivre sur des milliers de kilomètres.

– Celui que tu appelles Béret-Bleu est Yasson. Il a fait la guerre en Afghanistan. Il tuerait n'importe qui. Les autres devaient être Tenghiz et Chota. Pavlé n'était sûrement pas là, sans quoi tu serais mort. Pavlé ne manque jamais sa cible.

Toutes ces révélations me sont faites de la voix la plus tranquille. J'en oublie de manger. Gogui me gratifie d'un clin d'œil. Tout cela a l'air de l'amuser.

– Parce que tu connais tous ces hommes ?

– Mange, dit-elle. Tu ressembles beaucoup à ton père. Pas seulement pour le physique. Je connais tous ces hommes, en effet. Et celui qui les commande et qui leur a donné l'ordre de te tuer. Ne me pose pas de questions ; je te raconterai l'histoire à ma manière. Mange. L'homme qui a ordonné ta mort s'appelle Djoundar Kourachvili. En venant à Tbilissi, tu t'es précipité dans la gueule du loup. C'était la dernière chose à faire. Mais, bon, tu l'as faite. Et, dans un sens, tant mieux ! Tu sauras maintenant où tu en es. Ta mère t'a parlé de Kourachvili ?

La bouche pleine, je fais non de la tête.

– Elle aurait dû. Mais elle a sans doute pensé qu'avec le temps ça n'avait plus d'importance. C'était dans son caractère ; les gens qu'elle méprisait et dont elle voulait ignorer l'existence, elle pensait qu'ils étaient morts. Elle t'a dit pourquoi ton père et elle ont dû quitter la Géorgie pour Karaganda ?

Je fais à nouveau signe que non. Gogui sourit franchement.

– Kourachvili. Kourachvili les a fait déporter. Et… je n'en ai pas la preuve, mais c'est lui, probablement, qui a fait tuer ton père. Qui n'est certainement pas mort accidentellement.

Il y a à peu près vingt-trois ans, dans les années 60, mon père travaille dans les chemins de fer. Il occupe un poste à responsabilités. C'est lui qui contrôle et détermine les chargements des trains de marchandises. Aucun acheminement ne peut être fait sans son accord. En théorie du moins. Dans la réalité, rien n'intéresse moins mon père que ces problèmes de trains. Il n'est pas souvent à son bureau. Il écrit, collabore à un petit journal. Il a créé une troupe de théâtre ; il s'est lié d'amitié avec des écrivains ; il noircit des pages de poésie. C'est un homme affable et doux, qui est parvenu à faire oublier à ses amis géorgiens qu'il descend d'un officier de l'Armée rouge, venue, dès le début de l'année 1921, écraser les révoltes paysannes et instaurer par la force le régime soviétique. Le fait d'avoir épousé une Géorgienne de Gori et de s'être complètement intégré à son pays d'adoption lui a sans doute facilité les choses.

Jusqu'au jour où il s'aperçoit que sa signature, qu'il délègue un peu trop facilement, a couvert une très vaste opération d'exportation frauduleuse de thé. Combien de temps met-il à réagir à cette découverte ? Nul ne le sait. Il semble qu'il n'en parle même pas à ma mère. Peut-être craint-il ses

70

reproches (c'est, en somme, sa nonchalance et son peu d'intérêt pour ses fonctions qui ont permis la falsification des bordereaux). Peut-être aussi a-t-il peur de ce qu'il a découvert. C'est que le trafic porte sur des sommes considérables – des millions de roubles – et dure vraisemblablement depuis des années. Quantité de personnes haut placées y sont impliquées. Il le faut bien : la Géorgie fournit à elle seule la quasi-totalité de la production de thé soviétique ; les chiffres de production sont falsifiés dès la récolte, dont on exporte une certaine partie seulement, au prix décidé par le plan, et dont on écoule le reste au marché noir, à un tarif nettement supérieur.

La mère de Gogui ignore quand mon père a découvert l'affaire, vers qui il s'est tourné, si, même, il a entrepris quelque action. Reste qu'un soir il rentre à la maison dans un état d'exaltation nerveuse contraire à sa naturelle indolence. Il se confie enfin à ma mère, sans trop donner de précisions. Cet homme d'écriture annonce qu'il a préparé ou va préparer un texte où tout sera mis en lumière, « *tous les noms, tous les détails, tous les chiffres* ». Apparemment, il vient d'avoir avec quelqu'un un affrontement des plus orageux.

Une dizaine d'heures plus tard, ma mère et lui sont arrêtés, incarcérés. On les accuse de menées antisoviétiques, lui par ses écrits, elle par ses cours. La mécanique stalinienne n'est plus, alors, ce qu'elle était, mais il en reste bien des choses. Cela relève du camp de concentration ou de l'hôpital psychiatrique. Curieusement, la sanction est ramenée à une simple proscription. Ils sont expédiés aux environs de Karaganda. Mon père est affecté à un emploi dans une mine de charbon du kombinat Cinquantième Anniversaire de la Révolution d'Octobre. Il y meurt moins de cinquante jours après son arrivée, écrasé sous une poutrelle. Ma mère travaille dans une usine de produits chimiques, et, très rapidement, son état de santé se détériore. Un changement d'affectation la sauve et lui permet de continuer à s'occuper de moi, mais ce n'est qu'après plus de dix ans qu'elle reçoit enfin l'autorisation d'aller s'installer à Barnaul, interdiction lui étant évidemment faite de rentrer en Géorgie.

Je remarque :

– Quelqu'un leur en voulait à mort, quelqu'un les a protégés.

– Je les ai protégés, dit la mère de Gogui. Moi et quelques autres. Nous avons fait pour eux tout ce que nous pouvions.

La mère de Gogui s'appelle Myriam. C'est une juive de Tbilissi, dont les ancêtres sont venus s'installer en Géorgie il y a mille ans. La plupart de ses coreligionnaires ont quitté la ville et la région – pour la Palestine en général – au cours des années 70.

Bien des points me restent obscurs dans le récit qu'elle vient de me faire. Par exemple, qu'elle puisse se targuer d'avoir protégé mes parents vingt et quelques années plus tôt, elle qui vit dans la partie la plus décrépite de Tbilissi. Ou encore, et surtout, que ce soit, selon elle, à cause de ce qui s'est passé ici presque un quart de siècle plus tôt qu'on veuille m'exterminer. Alors que je ne sais strictement rien.

Notre dîner est terminé. En fils obéissant – comme je l'ai toujours fait moi-même –, Gogui a desservi la table. Myriam Sémionova sirote son thé. Son regard noir a la fixité de celui de ma mère. Les deux femmes avaient beaucoup en commun ; elles ne pouvaient que s'entendre à merveille ou se haïr mortellement. Je commence à croire qu'elles s'aimaient.

– La nouvelle de la mort de ta mère m'est parvenue il y a deux semaines. Je veux dire qu'on l'a apprise à Tbilissi, et que quelqu'un me l'a rapportée. J'ai immédiatement pensé que tu allais être en danger, et je t'ai envoyé Gogui.

– Je suis même allé jusqu'à Novosibirsk, mais tu n'y étais plus, précise Gogui.

Forcément, je me trouvais en Yakoutie. Mais une lettre aurait suffi à m'apprendre quel danger je courais.

– Je t'ai envoyé une lettre, mon garçon.

– Je ne l'ai pas reçue.

Si c'est bien la mort de ma mère qui a mis en branle les tueurs et si je représente un tel danger qu'on veuille me tuer, pourquoi ? Et pourquoi avoir attendu si longtemps ?

– Une question après l'autre. Ta mère était mon amie.

J'ai en quelque sorte acheté sa vie contre quelque chose. On ne devait pas la toucher. Elle est bien morte de mort naturelle?

– Oui.

– Tu en es sûr?

– Oui.

Hochement de tête.

– Il a donc tenu sa parole pour une fois. Mais je ne t'avais pas inclus dans le marché. Sur le moment, je n'ai pas pensé à toi, tout simplement.

– Qui, il?

J'ai déjà posé la même question à Gogui, qui n'y a pas répondu. Myriam Sémionova l'écarte pareillement, d'un geste de la main.

– Nous y reviendrons. Ta mère t'a laissé quelque chose? Un dossier ou un livre? Des livres?

– Non.

– Elle t'a peut-être parlé d'un endroit.

– Comme une cachette où mon père ou elle auraient placé un dossier? Non. Jamais. Elle ne m'a même pas expliqué pourquoi ni comment ils avaient été chassés de Géorgie.

– Je la comprends. Maintenant que je te connais, je la comprends: tu serais aussitôt parti en guerre. Tu ne l'aurais pas fait?

Je prends le temps de réfléchir. Oui. Oui, évidemment que je l'aurais fait. Avec cette même rage que je commence à ressentir.

Le regard de la mère de Gogui est sur moi. Elle hoche la tête:

– Je me suis trompée. Tu ressembles physiquement à ton père, mais ton caractère est différent du sien. Tu es un combattant. Sinon, tu ne serais sans doute pas arrivé vivant à Tbilissi.

Gogui n'est pas revenu. Je ne doute pas qu'il nous ait laissé volontairement en tête à tête, sa mère et moi.

– Je ne sais pas si ton père a laissé un dossier, dans lequel il aurait effectivement inscrit les noms, les dates et les chiffres. Personne ne le sait, en réalité, et je pense que même ta mère l'ignorait.

– Mais quelqu'un croit qu'il l'a fait.

– Tout au moins, qu'il l'a peut-être fait.

– Et que j'ai ce dossier. Ou que je peux l'avoir.

– Voilà.

– Et ce dossier vaudrait quelque chose après plus de vingt ans ?

– Si l'homme contre qui il a été constitué est toujours vivant, oui. Et si cet homme occupe aujourd'hui une position importante, l'idée du dossier est encore plus terrible pour lui. Et cet homme est d'autant plus dangereux pour toi qu'il a une très haute opinion de lui-même, de son intelligence, de son pouvoir, de sa réussite, et qu'il n'admet pas qu'on puisse avoir barre sur lui ou le menacer.

– Kourachvili ?

– Oui.

– Et il habite Tbilissi ?

– Il y détient l'essentiel du pouvoir.

– Vous le connaissez bien ?

– Je l'ai épousé, dit-elle.

La crainte d'être tombé dans un piège m'effleure puis passe rapidement. La nuit est venue depuis longtemps. Gogui ne fait aucun bruit ; sans doute est-il dans sa chambre, au premier étage. La rumeur sourde de Tbilissi s'est peu à peu calmée. Et un autre sentiment s'empare de moi, où il entre déjà de la rage : la conviction que je viens de débusquer mon adversaire et de trouver mon combat.

Qui est exactement Kourachvili ?

Djoundar Kourachvili. Né à Gori. Quarante-sept ans – à un an près, l'âge qu'aurait mon père s'il avait vécu. Commence sa carrière dans sa ville natale, avec discrétion : il est instituteur. Et membre du Parti. Parti dont il se servira pour mener à bien son ascension. À vingt-six ans, il enseigne l'histoire et fait preuve d'un incontestable talent pour purger son enseignement en fonction des impératifs politiques du moment. C'est un maître de la « page blanche », qui excelle à passer sous silence tout personnage ou tout fait qui serait susceptible de mécontenter ses supérieurs. Il est diplômé de l'institut pédagogique de Gori et devient secrétaire du Parti à l'échelon local, délégué à l'idéologie – ce n'est pas le poste le plus en vue mais c'est celui qui procure le pouvoir réel. Fin de la première étape : il est le maître de Gori.

Mais il vise plus haut. Il vise la capitale de la République de Géorgie, Tbilissi. Il faut des années de patience pour progresser comme un termite et accéder enfin au comité central de la République. Il lui faut d'autres diplômes. Le temps est révolu où sortir du prolétariat équivalait à un brevet de compétence. Il n'a ni le temps ni le goût de poursuivre de longues et fastidieuses études. Il réunit en collectif des volontaires désignés d'office – ses anciens collègues de l'institut pédagogique de Gori – et leur assigne pour mission la préparation d'une thèse de doctorat. Qu'il signe. Qui lui vaut les félicitations d'un jury, de toute manière acquis à la cause de ce génie. La technique n'est pas neuve : on n'accède pas aux plus hautes sphères de l'appareil du parti sans diplômes ronflants, on a rarement le temps ou les capacités de les obtenir, on fait donc appel à des subalternes, voire à des spécialistes chevronnés – certaine dame occupant des fonctions éminentes à Moscou et parée d'un nombre impressionnant de doctorats n'aurait pas procédé autrement.

Djoundar Kourachvili se retrouve secrétaire à l'idéologie au comité central géorgien. Pas d'autre poste officiel. Mais c'est plus que suffisant : personne, en Géorgie, n'oserait le contredire, même s'il voit de la neige au mois d'août. Cela pour la partie visible de l'iceberg. En fait, il a la haute main sur tout. La *gospriemka*, commission fédérale du contrôle des normes, par laquelle passent tous les projets, dans tous les domaines sans exception, ne saurait édifier une vespasienne sans lui en référer et sans solliciter son opinion. Il a placé ses hommes dans tous les organismes, qu'ils soient fédéraux ou régionaux. Le premier secrétaire de Tbilissi lui doit tout, les députés au Soviet suprême ne peuvent rien lui refuser. Et son pouvoir va bien au-delà des frontières de la Géorgie.

– Tu étais à Alma Ata ? Il y a des amis sûrs. Et dans tout le Kazakhstan. Comme à Bakou, ou chez les Turkmènes ou les Ouzbeks.

– À Moscou ?

– À Moscou comme ailleurs. Il a bien réussi, en trois jours, dès qu'il a appris la mort de ta mère, à trouver un tueur en Yakoutie. C'est loin, la Yakoutie.

Je considère Myriam Sémionova. J'ai peut-être affaire à une folle. Ou à une femme ardemment désireuse de se venger de son ex-mari – ce sont des choses qui arrivent. Le portrait qu'elle me brosse de Kourachvili est noir. Trop noir peut-être. Excessif ?

– Il a déjà fait tuer quelqu'un à votre connaissance ?

Elle me fixe et hausse les épaules.

– Oui.

– Mon père ?

– Pour ton père, je n'ai que des présomptions.

– Vous avez des preuves dans d'autres cas ?

– Ce sera ma parole contre la sienne.

Je me lève, quitte la table desservie, sort dans la cour. Aux portes des autres maisons, qui donnent aussi sur cette cour, des femmes aux cheveux rougis au henné me regardent en riant. La musique vient de chez elles, lancinante. La Géorgie est vraiment l'Orient. D'un coup, je me sens russe. Avec ce que cela implique de dédain, pour ne pas dire de mépris, pour ces gens.

Je reviens à l'intérieur.

– Je peux voir Kourachvili ?

– Tu peux aller lui demander audience, répond Myriam Sémionova d'un ton sarcastique. Comme ça, s'il ignorait encore que tu es à Tbilissi, il le saura.

Et il me tuera, ce qui me prouvera par a plus b qu'il est vraiment méchant.

– Je veux juste l'apercevoir. Même de loin.

– J'ai de la vodka ; tu en veux ?

– Oui, merci.

– La bouteille est derrière toi.

Je prends deux verres, mais elle renverse le sien. Je me sers. Son regard m'évite.

– Il y a deux ans, dit-elle, un ami juif a voulu quitter au plus vite ce pays sans passer par les postes frontières. Quelqu'un que je connais lui a montré un chemin. Par la Turquie.

Passer en Turquie ? La proposition me laisse pantois. Je n'ai encore jamais pensé à quitter mon pays.

– Je suppose qu'il faudrait de l'argent.

– Je peux m'arranger, dit-elle.

L'idée me vient à cet instant-là, et c'est elle, désormais, qui va orienter mon existence.

– Et une fois que je serai en Turquie ?

– Tu parles sûrement l'anglais ; ta mère le savait parfaitement. De Turquie, tu pourras aller n'importe où dans le monde. À ton âge, toutes les portes sont ouvertes.

– Je partirai seul ?

– Je ne crois pas que Gogui t'accompagnera, si c'est là ta question. Mais il t'aidera.

En vérité, je doute que ce petit jeune homme fluet aux allures de demoiselle et aux yeux de biche puisse jamais me servir à quelque chose, mais passons. Une autre question me vient en tête, mais Myriam Sémionova a dû la lire dans mes yeux car elle dit :

– Il n'est pas le fils de Kourachvili. Il est né trois ans après le divorce. D'un autre homme, qui n'est plus. Et Gogui vaut bien plus que tu ne sembles le croire. Quand veux-tu partir ?

– Je veux voir Kourachvili d'abord. Je veux voir son visage.

Un silence. À nouveau, son regard est revenu sur moi.

– Tu bois trop, dit-elle enfin. Tu veux voir Kourachvili pour t'assurer qu'il est bien l'homme qui veut te tuer. Autrement dit, tu doutes de moi et de ce que j'ai pu te raconter. Peut-être que tu crois que je suis simplement une femme jalouse, désireuse de se venger. Tu es intelligent et tu es très idiot en même temps. Kourachvili s'est débarrassé de moi parce que je suis juive, mais surtout parce que je le jugeais. Sa nouvelle femme ne risque pas de le contredire, et elle lui a servi dans son ascension. Moi, il ne me trompait pas. Elle, si.

Elle se lève, et il est certain qu'elle a dû être l'une des plus jolies jeunes filles de Tbilissi.

– Tu veux que je prépare ton départ pour la Turquie ?

– Oui, merci.

– Tu n'es pas obligé de finir cette bouteille. Demain,

Gogui te conduira. Tu pourras apercevoir Kourachvili. Peut-être. Mais Gogui ne prendra aucun risque, et tu n'en prendras pas davantage. Je ne veux pas qu'il arrive quoi que ce soit à mon fils. Mais, à mon avis, tu vas te faire tuer.

4

Nous arrivons à Gori peu après huit heures du matin. Nous sommes quatre, deux filles nous accompagnent. Ç'a été ma première surprise de la matinée que de voir apparaître ces deux donzelles : je n'avais pas imaginé que Gogui pût ainsi disposer de petites amies. Et jolies en plus.

— Tant qu'à faire, m'a dit Gogui. À voyager seul, tu te ferais sûrement remarquer, alors qu'à quatre, personne ne fera attention à nous.

Nous étions en fait bien plus de quatre dans l'autobus qui était parti de Tbilissi à l'aube. C'est tout un groupe qui s'est formé. Des étudiants. Gogui m'a présenté comme son cousin, venu de Sverdlovsk.

— Pourquoi diable Sverdlovsk ?
— Tu connais Moscou ?
— Tu sais bien que non.
— Tu connais d'autres villes à part Karanganda, Barnaul et Novosibirsk ?
— Non plus.
— Alors, pourquoi pas Sverdlovsk ? Je sais qu'aucun de mes amis n'y a jamais mis les pieds. Tu voudrais que j'aille raconter que tu arrives du Kazakhstan et de la Sibérie occidentale ?

Il n'a pas tort. Et, d'ailleurs, dans la joyeuse bande, il ne s'en trouve pas un seul pour s'intéresser à Sverdlovsk.

Et puis, je parle géorgien, je ne suis donc pas un étranger.

L'avenue Staline écartèle Gori. Sur la place se dresse une statue monumentale du vojd – du grand chef –, et c'est la seule représentation de lui qui existe dans toute l'Union soviétique. Il paraît qu'une visite au mausolée du ci-devant petit père des peuples s'impose ; c'est la tradition. Je découvre une espèce de temple de marbre, entouré d'un jardin et flanqué d'un musée.

– Je n'ai pas du tout envie de voir ce machin, Gogui.

– Entre quand même. Tu te ferais repérer si tu ne le faisais pas. Tu as vu ces deux types dans la voiture ? Ils travaillent pour lui.

– Qui ça, lui ? Kourachvili ?

– Ne prononce pas son nom s'il te plaît. Occupe-toi plutôt de Yara. Elle est mignonne, non ?

Yara est très mignonne. C'est une grande fille brune aux cheveux coupés courts, aux jolies dents. Bientôt, elle passe son bras sous le mien ; nos doigts s'entrecroisent et nos hanches se touchent. Je l'embrasserais volontiers. Réflexion faite, Kourachvili peut bien attendre un peu. Nous sommes dans le musée, au milieu d'une petite foule composée pour l'essentiel d'hommes âgés et couverts de médailles. Certains vont jusqu'à arborer des moustaches épaisses pour ressembler davantage à leur idole. Le parquet est en bois ciré. On a suspendu partout des lustres impériaux. Une stupide musique martiale nous suit de salle en salle...

– Ça t'intéresse, Yara ?

– Bof, dit-elle.

Et elle me sourit, des promesses très alléchantes plein les yeux.

Une série de photos, de plans, de cartes, de citations manuscrites du grand homme, que papa et maman vénéraient, constituent le fond du musée. Pas moyen d'échapper à l'atmosphère de recueillement religieux qui atteint son paroxysme dans ce qu'on nomme la « chambre mortuaire », vaste pièce ornée de colonnes et décorée de gros vases où sèchent des branches. On y voit le masque mortuaire du héros, masque en or massif, mais si petit que, ou bien Staline n'était vraiment pas gros, ou bien le sculpteur s'est planté dans les proportions.

Je retrouve le jardin et ses absurdes fontaines florentines avec soulagement. Comme prévu, Gogui, son amie, Yara et moi nous séparons du groupe. Nous nous éclipsons. Trois rues plus loin, la camionnette annoncée par Gogui nous attend. Bientôt, nous sortons de Gori, nous traversons des verstes de plantations de pommiers et de pêchers, des vignes à perte de vue. Au sortir de la vallée de la Koura, la route s'élève en lacets. On n'y rencontre guère que des convois de chevaux – des alezans superbes –, tandis que les flancs des collines sont ponctués de ruches. Deux heures après notre départ de Gori, nous faisons halte. Les filles ont besoin de s'isoler.

– Où nous emmènes-tu, Gogui ?

– Là où il est en ce moment.

– Dans ce coin perdu ?

– Il a huit ou dix maisons et une femme au moins dans chacune. Aujourd'hui, il est ici. Tu veux le voir, tu le verras.

– Les filles sont au courant ?

– Non. Attention à Yara. C'est l'une de ses nièces.

Je ne peux m'empêcher de rire. L'idée que je pourrais avoir pour maîtresse une parente proche de l'homme qui a lancé contre moi une horde de tueurs sanguinaires, cette idée est plaisante.

– Tu ne l'aurais pas fait exprès, Gogui ?

Il ne sourit pas (il sourit très peu, ses hauts sourcils donnent à son fin visage l'expression d'une danseuse du Bolchoï répétant une figure compliquée).

– Je l'ai surtout choisie parce que je pensais qu'elle te plairait, et que tu lui plairais. Qu'elle soit sa nièce est en plus, dit-il, imperturbable.

Nous repartons et nous recommençons à grimper ; les filles protestent qu'elles ont faim et que l'on devrait s'arrêter pour engloutir le contenu du panier de pique-nique. Gogui affirme qu'il n'y en a plus pour longtemps. Et, en effet, voici qu'apparaît un très grand éperon rocheux, surmonté de remparts et de dômes à tourelles, caractéristiques de l'architecture géorgienne. C'est l'église de la Nativité, où sont inhumés les rois qui régnaient sur la Géorgie bien avant qu'elle ne fût conquise par les Russes. Gogui arrête la camionnette assez loin du monastère. Il nous faut un peu de temps pour trouver ce qu'il estime être l'endroit approprié, pas trop sali par les promeneurs dominicaux et offrant une vue sur la vallée.

– Viens voir.

Gogui m'entraîne, tandis que Yara et son amie s'activent à préparer le repas.

– Cette maison, là-bas.

J'aperçois une construction aux trois quarts cachée sous les arbres. Avec les jumelles que Gogui me tend, je détaille : une terrasse dallée, avec de beaux fauteuils de jardin, une porte-fenêtre ouverte, la maison elle-même, que les branches me dissimulent presque entièrement…

– Gogui, combien as-tu dit qu'il avait de maisons ?

– Au moins huit. Plus celle de Gori et son appartement officiel à Tbilissi, où il a sa femme et ses enfants.

En contrebas de la terrasse, il y a un terre-plein qu'occupe un enclos où sont enfermés plusieurs alezans. Des voitures sont garées autour. Je vois deux chauffeurs.

– Sa femme connaît ces huit maisons ?

– Non. Enfin, je ne crois pas.

– Pourquoi s'en être fait installer autant ?

– Il aurait pu se faire construire un château, mais ça aurait attiré l'attention. Il est très prudent. Officiellement, il est possible qu'aucune de ces maisons ne lui appartienne.

– Il a de la visite ou ce sont ses voitures ?

Gogui prend les jumelles.

– Des visiteurs, et importants. Il lui arrive d'inviter des gens. De Tbilissi ou même de Moscou. Il les traite royalement.

Je reprends les jumelles.

– Comment as-tu appris tant de choses sur lui, Gogui ?

Il a un charmant mouvement de tête, qu'une Yara ne désavouerait pas. Il sourit.

– J'aime savoir les choses. Au début, maman m'a demandé de… de voir ce qu'il faisait. Maintenant, c'est pour mon plaisir.

– Il te connaît ?

– Oui. Un peu. On devrait rejoindre les filles.

Nous revenons vers la voiture, et les doutes que j'avais encore sur la virilité de Gogui sont dissipés dans l'heure suivante. Après le déjeuner sur l'herbe. Après que j'ai moi-même rendu hommage à Yara. Quand je vois ressortir, du bosquet où ils s'étaient isolés, mon Gogui et sa compagne. Laquelle est défaite comme les divisions nazies au lendemain de Stalingrad. Mais plus satisfaite.

Il est près de quatre heures de l'après-midi. À l'œil nu, il me semble apercevoir des mouvements de l'autre côté de la vallée, en bas de la villa. Je récupère les jumelles et je vais me poster à l'affût. Quatre ou cinq hommes se tiennent maintenant debout à côté des voitures. Presque tous embarquent et s'en vont. Sauf un, qui les salue mais qui reste. Un seul véhicule est encore là: une Samara 8 de couleur noire, à cinq portes, le modèle de luxe, à direction assistée.

Je balaie du regard les alentours de la villa et je repère les gardes. Ils sont trois, armés de fusils de chasse, dont un placé tout en bas, à l'entrée de la route privée, fraîchement asphaltée, qui conduit à la maison. Il se tient debout près de la barrière, qu'il a levée un moment plus tôt pour laisser sortir les voitures des visiteurs.

– Allons-y; on ne peut pas s'attarder davantage, dit Gogui derrière moi. J'ai promis aux filles de les ramener à Tbilissi avant huit heures, et nous sommes déjà en retard.

– Pars sans moi, Gogui.

Il ne répond pas, mais son silence lourd est suffisamment explicite. Je dis :

– Tu m'as bien entendu : partez sans moi, les filles et toi.

– Tu ne vas quand même pas passer la nuit ici ?

– Non. Je vais tout simplement descendre, traverser la vallée, escalader l'autre versant, me glisser dans la maison et aller voir de près le camarade Djoundar Kourachvili.

Gogui ferme les yeux.

– Je savais que tu allais faire une ânerie de ce genre. Je le savais.

– Fiche le camp. De toute façon, tu ne pourras pas me retenir, je suis bien plus costaud que toi.

– Pas de la tête en tous cas, dit-il.

Il me faut une heure pour dégringoler la pente et traverser les plantations d'arbres fruitiers qui s'étalent sous le monastère. Et une autre heure pour atteindre les rochers parmi les pins. À tout moment, j'ai tenu compte de la position des trois gardes, et je suis à peu près sûr de n'avoir pas été vu.

Environ quatre heures après avoir quitté Gogui et les filles (auxquelles je me demande bien ce que Gogui a pu raconter pour expliquer ma disparition !), je suis à soixante mètres de la maison. Plus tard, avec davantage d'expérience, je réaliserai qu'il ne s'agit que d'une construction somme toute modeste, de cinq pièces au plus. Sur le moment, elle me semble du dernier luxe.

Un garde est à vingt pas de moi, adossé à un tronc, la bretelle du fusil passée sur l'épaule. Je le contourne en rampant sur les genoux et sur les coudes. Deux minutes encore et j'atteins la terrasse. Deux portes-fenêtres y ouvrent de plain-pied. Personne en vue (je sais que le garde le plus proche est à trente mètres, que le deuxième est plus loin et plus bas, et que le dernier est presque hors de portée de voix, sa mission étant de contrôler la route d'accès), mais j'entends un bruit de voix. La voix d'un homme, grave et lente, aux nettes intonations géorgiennes, et la voix d'une femme qui a un rire dans la gorge. Je me glisse jusqu'à la première fenêtre. La pièce que j'aperçois est une salle de séjour comme je n'en ai jamais vu. Elle me paraît somptueuse : meubles suédois et finlandais, immense cheminée de pierre, tableaux sur les murs, et, çà et là, superbes peaux de panthère et de loup. La pièce est vide ; les voix viennent probablement d'une chambre, que laisse deviner une porte entrebâillée. La table basse du salon, disposée entre les canapés de cuir blanc, est couverte de verres vides et de bouteilles. Ils ont bu du champagne.

Mon œil s'arrête sur un râtelier garni de six fusils de chasse, dont deux à lunette.

J'entre et je vais directement au râtelier. Je n'ai guère l'habitude des armes mais suffisamment tout de même pour savoir si un fusil est chargé ou non. Trois d'entre eux le sont. J'en prends un et je vais m'asseoir sur le canapé qui fait face à la porte entrebâillée. J'attends une dizaine de minutes, et les bruits qui me parviennent de la chambre sont sans équivoque : un couple est en train de faire l'amour.

Enfin, il apparaît, pieds nus et torse nu. Il allonge la main vers un coffret à cigares en loupe d'orme et, seulement alors, m'aperçoit. Il reste étonnamment calme. Son regard va du râtelier au fusil que je tiens. Puis il me regarde dans les yeux.

– Tu sais te servir d'une arme ?

– Assez pour ne pas vous manquer.

– Qui es-tu ?

– Vous avez distribué ma photo à des tas de gens ; vous devez le savoir.

Il prend bel et bien un cigare, le roule entre ses doigts, en découpe soigneusement l'extrémité, l'allume, avec la plus grande allumette que j'aie vue.

– Je crois que tu as plus peur que moi, dit-il.

– C'est très possible. Dites à la fille de rester où elle est.

– Je peux bouger ?

– Ça dépend pour quoi.

Il revient sur le seuil de la chambre.

– Habille-toi et viens nous rejoindre.

Elle ne tarde pas à apparaître. Elle doit avoir dans les quinze ans et, si le visage est plutôt quelconque, le corps est épanoui. Elle a l'air terrorisé. Kourachvili me sourit :

– Il va falloir nous tuer tous les deux maintenant.

– Je n'ai pas la moindre intention de vous tuer.

– Dans ce cas, remets ce fusil où il était.

– Il est très bien où il est pour l'instant.

Djoundar Kourachvili est beau. Il a le visage viril (sans barbe) du roi géorgien David le Constructeur, qui a pourfendu les Turcs jusqu'à ce qu'ils rentrent chez eux et rendent Tbilissi et la Géorgie aux Géorgiens. Un visage de héros. Il est à peu près de ma taille mais bien plus massif, quoique vraisemblablement sans un seul gramme de graisse excédentaire. Il porte une fine moustache. Les yeux sont noirs et très légèrement fendus. Un certain nombre de femmes ont dû céder à cet homme autrement que sous la contrainte.

– Vous avez envoyé quelqu'un pour me tuer en Yakoutie.

– Je n'ai envoyé personne.

De l'ironie dans sa réponse.

– D'accord, vous avez trouvé un tueur sur place. Il m'a raté.

– Tu me sembles bien vivant en tous cas.

– Yasson aussi m'a raté. Il a pourtant essayé plusieurs fois.

– Tu as une vie passionnante, on dirait.

– Je suis venu vous dire que je n'ai connaissance d'aucun dossier constitué par mon père. Je suis même certain que ce dossier n'existe pas, qu'il n'a jamais existé. Mon père et ma mère sont morts, et je ne cherche querelle à personne. Surtout pas à propos de quelque chose qui se serait passé il y a vingt-cinq ans.

Il sourit en considérant l'extrémité incandescente de son cigare.

– Le temps n'arrange rien, dit-il.

Je remarque qu'il n'a pas nié avoir voulu me faire tuer, même s'il ne l'a pas reconnu expressément. Mais, quand il m'a demandé qui j'étais, il s'est contenté de mon allusion aux photos qu'il avait distribuées.

J'entends, moi aussi, un homme qui approche, imperceptiblement pourtant, dehors, sur la terrasse. Mais je me suis placé de façon à n'être pas directement dans la ligne de tir de quelqu'un qui viendrait par la porte-fenêtre.

– Djoundar Kourachvili, ma première balle visera votre bas-ventre. À cette distance, je ne peux guère vous manquer. Vous devriez dire à cet homme, dehors, d'entrer très doucement, en tenant son arme par le canon.

Jusqu'ici, j'ai volontairement parlé russe. J'aime autant lui laisser ignorer que je sais le géorgien. C'est en géorgien qu'il donne son ordre, sans élever la voix, et calmement. Un garde apparaît sur le pas de la porte. Je reconnais celui qui s'adossait à l'arbre. Il tient en effet son fusil par le canon et, sur un signe que je lui fais, dépose son arme sur le sol.

– À plat ventre, bras et jambes en croix.

Il s'exécute. Je suis assez content de moi : je suis en train d'imiter l'un des glorieux et rusés défenseurs du marxisme-léninisme, qui imposent leur loi aux hyènes capitalistes impérialistes dans les romans de Julian Sémionov. (Il paraît que les Anglo-Saxons ont un héros identique, un certain James Bond, qui, lui aussi, vainc régulièrement les méchants rouges.)

— Et maintenant ? demande Kourachvili.

— Je vais m'en aller. J'étais simplement venu vous dire ce que je vous ai dit, et que je répète : je n'ai connaissance d'aucun dossier, mes parents ne m'ont chargé d'aucune vengeance, je ne sais d'ailleurs pas de quoi je les vengerais. Mais, si vous continuez à m'envoyer des tueurs, c'est vous que je tuerai.

— Je suis épouvanté, dit Kourachvili.

Je fais en sorte que mes mains et ma voix tremblent un peu. Tout en me demandant si je n'en fais pas trop dans la naïveté juvénile. Mais, au fond, c'est peut-être ce qui l'inquiète le plus : cette fébrilité dont je fais montre (alors qu'en réalité – je n'en reviens pas moi-même – je suis calme comme jamais je ne l'ai été).

— Vous allez me suivre, dis-je.

— Pour aller où ?

— Vous avez peut-être d'autres gardes. Je n'ai pas envie qu'ils me tirent dessus. Ils ne me tireront pas dessus si vous êtes avec moi. Et, en plus, je ne sais pas conduire une voiture.

— Je peux m'habiller ?

Je feins d'hésiter et je dis finalement non. Je me lève, j'arrache les fils du téléphone, et nous sortons tous les deux, le canon du fusil de chasse posé sur sa nuque. J'accélère ma respiration, délibérément, comme si j'étais en proie à une telle tension que le souffle me manquait. Un garde se débusque et braque son fusil sur moi. Ma voix s'étrangle carrément :

— Dites-lui de s'écarter ou vous êtes mort.

Nous passons. Nous voici maintenant sur le terre-plein, en contrebas de la terrasse, à côté de la Samara noire.

— Vous ouvrez la portière côté conducteur, vous baissez la vitre. Vous vous asseyez au volant.

Il obéit, un demi-sourire aux lèvres.

— Maintenant, vous baissez la vitre de derrière.

Il obéit encore. Le garde que j'avais laissé allongé sur le carrelage est venu rejoindre son compagnon. Ils me tiennent en joue.

— Petit, dit Kourachvili, ce que tu es en train de faire m'autorise à te faire rechercher par toutes les polices de Géorgie. Avec ordre de t'abattre à vue.

– Là où je vais, je ne risquerai plus rien.

Comédie, là encore, de ma part : je fais comme si la réplique m'avait échappé, je joue le mieux possible le rôle du petit jeune homme agissant sur un coup de tête, enfiévré, exalté par sa propre audace et, au fond de lui, terrifié. Le regard qu'il m'adresse me permet d'espérer que c'est bien l'image que je lui donne. Je change le fusil de main, très vite, dans le même temps que j'ouvre la portière arrière. C'est le diable que d'entrer dans la voiture et de m'asseoir sans que le canon s'écarte plus d'une demi-seconde de sa nuque, mais j'y parviens ! Déjà, il avait, avec une prestesse stupéfiante, amorcé un demi-tour et sa main se tendait vers l'arme. Je n'ai même pas besoin de me forcer à hurler :

– Ne bougez pas !

Mais ça y est. J'ai pris place sur la banquette arrière.

– En route.

Il manœuvre calmement, exécute une marche arrière, nous nous engageons sur la route.

– Il y a d'autres gardes ?

– Non.

Je sais parfaitement qu'un troisième garde se trouve un peu plus bas, mais pourquoi ne pas faire semblant de le croire ? J'éloigne un peu le canon du fusil.

– Si vous me mentez, je vous jure que je vous tue.

– Tu as plus peur que moi, morveux.

Et, en plus, il a peut-être raison. Cela me vient d'un coup : une oppression dans la poitrine et la sensation que des doigts font des nœuds avec mon estomac. Moi qui étais si calme une seconde plus tôt !

Le garde surgit devant la barrière. Il se penche pour regarder qui est au volant. Je crie :

– Dites-lui de s'écarter ! Je vais vous tuer !

J'avais prévu de vociférer – c'était dans mon personnage –, mais ma voix est stridente.

Le garde s'est écarté. Nous sommes passés, nous roulons sur la route que j'ai prise avec Gogui et les filles pour monter au monastère. Je consulte ma montre : huit heures cinquante. Je n'ose pas regarder derrière moi de crainte de découvrir une autre voiture qui nous suivait, avec les gardes du corps lancés à notre poursuite. Cela fait à présent trente-cinq minutes que nous avons quitté la maison. Tout ce que je demande, c'est un répit de cinq minutes, pas davantage. Kourachvili parle, toujours aussi calme. Il me pose des questions, que je laisse sans réponse. Depuis quand suis-je en Géorgie? Pourquoi y suis-je venu depuis Barnaul? Qui m'a renseigné sur ses habitudes? Qui m'a aidé? Où ai-je l'intention d'aller – car je ne peux pas être assez fou pour croire que j'ai la moindre chance de m'échapper après avoir enlevé un personnage aussi important que lui?

– Tu n'as pas l'ombre d'une chance, morveux. Mieux vaudrait me tuer tout de suite. Mais, même alors, mes hommes te retrouveraient. Tout comme ils retrouveront chacun de ceux qui t'ont aidé. Qui t'a dit, par exemple, où j'étais aujourd'hui? Cette maison, où tu m'as trouvé, n'est connue que de peu de gens.

– Vous arrêtez ici.

Il est surpris: nous sommes en pleine nature. Ce n'est qu'après l'avoir dépassé que j'ai aperçu l'oratoire dans le pinceau des phares.

– Prenez le chemin à droite. Allez!

Je le fais rouler sur deux kilomètres à peu près. On aperçoit des lumières dans le lointain, à flanc de colline.

– Vous descendez.

Il est toujours torse nu et pieds nus. Il descend.

– Il te reste tout au plus dix ou douze heures à vivre, morveux. Même si tu me tues maintenant.

– Vous avez fait tuer mon père?

– Évidemment, dit-il, en fixant le canon du fusil que je braque sur lui.

J'ai du mal à ne pas presser la détente.

– Enlevez votre pantalon. Et ce que vous portez dessous.

Il ne porte rien dessous. Même entièrement nu, il n'est pas grotesque. C'est, décidément, un homme qui sait commander à ses nerfs.

– Marchez. Allez vers ces lumières. Restez dans le pinceau des phares.

Il commence à s'éloigner, se retourne au bout d'une dizaine de pas, me fait un signe de la main qui n'est même pas menaçant. Je suis descendu et j'ai posé le fusil sur le toit de la Samara, gardant Kourachvili dans ma ligne de mire. J'ai toujours envie d'appuyer sur la détente.

Il est à cinquante ou soixante mètres et, déjà, sa silhouette se fait un peu indécise.

– Et tout ça, me dit Gogui, parce que tu ne sais pas conduire une voiture !

Gogui, qui se met au volant et part en marche arrière. J'ai à peine le temps de monter.

J'ai laissé le fusil dans l'herbe.

– Où sont les filles ?

Sans doute déjà rentrées chez elles, à Tbilissi, à une heure pareille. Gogui les a laissées à Gori, juste à temps pour y prendre l'autocar. Après quoi, il s'est hâté de revenir sur le chemin de l'oratoire.

– Ç'a été juste. Il m'a fallu courir sur plus d'un kilomètre pour être là à temps. Il était convenu que tu ne le lâcherais dans la nature qu'à neuf heures.

– Il est neuf heures.

– Maintenant, oui. Pas tout à l'heure.

La Samara (Gogui lui a fait faire un demi-tour avec une virtuosité qui m'a rempli d'admiration) sort du chemin, près de l'oratoire, et se lance sur la route asphaltée de toute sa puissance. Je demande :

– C'était quoi, ces lumières tout au bout du chemin ?

– Un village. Kourachvili tout nu va y faire sensation.

– Ils ont peut-être le téléphone dans ce village.

– Ils l'avaient, dit Gogui. Ils ne l'ont plus. J'ai quand même eu le temps de couper la ligne.

Nous descendons à toute allure vers la vallée de la Koura. À une trentaine de kilomètres de Gori, Gogui engage la Samara dans un chemin. Nous y trouvons une cabane vide au bord d'un précipice. Je mets pied à terre, Gogui reste au volant jusqu'à la dernière seconde, non sans avoir éteint les phares. La grosse voiture roule encore deux mètres sur la vitesse acquise et bascule lentement dans le vide. Je me penche au bord du précipice mais je ne distingue rien.

– C'est profond ?

– Une quinzaine de mètres, je crois. Vite !

La camionnette nous attend à trois cents mètres de là, cachée dans un bosquet.

– Gogui, il m'a dit qu'il ferait rechercher tous ceux qui m'ont aidé.

– Ce n'est pas surprenant.

– Je pensais à ta mère et à toi.

– Ma mère n'a rien à craindre, il ne la touchera pas.

– Il souriait mais il était fou de rage. Il va mettre la Géorgie à feu et à sang.

– Ma mère n'a rien à craindre.

- D'accord. Et toi ?

– Il se pourrait qu'il m'en veuille un peu.

– Il te fera brûler vivant à mon avis.

– Il y a des chances.

Nous entrons dans Gori ; nous en ressortons ; nous prenons la direction de l'ouest, vers Koutaïssi, Batoumi et la mer Noire.

– Tu irais en Amérique, Gogui ?

– À Londres et à Paris d'abord.

Il y a deux miliciens à l'entrée d'Agara. Gogui stoppe dix mètres après les avoir dépassés. Je descends de voiture et je vais remettre un peu d'ordre dans notre chargement de fruits et de légumes, sur le plateau arrière. Les deux miliciens me regardent faire mais sans plus. Je ne les intéresse pas. Je reprends ma place. Gogui demande :

– Ils t'ont vu ?

– Ils pouvaient difficilement ne pas me voir.

– Je crois que c'est surtout à Paris que je voudrais aller, dit Gogui. J'aimerais dessiner des robes.

La grande route reliant Batoumi, sur la mer Noire, à Bakou, sur la Caspienne, longe à nouveau la Koura. La circulation y est très fluide à pareille heure ; nous ne croisons ou ne dépassons guère que des camions, presque tous chargés de primeurs ou de fûts de vin.

– Comment s'appelle la ville où nous allons faire demi-tour ?

– Sourami.

Nous y sommes vers onze heures trente. C'est tellement désert que nous sommes obligés d'attendre qu'un témoin veuille bien se manifester. Ils prennent, ces témoins, l'aspect de quatre ou cinq bonshommes sortant visiblement d'une réunion bien arrosée. Cette fois, je reste sur ma banquette, et c'est Gogui qui descend pour leur demander où l'on peut trouver de l'essence si tard dans la soirée. Il raconte qu'il est étudiant, que je le suis aussi, et que nous remplaçons les chauffeurs-livreurs habituels. Il me surprend par ses dons de comédien. À l'entendre parler, on croirait vraiment qu'il est traqué par toute l'armée soviétique. Si, avec ça, la méfiance de nos témoins n'est pas éveillée, c'est à désespérer de tout.

Nous finissons par repartir. Nous parcourons cinq cents mètres environ, pour être hors de vue. Nous nous penchons chacun à une portière pour nous assurer que nous sommes tout à fait seuls puis Gogui tourne sur place et part à droite. Il a un peu de mal à trouver le chemin de terre. Il y réussit à la troisième tentative, après avoir visité deux cours de fermes collectives. Vers minuit, nous traversons la voie ferrée et retrouvons la route d'Akhaltsikhé.

– Tu crois qu'il est déjà derrière nous ?

Je refais pour la cent troisième fois mes calculs : il a fallu une heure à Kourachvili pour trouver un téléphone en état de marche et une autre pour mettre la Géorgie sur le pied de guerre ; dans le meilleur des cas, il doit y avoir quatre-vingt-dix minutes que les recherches ont commencé. Je parierais que les miliciens d'Agara ont signalé notre passage et que, si ce n'est déjà fait, ces bons ivrognes de Sourami sont en train de nous décrire par le menu – on leur montre ma photo et ils disent : oui, nous l'avons vu, il est resté caché dans la camionnette tandis que l'autre, qui avait l'air d'une fille déguisée en garçon avec ses longs cheveux et ses yeux de biche, l'autre cherchait de l'essence ; ils sont partis vers l'ouest, vers Zestafoni et Koutaïssi ; si, si, nous les avons vu partir par là…

– Mais nous avons affaire à Kourachvili, qui n'est pas vraiment idiot, dit Gogui.

– Et Kourachvili pensera que nous sommes passés par là où nous passons en ce moment même.

Bordjomi est à un kilomètre. La Koura, venue de Turquie, roule sur notre gauche ses flots tumultueux. La route est très encaissée ; c'est l'endroit idéal pour une embuscade. Et le point de notre parcours où le danger est le plus grand – nous sommes tombés d'accord sur ce point tous les trois, Myriam Sémionova, Gogui et moi, quand nous avons tenté de prévoir chaque étape de notre fuite. Si les ordres de Kourachvili sont arrivés à temps, nous ne passerons pas.

Gogui ralentit, roule un long moment à petite vitesse, puis stoppe et pose son menton sur le volant.

– Eh bien, bonne chance, me dit-il.

J'ouvre la portière et pose un pied à terre.

– Une question avant de partir, Gogui : tu aimes les garçons ?

– Ça dépend des garçons.

– Je veux dire : physiquement, tu préfères les filles ou les garçons ?

Il ne bronche pas, et, dans le clair de Lune qui nous éclaire et illumine carrément le paysage environnant (nous aurions dû consulter la météo, c'est l'une des précautions que nous avons oubliées de prendre), son visage fin paraît plus féminin que jamais. C'est vrai que l'on dirait une fille – ravissante – déguisée en garçon. Machinalement, je jette un coup d'œil à sa poitrine. Mais non.

– De deux choses, l'une, dit-il enfin. Ou ils t'attendent à Bordjomi, et tu ne finiras pas la nuit. Ou bien, ils n'y sont pas.

– Tu ne veux pas me répondre ? Gogui, il n'y a pas de mal à être homosexuel.

– Tu perds ton temps.

Je m'en vais. J'inspecte la rue principale et les ruelles avoisinantes. Je ne vois personne. Je reviens à la camionnette. Gogui n'est pas à l'intérieur, il est juché sur un poteau et coupe tous les fils qu'il trouve.

– C'est une manie que tu as, décidément.

– Tu aurais dû couper le téléphone avant de partir.

Il redescend ; nous repartons. Il fait la gueule.

– Tu es fâché avec moi, Gogui ?

– Non.

– On dirait bien.

La route, au-delà de Bordjomi, suit une véritable gorge. La Koura, dont nous remontons le cours, s'y fraie un passage à travers d'énormes roches. À deux reprises déjà, nous avons croisé la voie de chemin de fer ; la nuit est toujours aussi malencontreusement claire. Je me retourne une fois de plus et, cette fois, je vois des phares, dix ou douze lacets plus bas.

– Je crois qu'on nous suit, Gogui.

– J'ai vu. Je ne peux pas aller plus vite.

«*Vous croisez trois fois la voie ferrée*», nous a dit Myriam Sémionova. «*Vous roulez encore sur environ cinq kilomètres. Vous verrez un chemin à droite. Il ne vous mènera pas très loin mais vous pourrez y cacher la camionnette.*»

– Ils se rapprochent. Il y a deux voitures. Non, trois.

Une fois déjà, Gogui a failli perdre le contrôle de cette malheureuse camionnette, dont le moteur, les freins, la suspension sont à bout de souffle. Et il s'en est fallu de peu que nous ne plongions dans la Koura. Ce coup-ci, il heurte un muret et y laisse un grand morceau de l'antique pare-choc.

– Ils sont à quatre cents mètres. Tu ne rigoles donc jamais, Gogui ? Y a-t-il eu une fois, une seule, où tu as piqué un fou rire ?

– Je ne suis pas fou, moi.

– C'est bien ce que je disais : tu boudes. Trois cents mètres, en comptant large. Ils vont nous rattraper. Tu connais l'histoire de la paysanne juive qui laisse tomber une tartine de confiture, et, pour une fois, la tartine tombe du bon côté, du côté sans confiture ; elle croit que c'est un miracle… Tu la connais ?

– Non. Et je suis juif.

– Deux cents mètres. Ils ne vont pas tarder à nous voir.

– Mais, soit dit en passant, nous, on n'y voit plus rien. Nom d'un chien ! Tu as éteint les phares !

Et il l'a fait, l'animal ! Le choix est simple : ou nous nous tuons avec la camionnette ou les tueurs de Kourachvili nous tuent. Je dis :

– Ce n'est pas une histoire antisémite, remarque.

Le troisième croisement de la route et de la voie ferrée est, selon mon estimation toute personnelle, à trois ou quatre kilomètres derrière nous. J'éprouve une sorte de jouissance sauvage de la situation dans laquelle nous nous trouvons. C'est Gogui qui a raison : je suis cinglé.

– Cent mètres.

Il tourne violemment sur la droite et jette la camionnette dans un chemin où un cycliste ne passerait pas sans être accroché par les branches. Au bout de quinze mètres, il stoppe, ne pouvant guère aller plus loin : le nez de notre voiture est enfoncé dans un talus.

Sur la route, cinq mètres plus bas, nos poursuivants passent en trombe et continuent vers Akhaltsikhé.

Gogui coupe le moteur.

– Et qu'est-ce qu'elle fait, ta bonne femme qui croit aux miracles ?

Je prends mon sac, venu de Barnaul, il prend le sien, nous escaladons le talus. Un peu plus haut, comme nous l'avait indiqué Myriam Sémionova, se trouve un sentier forestier. Nous le prenons.

– La femme va voir le rabbin et lui dit : « *Rabbin ! Rabbin ! C'est un miracle !* », et elle lui explique que, pour une fois, la tartine est tombée du bon côté.

Je marche bon train : à ma montre il est presque une heure du matin, et nous avons sept kilomètres d'un parcours accidenté à couvrir. Gogui trottine sur mes talons.

– Et c'est drôle, ça ? demande-t-il.

– Attends la fin. Le rabbin n'aime pas qu'on crie au miracle pour tout et pour rien. Les miracles, c'est lui qui en décide, pas une paysanne.

On aperçoit les lumières d'Akhaltsikhé sur notre gauche, à environ quinze cents mètres. Nous contournons la ville par la droite.

– Le rabbin dit qu'il va réfléchir à tout ça. Il s'enferme et réfléchit, en consultant tous les livres saints disponibles. Je ne vais pas trop vite ?

– Je peux courir plus vite que toi, sale Russe.

– Ça m'étonnerait. Et après trois jours de réflexion…

La route d'Adiguéni et Batoumi est devant nous. Gogui file devant, en éclaireur. Il traverse, je le rejoins. Nous marchons au pas de gymnastique depuis cinquante minutes. L'heure de notre rendez-vous est déjà passée de onze minutes.

– Après trois jours de réflexion, le rabbin sort de sa synagogue et convoque la paysanne. Il lui dit…

Nous courrons carrément, nos sacs entre nos bras, serrés contre nos poitrines. Gogui me sidère : je ne l'aurais jamais cru capable d'un effort aussi soutenu.

– Il lui dit : « *Ce n'est pas du tout un miracle, espèce de cruche ! Si la tartine est tombée du côté sans confiture, c'est seulement parce que tu avais mis la confiture du mauvais côté !* »

Une torche électrique s'allume et clignote à deux cents mètres sur notre gauche. L'Arménien est là ; il nous a attendus.

– Et c'est drôle, ça ? dit Gogui.

Ensuite, nous marchons vraiment. D'après l'Arménien à la tête d'épouvante, la frontière turque n'est qu'à quinze ou seize kilomètres. À vol d'oiseau. N'étant pas des oiseaux, il va nous falloir marcher quatre à cinq heures au moins. Et grimper. Il y a des sommets de trois mille mètres dans le coin.

– Le rendez-vous était à minuit, dit l'Arménien.

– Non ; une heure du matin.

– Minuit. Je ne sais même pas pourquoi je vous ai attendus.

Article premier : ne jamais discuter avec un Arménien. Article 2 : considérer comme un Arménien tout être humain dont vous avez vraiment besoin et qui a mauvais caractère.

– Je te prie de nous excuser, dis-je. Nous ne le ferons plus.

– Il y a intérêt. Ce n'est pas toutes les nuits que je ferai passer la frontière à deux jeunes abrutis poursuivis par une horde de miliciens.

– Nous ne sommes pas poursuivis. D'où te vient une idée pareille ?

– Et c'est quoi, ces types, en bas, derrière nous ? Des alpinistes suisses ?

Je me retourne et je les découvre. Une quinzaine d'hommes, dont certains arborent, en effet, l'uniforme gris-bleu de la milice.

– Il nous ont vus ?

– Tu peux t'arrêter et les attendre pour le leur demander.

Nous montons aussi vite que nous le pouvons. Gogui est déjà blême ; quant à moi, je ne suis pas du tout sûr de pouvoir continuer à cette allure. L'Arménien, lui, a l'air de se promener. Durant l'heure qui suit, nous grimpons en silence, tantôt empruntant le lit rocheux d'un torrent, tantôt nous en écartant. Sans l'Arménien qui nous guide, nous nous serions déjà perdus ; nous aurions tourné en rond, nous nous serions engagés dans des culs-de-sac. Si cette foutue nuit pouvait être moins claire ! Par instants, nos poursuivants disparaissent de notre vue ; je peux presque croire qu'ils ont renoncé ou qu'ils se sont embarqués dans une mauvaise direction. Mais, toujours, je les retrouve derrière nous, et je suis bien obligé de constater qu'ils gagnent du terrain. Rien de spectaculaire ; mais s'ils continuent à aller du même train, ils nous auront rejoints dans deux heures. Leur groupe semble s'être réduit. Sans doute s'en trouve-t-il parmi eux qui ne sont pas nés de chamois, mais les sept ou huit qui s'acharnent et constituent le peloton de tête sont certainement des montagnards expérimentés et entraînés.

Je prends le sac de Gogui ; il me faut le lui arracher tant il s'obstine à vouloir le porter.

– Ton copain n'ira pas au bout, dit l'Arménien.

– Va te faire foutre !

– Toi non plus d'ailleurs.

– Tu as une solution ?

– Oui. Un hélicoptère.

– C'est malin.

– Pas tant que ça : eux vont en avoir un sitôt qu'il fera jour.

Voilà un homme qui sait vous réconforter. Encore une heure à grimper en accéléré, et, déjà, l'aube vient.

– On est encore loin ?

– Trop loin pour la fille.

C'est de Gogui qu'il parle.

– Ce n'est pas une fille.

– Ah bon, dit l'Arménien.

À qui j'ai une violente envie de casser la tête avec le

premier morceau de rocher venu. Gogui, c'est vrai qu'il m'inquiète. Il marche quasiment en aveugle, la bouche ouverte et les yeux presque clos. Son visage est d'une pâleur impressionnante. À deux ou trois reprises, je lui ai tendu la main pour l'aider à franchir un passage difficile ; il l'a chaque fois repoussée.

La première balle miaule. Elle ricoche sur des rochers un peu au-dessus de nous. Une deuxième suit presque aussitôt. Puis une autre.

– On nous tire dessus, commente l'Arménien, comme si la situation avait besoin d'être éclaircie.

– Simple hallucination ; c'est l'altitude.

– Qu'on nous tire dessus n'était pas prévu dans le contrat.

– Je suggère un avenant.

Il ne sait pas ce que c'est qu'un avenant et, du reste, il s'en fout. La preuve : il s'arrête, à la seconde même où nous atteignons une espèce de vire, un surplomb à peu près plat qu'on dirait taillé par la main de l'homme et qui s'achève par un petit couloir entre deux parois rocheuses.

– Je ne vais pas plus loin, dit-il.

– Tu nous abandonnerais ?

– À deux cents mètres, vous allez retrouver le torrent. Il vous suffira de le suivre. Vous ne pouvez pas vous tromper.

– Ils ne nous ont pas tiré dessus. En tout cas, pas pour nous atteindre. Ils veulent seulement nous obliger à stopper. À mon avis, ils nous veulent vivants.

– Tous les goûts sont dans la nature. Mais je ne veux pas être là quand ils vous prendront. Ils n'ont pas encore vu mon visage, et c'est tant mieux.

Il avise la paroi côté montagne et entreprend de l'escalader. En un rien de temps, il est à deux mètres au-dessus de nos têtes – je pourrais peut-être le suivre dans cette varappe, mais sûrement pas Gogui. Il dit encore :

– Ça m'étonnerait beaucoup, mais il y a une toute petite chance pour que vous arriviez au col avant qu'ils vous aient rattrapés. J'y serai. Bonne chance.

Il reprend son escalade et, très vite, disparaît. Gogui ne s'est pas écroulé mais cela ne vaut guère mieux : il s'est accoté au rocher et il a complètement fermé les yeux.

– Il faut y aller, Gogui.

– Laisse-moi et pars seul.

Je ne prends même pas la peine de répondre. Je le saisis par le bras et l'entraîne. Nous retrouvons le lit du torrent, qui n'est plus, maintenant, qu'un ruisseau. Pendant vingt minutes, la disposition du terrain fait que nous sommes hors de vue de nos poursuivants. Ça ne dure pas : je les aperçois à nouveau ; la distance qui nous sépare s'est encore réduite d'un bon tiers. Les coups de feu recommencent. Au second, Gogui tombe. Je crois qu'il est touché. Il ne l'est pas. Seulement épuisé. Je parviens à le faire avancer encore. Il tombe pour la troisième fois, et je me résous à le prendre sur mon dos.

– Laisse-moi.

Pas assez de souffle pour répliquer. La suite est un enfer. Mon seul réconfort, c'est de savoir que, derrière nous, ils ne doivent guère valoir mieux. S'ils gagnent toujours du terrain, c'est lentement, mètre par mètre. Quand je me retourne, je vois qu'ils ne sont plus que cinq, puis quatre. Le commando se décime.

Je passe un éboulis, dont la traversée est un calvaire, et ce n'est qu'une fois de l'autre côté que je réalise que nous tenons là une petite chance de nous en tirer. Je pose Gogui et, à quatre pattes, les tempes battantes, pris d'une envie de vomir, je grimpe en ahanant la pente, parallèle à l'éboulis. Faire dégringoler toutes ces pierres en équilibre n'est pas difficile. Des tonnes de caillasse coulent en avalanche vers le sentier, cent mètres plus bas. À croire que toute la montagne va suivre. L'ennui, c'est que j'ai bien failli partir avec elle ; j'ai dû m'accrocher à un saillant, en priant pour qu'il tienne bon. Il a été secoué mais il a tenu bon.

– Ça va mieux, me dit Gogui, qui vient de me rejoindre.

Vingt minutes plus tard, le col est en vue, dans les premières lueurs de l'aube, qui teinte de rose les crêtes de trois mille mètres, maintenant très proches. Les poursuivants ne sont plus que trois. L'éboulement les a retardés, à n'en pas douter.

– Tu peux courir, Gogui ?

– Je peux essayer.

Ce n'est pas une course; au mieux, un trottinement lourd et trébuchant. La pente est plus douce à présent, vaguement herbeuse, piquetée de rochers. Pas d'arbres. Lorsque les trois hommes débouchent sur nos talons, c'est à peu près comme si nous étions dans une plaine; nous ne pourrions leur offrir une meilleure cible. Je fais encore cent mètres puis je m'abats. Je n'ai pas très bien compris ce qui m'arrivait, je ne me suis pas senti tomber. Je vomis et, pendant quelques secondes, je ne sais plus où je suis ni ce que j'y fais. C'est l'impact d'une balle qui me tire de mon étourdissement. Le projectile s'enfonce dans la terre à quelques centimètres de mon visage. C'est assez pour que je me redresse et que je reparte.

Deux autres balles sifflent. Je rampe à l'abri d'un rocher. Gogui s'y trouve déjà, à plat ventre, le nez dans la terre. Il gémit doucement. J'arrive à trouver la force de le retourner. Son veston est déchiré, sa chemise tachée de sang. Une balle lui est entrée dans le côté, juste au-dessus de la hanche.

— Fini, dit-il.

— Plutôt crever.

Je parviens à m'asseoir et risque un coup d'œil vers le bas. Ils sont bien trois, à environ six cents mètres. Il y en a un qui marche en tête, avec un air d'aisance irritant, comme si cette course, qui dure depuis des heures n'avait en aucune façon entamé ses réserves. Il est blond, d'un blond très pâle, à moins que ses cheveux ne soient blancs. Il est vêtu d'un blouson de cuir et porte un foulard noué autour du cou. Dans ses mains gantées, il tient un fusil à lunette. Il a dix ou quinze mètres d'avance sur les deux autres, qui, eux aussi, sont en civil.

Et j'ai soudain l'intuition très forte, inexplicable, que celui-là est horriblement dangereux. Que, si je dois mourir un jour de mort violente, ce sera de sa main. Une véritable panique me submerge pendant quelques secondes. Je lutte comme un fou pour maîtriser cette peur qui déferle.

— Fini, répète Gogui.

J'agis dans un état second. Je prends nos deux sacs, je passe les bretelles en bandoulière. Et je soulève Gogui dans mes bras. Cinquante mètres à parcourir jusqu'au rocher suivant. Et des balles qui sifflent. Abri. Du temps pour récupérer. Nouveau départ.

Et recommencer, recommencer encore.

Je n'avance plus que sur les genoux.

Je me heurte à des jambes d'homme qui me barrent le passage. Faute de pouvoir me servir de mes bras qui portent Gogui, je pousse de la tête, stupidement, avec un acharnement animal. Et je me dis que, cette fois, ça y est : l'albinos m'a rattrapé. Je vais me retrouver devant Djoundar Kourachvili et je mettrai des heures à mourir. On me soulève et on m'emporte, sans ménagements. On m'a arraché Gogui. On me jette sur le sol. Je ne bouge plus. Laisse-moi seulement une heure ou deux pour récupérer et je te massacre, Albinos.

– Si tu arrêtais de me taper dessus ? me dit l'Arménien.

– Il est toujours là ?

– Oui.

Je m'assieds, prenant appui sur le rocher. Je bois encore un petit coup de vodka, et c'est assez pour me donner la force de me redresser un peu plus et de regarder par-dessus la crête du rocher.

L'albinos est bien là, à environ cent cinquante mètres. Il est seul, debout, il tient son fusil à bout de bras. Il me fixe, pour autant que je puisse en juger.

– Tu le connais, Gogui ?

– C'est Pavlé.

– Et c'est qui, Pavlé ?

– Pavlé, c'est Pavlé.

Ah bon. J'aurais cru qu'il y avait une explication plus compliquée. Je rerebois de la vodka et je rigole.

– Tu es saoul, dit l'Arménien.

– Ouais.

La frontière est entre Pavlé-l'Albinos et nous (nous, c'est Gogui, l'Arménien, trois de ses copains et moi). Nous sommes en Turquie et lui est en Union soviétique. C'est une chouette idée, les frontières. Pavlé n'est pas vraiment albinos. Maintenant, en plein jour, on voit distinctement qu'il est d'un blond très pâle. Je soulève la bouteille de vodka et je l'agite pour le narguer. Il ne bronche pas.

À cela près qu'en un dixième de seconde il braque son fusil, tire et fracasse la bouteille.

– Cet enfant de salaud m'a vidé ma vodka !

– Il aurait pu te couper l'index ou l'annulaire, dit Gogui. C'est le meilleur tireur de Géorgie.

– Il travaille pour Kourachvili ?

– Il travaille pour qui il veut. Comparé à lui, Yasson est aussi dangereux qu'un rabbin de cent ans. Et il ne te lâchera plus maintenant. Même si Kourachvili lui ordonnait de te laisser tranquille.

– On y va, dit l'Arménien.

Deux des hommes qui l'accompagnent restent à leur poste, leurs fusils braqués sur Pavlé. Nous entamons la descente, faisant en sorte de rester à l'abri derrière le rocher.

Il y a, au sud-ouest, un village turc du nom de Dugur. Nous n'y allons pas. Au bout de deux kilomètres, je m'assure que nous sommes définitivement hors de vue de Pavlé, qui continue sa faction muette et terrifiante.

Je m'arrête et je m'accroupis.

– Maintenant, Gogui.

– Tu peux attendre un jour ou deux.

– Et risquer d'avoir affaire à la police turque ?

– La filière peut te protéger.

C'est vrai : Myriam Sémionova s'en est portée garante. Elle m'a assuré que je pouvais séjourner en Turquie plusieurs jours sans le moindre risque d'être interrogé par le service d'immigration.

– Non, Gogui. Je préfère repartir tout de suite.

Quant à lui, il a besoin de soins. Il ne pourrait pas me suivre même s'il le voulait, même si cela faisait partie de nos plans. Il va donc rester en Turquie, caché par la filière.

Les deux hommes postés au col nous rejoignent et nous mangeons tous ensemble. Pavlé a tout de même fini par s'en aller, vers Valé et Akhaltsikhé.

Gogui me considère. Il souffre de sa blessure mais il n'en laisse rien paraître.

– J'ai réfléchi : ton histoire de tartine est drôle.

– Je suis content que tu l'apprécies.

– Moi, quand je ris, c'est à l'intérieur.

– Tu as une balle, à l'intérieur. Ne ris pas trop pour le moment.

– Nous nous reverrons.

– J'en suis sûr.

En fait, je suis persuadé du contraire. Il s'approche de moi et, pendant un instant, j'ai grand peur qu'il m'embrasse. Il le comprend : une petite lueur de gaieté passe dans ses grands yeux fendus. Il se contente d'une tape sur mon épaule et s'en va.

Je repars avec l'Arménien. Vers midi, nous faisons halte dans une cabane déserte. La frontière de l'Union soviétique est à quelques kilomètres sur notre gauche. Nous la longeons.

Après le repas, je dors. L'Arménien me réveille à la nuit tombante. Nous marchons toute la nuit, et j'ai les jambes en plomb.

Nous faisons halte au matin, nous dormons six heures, nous partons à nouveau. Il va en être ainsi pendant trois jours. Sans que nous apercevions âme qui vive. Sans que l'Arménien prononce un seul mot ou presque. Un matin, j'aperçois un grand lac sur ma gauche, il paraît que c'est le lac de Cala.

La quatrième nuit, nous grimpons au sommet d'un col auprès duquel celui que j'ai passé avec Gogui était un boulevard. À l'aube, nous sommes en Arménie.

Arménie soviétique.

Je suis de retour chez moi.

5

Je trouve Magomet-Khan Pacha – ou Allah seul sait quoi encore – dans un lit avec deux filles dans la chambre de la vieille maison dans la vieille rue de la vieille ville de Bakou (Azerbaïdjan).

– Hé, hé ! dit-il. Regardez donc qui est là.

– On est toujours associés ?

– Plus que jamais.

Sur quoi il enchaîne, en tchétchène :

– Ne dis rien devant ces greluches. Elles ont la tête vide dè toute façon, mais ce n'est pas leur tête qui m'intéresse. Tu es allé dans ton pays ?

– J'y ai fait un petit tour en touriste.

Je regarde autour de moi dans la pièce : le matériel – radio, hifi et autre – a disparu ; à la place sont entassées d'innombrables caisses de vin de Géorgie, de « champagne » et de « cognac » de Crimée.

– Tu as changé de négoce, Pacha ?

– Je suis sur un coup super.

– Ah ? oui. Laquelle des deux ?

– Celle que tu préfères.

– La maigre avec les seins en balles dumdums.

– Ça tombe bien, je les aime rondes, moi.

Nous dédoublons les matelas. Je m'installe sur celui que nous posons à même le sol.

– Tu t'appelles comment ? me demande la fille maigre.
– Edmund Hillary. Mais tu peux m'appeler Tensing.

Ce ne sont pas des balles dumdums mais des obus de petit calibre. Durs. De quoi se pocher un œil. J'ai vraiment mal aux jambes, mais pas ailleurs.

Une fois passé en Arménie soviétique, je n'ai pas traîné. L'Arménien m'a emmené chez l'un de ses cousins, à Léninakan – à pied tout du long, par des chemins de montagne. Il paraît qu'il y a des soldats un peu partout pour contenir l'effervescence, à moins que ce ne soient des Arméniens qui font la guerre – je n'ai pas cherché à comprendre. Toujours est-il que, si mon Arménien disputait les cinquante kilomètres à la course à pied aux Jeux olympiques, je ne doute pas qu'il pourrait passer les qualifications, les quarts de finale, les demi-finales et la finale dans la même journée. Ce n'est pas un homme, c'est une machine à dévorer les kilomètres. Ils m'ont mis dans le train pour Bakou en m'indiquant les endroits où je devais descendre pour éviter les contrôles. J'ai donc marché encore un peu, en essayant de dormir debout, ce qui n'est pas facile.

Et, ainsi, je suis arrivé à Bakou, dans un état de fraîcheur discutable.

Bien entendu, je ne dis rien de tout cela à Khan Pacha (j'ai finalement décidé de l'appeler Pacha et je me fiche que ce soit ou non son vrai nom). Je lui explique simplement que j'ai un peu fait la fête en Géorgie. Et je le lui explique après le départ des filles.

Il me dit qu'il a pour nous des projets grandioses. Notre fortune est faite, c'est l'affaire d'un jour ou deux. Disons trois. Mais pas plus, parole de Tchétchène. D'abord, on revend ces misérables caisses de vin, de « cognac » et de « champagne », puis, avec l'argent gagné, on en fait venir d'autres. De Géorgie, bien sûr, et de Crimée aussi. On en fait venir un train ou deux pour commencer, et ensuite…

– Qu'est-ce que tu fabriques avec cette chaîne et ce cadenas ?

– Hé, hé !, comme dirait quelqu'un que je connais, je t'attache, mon bon.

Je suis complètement crevé, il faut à tout prix que je dorme. J'ai en mon Tchétchène une confiance illimité, du moins en ce qui concerne son aptitude à me trahir, me tromper, me rouler dans la farine, me mettre dans de sales draps, me faire porter le chapeau ; bref, j'ai confiance en sa malhonnêteté. Même s'il me fait rire.

– Donc, je m'arrange pour que tu ne puisses pas sortir d'ici pendant que je dors.

Je passe la longue chaîne autour de ses poignets, je la glisse derrière la tête du lit, la repasse sous le sommier, la récupère au pied du lit, en ligote les chevilles de Pacha, et j'enroule ce qui reste autour de mon avant-bras.

J'ai déjà bouclé le cadenas et glissé la clé dans mon slip. Il ne dit pas un mot mais me fixe, et derrière sa faconde et sa jovialité crapuleuse mais sympathique, sa vraie nature transparaît : je viens de le mettre très en colère, il projette à l'évidence de hacher en tranches fines ce qui fait de moi un monsieur et, ensuite, de me crever les yeux.

– Bonne nuit, Pacha.

Et plouf ! Je m'endors dans la seconde.

– Tu es fâché, Pacha ?

– Moi ? Pourquoi je serais fâché ?

Je viens de le détacher, je me sens presque vivant, à part mes jambes raides comme des bouts de bois. Il nous fait du thé.

– Je ne savais pas où dormir. Et merci pour la fille.

– Nous autres, Tchétchènes, avons un très grand sens de l'hospitalité.

– Supposons que je t'aie laissé libre, hier soir. Qu'est-ce que tu aurais fait ?

Il me regarde, et dans ses yeux noirs subsiste un peu de sa fureur meurtrière de la veille. Et puis, soudain, il éclate de rire.

– D'accord. Je me serais assuré de ton identité, j'aurais cherché à savoir ce qui s'est passé en Géorgie et pourquoi tu t'en es enfui, j'aurais trouvé qui te recherche…

– Et tu m'aurais vendu.

– Hé, hé ! Oui.

Le plus amusant, c'est que je le crois sincère. C'est

sûrement ce qu'il aurait fait. La sympathie qu'il m'inspire provient justement de sa franchise. Je demande :

— Comment as-tu deviné que j'étais en cavale ?

— Tes yeux. J'ai chassé avec mon père et mes oncles. J'ai vu ce même genre de regard que tu avais hier. Qui te recherche ?

— Question pour question : Pourquoi m'as-tu proposé une association ?

Il boit son thé et mange son pain noir.

— Pacha, en général, je ne croirais pas la moitié du contraire de tout ce que tu peux me dire, mais je crois que tu étais sincère en me proposant de devenir ton associé.

— J'étais sincère, dit-il en riant.

— Comment t'es-tu débrouillé pour te débarrasser du matériel qui se trouvait ici à mon dernier passage ?

Il l'a vendu à un type de Bakou qu'il a saoulé. Il a prévenu la milice ; le type est en prison.

— À lui aussi, tu avais offert une association ?

— Non.

— En quoi suis-je différent ?

Il prend le temps de réfléchir ; c'est la première fois que je lis sur son visage autre chose que de la ruse ou de la gaieté.

— Une impression, répond-il enfin. Je crois que tu es un type destiné à devenir riche.

Je reste bouche bée. Il hausse les épaules : il ne saurait pas expliquer son impression. Je ne sais que penser. Mais une chose est sûre : s'il veut s'en donner la peine, il n'aura aucun mal à entrer en contact avec les hommes de Kourachvili. Qui paiera, pas de doute non plus sur ce point. Bien sûr, je peux assommer Pacha et m'enfuir, je peux l'enchaîner et le laisser dans cette chambre jusqu'à ce que quelqu'un entre par hasard et le délivre. J'aurai ainsi gagné un peu de temps.

Mais Kourachvili saura que ma sortie d'Union soviétique n'était qu'une feinte, et que je suis toujours à sa portée.

Pacha me tient. Je ne peux pas l'avoir à l'œil pendant dix ans.

Je peux le tuer. On n'a pas trouvé mieux pour empêcher quelqu'un de parler.

Sauf que je suis parfaitement incapable de trucider qui que ce soit.

Nom d'un chien! Il a fallu que je tombe sur lui! J'essaie désespérément de me souvenir de tout ce que j'ai pu apprendre des Tchétchènes. Ils sont à peu près sept cent cinquante mille dans tout le pays. Ce sont des montagnards. Certains d'entre eux (beaucoup m'a-t-on dit) sont capables de tuer. Ils forment un clan, sinon une mafia, très fermé. Ils sont solidaires les uns des autres, ils règlent leurs comptes entre eux. Ils disent volontiers d'eux-mêmes qu'ils ont le sens de l'honneur. Ils ont rarement celui de l'humour (Pacha, ici présent, doit être une exception rarissime), et l'on raconte qu'ils se targuent de respecter l'amitié.

Encore faut-il leur inspirer une telle amitié.

Pacha boit son thé et me considère, du rire, encore et toujours, dans ses yeux.

C'est un sacré pari que je prends.

– D'accord, Pacha. Je vais tout te dire.

Je lui raconte toute l'histoire, de Chamchourine à l'Arménien. Sans rien omettre.

Un silence suit mon récit.

Il rit :

– Tu es difficile à tuer.

– Je fais de mon mieux.

– Tu vas encore m'attacher?

– Non, c'est fini. Je dépends de toi, maintenant.

– La première fois, tu m'as pris par surprise. La prochaine fois que tu essaies de m'enchaîner, je t'ouvre le ventre de haut en bas.

– Il n'y aura pas de prochaine fois.

– C'est quoi, tes projets?

– Je pars pour Moscou et je fais fortune.

Il repose sa chope de fer blanc, se lève et se met à marcher dans la chambre. À un moment, il est juste derrière moi, et je ne serais pas du tout surpris de recevoir un grand coup sur la tête. Après quoi, ce serait mon tour d'être enchaîné, et il sortirait pour aller téléphoner à Djoundar Kourachvili et lui annoncer que le colis est prêt.

– Tu sais à quoi je pense?

– Si tu dois me frapper, ne me défonce pas le crâne si possible.

– Regarde.

Il me met sous le nez une espèce de grosse matraque en bois clouté.

– Très jolie, dis-je.

Il revient s'asseoir face à moi.

– Il te faudra combien de temps pour faire fortune?

– Cent quatre-vingt-onze jours, dix-sept heures et huit minutes. J'ai tout prévu.

– Tu connais quelqu'un à Moscou?

– Pas un chat.

– Tu y es déjà allé?

– Tu me l'as déjà demandé; non. Mais j'ai vu des photos.

– Tu as combien d'argent en réalité?

– Moins de deux cents roubles.

– Il te faudra payer le train. Autant dire qu'il ne te restera pas grand-chose en arrivant là-bas. Tu attends de l'argent de quelqu'un?

– À moins que Kourachvili me serve une pension, de personne.

– Tu sais comment tu vas faire fortune?

– Non.

Je n'arrive pas à définir si cette détermination que j'affiche de faire fortune est seulement un moyen d'amener Pacha à se ranger dans mon camp ou si elle tient à quelque chose de plus profond. Est-ce que, par hasard, je ne serais pas en train de me découvrir une vocation?

Ce qui reviendrait à dire que moi qui, voilà dix jours encore, n'avais aucun projet en tête et allais jusqu'à m'apitoyer sur le vide de mon existence, j'aurais à présent deux objectifs: me venger de Djoundar Kourachvili d'une part, devenir riche d'autre part. L'un n'allant peut-être pas sans l'autre d'ailleurs.

Pacha m'examine toujours. Une tempête fait rage sous son crâne, à n'en pas douter.

– Supposons, dit-il, que je ne te vende pas tout de suite à ce Géorgien.

– Supposons.

– Je pourrais te vendre plus tard. Tu crois qu'il t'achèterait encore dans trois mois?

– S'il ne m'a pas retrouvé et découpé en rondelles d'ici là, probablement.

– Je dis trois mois comme j'aurais dit six. Ou dix-neuf.

– Je préfère dix-neuf. Ou cent quarante-sept.

Je pourrais faire remarquer à mon Tchétchène favori que si, durant ce laps de temps, Pavlé-l'Albinos réussit à me mettre la main dessus, il n'y aura plus rien à vendre. Mais ma franchise a des limites.

Nouveau silence, pendant lequel il réfléchit. Je crois savoir ce qu'il va me dire maintenant.

– Voilà ce que je vais faire : je ne te vendrai pas pendant les six mois qui viennent.

– Cette idée me plaît.

– Mais si, dans six mois, tu n'as pas fait fortune, ça changera tout.

– Qu'est-ce que tu dirais d'un contrat d'un an ?

Il dit qu'il n'en dit rien du tout. C'est trop long, un an. Il éclate de rire, il a de fort jolies dents, blanches et bien plantées, qui font penser à un piège à loup ; son corps est sec et musclé, ses mains sont larges. Je me demande bien comment j'ai réussi à l'expédier au sol à coups de poing. Si je devais me battre à nouveau contre lui, je préférerais disposer d'une mitrailleuse.

Et voici qu'une question m'effleure : que diable fait à Bakou un Tchétchène d'âge relativement tendre ? Ordinairement, les Tchétchènes vivent en communauté, solidaires les uns des autres. Pacha semble seul. Aucune allusion à son pays d'origine (la République socialiste soviétique autonome des Tchétchènes-Ingouches dont la capitale est Grozniy, s'étend de l'autre côté du Caucase, au Nord). Il ne m'a pas dit un mot de sa famille – sauf des parents qu'il a à Moscou, en évoquant la nécessité où il est de faire ses preuves à leurs yeux. Se pourrait-il qu'il soit plus ou moins en délicatesse avec son propre clan ? Ou avec quelqu'un d'autre ?

Comme moi, en somme ? C'est une idée à creuser. Ce serait pain bénit si j'arrivais à dégoter quelque épouvantable secret, qui me permettrait d'avoir barre sur lui, autant que lui a barre sur moi. J'y gagnerais en tranquillité d'esprit.

– Pacha, tu ne m'as pas dit que tu as de la famille à Moscou ?

– Je t'ai dit ça, moi ?

– Tu me l'as dit.

– C'est sûrement vrai si je l'ai dit. J'ai des cousins éloignés.

Mon œil. Mes souvenirs sont précis, ma mémoire est bonne : il a évoqué un frère et des cousins. Mais je n'insiste pas. Pas question d'augmenter sa méfiance, qui est déjà considérable (la confiance qu'il a en moi doit être à la hauteur de celle qu'il m'inspire).

– Et ça m'étonnerait que mes cousins éloignés veuillent t'aider.

– Dommage.

– *Inch Allah*.

– J'allais le dire. Pacha, je voudrais partir pour Moscou le plus vite possible.

– D'accord. Tu m'aides à vendre tous ces alcools et on s'en va.

– Non. Tu te les vends tout seul. Je ne fais pas de trafic.

Il est ahuri. Comment puis-je seulement imaginer de faire fortune sans trafic ? Je me crois où ? En Amérique ? C'est vrai qu'il met le doigt sur un point essentiel, que j'avais quelque peu négligé : ai-je vraiment choisi le bon pays pour devenir milliardaire ? J'ai des doutes. Mais, d'un autre côté, comme je n'ai pas non plus la moindre idée de la façon dont je vais devenir très riche, ça s'équilibre.

– Pas de trafic, Pacha. Vends tes foutues bouteilles tout seul.

– Il va falloir que je sorte.

Si je ne l'accompagne pas, si je ne le tiens pas à l'œil, il pourrait ne pas résister à la tentation d'appeler Tbilissi au téléphone. Je prends trois longues secondes pour réfléchir. Mais les dés sont jetés, ils roulent depuis le moment où j'ai appris à Pacha le nom de Kourachvili et la menace de mort qui pèse sur moi. Tôt ou tard, il me faudra laisser mon Tchétchène seul. Et, pour ce qui est du trafic, si je cède une fois, je finirai marchand en gros de cocaïne.

– Je ne t'empêche pas de sortir. Vas où tu veux. Tu crois que nous pourrons prendre le train demain matin ?

– Pas de problème. J'ai déjà un client. L'affaire aurait été nettement meilleure si tu avais été là pour négocier ; mais tant pis.

– Tant pis.

– Tu vas m'attendre ici?

Je le fixe en faisant de mon mieux pour que mon regard lui inspire toute la rectitude morale dont il est capable (ça ne doit pas aller très loin).

– Je t'attendrai ici. Je peux entamer une bouteille?

– Il y a une caisse de « cognac » ouverte. Sers-toi.

Il s'en va.

Il revient. Six heures, environ, se sont écoulées. J'ai eu un mal fou à trouver un toit convenable. Il m'en fallait un auquel les habitants de la maison voulussent bien me donner accès et qui m'offrît une vue imprenable sur les alentours de la maison de Khan Pacha. Je suis allongé à plat ventre, mon sac près de moi, et je vois arriver d'abord Pacha, mains dans les poches mais le regard aux aguets, puis un camion de l'armée. Du camion descendent quatre hommes sans armes. Ils rejoignent Pacha et entrent avec lui. Bientôt, ils ressortent, transportant les caisses. Ils font plusieurs voyages. Et je comprends pourquoi Pacha aurait préféré que ce fût moi qui négociât la vente. Avec ma tête de Russe, j'aurais probablement obtenu de meilleurs prix que lui de ces militaires, venus mettre de l'ordre en Azerbaïdjan et pour qui tous ces gens du Sud – Azéris, Géorgiens et autres Tchétchènes – sont des métèques.

Le camion repart. Pacha est rentré chez lui. J'attends encore un petit quart d'heure et je redescends de mon toit, en donnant les dix roubles convenus au locataire dont j'ai traversé la cuisine.

– Je croyais que tu devais m'attendre ici?

– Je suis allé faire un petit tour. Et, tu vas rire : j'ai rencontré un autre Tchétchène. Un de ceux que j'ai connus à Karaganda.

Mon coup de bluff réussit au-delà de toutes mes espérances. Pacha ne se trouble pas longtemps, mais il se trouble. Et je me souviens d'un détail qui a son importance : lorsque nous sommes descendus à Bakou ensemble, Pacha a choisi d'éviter les contrôles à la sortie de la gare. Allant même jusqu'à reconnaître qu'il ne tenait pas tant que ça à s'y soumettre. Il avait donc quelque chose à cacher. Lui-même, probablement (il ne portait aucun paquet).

J'ai parié que, pour une raison quelconque, que j'ignore

encore, il était en dissidence du clan tchétchène. Sa réaction, en cet instant, me démontre que j'ai vu juste. Et, d'ailleurs, il me demande si j'ai parlé de lui à ce compatriote imaginaire. Je dis que non.

– Pacha, j'attends de toi le silence. Au nom de l'amitié et de l'immense affection fraternelle qui nous lie déjà. Le moins que je puisse faire en retour est de me taire à ton sujet.

Le message passe. Nous nous comprenons à demi-mot.

– Moi, je n'ai rien à cacher, dit-il.

– J'en suis sûr.

– Mais c'est vrai que moins on parle, mieux ça vaut.

– Je n'aurais pas dit mieux.

Nous vidons la deuxième des quatre bouteilles de « cognac » que j'ai sorties des caisses avant qu'on les enlève. Je n'aime pas trop le « cognac ». Trop sucré. Je préfère la vodka. Les soldats de tout à l'heure ont en partie payé avec des pommes de terre. Nous les mangeons bouillies dans une eau arrosée de cognac. J'aurais volontiers repris ma conversation de la veille avec la camarade Seins-en-Obus-de-Petit-Calibre, mais il paraît qu'elles ne sont pas libres, sa copine et elle. Pacha ne sort pas, et comme je ne tiens pas outre mesure à me promener dans Bakou, où quelqu'un pourrait me reconnaître grâce aux photos distribuées par Kourachvili, nous gardons la chambre tout l'après-midi, toute la soirée, toute la nuit. Vers onze heures, il ne reste plus de « cognac ». Pacha y résiste moins bien que moi. Il ronfle, et j'estime que son sommeil n'est pas simulé – pas après ce que je lui ai fait boire. Quant à moi, je tarde à m'endormir. Demain, nous serons en route pour Moscou. En choisissant n'importe qui au hasard dans tout l'Azerbaïdjan, j'aurais sûrement trouvé mieux comme compagnon de route, que ce Tchétchène ronfleur à qui je ne confierais pas un kopek. Mais la perspective de l'avoir avec moi, curieusement, me réconforte. J'ai un peu peur de Moscou et de son immensité, de l'inconnu total vers lequel je me lance. Un peu beaucoup. C'est l'heure de la nuit où tout semble tragique. J'ai déjà derrière moi un long chemin, depuis Novosibirsk et la Yakoutie. Des milliers de kilomètres. Et voilà que ma vie est sur le point de changer complètement.

Je me demande combien de temps Pavlé-l'Albinos

mettra à me retrouver. Je suis sûr qu'il n'aura de cesse d'y parvenir. Et, si je ne le vois pas avant qu'il me voie, je ne le verrai pas du tout – il ne m'en laissera pas le temps.

Comment fait-on fortune, au pays des soviets ?

Nous sortons avant six heures du matin. Le jour n'est pas encore levé et, déjà, la vieille ville s'éveille. Nous avons mangé les deux dernières pommes de terre et fait infuser pour la troisième fois les mêmes feuilles de thé – ça n'avait pas beaucoup de goût.

– Pacha, on pourrait peut-être faire un crochet par Grozniy et ton pays tchétchène avant d'aller plus au nord-ouest ?

– Pas la peine.

Je me doutais bien qu'il allait refuser – surtout si, comme je le pense, il est en délicatesse avec son clan. Mais je m'amuse.

– Pourquoi pas ? Il y a peut-être des membres de ta famille, à Grozniy, qui ont un message ou un paquet pour ta famille de Moscou ?

– Ils sont fâchés les uns avec les autres.

– Et puis, peut-être qu'ils nous inviteraient à manger ?

– Ne m'emmerde pas.

Pacha est grognon ce matin. Et je note que, mine de rien, il évite tout ce qui ressemble à un milicien.

Toute la question est de savoir s'il a lui-même des raisons de les craindre ou, s'il veut m'empêcher de tomber entre leurs mains pour me livrer à quelqu'un d'autre, qui lui paiera ses trente deniers. Nous croisons un groupe de femmes musulmanes en haïk. Pacha s'arrange pour les mettre entre nous et une voiture de police.

J'achète pour deux roubles de pommes. Il faudra bien que nous mangions dans le train.

– Il paraît qu'à Moscou on fait la queue une semaine pour une sardine.

– On trouve toujours tout quand on sait se débrouiller, marmonne Pacha.

À l'évidence, les difficultés de ravitaillement en Moscovie sont, pour l'heure, le cadet de ses soucis.

– Tu es nerveux, Pacha.

– Je ne suis pas nerveux, je suis en colère. Je viens de me rappeler que j'avais une autre affaire en cours. En m'obligeant à partir aujourd'hui, tu me forces à l'abandonner. Je perds des sous.

Il ment. Mais il ne le reconnaîtra jamais. Alors, à quoi bon ? Nous arrivons devant la gare. Il s'immobilise – en prenant soin de rester derrière un autobus.

– Toi, tu devrais aller acheter les billets. Je te rejoins sur le quai.

On se méfierait à moins. Et le voilà qui m'explique qu'il a eu des ennuis avec les employés de la gare, qui seraient capables de l'assommer un peu s'il le voyaient.

– Je croyais que tu n'avais rien à cacher, Pacha.

– Sauf aux employés de la gare. Ce n'est pas une question d'argent. Tiens.

Il me tend quelques billets de banque et me fixe en secouant la tête.

– Il n'y a rien contre toi ; je t'assure. Je t'ai dit que je te donnais six mois. Je tiendrai ma parole.

Je me dis *in petto* que, s'il s'apprêtait à me trahir et à me livrer, il agirait avec plus d'adresse. D'ailleurs, rien n'empêchait des hommes de faire irruption dans la chambre la nuit dernière. Même sur mes gardes comme je l'étais, mes chances de filer auraient été minces. Quant à me tuer en pleine gare ? Les occasions de me tuer n'ont pas manqué depuis notre réveil – quand nous déambulions dans Bakou, surtout !

Outre cela, j'ai envie de croire Pacha. J'ai envie qu'il vienne avec moi à Moscou, pour me sentir moins seul.

– D'accord. On se rejoint directement au train.

Je prends l'argent et j'entre. J'achète deux billets pour Moscou, via Makhatchkala, Grozniy, Guéorguievsk, Kropotkine, Rostov, Millerovo, Voronej, Mitchourinsk, Riazan et autres lieux. Le seul défilé de tous ces noms de villes inconnues me procure une sorte d'ivresse.

Personne ne semble m'accorder d'attention, sinon des camelots qui essaient de me vendre, l'un une couverture de pure laine, l'autre du raisin, et un troisième une pipe presque neuve. Départ du train dans neuf minutes. Je m'avance sur le quai mais je bats aussitôt en retraite : à la moindre alerte, j'aurai ainsi plus de chances de me perdre dans la foule. Pas de Pacha en vue. Qu'est-ce qu'il fabrique ?

Cinq minutes.

Trois.

Et je le vois soudain : il avance d'un pas rapide, la tête rentrée dans les épaules, l'air fuyant. Déjà, il me sourit…

Il y a quatre miliciens derrière lui, qui courent droit sur moi. Tout un groupe de joyeux ouvriers partant en excursion me barre la route sur ma gauche. J'essaie à droite : encore des miliciens. Il me reste le quai, qui ne me mènera nulle part.

Ou le train. Je peux monter dedans, le traverser, sauter par une fenêtre, me perdre. Je commence à courir. Mais Pacha a aussi accéléré l'allure. Arrivé à ma hauteur, il m'aggripe le bras. Je me débats pour me libérer.

– Espèce de sale ordure !

– On ne s'est jamais vus, tu entends ? On ne s'est jamais vus !

Il m'a déséquilibré et me pousse. Je m'étale. Juste à temps pour voir passer six miliciens ventre à terre, qui ne manifestent pas le moindre intérêt pour moi. J'avais déjà levé les bras pour montrer que j'allais me rendre sans résistance.

Je reste ahuri. À cinquante mètres de là, sur le quai, Pacha fonce. Il a une petite chance de s'échapper en sautant sur le ballast. Petite.

À côté de moi, le train s'ébranle. J'ai tout juste le temps de ramasser mon sac, mes pommes, et je grimpe.

Nous roulons. Huit cents mètres plus loin, j'aperçois Pacha, toujours en train de courir, les miliciens sur ses talons. Cet animal va s'en tirer ! Et le plus extravagant se produit : Tout en galopant, mon Tchétchène tourne la tête vers le train qui m'emporte ; je vois l'éclair de son grand sourire ; il lève et agite un bras et crie quelque chose que je ne comprends pas bien mais qui pourrait être :

– On se reverra à Moscou !

Et j'ai l'intuition qu'il va filer entre les doigts de ses poursuivants. Quelle crapule !

C'est ainsi que je pars seul pour Moscou, dans le but avoué d'y faire fortune.

Je ne suis pas encore le Danseur – j'en suis même assez loin – mais je m'en approche.

6

Ils sont montés à Riazan. Juste avant l'arrêt complet du train, je les ai remarqués sur le quai. Il y avait dans leurs regards un feu particulier, une intensité presque douloureuse ; leurs mains s'agitaient doucement, telles des bêtes apprivoisées en quête de caresses.

– Je n'ai pas besoin de calendrier.

L'un d'entre eux me regarde et me tend des choses imprimées. Il secoue la tête et avance la main jusqu'à m'appuyer les brochures sur la poitrine.

– Je ne veux rien acheter, et, en plus, je n'ai pas d'argent.

Autant parler à un caillou. Il insiste. C'est qu'il finirait par m'énerver. Si je les jetais par la fenêtre, lui et ses brochures ? Mais je lui souris. Je ne résiste pas à l'humour, et il y en a à revendre au fond de ses prunelles. Je prends l'un de ses trucs et le feuillette. C'est un calendrier, plein de dames nues.

– J'ai vu des seins plus gros, dis-je, mais c'était sur une vache. Je me fiche complètement de savoir combien tu les vends, je n'ai pas l'intention d'en acheter.

Je suis debout dans le couloir et je regarde par la vitre. Si je ne me trompe pas, cette rivière, à quelques kilomètres, pourrait bien être la Moskova. Ou l'Oka ?

– C'est la Moskova ou l'Oka ?

D'autres colporteurs de cette bizarre équipe montée à

Riazan parcourent le wagon dans toute sa longueur et proposent leur marchandise. Je dis :

– Vendre des calendriers, pourquoi pas ? Mais ce train est plein de types qui ne connaissent pas Moscou. Moi, je leur vendrais des plans de la ville. Des vrais ou des faux, quelle importance ?

Il me rend mon sourire et cesse enfin de me tapoter la poitrine avec ses papiers cartonnés.

– Des plans et la liste des endroits où aller, où dormir, où manger. Ce genre de choses.

Il me fixe, et j'ai l'impression d'être photographié pour la postérité. Je ne me battrais sûrement pas avec lui. Il est bien moins grand qu'Eldar Nourpeïsov, le Kazakh, mais il a un visage martelé de boxeur et des cals caractéristiques aux jointures des doigts. Il doit avoir dans les vingt-cinq ans.

– Sourd-muet ? Tu es sourd-muet ou seulement muet ?

Il dresse l'index et le majeur : les deux, mon général. Je lui donne mon nom et lui demande le sien.

Il écrit *Choura* sur la vitre embuée.

– Bonjour, Choura.

Il écrit : *Bonjour*, puis : *Où vas-tu ?*

– À Moscou, pour devenir millionnaire.

– *Bonne chance.*

– Merci.

La vitre est barbouillée. Nous changeons de fenêtre.

– *Tu as des amis à Moscou ?*

– Non, personne.

– *Bonne idée, les plans.*

– Merci. Tu peux l'utiliser, elle est à toi. Cadeau.

– *Tu es en règle ?*

– Évidemment. Qu'est-ce que tu crois ? J'ai un appartement réservé au Kremlin dès ce soir. Et je ne serais pas surpris qu'un orchestre m'attende à ma descente du train. Tu lis sur mes lèvres ?

Il acquiesce. Son regard s'écarte de moi et se porte sur l'un de ses coéquipiers. Les doigts de sa main gauche s'agitent, impératifs. C'est un ordre qu'ils expriment. Ou c'est une remontrance – et des plus sèches. Le sourd-muet à qui le message s'adresse s'empresse de faire signe qu'il a compris.

120

– *D'accord ; pas besoin de se fâcher.*

– On me parlerait sur ce ton, dis-je, la moutarde me monterait au nez.

– *Te casserais la gueule.*

– Ça change tout.

Nous continuons notre conversation. Nous en sommes à notre quatrième fenêtre.

– Mais il faudrait d'abord que tu m'attrapes. Je cours très vite.

Il rit. Il fouille une de ses poches et en retire tout un lot de petits paquets, enveloppés de papier journal. Il me tend l'un des paquets puis écrit : *Cadeau.*

Je l'ouvre et je reste perplexe.

– Et c'est quoi, ce truc ?

Il écrit : *Bakovka.*

– Un préservatif ; c'est ça ?

Il acquiesce à nouveau. Il ferme le poing et me donne un très petit coup au menton. Je suppose que c'est un signe d'amitié ; j'espère que ce n'est pas une menace. Il se détourne, arrive à hauteur de la cinquième fenêtre. Il écrit : *La Moskova, paysan* !

La brigade des sourds-muets colporteurs de préservatifs et de calendriers s'éloigne dans le wagon. Il y a des filles parmi eux. D'un geste de l'index et du majeur, Choura fait le signe du ralliement. Ce type a les plus puissants dorsaux que j'aie jamais vus. Il me flanque un crochet du droit orienté sud-ouest et je traverse toute l'Ukraine.

Je me remets à contempler le paysage. Le jour se lève sur la Moskova, sur Moscou qui se rapproche. J'éprouve une angoisse confuse. Mais surtout de l'impatience et une curiosité dévorante.

Et j'ai faim, comme toujours, il y a belle lurette que j'ai avalé toutes les pommes.

On est le 18 septembre.

Les premières gelées nocturnes ont commencé l'avant-veille. On sent les travaux d'approche de l'hiver. Ma vision de Moscou ne sera pas celle d'une ville sous les frimas, mais presque.

Durant les neuf premiers jours, je ne vois pas grand-chose

de Moscou. Je ne bouge pas de la place des Trois-Gares. On appelle ainsi, familièrement, l'endroit où arrivent les trains en provenance de Léningrad, de Kazan et de Iaroslavl. C'est une ville en soi.

On m'y a volé mon argent.

Dès mes tout premiers pas, je suis emporté par une vague humaine, celle des centaines, si ce n'est des milliers de supporters du Spartak de Moscou, club de football qui arbore comme couleurs le rouge et le blanc. Je m'accroche à mon sac. À cause de mon argent. J'ai glissé cinq roubles et quelques kopeks dans la poche droite de mon pantalon, et, le reste, j'ai cru rusé en diable de l'enfouir sous la triple épaisseur de ma chemise, de mon chandail et de mon blouson. La vague me happe, me soulève – pour un peu je devrais moi aussi chanter les louanges du Spartak (mais j'ai toujours été pour le Dynamo !) –; elle m'entraîne, et le pis est que je me laisse faire. Après tout, faute d'orchestre pour m'accueillir dans la capitale de toutes les Russies, au moins y a-t-il foule. Et d'être ainsi mêlé à tant de gens me donne le sentiment d'être déjà adopté, déjà moscovite. Je suis ballotté en tous sens, j'avance sans presque toucher terre (soit dit en passant, ils sont pas mal beurrés, tout autour de moi ; ça sent la vodka à plein nez), je roule droit devant moi, et je la vois. Je ne vois qu'elle dans cette marée ; elle me fascine. C'est un rêve fait femme. Elle contemple ce déferlement d'un œil impavide, les mains dans les poches d'une espèce d'imperméable moutarde qui me paraît d'une folle élégance. Je suis projeté contre sa poitrine. Je l'ai un peu fait exprès. Je m'écrase contre elle et j'en profite pour mettre mes mains partout. Qu'est-ce qu'elle est bien faite !

– On dégage, Ducon, dit-elle.

Elle repousse ma poitrine de ses paumes et stoppe net ma progression. Ses yeux gris-vert me fusillent. Elle se détourne et s'éloigne. Notre idylle n'a pas duré plus de cinq secondes.

Il me faut nettement plus longtemps pour découvrir que ma chemise est entrouverte, mon chandail relevé, et que mes roubles ont disparu. Elle m'a volé. J'ai beau courir en tous sens, évidemment, elle n'est plus là ! Et je fais trois constatations : qu'elle était extraordinairement belle, qu'il me reste cinq roubles et quarante kopeks, que j'ai parcouru en tout et pour tout soixante-treize mètres dans Moscou.

Il y a sur la place des Trois-Gares un restaurant ouvert vingt-quatre heures par jour. Le borchtch accompagné de pain que j'y avale (j'ai l'estomac creux depuis trente heures) serait considéré comme parfaitement immonde même à Barnaul.

Ensuite, je tente une sortie, sans la moindre idée de l'endroit où je vais aller. Je ne sais même pas si Komsomolskaïa (c'est le vrai nom de la place des Trois-Gares) est au nord, au sud, à l'est ou à l'ouest du seul bâtiment que je serais capable de reconnaître si je le voyais, le Kremlin. Je m'aventure sur ma droite, en tournant le dos à la gare de Kazan. Je me retrouve dans une avenue dont le nom ne me dit strictement rien et au bout de laquelle je finis par arriver à la Moskova. Le Kremlin n'est sûrement pas par là. Un passant me le confirme. Je fais demi-tour et me voilà de nouveau sur la place des Trois-Gares. Je poursuis tout droit. Il y a une voie ferrée et, de l'autre côté, un gratte-ciel, qui se révèle être l'*Hôtel de Léningrad*. En face, un ministère. Plus loin, je débouche sur un boulevard large comme la Volga, où je ne vois guère circuler que de grosses Tchaïkha noires, souvent précédées de policiers motocyclistes. Je serais bien allé plus loin mais la pluie s'est mise à tomber. Je me réfugie dans les gares.

Cafard. Je ne peux même pas trouver une place où m'asseoir sur les bancs de bois, occupés par les traîne-misère qui y dorment. Je finis par m'asseoir par terre dans un coin, en attendant que la pluie ait fini de tomber – mais je sais que ce n'est qu'un prétexte. Comme je sais que ce coup de cafard va passer. Je suis fatigué ; c'est tout. Je me cale avec mon sac. Devant moi, des *babouchka* vendent des fleurs. Je les observe. Et je ne tarde pas à noter le manège : sitôt que l'une d'elles parvient à vendre l'un de ses bouquets, un homme s'approche, un morveux plus jeune que moi – s'il a dix-huit ans, c'est le bout du monde – et il encaisse, prélevant la moitié environ de la somme perçue. Du racket. Je suis venu faire fortune dans une ville où de misérables bouquetières sont soumises à un racket !

Je vais finir par regretter Barnaul.

Un tour dans les toilettes. Là, au moins, je retrouve un spectacle familier : une douzaine de couples encombrent les couloirs, forniquant debout, comme il se doit, dans l'indifférence générale. D'évidence, il est aussi difficile pour un couple de trouver un endroit où s'isoler à Moscou qu'à Barnaul.

Je réintègre mon coin de ciment. Juste à temps : trois clochards, des *bomji*, des sans-abri (comme moi), s'apprêtaient à le squatter. Je suis heureusement plus jeune et capable de casser la gueule aux trois réunis. Ils se serrent. Ils puent épouvantablement.

– Tu viens d'où ?

– Je t'emmerde.

Je rabroue l'espèce de loque humaine écroulée sur ma gauche. J'essaie de dormir mais rien à faire. La puanteur, le bruit et ma nervosité m'en empêchent. Ma nervosité qui dissipe mon cafard. Il y a maintenant six ou sept heures que je suis à Moscou, et, à part ma petite balade, je n'ai rien vu d'autre que ce hall de gare. Il serait peut-être temps de me secouer un peu. Je me force à me relever. J'ai à nouveau faim ; ce n'est pas le bol de soupe que j'ai avalé qui a pu me caler ; et pas question de retourner dans ce restaurant – il me reste à peu près trois roubles. Trois ? Je compte et je recompte, la disparition du quatrième rouble, que je devrais encore avoir en poche, déchaîne chez moi une fureur que le vol, cent soixante fois plus important, de la matinée n'avait, curieusement, pas déclenchée. C'est vrai qu'elle était superbe, cette garce ! Pour un peu, je m'attendrirais.

Sauf que si je la retrouve (mes chances sont minimes), je l'égorge.

Je vais flâner du côté des arrivées des trains, et c'est un gamin de douze ou treize ans qui me donne l'exemple : il guette parmi les voyageurs ceux qui sont surchargés de bagages et leur propose ses services. Pourquoi ne pas l'imiter ?

Deux heures plus tard, j'ai gagné quinze kopeks. Eh bien, voilà : j'ai trouvé comment faire fortune. À raison de dix mille valises par jour, je devrais me retrouver, tôt ou tard, à la tête d'une fortune.

Sauf que la nuit vient, que les trains se raréfient, les voyageurs aussi, et que mon généreux donateur aux quinze kopeks se révèle unique de son espèce.

Ce n'est pas tout. Ils arrivent à trois. Ils ne sont pas gigantesques, mais ils ont des rasoirs et ne font aucune difficulté pour me les montrer.

– Qu'est-ce que tu fais là?

– Je suis haltérophile et je m'entraîne. Les haltères sont hors de prix de nos jours.

– Tu prends le boulot de notre petit frère.

C'est le gosse. J'avais, en effet, remarqué qu'il lorgnait dans ma direction avec une évidente antipathie.

– Si ce môme est votre frère, moi, je suis Iouri Gagarine.

Je leur propose de rentrer leurs rasoirs; après quoi, on s'expliquera à mains nues, moi seul contre eux trois, histoire de vérifier le bien-fondé de leurs ambitions territoriales. Ça ne marche pas. Ils préfèrent discuter avec leurs rasoirs et m'expliquent ce qu'ils vont faire avec.

La gare s'est nettement vidée. Pas d'autre solution que d'abandonner le terrain. Je repars vers les bancs et, cette fois, miracle! je réussis à trouver une place. Je sors ma *zipoune*, l'enfile (si on cherche à me la voler, je devrais m'en apercevoir, normalement) et m'allonge voluptueusement, avec mon sac pour oreiller. Mon estomac gargouille comme les tuyaux sanitaires de l'hôtel *Novosibirsk*. Mon dernier regard du jour est pour l'homme à la cravate jaune, à vingt ou trente mètres de moi. Il lit un journal, debout, appuyé contre un mur. C'est la deuxième fois que je le remarque. Mais où l'ai-je vu avant? Je fouille ma mémoire mais en vain.

Je m'endors.

Le lendemain, je pousse une pointe vers la gare de banlieue, la gare des marchandises, ce que des hommes qui passaient ont appelé Moscou Trois. Il y a là une grosse plate-forme ronde. Des groupes s'y forment. Ce sont des débardeurs auxquels on distribue des affectations. Je m'approche, et les choses ne tardent pas à s'envenimer. On n'apprécie pas mon intrusion, les rangs se resserrent pour m'empêcher de passer.

– Tire-toi.

– Je t'emmerde.

De fil en aiguille, la conversation s'anime. Deux types me bousculent. Je frappe, et, bientôt, ils sont quatre à me taper dessus. Quand je me relève pour la troisième fois, avec l'impression très nette d'avoir le nez cassé, quelques dents en moins et quelques côtes enfoncées, un homme en casquette se dresse devant moi. Il bloque sans difficulté mon coup de poing, qui, d'ailleurs, ne valait pas grand-chose. Il me demande qui je suis, d'où je viens, où je veux en venir.

– J'ai faim, c'est tout.

– Tu veux travailler ?

Je ne demande que ça. Et c'est vrai que la faim me torture. Mon dernier vrai repas remonte à quatre jours. Depuis, j'ai calé mon estomac avec la pomme de terre de mon petit déjeuner, à Bakou, une livre de pommes et un bol de borchtch.

– Cinq roubles par jour, et tu m'en donnes deux.

– Un.

Il secoue la tête en riant : deux roubles, à prendre ou à laisser.

– D'accord.

Il me met en équipe avec ceux-là mêmes à qui j'ai servi de *punching ball*. L'ambiance n'est pas précisément amicale. En deux occasions, je dois plonger pour éviter une caisse de cent kilos, qui m'aurait sûrement fracassé une épaule ou une jambe, qu'on a laissée tomber exprès. Mais ça va. Il y a un petit moment difficile à passer quand vient la pause et que je les regarde tous manger ce qu'ils ont apporté. Pas un seul ne m'offre de partager. Au reste, je les comprends : ils n'ont pas grand-chose.

– Tu veux revenir cet après-midi ? demande l'homme à la casquette.

– Oui.

– L'équipe de l'après-midi touche quatre roubles. Dont deux pour moi. Je peux te faire payer maintenant ce que tu as gagné ce matin.

Mais l'équipe de l'après-midi commence tout de suite. Pas question que je m'éloigne, ou bien il prendra quelqu'un d'autre. Moscou Trois est à trois kilomètres de la place

Komsomolskaïa, comme l'indique le numéro. Six kilomètres aller et retour, si je veux aller manger.

– Je reste.

L'homme à la casquette s'appelle Fédorov. Il a la cinquantaine, les cheveux gris. Et une façon curieuse de me regarder.

Je demande :

– Vous aviez une raison particulière de m'engager ?

– Tu te battais bien.

– Il y a autre chose.

– Que veux-tu qu'il y ait ?

Je lui rappelle peut-être son fils ? Ou son neveu préféré ? Ou il est amoureux de moi, de mon superbe physique ? Ou il adore le son de ma voix ? Peut-être a-t-il fait un vœu lors d'un pèlerinage à Notre-Dame-de-Kazan ?

Il sourit.

– Tu as toujours la langue aussi bien pendue ?

– Non. D'habitude, je fais infiniment mieux. Je ne suis pas dans ma meilleure forme ; ce doit être l'air de la capitale qui ne me convient pas.

– Les quatre types auxquels je t'ai arraché ce matin vont te retomber dessus à la première occasion, dit-il.

– Je sais. Qu'ils y viennent.

Mais je reste sur mon impression : ce matin, justement, je n'étais pas seul à chercher du travail et l'occasion de gagner quelques roubles ; en fait, nous étions bien cinquante ; pourquoi est-ce moi qu'il a choisi ?

Il sort de sa poche un morceau de pain et me le tend.

– Va travailler. Et, si tu es vivant demain matin, je t'engagerai encore.

Les heures suivantes sont un martyre. Je n'en peux plus. Mais je m'acharne. Non seulement j'accomplis ma part de travail, mais j'en rajoute, avec une sombre fureur – tu as voulu venir à Moscou, tu y es, tu y restes, et arrête donc de pleurer sur ton sort.

– Ça suffit, c'est l'heure, tu peux partir.

Fédorov m'ôte des épaules les sacs que je transportais. Il glisse dans ma poche l'argent qu'il me doit pour l'après-midi et que je serais bien en peine de recompter – dans le semi-coma où je suis, je n'arriverais sans doute pas à lire une affiche avec des caractères d'un mètre.

La volée que je prends deux kilomètres plus loin, sur le chemin de la place des Trois-Gares, sera la plus réussie de ma collection (le record dans le genre, avant celle-ci, remonte à un match de football au terme duquel, à force de provoquer le petit public de mineurs qui me traitait de danseuse, j'avais été ramené à ma mère avec une tête comme un chou-fleur). Ils s'y mettent à quatre, et, si j'ai l'âpre satisfaction d'en laisser deux paralysés de l'entrejambe pour une bonne semaine, les deux autres me massacrent avec une belle conviction. J'ai le temps de penser qu'ils vont me tuer. Ensuite, je prends encore quelques coups de pied – je m'obstine bêtement à ne pas rester par terre ; cela tourne à l'idée fixe – et je suis en train de me dire qu'en somme j'aurais presque réussi à atteindre l'âge de vingt-deux ans, à quelques jours près, quand, miraculeusement, la grêle de coups s'arrête. Mes copains s'éloignent ; quelqu'un a parlé, qui les a convaincus d'aller jouer ailleurs.

Ce ne peut être que Fédorov. Qui d'autre ?

Refusant absolument de m'écrouler, je parviens à m'asseoir par terre. Ouvrir les yeux n'est pas un problème ; j'y arrive en moins de deux minutes.

– Ne bouge pas.

Ce n'est pas la voix de Fédorov. Le renseignement que me transmet mon oreille finit par atteindre mon cerveau à l'issue d'un parcours très lent. Mon œil gauche aperçoit du jaune. Une cravate jaune.

– Bienvenue à Moscou, camarade. Allez ! Viens.

Il me tire par un bras, me fait lever et marcher. Là encore, l'information tarde à gagner ma conscience, mais elle fait tout de même surface : Cravate-Jaune me parle en géorgien et non en russe. Du coup, tout s'explique, et clairement : les hommes de Djoundar Kourachvili viennent de me mettre la main dessus, ils ont certainement pris du plaisir à me flanquer cette raclée monstrueuse, mais ils y ont mis le holà ; ils tiennent à m'avoir vivant pour mieux me tuer – on a son amour-propre.

– 'on 'ac, dis-je.

– J'ai ton sac, répond Cravate-Jaune.

Je m'écroule à trois ou quatre reprises sur quelques centaines de mètres, mais, à part ça, c'est la pleine forme. On me fait entrer dans une pièce, on m'allonge sur quelque chose qui pourrait bien être une couchette. Odeur d'alcool pharmaceutique. Tiens! Je boirais bien quelque chose… Je m'accroche à ma *zipoune*, que l'on veut m'enlever, mais rien à faire, on me la prend quand même. Mes poings partent tout seuls; j'essaie aussi de lancer des coups de pieds. On me maîtrise solidement et on me fait une piqûre.

Rideau.

Je suis dans un poste de secours aux murs d'un ignoble gris jaunâtre. Un homme en blouse blanche me tourne le dos, occupé à écrire. Je n'ai pas mal au genou gauche. Partout ailleurs, si. Je réussis à m'asseoir et à poser les pieds, en chaussette (je n'ai qu'une chaussette, comme c'est curieux!), sur le sol. L'infirmier se retourne:

– Toujours vivant?

Je crois.

– Tu as faim?

Mon abrutissement du moment est tel que je manque de répondre non – j'ai seulement envie de mourir, pour avoir moins mal.

– Très faim.

Il se lève, passe dans une pièce voisine, en revient avec un grand bol de soupe fumante, trois pommes de terre cuites à l'eau, du pain et une bouteille de bière. Au début, je dois me forcer à mâcher et à avaler (même ma trachée-artère est horriblement douloureuse), mais l'appétit me revient d'un coup. J'engloutis tout ce qu'il y a sur la table, je mange les pommes de terre avec leur peau, pour ne rien perdre.

– Je suis toujours place Komsomolskaïa?

– Évidemment.

– Où est le type à la cravate jaune?

L'infirmier ne voit pas de qui je parle. Il n'était pas de service hier. Tout ce qu'il sait, c'est que je suis le spectaculaire résultat d'une bagarre entre débardeurs et que quelqu'un a payé pour qu'on me donne à manger.

– Pendant combien de temps?

Juste le temps de ce repas, qu'il vient de me servir. Après, que j'aille au diable.

– Qui a payé ?

Il ne sait pas.

– Qui m'a amené ici ?

– Peut-être d'autres débardeurs.

– Non. Il y avait un seul homme, en complet-veston marron et avec une cravate jaune. Est-ce que la police s'est intéressée à moi ?

– Si les flics devaient intervenir chaque fois que des débardeurs se battent...

Il dit que je peux rester allongé encore une heure, mais pas davantage. Le mieux serait que je rentre chez moi me coucher.

– Je peux me laver ?

Il m'indique un robinet. J'y vais me passer de l'eau sur le visage – enfin, un visage qui est peut-être le mien ; il me semble vaguement me reconnaître dans cet amas de chairs boursouflées et couvertes de sang séché. Mon œil droit reste obstinément fermé. J'enlève mon veston, mon chandail, ma chemise. Non sans mal : j'ai des côtes cassées. Je me débarbouille néanmoins.

Mon sac est là, posé au pied de la couchette – un simple bat-flanc en réalité, recouvert d'un matelas pas plus épais qu'un journal.

– Où sont mes chaussures ? Et mon autre chaussette ?

– Je ne te les ai pas volées, si c'est ça que tu veux dire, répond l'infirmier. Tu ne devais pas les avoir en arrivant ici.

Je prends dans mon sac les seules pièces de rechange que je possède : mes chaussettes et mes chaussures de football. Ma *zipoune* a mystérieusement réintégré le sac.

Fédorov considère mes pieds :

– Il y aura bien un match, mais c'est pour dimanche. Et tu es en retard pour le travail de ce matin. Je te décompte un rouble et cinquante kopeks. Va travailler.

– Je cherche un type avec une cravate jaune.

– Va travailler.

Ce n'est qu'à midi que je peux reprendre la conversation.

Conversation d'ailleurs est un grand mot. Fédorov ne sait rien
– ou feint de ne rien savoir – d'un homme à cravate jaune.
Il ment, et il sait que je sais qu'il ment. Il n'en dit pas davantage. Pas même lorsque je lui demande si quelqu'un l'a payé
ou influencé de quelque manière pour qu'il me donne du travail. Il m'a embauché comme il aurait embauché n'importe
qui, dit-il ; par hasard. Et, comme je travaille bien, il me garde ;
point final. Et plus de bagarres, qui n'ont pour conséquence
que de me rendre méconnaissable d'un jour à l'autre.

– Ce n'est pas moi qui ai cherché la bagarre.
– M'en fous, répond Fédorov.

Le soir de mon troisième jour à Moscou, je rentre sans
encombre place des Trois-Gares, où je retrouve mon banc
préféré. J'ai désormais ma place, en habitué. J'ai mal mais
je parviens à dormir. Je m'accoutume à la puanteur de mes
compagnons, les autres *bomji*. Dehors, la pluie n'a pas cessé
et elle devient de plus en plus froide. Ce n'est pas une raison de ne pas aller vagabonder à travers la ville. Mais il y
en a une autre : ma tête d'épouvante, de toutes les couleurs
de l'arc-en-ciel. Il va me falloir trois jours pour recouvrer
une vision normale. Mon nez cassé, je l'ai remis en place
tout seul ; ç'a été bien moins douloureux que je ne l'aurais
cru. J'ai un peu de mal à mâcher, c'est tout. Mais, comme
je me nourris pour l'essentiel de bols de soupe et de pain,
mes dents me sont de peu d'utilité (une seule est cassée, et
elle m'entaille la langue). Je vis avec un rouble par jour,
tout compris. J'ai débarqué à Moscou un mardi ; le samedi
soir, je suis en possession du capital considérable de dix-
sept roubles et trente kopeks.

Ce n'est pas assez pour m'acheter de nouvelles chaussures à mon goût, et, d'ailleurs, j'aime assez déambuler juché
sur des crampons de footballeur, ça me donne un style personnel.

Je passe tout le dimanche à dormir et m'octroie deux repas
au lieu d'un. L'homme à la cravate jaune semble avoir disparu. J'ai élaboré un certain nombre de conjectures à son
sujet : il n'occupe aucune fonction officielle dans la gare –
dans aucune des trois gares – ni dans l'administration des
chemins de fer – j'ai interrogé des dizaines de personnes,
et pas une n'a réagi au signalement que j'ai donné de lui

131

(un grand type aux cheveux filasse, somme toute assortis à sa cravate, avec un visage anguleux, de grands pieds et de grandes mains osseuses, d'environ un mètre quatre-vingt-dix et âgé d'une quarantaine d'années); pourtant, je suis convaincu que c'est lui qui m'a ramassé sur le ballast et transporté au poste de secours, que c'est lui, aussi, qui est intervenu pour que mes quatre agresseurs ne m'achèvent pas, tout comme je suis convaincu qu'il a fait pression sur Fédorov pour que ce dernier me donne du travail.

Je crois même qu'il a fait plus que cela: à plusieurs reprises, des miliciens sont venus contrôler les *bomji* avec lesquels je partage le banc; on m'a contrôlé moi aussi, évidemment, mais l'examen de mon passeport intérieur, lequel limite mon droit de résidence au Kazakhstan et aux districts de Barnaul et Novosibirsk, n'a pas retenu l'attention des policiers; ils ne m'ont posé aucune question, et, à l'exception du regard un peu trop appuyé que l'un d'eux a jeté sur moi, ils ne m'ont manifesté aucun intérêt.

Ce qui, bien sûr, n'est pas normal.

Cravate-Jaune me protège, j'en jurerais.

Du diable si je sais pourquoi.

Fédorov hausse les épaules.

– Ce que tu fais te regarde.

Je viens de lui apprendre que, désormais, au lieu de doubler ma journée de travail, je ne ferai plus qu'un seul service.

– Je peux choisir le matin ou l'après-midi ?

Il hésite. À tout autre que moi, je suis persuadé qu'il répondrait non, et qu'un débardeur travaille quand on lui dit de travailler, qu'il n'a pas le choix. Mais, après avoir hoché la tête, il finit par acquiescer.

– À condition que tu sois à l'heure.

– D'accord. Merci.

Neuvième jour. Je suis presque entièrement remis de la raclée. Il ne me reste qu'un ravissant cerne jaune-noir à l'œil gauche, j'ai retrouvé figure humaine. Je possède à présent trente-trois roubles, et le temps, sur Moscou, s'est remis au beau, même si la température, la nuit, descend au-dessous de zéro. Nous devons être le 27 septembre.

Mon sac, qui ne contient guère que ma *zipoune*, une chemise et des sous-vêtements de rechange que j'ai déjà lavés deux fois dans les toilettes, j'ai trouvé un endroit où l'entreposer – dans les toilettes, justement. L'une des *babouchka* qui y font le ménage m'a pris en amitié et m'a ouvert le placard où ses camarades et elle rangent les balais et les serpillières. L'un des vendeurs de fruits à la sauvette auquel j'ai deux ou trois fois rendu service en surveillant son maigre étalage quand, par exemple, il allait faire pipi, me fait cadeau de deux pommes. Ce sera mon repas de midi, et mon viatique.

Je pars explorer enfin Moscou ; j'ai tout l'après-midi devant moi.

Une heure et demie plus tard, je découvre que je suis suivi.

Cette fois, j'ai dépassé l'*Hôtel de Léningrad* et traversé le grand boulevard périphérique, pour m'engager dans l'avenue Kirov. J'ai atteint une certaine place Dzerjinski (je ne sais pas qui était ce type) et j'y ai un peu tourné en rond, une espèce d'amour-propre m'interdisant de demander mon chemin. D'autant que j'ai remarqué un grand nombre d'étrangers. Je ne suis pas étranger ; cette capitale est la mienne, je la trouve splendide. À la longue, et par hasard, je me suis retrouvé sur l'avenue Marx, et les murailles rouges du Kremlin me sont apparues ; j'ai débouché soudain sur la place Rouge.

J'y suis depuis trois bons quarts d'heure. Il serait exagéré de dire que j'ignore qui occupe le Kremlin – je veux dire qui y commande. Je sais son nom, mais c'est, à mes yeux, un sujet tout autant dépourvu d'intérêt que ce qui se passe dans la stratosphère – trop haut pour moi.

J'ai remarqué le petit gros voilà plus d'une heure. Quand je marchais sur Kirov, il était à cinquante mètres derrière moi. J'ai noté sa présence en me retournant pour suivre des yeux deux filles en jean moulant. Nos regards (le sien et le mien) se sont croisés ; il a détourné le sien un peu vite. Bon. Rien d'extraordinaire à cela. Sans tout ce qui m'est advenu au cours des récentes semaines, je ne lui aurais certainement pas accordé la moindre attention. Mais je suis sur le qui-vive depuis la Yakoutie (on le serait à moins) ; je commence à être entraîné à cette surveillance. Je tourne sur la place Rouge, contemplant, ici des militaires à l'exercice, là la queue pour le mausolée de Lénine, ailleurs les touristes étrangers qui descendent des autocars. Je souris à une mignonne que je trouve à mon goût. Et je le remarque encore. Il est bien petit, il est bien gros, il porte des lunettes, son crâne est largement dégarni. Depuis trois quarts d'heure, mine de rien, il surveille tous mes faits et gestes.

L'air d'un flic, pas de doute. Je fais l'association avec Cravate-Jaune.

Qu'est-ce qu'ils me veulent?

J'entre dans le Goum; je parcours des kilomètres de rayons et constate que Petit-Gros n'est pas seul : ils sont deux à me pister. L'autre est un garçon un peu plus âgé que moi et qui n'a pas inventé l'eau tiède, si l'on en juge à l'expression de son visage.

Ce jour-là, ils ne me lâchent pas d'une semelle. Je ne pense pas qu'ils se soient aperçus que je les ai repérés. Toujours est-il qu'ils se contentent de me suivre. S'ils avaient voulu m'arrêter, ils auraient eu cent occasions de le faire. De même s'ils avaient voulu me tuer.

Je les ramène place Komsomolskaïa. Je les observe à travers la foule des voyageurs, mais, quand ils constatent que je me contente de regagner mes quartiers – mon banc préféré et mes toilettes, où je récupère mon sac pour la nuit –, ils s'en vont l'un après l'autre.

Pareil le lendemain. Et les cinq jours suivants. Je commence à me repérer assez bien dans le centre de Moscou. J'allonge mes parcours. Un après-midi, je pousse jusqu'au stade olympique. Le jour suivant, je traverse la Moskova et je vais jusqu'à l'université et au cirque de Moscou; et je rentre par le parc Gorki. Ensuite, je traîne mes malheureux suiveurs sur les dix kilomètres des boulevards de la ceinture, de la place Kropotkine à la porte de la Iaouza; et, pour faire bonne mesure, ma bouche terminée, j'en entame une autre, en changeant simplement de trottoir (Petit-Gros doit souffrir le martyre).

Mais c'est avant tout dans la rue Gorki et ses environs que me conduisent le plus souvent mes promenades, entre la place du Cinquantenaire-d'Octobre et la gare de

Biélorussie. Je m'y attarde de plus en plus le soir. Mon envie d'une demoiselle devient lancinante.

Je suis sur la place Pouchkine, devant le cinéma *Rossia*. Je crois me souvenir qu'on y donne un film tchèque. Je suis resté un long moment à regarder les affiches, caressant sans y croire vraiment l'idée d'acheter un billet et d'entrer. Je me détourne pour finir, sachant que Petit-Gros est quelque part sur ma droite, à une trentaine de mètres.

Je l'aperçois, et je la reconnais dans la seconde. Elle est en train de parler en riant avec trois ou quatre autres jeunes gens.

Ma voleuse.

7

Je ne bouge pas. J'ai failli céder à ma première impulsion et aller à elle, l'apostropher. Mais je devine trop bien comment les choses se passeraient. Ce lui serait un jeu de se débarrasser de moi, avec ou sans l'aide de ceux qui l'entourent ; au besoin, elle ferait appel à l'un de ces miliciens qui patrouillent nonchalamment près du monument à Alexandre Pouchkine. Et je dirais quoi ? Qu'elle m'a volé cent soixante et un roubles, quasiment en glissant ses doigts dans la ceinture de mon pantalon ? Ce serait sa parole contre la mienne. Elle est ravissante, assez élégamment vêtue ; elle est moscovite ; son attitude, tandis qu'elle bavarde avec ses amis, montre le contrôle qu'elle a d'elle-même – elle se tient très droite, les mains pendant mollement le long du corps avec le naturel si rare de ceux qui n'ont pas besoin d'occuper leurs doigts, qui peuvent demeurer immobiles et pourtant détendus. Il y a dans son sourire une sorte de hauteur non pas dédaigneuse mais sereine ; elle domine ses interlocuteurs, et je devine que les deux garçons qui lui font face (il y a aussi deux autres filles dans le groupe) la regardent avec timidité. Et moi, avec mes cheveux maintenant trop longs, ma barbe de deux semaines, mon blouson maculé et raide de crasse, mes chaussures de football, moi, j'ai l'air d'un *bomji*, d'un clochard.

J'attends. Sans trop savoir ce que j'attends. Mais mon

emploi du temps n'est pas vraiment chargé. Qu'elle m'ait volé ou pas, je pourrais rester des heures à la contempler. Elle porte un jean, des bottines qui me semblent en daim, une espèce de manteau trois-quarts en cuir rouge et, dessous, un chandail noir à col roulé. Elle n'est pas très grande – un mètre soixante-cinq environ – mais elle est mince. Gracieuse au possible. J'adore la ligne de sa nuque et ce que je vois de son profil. Dans le jour qui baisse, ses yeux semblent encore plus clairs.

Dix bonnes minutes s'écoulent. Les deux autres filles l'embrassent, embrassent également les garçons et s'en vont par la rue Gorki, vers le nord, en direction de l'*Hôtel de Minsk*. Elle s'attarde encore, répondant aux compliments qu'on lui adresse par un demi-sourire amusé. Les trois jeunes gens finissent par se mettre en marche, traversent la place et gagnent l'entrée de la station de métro Pouchkinskaïa. Je me dis qu'il va me falloir pour la première fois pénétrer dans ce métro, que je n'ai pas encore osé prendre.

Mais non. Si les deux jeunes hommes s'y engouffrent, pas elle. La voici qui fait demi-tour et revient sur ses pas. Elle passe à quatre mètres de moi, et j'ai soudain le sentiment qu'elle m'a vu. Je la suis dans la rue Gorki. Nous débouchons sur la place Sovietskaïa. Nous dépassons le monument à Dolgorouki puis un square avec une fontaine et un grand immeuble, qui contient les archives de l'institut du marxisme-léninisme – ce doit être passionnant ! Nous laissons derrière nous une statue de Lénine – on ne voit que lui ! Je me dis qu'elle va entrer dans le Magasin d'alimentation numéro un, où je cours le risque de la perdre, mais elle ne va pas jusque-là. Elle entre dans une boutique située en face de la librairie *Droujba* (*Amitié*). C'est aussi une librairie – petite, la vitrine fait au plus deux mètres. Je suppose qu'elle ne va pas y rester des heures, et j'attends à nouveau. Mais trente minutes passent, la nuit vient tout à fait, et voici qu'un noble vieillard à barbe blanche apparaît et entreprend de disposer un volet contre la vitrine.

Il me regarde m'approcher.

– Je peux faire quelque chose pour toi, mon garçon ?

– Je cherche une jeune fille.

Je décris ma voleuse. Le noble vieillard hoche la tête et,

pour des raisons qui m'échappent, son air entendu semble indiquer qu'il s'attendait à ma visite.

– C'est bon, entre, dit-il.

La boutique fait trois mètres sur quatre. Elle contient peu de livres mais tous, ou peu s'en faut, sont reliés de carton épais ou de cuir. Une centaine d'ouvrages en tout. J'aperçois une porte dans le fond.

– Et alors ?

– J'ai trois témoins, dis-je. Je ne veux pas de scandale. Je ne veux même pas faire appel à la milice. Tout ce que je veux, ce sont mes cent soixante et un roubles.

En quelques mots, je raconte le vol dont j'ai été victime, en ajoutant les trois témoins – dont un député au soviet d'Astrakhan et le secrétaire de mon prétendu syndicat –, les trois témoins étant naturellement prêts à jurer sur le *Manifeste du Parti communiste* que la voleuse était la fille du noble vieillard.

– Ma petite-fille, pas ma fille. Il s'appelle comment, ton député ?

– Boris Toumanov.

– Tu habites où, à Astrakhan ?

Il cherche à me piéger.

– Rue Kalinine, 24. Quatrième étage, gauche.

Je ne sais pas du tout s'il existe une rue Kalinine à Astrakhan, mais il ne doit pas le savoir davantage.

– Je connais très bien Astrakhan, dit-il. Où est le théâtre Stanislavski ?

– Il existait peut-être en 1840, à l'époque de votre jeunesse, mais il a dû être démoli depuis.

– Dans l'ensemble, je trouve que tu manques de respect pour les nobles vieillards, dit-il.

– C'est peut-être que je n'aime pas qu'on me prenne pour un menteur.

– Tu en es un : tu n'es pas d'Astrakhan.

– C'est bien possible, mais elle m'a quand même pris mes cent soixante-deux roubles.

– Cent soixante et un.

– Je voulais dire cent quatre-vingts ; excusez-moi. Dix-neuf roubles me paraissent un dédommagement raisonnable.

Il me dévisage un moment puis va à la porte du fond :

– Marinotchka ? Tu veux descendre ?

Marinotchka est un diminutif de Marina. Laquelle ne tarde pas à se montrer.

– Tu connais ce garçon ?

– Jamais vu.

Elle est parfaitement à l'aise, et c'est à peine si elle m'a jeté un coup d'œil – à l'évidence je l'impressionne fantastiquement.

– Nous avons eu une longue conversation ensemble voilà deux semaines, dis-je. Je n'ai pas ouvert la bouche et elle m'a dit : «*Dégage, Ducon.*»

– Ce n'est pas d'une grande distinction, dit le grand-père.

Je n'arrive pas à détacher mon regard de Marina – puisqu'elle s'appelle Marina. Le grand-père est allé à un petit bureau dont il a ouvert et fermé les tiroirs, il vient vers moi, me prend par le bras et m'amène devant la jeune fille.

– Marinotchka, je te présente… Comment t'appelles-tu, mon garçon ?

Il répète le nom que je lui donne et remarque que j'ai un accent. Léger, mais un accent. Mais c'est sa petite-fille qu'il fixe, si bien que nous la fixons tous les deux, lui et moi, mais pas pour les mêmes raisons.

– Bonjour, Marina, dis-je. Je suis tout à fait enchanté de te connaître mieux.

– Ce n'est pas réciproque.

– Et elle t'aurait volé cent soixante et un roubles ? me demande le grand-père. Tu avais combien sur toi ?

– Cent soixante-six roubles et quarante kopeks. La monnaie était dans ma poche, soit cinq roubles et quarante kopeks.

– Et tu as combien maintenant ?

– Dans les quarante.

– Recompte.

Le ton est un peu trop moqueur pour que je ne le note pas. Je fouille mes poches et trouve deux cent quarante roubles et des poussières.

– Comment avez-vous fait ça ?

– Deux cents, c'est trop, dit Marina.

– Il faut bien le dédommager, ce garçon, dit le grand-père.

Puis, s'adressant à moi :

– Elle a fait ça uniquement pour vous taquiner.

– Plutôt crever, dit Marina.

– Elle est très taquine. Surtout avec les jeunes gens.

– Il m'a pelotée, ce crétin de l'Oural, dit Marina.

– Je ne suis pas de l'Oural.

Le grand-père me sourit et me rend ma montre, mon portefeuille (qui ne contient guère que mon passeport intérieur, une photo de ma mère et ma licence de footballeur) et la ceinture de mon pantalon. Je n'ai absolument rien senti quand il me les a pris.

– Le moins que tu puisses faire, Marinotchka, c'est de lui faire goûter ta cuisine.

– Qu'il vienne demain. Ce soir, je n'ai pas d'arsenic.

– Aide-moi donc à fermer la boutique, puisque tu es là, Géorgien, dit le grand-père.

Nous installons ensemble le contrevent de bois sur la vitrine.

– Tu l'as vraiment pelotée ?

– Tant que j'ai pu.

– C'est ce qui l'a agacée ; pas de doute. Elle a horreur de ça. Autrement, elle ne vole jamais personne. Je le lui ai interdit.

– Mais c'est vous qui lui avez transmis vos talents.

– C'est vrai. On transmet ce qu'on peut.

Il me rend pour la deuxième fois la ceinture de mon pantalon (que je venais de remettre) et ma montre. Je vérifie : mon portefeuille est toujours là.

– À quoi bon te le prendre une deuxième fois ? remarque le grand-père. J'ai vu ce que je voulais voir. Alors, comme ça, tu es né à Gori, en Géorgie ?

– Je n'y suis jamais retourné, j'en suis parti à six mois et quelques. Vous avez travaillé dans un cirque, ou quoi, tous les deux ?

– Nous sommes voleurs de père en fils depuis des générations ; c'est une tradition de famille. C'est-à-dire que nous le serions si nous voulions.

Il est sérieux comme un secrétaire général. Nous rentrons dans la librairie, dont il ferme la porte à clé. La boutique est déjà éteinte. La porte de derrière donne directement sur un escalier de bois. En haut, il y a deux pièces – bien que je n'en voie qu'une, extraordinairement pleine de livres (six à huit mille). Il y a aussi un évier, une petite cuisinière, un vieux canapé de reps, une table et quatre chaises – on a empilé des livres sous la table ; impossible d'allonger les jambes. Marina ne dit pas un mot et nous sert une épaisse soupe au chou dans laquelle ont mijoté – ô ! merveille ! – de petits morceaux de lard. Chaque fois que je termine une assiette, elle m'en remplit une autre. Son visage est impassible. Je commence à m'estimer plus que dédommagé. J'ai raconté ma vie de débardeur mais j'ai menti sur un point : l'endroit où je dors ; je raconte que Fédorov m'a alloué un lit, bien assez confortable.

– Et tu vas rester débardeur ?

– Jusqu'à ce que je trouve un autre travail.

– Tu n'as pas le droit de travailler à Moscou.

J'oubliais qu'il a vu mon passeport. Il s'appelle Vassia (Vassili) Morozov. Il est très frêle et ne doit pas dépasser les cinquante kilos. Même si sa barbe le vieillit un peu, il a au moins soixante-dix ans. Il se veut bouquiniste et non libraire. Pas d'éditions neuves chez lui, rien que de l'ancien. Il a eu Maïakovski et Pasternak comme clients, et Cholokhov, dont la dernière visite n'est pas si lointaine, et Ostrovski et Issac Babel.

– Tu les connais ?

J'explique que je n'ai jamais lu grand-chose. Je préfère la musique. Vassia me regarde comme si je venais de lui avouer que j'étais syphilitique.

– Quelle musique ? Tchaïkovski ? Glazounov ? Rakhmaninov ? Stravinski ? Prokofiev ?

Nom d'un chien ! Qui sont tous ces types dont je n'ai jamais entendu parler ? Il invente leurs noms, ou quoi ?

– Les Beatles, dis-je. J'aime aussi Pink Floyd, Phil Collins, les Stones et des tas d'autres. J'aime aussi le jazz.

Marina ne semble pas entendre. Elle a desservi la table, ignorant ostensiblement l'aide que je voulais lui offrir. Elle a fait du thé, elle a posé de la vodka sur la table, elle s'est retirée dans la pièce voisine.

– Le jazz !

Vassia ne touche pas à la vodka ; il me regarde boire. Je me sens presque coupable.

142

— Je n'ai pas bu une goutte d'alcool depuis que je suis à Moscou. D'ailleurs, je vais rentrer chez moi. Fédorov n'aime pas que je rentre tard ; ça réveille toute sa famille.

— Je vais t'ouvrir.

— Je voudrais dire bonsoir à votre petite-fille.

— Je ne crois pas que ce soit la peine. Tiens.

Une seconde auparavant, ses mains étaient jointes et vides. Il les rouvre sur un petit livre.

— Des poèmes de Pasternak.

— Je n'ai jamais lu de poèmes.

— Tu n'as jamais rien lu. Emporte-le.

— Je vous le rendrai.

— On ne rend jamais les livres qu'on a envie de relire.

Dehors, Petit-Gros m'attend.

Trois fois par semaine, à partir de cette période, je fais service double comme débardeur. Un changement est intervenu. Fédorov m'a pris à part et m'a annoncé que, désormais, il ne retiendrait plus rien sur mon salaire et que j'allais être augmenté : je percevrais la somme – énorme à mes yeux – de seize roubles pour une journée double ou de huit pour une journée simple. Je demande :

— Pourquoi ?

— Pourquoi quoi ?

— Vous m'avez racketté jusqu'ici et vous ne le faites plus. Et vous me payez comme les autres.

— Tu ne savais rien faire et je ne te connaissais pas.

— Et, d'un coup, vos yeux se sont ouverts, l'amour a déferlé dans votre cœur.

— Ne me fais pas regretter ce que je t'ai dit. Et puis, tu parles trop. Dans l'ensemble, tu es quand même un bon élément. Il est normal que j'en tienne compte.

Inutile de lui poser des questions, il n'est pas homme à y répondre. Je crois que quelqu'un est à nouveau intervenu et a fait en sorte que je reçoive un salaire normal. À priori, rien de surprenant à cela. À ceci près, qui n'est pas un détail : Fédorov aurait dû, avant de m'engager officiellement, me réclamer mon passeport intérieur et s'assurer que j'étais autorisé à travailler dans le district de Moscou. Il aurait dû exiger que j'entreprisse les démarches nécessaires à la régularisation de ma situation. Il n'en a rien fait ; il a donc pris un risque, qui pourrait lui valoir des ennuis.

Sauf s'il est couvert par une autorité supérieure.

Cravate-Jaune par exemple.

Je ne l'ai pas revu depuis qu'il m'a ramassé sur le ballast. Je ne doute pas une seconde que Petit-Gros et ses coéquipiers soient sous les ordres de Cravate-Jaune (ils sont cinq à se relayer pour me suivre lorsque je m'éloigne de la gare ; quand je suis à Moscou Trois, soit ils considèrent qu'il est inutile de me surveiller, soit je suis sous la surveillance d'un ou plusieurs homme (s) que je n'ai pas repéré (s).

Il me paraît évident qu'ils sont de la police, que je suis au centre d'une manœuvre dépassant ma modeste personne. Position qui m'inquiéterait si j'avais des projets inavouables. Ce n'est pas le cas. Mon ambition assez naïve de « faire fortune » (même moi, je ne saurais dire ce que j'entends exactement par là) se double de la résolution très ferme de ne pas recourir au trafic. Je ne serai jamais un criminel – quelque acception que ce mot puisse avoir dans mon pays.

Reste que je fais mes comptes. Trois fois seize plus trois fois huit roubles par semaine font soixante-douze roubles par semaine. Plus de trois cents roubles par mois. Je gagne autant qu'un ouvrier spécialisé, et même davantage (il est vrai que j'approche, quand je ne les dépasse pas, les soixante heures en six jours).

J'ai résolu le problème de la nourriture. Grâce à Fédorov. Il m'a obtenu une carte qui me permet d'avoir accès à la cantine des chemins de fer. J'y ai droit au *zavtrak* et à l'*obied* (petit-déjeuner et déjeuner). Il était temps : j'avais perdu sept kilos pendant mes deux premières semaines à Moscou.

Seuls problèmes auxquels je n'ai pu encore trouver de solution : avoir un petit coin à moi, si minuscule et modeste soit-il, et me trouver un lit. Je ne supporte plus de dormir sur un banc. Que le bois en soit dur, passe encore. Mais la promiscuité des *bomji* commence à me peser – leur odeur surtout –, et ces contrôles incessants des *commandants* (on dit toujours « *commandant* » à un milicien, quel que soit son grade) m'angoissent. Ils viennent toujours en pleine nuit pour nous réveiller ; ils me manifestent toujours la même surprenante indifférence, mais pour combien de temps encore ?

Sur ces entrefaites, je retrouve Choura.

Je suis en train de dormir profondément quand on me secoue l'épaule. Je crois à un nouveau contrôle mais je reconnais le visage de boxeur du grand sourd-muet. Il me présente un calepin ouvert. Sur une page vierge, on a écrit, d'une écriture régulière et fine : *Besoin de toi*.

– Salut, Choura. Tu as besoin de moi ?

Il acquiesce et écrit : *Téléphoner*.

Un coup d'œil à la pendule m'apprend qu'il est quatre heures et quelques du matin. Je n'ai guère perdu qu'une vingtaine de minutes de sommeil – chaque matin, j'ouvre les yeux à quatre heures trente, sous l'effet d'un mystérieux mécanisme intérieur, ce qui me donne le temps d'aller faire mes ablutions dans les toilettes, avant de me rendre à la cantine, et de parcourir les trois kilomètres qui me séparent de mon travail.

– D'accord, allons-y.

Des six cabines téléphoniques du hall, une seule est en état de marche, et un homme parle dans l'appareil. Choura lui tapote le sommet du crâne de son index et, du même index, lui fait signe d'aller voir ailleurs si nous y sommes. Le bonhomme écourte sa conversation, Choura me présente son calepin, sur lequel il vient d'inscrire le numéro que je dois former et le message à transmettre.

Une voix ensommeillée finit par me répondre.

– De la part de Choura, dis-je aussitôt. Il attend les paquets ce soir. Sinon, il vous fracasse la tête. Vous avez compris ?

La voix me dit d'aller me faire voir mais d'accord pour ce soir, six heures.

– Il est d'accord pour ce soir, six heures, Choura.

Le sourd-muet acquiesce et considère le banc où je dormais. Je dis :

– Je n'ai pas d'autre endroit où aller.

– *Miliciens* ?

– Ils me fichent la paix, mais ça ne peut pas durer.

– *Ici depuis trois semaines* ?

– Oui.

– *Travail ?*
– Comme débardeur à Moscou Trois. Ça va.
– *Toujours pas en règle ?*
– Non.
Série de signes de la main que je ne comprends
pas. Il sourit et écrit : *Ce soir, cinq heures, ici ; possible ?*
– Tu veux que je vienne ici à un rendez-vous ?
Il opine.
– J'y serai.
À nouveau, comme il l'a déjà fait dans le wagon, il feint
de me casser la mâchoire d'un coup de poing. Il se dirige
vers le départ du train, et toute son équipe, qui l'avait attendu
patiemment, lui emboîte le pas.
Le soir même, j'attends plus de trente minutes avant de
le voir arriver. Les deux fois où je l'ai vu auparavant, il était
vêtu d'un vieux pantalon de treillis militaire et d'une
grosse veste de toile sur un chandail. Pour un peu, je ne le
reconnaîtrais pas : il porte un complet-veston fort bien
coupé, une cravate, et des chaussures qui doivent valoir au
moins trois cents roubles.
Nous sortons de la gare ensemble, il me conduit vers une
voiture dont il prend le volant.
– Où allons-nous ?
Il griffonne : *Fête* et démarre. Nous dépassons les gares
de Léningrad et de Iaroslavl, nous roulons dans la direction du parc Sokolniki. La première neige est tombée trois
jours plus tôt mais n'a pas tenu, sauf à de rares endroits sur
le remblai de la voie ferrée. Il pleut une pluie fine, le ciel
est très bas, il y a dans l'air une odeur de neige.
– Tu es riche, Choura ?
Il me fait un geste de la main : oui et non.
– Et tu vis en vendant des calendriers un peu cochons
dans les trains ?
– *Oui et non.*
– Autrement dit, tu as autre chose en cours.
Il sourit.
– À quelle sorte de fête allons-nous ?
– *Ne pas entendre ne pas parler ensemble.*
Les signes qu'il me fait d'une main me suffisent.
– Une fête pour sourds-muets ?

146

Voilà.

– Tu es le chef des sourds-muets de Moscou, Choura ?

Il rit : non. J'exagère.

– De seulement quelques-uns d'entre eux ?

Geste des deux mains : il les aide, c'est tout. Il pense pour eux. Autre signe que je tarde à comprendre…

– Non, n'écris rien, répète tes signes… Tu leurs donnes du travail, c'est ça ?

C'est ça. Une idée me vient :

– Je voudrais apprendre le langage des sourds-muets, Choura.

Pourquoi pas ?

– Tu aurais le temps de me l'apprendre, toi ?

– *Non. Quelqu'un d'autre. Une femme. Non, plus jeune.*

– Une petite fille ?

Un peu plus grande. Une jeune fille. Il joint les doigts. Il ne veut pas parler de sa femme.

– Ta sœur, c'est ça ?

Oui. Il agite l'index pour attirer encore davantage mon attention et le message est clair :

– *Ne touche pas à elle.*

– Parole d'homme, Choura.

Il arrête la voiture devant un entrepôt, ou un garage. La porte est surmontée d'une guirlande de papier multicolore. Un bruit de musique à crever les tympans vient de l'intérieur. Et, dominant encore ce vacarme, j'entends un autre bruit, sourd, comme un martèlement ininterrompu.

La guirlande de la porte d'entrée n'était qu'un avant-goût. Tout l'intérieur du local est décoré ; et ce n'est pas un local ordinaire. On y pénètre par un sas ; on passe une autre porte, de bois verni ; on entre ensuite dans un véritable appartement, dont le centre est une vaste salle de séjour meublée de meubles finlandais. Il y a là cinquante personnes qui dansent, couples qui s'agitent en mesure, frappant violemment le sol de leurs talons en suivant exactement la cadence donnée par la musique. Des enceintes acoustiques diffusent le son le plus fort que j'aie jamais entendu – peut-être mille watts. Tout tremble : le bâtiment, les meubles, les lampes halogènes, le plancher de bois dont tous les tapis ont été retirés et roulés. Mes tympans en deviennent douloureux. Comment peut-on écouter de la musique à une telle puissance?

– Tous tes amis sont sourds-muets, Choura?

Sourire: oui. Index levé: sauf un.

– Nous sommes chez toi?

Oui et non, me dit sa main. *Oui et non* semble décidément être la réponse favorite de Choura. Qui me tapote le menton, m'indique le buffet, s'éloigne. Je le vois rejoindre une grande fille blonde superbe, qu'il enlace avant de l'embrasser dans le cou. Après quoi, ils se mettent à danser, en martelant aussi le sol. Certains des danseurs et des danseuses, dans leur excitation, poussent des hurlements stridents, sauvages. C'est vrai qu'il y a une étrange sauvagerie dans cette cérémonie bizarre. Un bal de sourds-muets! Nom d'un chien!

J'ai gagné le buffet. Je m'y empiffre de zakouskis au saumon comme je n'en ai jamais mangé. On touche mon bras. C'est une fort jolie fille, menue, aux cheveux châtains coupés courts, avec une frange sur le front. Elle me sourit et me tend des blinis nappés de crème fraîche.

– Vous avez de la chance d'être sourde.

Son sourire s'élargit encore. Elle m'indique la vodka.

– Volontiers. Je n'ai jamais mangé aussi bien de toute ma vie. Vous lisez sur mes lèvres?

Elle acquiesce. Mimique: je veux danser avec elle?

– Je ne sais pas danser.

Le haussement d'épaules est charmant: quelle importance? Elle m'entraîne et me voici, moi aussi, en train de frapper le plancher de mes talons – les crampons de mes chaussures de footballeur commencent à s'user d'ailleurs. Nous sommes devant la sono. Le souffle en est si puissant que je le sens sur mon visage. Je comprends que tous ces gens soient sourds s'ils mettent toujours les amplis à cette puissance.

Venez; suivez-moi, m'indique ma partenaire par une série de gestes.

Nous traversons la salle et franchissons une première porte, dans le fond. D'un coup, le bruit se calme un peu. La porte, refermée, est matelassée et, si la monstrueuse vibration se fait encore sentir dans la pièce où nous venons d'entrer, au moins pourrait-on y entendre un bruit normal comme un coup de canon ou l'explosion d'une chaudière.

Mimique : ça va mieux ?

— Presque, dis-je. Quand nous nous serons éloignés de dix à quinze kilomètres, je pourrai m'entendre hurler quand vous m'enlèverez ma culotte.

J'ai volontairement tourné la tête et l'ai baissée un peu sur les derniers mots de ma phrase pour qu'elle ne puisse pas lire sur mes lèvres.

— Moi, j'ai l'impression que, si une culotte est en danger, c'est la mienne, dit-elle.

Elle rit :

— Je suis Lienka, la sœur de Choura. Celle qu'il vous a sûrement dit de ne pas toucher.

— Il me l'a dit.

— Vous avez juré ?

— Sur ma tête.

Cela a beau être une conversation, nous n'en hurlons pas moins à tue-tête. Cette fois, elle prend ma main, pour m'entraîner à travers une salle de bains puis une cuisine, où l'ambiance sonore n'excède pas cent cinquante à deux cents watts. C'est carrément le silence des profondeurs marines.

— C'est l'endroit de la maison où on les entend le moins. À part les caves, mais elles sont un peu fraîches. Vous avez encore faim ?

J'ai bien peur que oui. Elle me sort toute une pile de blinis, un grand pot de crème, des harengs, encore du saumon. Elle me regarde manger. Elle s'est assise sur la table. Ses jambes sont ravissantes, ses yeux sont bleu cobalt.

— Je connais votre nom. Je sais que vous êtes arrivé à Moscou il y a trois semaines, que vous travaillez à Moscou Trois, au déchargement des trains. Je sais que vous vous êtes battu et que vous dormez sur les bancs dans les gares. Je ne sais rien d'autre. Parlez-moi de vous.

Ou je me trompe, ou voilà la vraie raison de ma présence à cette fête assourdissante.

— Vous avez parfaitement raison, dit-elle. Vous êtes ici pour ça.

— Choura va me proposer un travail, et vous me faites passer les examens d'entrée ?

– En quelque sorte. Que savez-vous faire ?

– Je suis électricien radio de formation. Je sais que la sono qui diffuse ce petit air de clavecin dans le grand salon voisin est composée d'un ampli Roland servant en réalité de préampli à d'autre amplificateurs de puissance, que les enceintes décorées d'autocollants, de numéros de téléphone et de dessins cochons, avec leurs coins en fer et leurs poignées de poubelle, sont des Cubes JBL, qui balancent environ mille watts grâce à leur *boomer* de trente-huit centimètres, que l'air sur lequel nous avons dansé était du groupe Earth, Wind and Fire, et qu'en ce moment nous entendons plutôt dix fois qu'une ces cinglés de Boney M.

– Pas mal. Vous aimez ?

– Pas vraiment. Les basses à ce point, c'est juste bon pour secouer les tapis.

– Vous avez travaillé dans une discothèque ou quoi ?

– Je n'ai pas travaillé dans une discothèque, j'en ai créé une.

– Où ?

– Quelque part en Union soviétique.

– Vous êtes mignon. Je vais peut-être bien vous enlever votre culotte finalement.

– Je n'ai pas tellement envie que grand frère Choura m'écrase le nez et me le fasse ressortir par la nuque.

– Vous aimez les groupes de rock indigènes ?

– Soviétiques, vous voulez dire ? J'en connais quelques-uns.

– Vous connaissez DK, Zimny Sad, Youri Morozov, Zona Otdykha, Mukhomor, Avtomatitcheskoïé Oudovletvarénié ?

Le dernier nom qu'elle m'a cité signifie «jouissance automatique» – ou machinale –, et je me souviens que l'une des chansons les plus connues du groupe commence ainsi : «*Je suis une merde, tu es une merde, il n'y a pas de futur…*»

– Vos connaissances remontent à quelques années, dis-je. Et la réponse est oui et non : je connais et je n'aime pas. Pas trop.

– Choura vous a fait jurer de ne pas me toucher ?

– Affirmatif.

Elle m'ôte un blini de la bouche et m'embrasse.

– Vous ne m'avez pas touchée, c'est moi qui l'ai fait.

– Il va me tuer.

– Il disait ça pour rire.

– Quel genre de boulot ?

– La photo, vous connaissez ?

– Je connais tout.

– Il faudrait photographier des filles nues.

– Vous ?

– Non.

– Dommage.

– Ou, alors, dans l'intimité. Et sans pellicule dans l'appareil.

– On commence quand vous voulez.

– Vous allez pouvoir dormir ici. Pas dans la chambre mais dans un coin du salon. Vous servirez de gardien en même temps.

– Je serai payé ?

– Deux cent cinquante.

– Quatre cents.

– Deux cent soixante-quinze.

– Trois cent cinquante.

Elle m'embrasse encore, et ça dure une bonne minute. Je reprends mon souffle.

– Qui habitera ici, à part moi ?

– Choura de temps en temps, moi par ci, par là. D'autres le reste du temps.

– C'est ce que j'appelle un calendrier précis.

– Trois cent vingt-cinq.

– Trois cent quarante, et je suis votre homme.

– Des promesses, toujours des promesses, dit-elle en me réréembrassant.

J'ai vingt-deux ans, je suis à Moscou depuis trois semaines, je suis riche de trois cent dix-sept roubles, gagnés sur la plateforme de déchargement de Moscou Trois ou récupérés grâce aux doigts agiles de Vassia, le roi des voleurs de Moscou; c'est la première fois de ma vie que je fais l'amour dans un lit.

Ça fait tout drôle.

Dans le grand salon, le groupe Village People hurle *In the Navy* à nous en faire tomber les dents.

– Tu reviens quand tu veux, me dit Fédorov.

Une semaine plus tôt, je lui avais annoncé que je ne ferais désormais plus double service tous les jours. Je viens de lui apprendre que je le quitte. Bizarrement, j'ai l'impression qu'il s'attendait à cette nouvelle.

– Vous le saviez ?

– Je savais que tu partirais un jour.

– Pourquoi ?

– Tu le sais très bien. Tu cherches des compliments comme un chien du sucre ou une *babouchka* de la viande. Parce que tu es capable de faire cent fois mieux que de décharger des trains.

– Vous savez peut-être où je vais ?

– Non.

Et en plus, dit-il, il s'en fout. Je lui serre la main et, en m'éloignant, je balance mon plus beau crochet du droit dans la figure de l'un des quatre types qui ont bien failli me tuer. Comme il a l'air de vouloir se relever, je l'achève d'un coup de pied à la pointe du menton puis, tant qu'à faire, je lui saute dessus à pieds joints, deux fois, sur le bas du thorax que j'écrase (ça craque), puis sur le bas-ventre. Il n'insiste pas.

Je me souviens que la neige tombe assez fort, ce jour-là, le vingt-troisième de mon séjour à Moscou, quand j'abandonne enfin les bancs des Trois-Gares. J'embrasse les *babouchka* des toilettes, les revendeuses de fleurs, presque tous les membres du personnel des chemins de fer. Pour un peu je ferais même la bise aux miliciens qui, dix fois, m'ont tiré du sommeil pour me contrôler.

Petit-Gros est encore de service cet après-midi. Il m'emboîte le pas quand je passe devant la gare de Iaroslavl. Une seule fois, j'ai tenté de lui adresser la parole et de lui faire dire pourquoi ses acolytes et lui s'obstinaient à épier ainsi le moindre de mes déplacements. Je n'ai pas pu lui tirer un mot. Même son regard évitait le mien ; il n'était qu'indifférence ; il ne semblait pas entendre mes questions. J'aurais aussi bien pu être invisible. Sauf, peut-être, au début – et encore. Il n'a jamais essayé de se cacher – ses camarades non plus –, comme s'il allait de soi que je fusse suivi en permanence et sans explication. Je n'ai jamais, non plus, fait la moindre tentative pour leur échapper. À quoi bon dès lors que je n'avais rien à cacher et, surtout, puisqu'ils savaient où me retrouver.

Je marche vers Sokolniki sous la neige. Il va me falloir m'acheter une vraie paire de chaussures. Les miennes faisaient parfaitement l'affaire sur un terrain de foot, mais, outre qu'elles commencent à lâcher de toutes parts (j'ai déjà dû remplacer l'un des lacets par un morceau de ficelle), elles prennent l'eau. Je quitte le boulevard et prends Korolenko à gauche, ce qui me ramène vers le parc. Déjà, j'aperçois le gros bâtiment rectangulaire du pavillon des expositions. La voiture arrive à ma hauteur, ralentit, roule un instant en réglant son allure sur mon pas. C'est une Volga en tous points semblable à celle de Choura. Je me penche. Mais le conducteur n'est pas le sourd-muet. Il ne porte pas sa cravate jaune, mais je le reconnais néanmoins. Il stoppe et ouvre la portière du passager.

– Monte.

8

Il m'offre une cigarette et, comme je la refuse, en allume une pour lui-même. Dont il prend le temps de tirer plusieurs bouffées. J'attends, mon sac posé sur les genoux. Je remarque, fixé au tableau de bord, un téléphone – jusqu'ici, je n'ai jamais vu de voiture équipée de téléphone.

– Tu as une idée de qui je suis ?
– Police.
– Je pourrais te remettre dans un train ou même dans un avion pour Barnaul.
– Je n'en doute pas.
– Tu as une idée des raisons pour lesquelles je ne le fais pas ?
– Les mêmes raisons qui vous ont fait intervenir pour que Fédorov m'engage sans demander à voir mon passeport, pour que les miliciens, dans la gare, me fichent la paix. Et peut-être aussi qui vous ont conduit à vous interposer quand ces quatre fumiers me cassaient la gueule.
– Quelles raisons ?
– Aucune idée.
– Très bien, dit-il.
– Merci de vos explications. Vous saviez que j'allais arriver à Moscou il y a trois semaines ?
– C'est moi qui pose les questions. Bon. Jusqu'à présent, nous t'avions sous la main ; il suffisait d'aller voir sur un

banc de l'une des trois gares et il était facile de te retrouver. Mais, maintenant, tu déménages, et ça change tout. Tu connais un certain Yasson ?

– Jamais entendu parler.

– Ne me mens pas, tu vas me mettre de mauvaise humeur.

– D'accord. C'est un fou qui a vidé un chargeur de pistolet mitrailleur dans un établissement de bains publics à Barnaul.

– Établissement où tu te trouvais.

– Coïncidence.

– Pourquoi as-tu sauté du train avant l'arrivée à Alma Ata ?

J'hésite entre plusieurs réponses. Certaines qui témoigneraient de mon merveilleux sens de l'humour. Mais quelque chose me dit qu'avec celui que j'appelle Cravate-Jaune, faute de connaître son nom, je n'ai pas trop intérêt à faire le clown.

– J'ai pensé que d'autres fous m'attendaient peut-être à Alma Ata.

– Parce que tu admets que Yasson te visait ?

Je n'admets rien du tout. Tout ce que j'ai à me reprocher, dans mon existence, c'est d'avoir marqué un but de la main à l'insu de l'arbitre. Ça ne mérite pas la peine de mort.

– Tu oublies ta discothèque clandestine.

– Elle n'était pas tellement clandestine ; tout le monde y venait.

– Et ces disques, que tu as fabriqués et vendus ?

C'est vrai. J'ai fabriqué des disques avec de vieux clichés radiographiques. Ça marchait très bien, même si la gravure se révélait parfois un peu fine, en sorte que le son se perdait tout à fait. Mais ce n'était que de l'artisanat.

Je demande :

– Je peux voir vos papiers ? Juste pour être sûr que vous êtes de la police.

– Non.

– À mon avis, vous n'êtes pas un flic ordinaire.

Et c'est justement ce que je ne comprends pas. Je ne comprends pas pourquoi j'intéresse autant un policier de haut rang, ou qui détient, en tout cas, un pouvoir discrétionnaire suffisant pour contraindre les miliciens de Moscou à me laisser tranquille, suffisant aussi pour convaincre un Fédorov et pour mettre dans mon sillage toute une équipe de suiveurs.

J'ai bien une petite idée, mais elle me semble complètement idiote.

Et poser des questions pour en vérifier le bien-fondé m'obligerait à évoquer Kourachvili, à raconter toute l'histoire. Si mon interlocuteur ne la connaît pas, ce n'est certainement pas par moi qu'il va l'apprendre. Ma seule chance d'échapper à Pavlé-l'Albinos et aux autres tueurs du parrain de Tbilissi, est qu'ils continuent à ignorer ma présence en Union soviétique, et plus particulièrement à Moscou.

– Je peux au moins savoir votre nom?

Sourire.

– Disons que je m'appelle Kopicki.

– Vous avez peut-être un prénom?

– Disons Marat. Pourquoi pas Marat Afanassiévitch par exemple? Ça te va?

– D'accord, Marat Afanassiévitch. Je ne peux toujours pas poser de question?

– Tu viens de m'en poser une. Mais je ne répondrai pas aux suivantes. Une précision: tant que tu dormais sur un banc de gare et que tu travaillais à Moscou Trois, nous pouvions t'avoir à l'œil. T'empêcher de faire des bêtises ou empêcher d'autres Yasson de te prendre pour cible. Maintenant que tu vas travailler avec Alexandre Ignassiévitch Gavrilenko, il te faudra te débrouiller tout seul.

– Je me suis toujours débrouillé tout seul.

– Sauf que tu es resté trois semaines dans une gare où n'importe qui pouvait te voir et signaler ta présence.

– Personne ne me poursuit.

– Très bien.

– Qui est ce Gavrilenko?

– Tu le connais sous le nom de Choura. Tu as gagné combien, avec ta fameuse discothèque?

En réalité, dans les trois mille roubles. Pendant les quatre mois et demi que l'affaire a survécu. J'aurais pu tenir un an ou deux. Je devenais vraiment riche ; j'avais déjà des projets pour créer des succursales. Mais mon service militaire a pris fin, on m'a réexpédié à Barnaul. J'ai organisé la plus belle bringue de toute l'histoire du Kazakhstan et, lorsque je suis revenu chez ma mère, il me restait juste assez pour lui offrir le manteau de fourrure dans lequel elle a été enterrée. Ensuite, à Barnaul, j'ai essayé une autre discothèque – à Barnaul puis à Novosibirsk. Dans les deux cas, des types sont venus m'expliquer que je faisais du tort à leur petit frère (ou à leur cousin, à leur ami d'enfance, à leur oncle, à leur oncle, à leur voisin de palier) et m'ont gracieusement indiqué comment ils allaient me vider les orbites si j'insistais.

Du moins l'expérience m'a-t-elle enseigné que gagner de l'argent n'est pas hors de ma portée et que j'ai peut-être un peu plus de chances d'y parvenir que beaucoup d'autres.

– J'ai gagné quelques centaines de roubles, que j'ai dépensées en faisant la fête.

– Et en offrant un manteau à ta mère.

– Est-ce que vous savez aussi à quel âge j'ai fait ma première dent ? Et le prénom de la première fille que j'ai eue ?

– Pas de questions.

– Choura Gavrilenko m'a engagé à votre demande ?

– Pas de questions. Tu vas rester à Moscou ?

– Si ça me chante. Je ne vois pas pourquoi je répondrais à vos questions si vous ne répondez pas aux miennes.

– Parce que, moi, je peux t'embarquer et t'expédier en prison à Barnaul. Ou parce que je peux te faire casser la figure. Ou parce que je peux t'arrêter tout de suite pour n'importe quel motif, que j'inventerai. Tu vas rester à Moscou ?

– Oui.

– Pourquoi ?

– Je veux y faire fortune.

– Fais n'importe quoi d'illégal et je te flanque au gnouf.

– Sauf si j'ai votre accord, c'est ça ?

– Pas de questions.

– Je devrai vous payer une part de ce que je vais gagner ?

– Tu m'as l'air bien sûr de gagner quelque chose.

158

– Je suis sûr de devenir riche. Il faudra que je vous donne quel pourcentage ?

– Pas de questions. Descends de ma voiture ; je t'ai assez vu.

J'ouvre la portière, et la neige s'engouffre. Elle tombe encore plus dru que tout à l'heure. Un chasse-neige passe sur notre gauche, suivi de *babouchka* avec leurs balais.

– À propos, dit Kopicki, je crois que tu vas réussir. Si tu es encore vivant dans trois mois, je veux dire.

– Réussir quoi ?

– À devenir à peu près riche. Tu t'es fixé un plafond ?

– Le ciel.

– Etre riche dans notre pays, ce n'est pas être riche ailleurs – à l'Ouest par exemple.

Je n'avais jamais pensé à ça. Dans les jours et les mois qui vont suivre, je vais creuser le sens de sa remarque et parvenir à la conclusion qu'il n'avait pas tort du tout. Pour l'instant, tandis qu'il claque sa portière en me laissant debout sur le trottoir, le sentiment qui domine en moi est une fierté sauvage : il m'a dit que j'avais mes chances. Et il n'est pas le premier ; Eldar Nourpeïsov aussi m'a fait sensiblement la même prédiction. Et encore ce fou de Khan Pacha, à Bakou. Et d'autres.

Je regrette de n'avoir pas de miroir. Je m'y regarderais pour voir quelle tête ça peut avoir, un bonhomme dont tout le monde prédit qu'il va devenir riche.

À tout hasard, j'ai noté le numéro de la Volga. Je doute fort de pouvoir m'en servir.

Je tambourine sur la porte de l'entrepôt, j'en viens à donner des coups de pied et des coups de poing, mais nul ne répond. Le rendez-vous était pourtant fixé à trois heures ! Tout cela avant de m'apercevoir qu'aucun des loquets n'est mis. Il suffit de tirer sur une poignée pour que le lourd battant pivote. Je franchis le sas et je pousse la porte de bois. Un morceau de papier est posé par terre, bien en vue :

– *Le mécanisme de la porte extérieure ne fonctionne plus. Répare-le.*

Le grand salon où j'ai vu danser les sourds-muets est désert. Tout y est en ordre, très soigneusement rangé. On a remis en place les tapis afghans ; des bouteilles pleines d'alcools soviétiques et étrangers sont alignées ; les verres sont propres. Je n'y touche pas, pas plus que je ne feuillette les revues en anglais aux couvertures alléchantes – des femmes nues et des titres promettant monts de Vénus et merveilles – ; cette visite, que l'on m'invite à faire dans ce lieu inhabité, ne me dit rien qui vaille et m'a tout l'air d'une mise à l'épreuve.

Je reprends l'itinéraire parcouru en compagnie de Lienka, la mangeuse d'hommes. La chambre, la cuisine et la salle de bain sont impeccables ; on pourrait les croire neuves. C'est au fond de la chambre, derrière un rideau, que je découvre une autre issue. Une porte de bois doublée de métal à l'extérieur. Les clés sont restées dans les serrures.

J'hésite mais je n'y touche pas.

Je vais m'occuper du système de commande électrique de la porte extérieure de l'entrepôt. Il suffit de suivre les fils. Le boîtier est dissimulé par un coffrage de bois. Il me faut une dizaine de minutes pour localiser la panne et la réparer. Je m'y attendais : la détérioration d'un câble a été provoquée délibérément.

Je ne m'assieds pas, j'attends debout, adossé au mur, près du sas. Je ne les entends pas arriver. Deux doigts me saisissent à la gorge et me soulèvent ; mes pieds quittent le sol, je m'élève, plaqué contre la cloison.

– Il fait ça pour rire, dit Lienka.

Je voudrais bien pouvoir lui assener une réplique cinglante et à hurler de rire mais, pour l'instant, je m'applique à respirer. J'étouffe, je suis au bord de l'asphyxie. Choura me tient de sa seule main gauche et me fait des signes de son autre main.

– Il dit que tu m'as sauté dessus et que tu m'as violée. Il dit aussi qu'il se tâte : il songe à t'émasculer.

Je commence à tourner de l'œil. Je retombe d'un coup sur mes jambes. Ma gorge me fait un mal de chien.

– Il dit aussi que c'est une honte d'abuser des innocentes jeunes filles. C'est moi, l'innocente jeune fille.

Les doigts me lâchent enfin. J'ai des vertiges et m'assieds un moment sur le sol en me demandant quelles sont mes chances d'atteindre le bas-ventre de Choura d'un coup de pied.

160

Nulles : il s'écarte.

– Il dit que tu dois te relever et arrêter de jouer les victimes. Que tu n'es pas mort.

Choura s'éloigne. Lienka va se servir à boire, vide la moitié du verre qu'elle vient de remplir et me tend le reste. Je me remets debout et avale le fond de vodka.

– Sale garce.

Choura a disparu dans le fond. Il se déplace sans le moindre bruit.

– Tu n'as touché à rien pendant que tu étais seul ici, me dit Lienka. Bonne idée que tu as eue là. Choura a horreur qu'on touche à ses affaires. Tu aurais simplement feuilleté une revue…

Je tends mon verre, et elle rajoute de l'alcool.

– Allez, viens, dit-elle. Avant d'être complètement saoul.

La porte que j'ai repérée dans le fond de la chambre est ouverte. De l'autre côté, je découvre que l'entrepôt est infiniment plus long que je ne l'avais cru : l'appartement n'en occupe guère que le tiers, peut-être moins. Je suis dans un studio de photographie, bien équipé me semble-t-il. La salle suivante est consacrée à la télévision. Peut-être au cinéma – j'ignore encore tout des appareils que je vois là, je n'ai pas la moindre idée de ce à quoi ils peuvent servir. Lienka traverse et ouvre une nouvelle porte.

– Suis-moi.

Je ne demande pas mieux ; le balancement de ses hanches m'hypnotise presque. Je me souviens avec la plus grande précision de ce qu'elle m'a fait découvrir de sa personne et je ne dirais pas non à une autre séance. Nous nous faufilons entre des empilements de cassettes vidéo et nous pénétrons dans une imprimerie. Il y a là une presse à plat et d'autres machines, que je n'identifie pas. Tout le fond de la pièce est occupé par des calendriers, des livres, des rames de papier. Il y en a des dizaines de mètres cubes, de quoi fournir des hordes de colporteurs sourds-muets pour tous les trains d'Union soviétique.

– Tu sais faire marcher une machine à plat ?

– C'est quoi ?

– Ce que tu as sous les yeux. Ça sert à imprimer.

– Je peux apprendre à m'en servir.

– Tu ne crois pas si bien dire. Tu vas apprendre. Ça et autre chose.

– Je suis engagé comme imprimeur?

– Entre autres.

– Pour trois cent cinquante roubles, j'apprends la physique nucléaire en trois jours.

– Trois cent quarante.

D'accord. Je n'en suis pas à dix roubles près. Je vais gagner plus qu'un ingénieur après six ans d'études, presque autant qu'un académicien, davantage qu'un capitaine de la milice. Je demande :

– Et c'est quoi, ces autres choses? Servir de gardien et photographier des filles à poil? Rien de plus?

Lienka rit. Mais son regard m'apprend qu'il y a, justement, quelque chose en plus.

– Retour en arrière, dit-elle.

Nous regagnons la salle de télévision.

– Assieds-toi.

Elle vient de s'installer devant ce qui, elle me l'apprend à cet instant, est une table de montage magnétique.

– Regarde.

Elle m'indique un écran, sur lequel des images viennent d'apparaître. Dans les secondes suivantes, je me sens devenir plus rouge qu'une division de l'armée du même nom. C'est moi qui suis sur ces images. Moi tout nu. Moi en train de faire les câlins les plus goulus à une femme. La femme est Lienka, mais on s'est arrangé, soit en filmant, soit au montage, pour qu'à aucun moment son visage n'apparaisse. Tout le reste de son corps, en revanche, est montré avec une redoutable précision. On n'a pas pris de telles précautions avec moi, qui suis en tous points identifiable. Les gros plans abondent sur cette partie de mon anatomie dont la géométrie est variable. Par instants on ne voit qu'elle. Reporté sur un écran de cinéma, il y aurait de quoi barrer la rue Gorki à toute circulation. Je réussis quand même à déglutir et je dis :

– En somme, notre séance de l'autre jour, c'était un bout d'essai que tu m'as fait faire.

– Voilà.

– Qui filmait ?

– Quelle importance ?

Je pense connaître la réponse que Lienka va me faire, mais je pose néanmoins la question.

– Et pour trois cent quarante roubles, je vais devoir faire ça aussi ?

– Quant tu ne tiendras pas toi-même la caméra.

– Je ne marche pas.

(J'ai hésité, à vrai dire. Cinq secondes. Toutes sortes d'idées me sont venues à l'esprit, plutôt polissonnes. J'ai hésité mais je refuse.)

– Tu devrais réfléchir, me dit Lienka.

– Tu… comment dire ? Tu jouerais dans le film avec moi ?

– Non.

– Tu l'as déjà fait ?

– Je fais seulement passer les bouts d'essai, dit-elle. Tu es sûr que tu ne changeras pas d'avis ?

– Certain.

– Tu vas perdre de l'argent. Nous payons vingt roubles à chaque fois. Avec un minimum de trois prestations par film.

– Tant pis.

Mais, malgré moi, je m'interroge. Soixante roubles par jour ! Et davantage si je suis capable de… disons de performances allant au-dessus de la moyenne. Pourquoi pas six ? Ou douze ? Ou cent soixante-quinze ? Multipliées par vingt roubles. Je deviendrais riche en quelques semaines. Le fou rire me vient à la suite de tous ces calculs imbéciles. Lienka me regarde rire. J'entends des bruits de portes et de voix dans l'appartement.

– Tu commences aujourd'hui, dit Lienka. Je vais te montrer comment ça fonctionne, une caméra.

Trois filles et un garçon d'à peu près mon âge nous attendent dans l'appartement. Pourquoi le nier ? Je suis assez émoustillé lorsque les trois demoiselles se déshabillent, mais ça ne dure pas longtemps ; elles ont tout de la vache laitière, leur docilité aussi est bovine. Lienka me demande à nouveau si je ne suis décidément pas tenté de me joindre à la fête. Cette fois, je n'hésite pas : non. Sans la moindre arrière-pensée. Et même, au fil des minutes, cette espèce de plaisir trouble éprouvé à suivre les ébats poussifs de l'étalon de service et de ses trois partenaires se dissipe assez vite.

Je ne touche pas à la caméra pour ce premier tournage. Presque pas. Lienka me passe toutefois le relais pour les gros plans. Nous obtenons l'équivalent de deux cassettes. Près de deux heures de film. Si l'on peut appeler ça un film. Le quatuor d'acrobates repart après que Lienka les a payés. La sœur de Choura et moi procédons ensuite au montage. Rien de plus simple. Il suffit de juxtaposer un maximum de plans très crus, sans souci de raconter la moindre histoire. Un étalage de viande. Maintenant, j'en suis arrivé à l'indifférence, bienfaisante en fin de compte.

– Et ça se vend ?

– Oui.

– Combien ?

– Je ne crois pas que ça te regarde.

– Qui les vend ? Choura lui-même avec ses équipes de sourds-muets ?

– C'est à lui qu'il te faudra poser la question, dit Lienka.

La cassette considérée comme terminée, Lienka met en batterie six magnétoscopes pour faire des copies. Nous dînons. Le téléphone sonne à trois ou quatre reprises, et la jeune femme, en répondant, ne s'exprime jamais que par des monosyllabes peu compromettants.

J'engloutis plus d'une bouteille de vodka sans parvenir à atteindre l'ivresse.

– Qui est Kopicki, Lienka ?

Si j'espérais la surprendre par une question abrupte, j'en suis pour mes frais. Elle ne bronche pas. Elle dit qu'elle n'a jamais entendu ce nom. Je décris l'homme à la cravate jaune. Sans plus de succès.

– Pourquoi ?

Parce que l'idée m'est venue, à nouveau, que mon embauche par Choura et sa sœur pouvait très bien venir d'une suggestion de Kopicki. Lienka fait non de la tête.

– Choura t'a engagé parce qu'il nous fallait quelqu'un. Et il a pensé que tu faisais l'affaire. C'est tout. Tu veux faire l'amour ?

164

Il est environ une heure du matin, et les magnétoscopes en batterie continuent à produire des copies. Je demande :

– Un autre test ?

– Non. Je sais ce que tu vaux à présent.

J'ai envie de lui demander si elle a été satisfaite de mes services, mais cette question-là, plus encore que les précédentes, est idiote.

– Pas ce soir, Lienka. J'ai une migraine affreuse.

Elle rit, passe dans la chambre, s'y dévêt, prend une douche. Et se promène devant moi en roulant des hanches. Je reste de glace.

– Demain, quelqu'un viendra te montrer comment fonctionne le matériel d'imprimerie. Tu n'auras pas de difficultés. Tu apprends vite.

– Merci.

Elle est encore nue et la pointe de ses petits seins durs vient buter contre ma poitrine. Elle m'embrasse.

– Sûr de ne pas vouloir, Géorgien ?

Je commence à faire non de la tête, mon regard plonge dans ses yeux bleu cobalt, et je reçois son coup de genou au pire des endroits – surtout dans l'état, intéressant, où ses agaceries ont fini par me mettre. Je dois m'asseoir par terre en attendant que la douleur passe. Je la regarde qui enfile sa culotte et s'habille. Entre elle et Choura, je suis bien loti. J'ai encore de la chance qu'ils ne soient pas plus nombreux dans la famille ; je n'y survivrais pas. Elle passe un chandail à col roulé et elle secoue la tête pour remettre en place ses cheveux et sa frange. On lui donnerait Karl Marx sans confession – l'image même de l'innocence, avec juste assez de malice pour que ce soit piquant.

– On viendra demain dans la soirée chercher les quatre cents cassettes. Arrange-toi pour qu'elles soient prêtes.

– Crève !

Elle s'en va.

Ça va bientôt faire quatre semaines que je suis à Moscou. J'ai le sentiment de m'être d'ores et déjà intégré à la ville – ma ville – et de tout en connaître – bien à tort, la suite me le démontrera. Je gagne désormais trois cent quarante roubles par mois. Sans compter les avantages en nature : je suis nourri et logé gratuitement. Ce n'est pas vraiment la fortune que je suis venu chercher, mais ce pourrait être cent fois pire. Barnaul me semble déjà un autre monde.

J'arpente le vaste entrepôt désert et je finis par trouver un coin pour dormir. Des cartons qui ont contenu des cassettes vierges, repliés, vont me protéger du sol de ciment et du froid. Mon sac me sert d'oreiller; j'étale sur moi les deux couvertures que Lienka m'a données. Le sommeil tarde à venir. J'ai réduit à trois le nombre des hypothèses pouvant expliquer pourquoi Choura et sa sœur m'ont offert ce travail et ce refuge.

Ils m'ont engagé parce qu'ils ont réellement besoin de quelqu'un comme moi, à la fois capable de jouer les gardiens et de faire fonctionner leurs divers matériels – appareils de photo, caméras, magnétoscopes, presses d'imprimerie, etc.

Ou bien je ne suis ici que pour servir de bouc émissaire, si un jour quelque autorité supérieure décide de mettre un terme à leur activité.

Ou bien, encore, ils ont cédé à une demande impérative de l'homme qui prétend se nommer Kopicki.

Je ne crois guère à l'explication numéro deux. Davantage à la troisième. Je reste convaincu que Kopicki, Marat Afanassiévitch de ses prénoms, est intervenu auprès de Fédorov, le contremaître de Moscou Trois, pour qu'il me prenne comme débardeur. Et qu'il m'a maintenant posté dans cet entrepôt où il me garde sous la main. Kopicki aurait donc des projets pour moi.

Je ne vois pas du tout lesquels.

Mais que je sois manipulé, cela me semble certain. Si inexplicable, si extravagant que cela puisse être. Après tout, Kopicki était au courant de ce qui s'est passé dans les bains publics de Barnaul, tout comme il savait que j'ai sauté du train avant l'arrivée à Alma Ata. D'ailleurs il me l'a dit lui-même: «*Jusqu'à présent, nous t'avions sous la main; il nous était facile de te retrouver.*» Qui plus est, il connaissait l'existence de la discothèque clandestine que j'ai créée durant mon service militaire. Il y a donc eu enquête sur moi, et enquête approfondie.

Pourquoi?

Le lendemain, un homme ouvre les cadenas des portes coulissantes, à l'arrière de l'entrepôt, et se présente comme Guénadi Poulatov – «*appelle-moi-Guenka*». Il a la bonne quarantaine. C'est lui qui a reçu pour mission de m'enseigner les rudiments de l'imprimerie. Je travaille avec lui pendant près de quatre heures sans qu'il ouvre la bouche pour autre chose que des explications – lui, au moins, n'est ni sourd ni muet. Ce n'est que sur la fin de cette première séance d'apprentissage, quand je parviens à régler à peu près correctement la machine à plat, qu'il consent à admettre que je ne suis pas tout à fait aussi crétin qu'il l'avait cru au premier abord. Il va revenir le lendemain et les cinq jours suivants. J'apprendrai qu'il travaille officiellement à l'hebdomadaire *Litératournaïa Gazéta* comme prote. C'est un ami personnel de Choura (apparemment, le nombre des amis de Choura doit dépasser largement celui des membres du Parti). Ce n'est pas un expansif. Si bien que j'attends le cinquième jour pour lui poser la question. Il me dévisage.

– Parce que tu voudrais créer un journal ?

– Je n'ai pas dit ça.

– Mais tu me demandes quelle sorte de matériel il faudrait et combien d'hommes.

– C'est juste pour savoir.

En réalité, je n'ai aucune intention de lancer une publication. Je cherche, et rien d'autre. Mon imagination vagabonde et s'élance dans toutes les directions. Toutefois, c'est vrai que, entre autres projets tous plus farfelus les uns que les autres, j'ai caressé celui, non pas d'un journal, mais d'un magazine, qui offrirait, pour l'essentiel, des photos de filles nues. À Alma Ata, j'ai vu circuler des publications américaines. On se les arrachait – les dames y étaient divines. Je dois pouvoir en faire autant. À condition que quelqu'un ne l'ait pas fait avant moi. En somme, grâce à mon emploi actuel, je dispose d'appareils de photo, de filles qui ne demandent pas mieux que de se déshabiller (sauf qu'elles sont trop vilaines à mon goût, une Lienka ferait mieux mon affaire), et même d'une imprimerie. Il me faudrait évidemment m'associer avec Choura.

On est venu chercher les cassettes du film cochon. Ils

étaient trois, également sourds-muets et pareillement massifs, et – j'en jurerais – armés. Ils ont compté trois fois les cassettes que je leur remettais, et ils ont vérifié aussi combien il restait de cassettes vierges. Sans doute pour le cas où je me serais amusé à fabriquer des copies pour mon propre usage. L'incident m'a démontré quel degré de confiance m'était accordé.

Je ne revois pas Lienka pendant quinze jours. Seul Choura passe à deux reprises. Une fois pour contrôler l'expédition de ses calendriers. Je lui demande si je suis tenu de demeurer jour et nuit dans l'entrepôt. Il paraît que non. J'ai le droit de m'absenter pourvu que ce soit à des heures irrégulières et pour quelques heures au plus, en sorte que d'éventuels cambrioleurs ne puissent prévoir mes absences et leur durée. Tout cela par signes. Dont je saisis près de la moitié : grâce au livre que Lienka m'a confié, je ne vais pas tarder à comprendre le langage des sourds-muets, à défaut de savoir encore m'exprimer moi-même. Pour l'instant je reçois mais je n'émets pas.

La deuxième visite de Choura semble n'être qu'un simple passage d'inspection. D'un mouvement de l'index, il m'expédie dans l'atelier d'imprimerie et s'enferme dans l'appartement pour s'y livrer à un travail dont, sur le moment, je ne devine pas la nature. Je suis en train de me familiariser davantage avec la table de montage quand je le sens soudain près de moi, debout dans mon dos. Je ne l'ai pas entendu entrer. Comment un sourd peut-il se déplacer aussi silencieusement ?

Il me touche l'épaule et agite les doigts.

– *Ça va, avec toutes ces machines ?*

– Oui, je crois.

– *Tu pourrais t'en tirer seul ?*

– Probablement.

– *Tu as vite appris mon langage.*

– Je n'ai pas grand-chose d'autre à faire.

– *Je suis content de toi. Tu travailles bien.*

– Merci.

– *Un autre film ; dans trois jours. Tu pourras t'en tirer seul ?*

– Ce n'est pas difficile. On ne pourrait pas trouver d'autres filles, plus jolies ?

168

Il sourit, ses yeux bleus fixant les miens. Il fait des signes que je ne comprends pas. Choura se décide à écrire : *Avec de plus jolies filles, il nous faudrait un scénario.*

Il rit, amusé par l'idée.

– Je peux en écrire un. Ou plusieurs, dis-je.

Les minutes qui suivent sont fantasmagoriques. Nous voilà partis à discuter de films cochons, de la façon dont ils doivent être faits, des goûts du public auquel ils sont destinés, de ce qui existe actuellement sur le marché, de ce que l'on pourrait introduire sur ce même marché. Je découvre, au hasard de cette conversation, que Choura, à ses débuts comme distributeur (avant de devenir producteur), s'est fourni auprès des Polonais et des Scandinaves. Voilà maintenant environ deux ans qu'il fabrique ses propres produits. Si j'en crois le chiffre qu'il m'indique, chaque lot de quatre cents cassettes lui rapporte, tous frais déduits – fabrication, rétribution des démarcheurs et des agents distributeurs, cachets des « comédiens », amortissement du matériel et du studio (il n'oublie rien) –, dans les douze cents roubles. Et il produit six ou sept films par mois.

Pas loin de huit mille roubles. Multiplié par douze, on approche des cent mille par an.

Je suis impressionné. Mes ambitions de fortune n'ont jamais atteint des altitudes pareilles (je ne me suis pas fixé de chiffres, en fait ; ces trois cent quarante roubles mensuels que me donne Choura représentent le plus haut salaire que j'ai jamais perçu).

– Et tu as d'autres revenus, Choura. Non ?

Son regard se fait soudain glacé. Je suis allé trop loin. Je lève les bras aussi comiquement que possible, en signe d'excuse, mais, durant quelques secondes, j'ai réellement peur. Je ne doute pas qu'il serait capable de me massacrer sur place s'il voyait une bonne raison de le faire. Il se calme. Nous convenons d'un accord. Il me fournira deux jolies filles et le meilleur de ses comédiens. Je paierai de ma poche le cachet supplémentaire qu'il faudra leur verser et les cassettes que j'emploierai. Pour l'électricité, l'emploi du studio et l'utilisation du matériel : cadeau. Mais un cadeau dont il défalquera le montant sur ce qu'il me versera si, par hasard, le chef-d'œuvre conçu par moi venait à lui plaire.

– Et comment saurais-je si ça te plaît ou non?

Il rit, et sa mimique est fort claire: si mon film lui fait de l'effet, autrement dit, s'il bande en le visionnant, c'est que ça lui plaira.

Des envies de rigolade me chatouillent mais j'y résiste vaillamment. Je demande:

– On fait moitié-moitié pour les bénéfices?

Non. Main ouverte:

– *Cinq pour cent pour toi.*

– Trente.

Deux minutes de gesticulation nous amènent à douze. Et encore, parce qu'il ne croit pas une seconde que je sois capable de réussir – en ce domaine du moins. Il a négocié parce que je l'amuse. Je commence à mieux connaître Choura: il peut écrabouiller la tête de n'importe qui dans un mouvement de colère et il doit être l'adversaire le plus dangereux qui soit, mais il peut aussi se laisser aller à un accès de bonhomie.

Peut-être m'a-t-il vraiment engagé parce que je lui plaisais et que je faisais son affaire, après tout.

Nouveaux signes:

– *Tu sors ce soir?*

Non. La veille, je suis allé faire un tour dans Moscou, entre une et quatre heures du matin, et j'ai passé la journée à imprimer des calendriers, tout seul comme un grand.

– *Tu sors demain soir?*

Je crois comprendre où il veut en venir:

– Il faudrait que je sorte. C'est ça?

– Oui.

Il dresse son index:

– *Ne mets pas les pieds dans l'appartement jusqu'à après-demain.*

– D'accord.

Il fait ce geste, désormais habituel, de m'effleurer la pointe du menton avec son poing aux jointures écrasées.

Le soir suivant, je quitte l'entrepôt, peu après six heures. Je ne porte plus mes chaussures de football mais une paire de bottines à semelles de crêpe fabriquées quelque part en Asie. Il fait froid mais pas trop – sept ou huit degrés au-dessous de zéro seulement –, l'air est vif, sans vent, agréable. J'aime Moscou la nuit. Plus tard, quand j'aurai rencontré MacHendricks et les autres, ils me jureront que bien d'autres villes dans le monde sont mieux éclairées, plus brillantes, plus animées et, me diront-ils sans parvenir à me convaincre, plus gaies. Peu m'importe. Moscou est ma ville. Je me suis habitué aux queues interminables devant tout magasin où, par miracle, il se trouve quelque chose à acheter. Je trouve ces stations normales. Presque plaisantes : c'est une occasion de compagnonnage. Sans compter que récriminer contre elles serait comme s'enrager de la neige, de la pluie ou du soleil.

Je marche dans Moscou et je ne suis pas suivi. Petit-Gros n'est plus sur mes talons, ni personne d'autre. Ou bien quelqu'un de diaboliquement adroit. Dans ces rues, qui se vident peu à peu, il me semble que je pourrais déceler n'importe quelle filature. Même avec cette neige qui étouffe les bruits et estompe les silhouettes.

Ce soir, en partant de Sokolniki, j'ai marché tout droit vers la gare de Biélorussie, sans autre but que d'aller à la découverte de quartiers inconnus. Ensuite, je me suis dirigé vers le zoo. Je reviens vers le centre, je passe par des rues qui me sont déjà beaucoup plus familières – depuis mon arrivée, j'ai sans doute parcouru dans les quatre cents kilomètres à pied dans Moscou, de jour et de nuit. Peu avant la rue Herzen, je retrouve le spectacle familier des groupes de crânes-rasés cherchant la bagarre, comme toujours. À deux reprises, quelques-uns d'entre eux m'ont cherché noise, et je ne m'en suis tiré qu'au prix d'une course au train, avec démarrage à la Valéri Borzov. Je passe au large. Non qu'une petite discussion à coups de poing me déplairait, mais, outre qu'ils sont trop nombreux pour moi, je suis, ce soir, d'humeur pacifiste. En fait, je me creuse la tête pour trouver des idées de film cochon susceptibles d'exciter Choura.

Passage rue de l'Arbat, comme presque toujours dans mes randonnées. Je jette un coup d'œil dans la salle du restaurant *Mietielitsa*, sans y apercevoir de visage de connaissance (je n'y suis vraiment entré qu'une fois, sur l'invitation de trois ou quatre types rencontrés par hasard qui, assez

éméchés, avaient insisté pour m'offrir à dîner et à boire).
Arrêt devant le cinéma *Khoudojestvenny*. Deux filles accrochent mon regard, mais elles ont des arrière-trains de kolkhoziennes, genre tracteur. Je descends l'avenue Kalinine, percée, à cet endroit, sur l'emplacement des anciennes ruelles de l'Arbat, et je pousse jusqu'à la Maison du livre et jusqu'au cinéma *Octobre*. Le cinéma programme un film tchèque que je n'irais pas voir même si j'étais décidé à gaspiller le prix d'un billet. La petite salle est plus intéressante. On y donne généralement des films soviétiques doublés en diverses langues, destinés aux étrangers. Mais j'ai fait le voyage pour rien. Ils ne sont guère plus d'une dizaine à attendre le début de la séance, en battant la semelle, et ce sont presque tous des étudiants asiatiques, peut-être des Vietnamiens. Ce n'est pas avec eux que j'améliorerai mon anglais ou mon allemand.

Retour vers le centre par le côté gauche de l'avenue, entièrement bordé d'immeubles administratifs de vingt-cinq à trente étages (le trottoir opposé est bordé par des immeubles d'habitation à peine moins hauts).

Il doit être dans les huit heures et demie quand je retrouve la rue Gorki. Une vieille femme courte sur pattes avance devant moi, chargée de lourds sacs qui la courbent en deux.

Elle est chaussée de pitoyables chaussons de feutre sans semelles de cuir qui risquent à tout moment de déraper sur la neige glacée de la nuit.

– Je peux t'aider ?
– Et me voler ?

Elle a dans les soixante-dix ans. Je finis par lui faire dire qu'elle se dirige vers je ne sais trop quelle banlieue lointaine. Elle est venue dans le centre parce que, là, au moins, à condition de faire la queue toute une journée, on peut se procurer des choses introuvables ailleurs et, en tout cas, pas de « seconde fraîcheur » (autant dire pourries) mais de première. Je lui prends un sac puis l'autre. Elle s'accroche à la poche de ma *zipoune* de crainte que je ne parte en courant ou que je ne disparaisse dans la neige qui tombe de plus en plus dru. Le poids des sacs me sidère : au moins un *poud* – plus de seize kilos – chacun. Nous avançons, la vieille *babouchka* et moi. Des gens me heurtent, sans doute aveuglés par les flocons qui leur tombent dans la figure. Deux cents pas plus loin, alors que mes bras commencent à s'allonger, nous nous retrouvons nez à nez avec deux miliciens, qui nous interpellent et nous réclament nos papiers. La vieille se met à hurler, déversant un torrent d'insultes. Ça n'arrange rien, d'autant que la richesse de son vocabulaire dépasse l'imagination.

– Tes papiers.

J'aurais dû lâcher les sacs et filer, me perdre. Je suis resté planté comme un imbécile – d'ailleurs solidement maintenu par la vieille, qui s'accroche à moi de toute manière.

– Tes papiers, vite !

Bon, je me doute que je vais avoir des ennuis. Place des Trois-Gares, j'étais certainement couvert par Kopicki ou un autre ; je n'ai jamais été inquiété. Il est évident qu'il n'en est plus de même. Me voici forcé de mettre la main à ma poche et de sortir mon passeport. Je le tends, et c'est la surprise. Ce document n'est pas le passeport qui me domicilie à Barnaul. Quelqu'un me l'a changé.

– C'est quoi, cette tache sur ta date de naissance ? me demande l'un des policiers.

Que puis-je lui répondre ? Je reste coi.

Mais il surgit, avec sa belle barbe blanche. C'est Vassia Morozov, le libraire, le propre grand-père de la belle Marina. Il me sourit :

– On t'attend pour dîner depuis deux heures. Où étais-tu passé, crétin ? Ta sœur va te tuer.

– Ma sœur ?

– Marinotchka.

Il m'entraîne. Son intervention a désarmé les policiers, qu'à l'évidence il connaît personnellement. Il leur a expliqué que j'étais son petit-fils. J'ai payé un ticket d'autobus à la *babouchka* septuagénaire ; elle est sortie de ma vie. Je dis :

– Je peux avoir mon passeport ? Le vrai ?

Vassia me le rend et récupère le sien, qu'il avait glissé dans ma poche quand il m'a croisé, juste après avoir repéré les deux miliciens contre lesquels j'allais me jeter.

173

– Vous m'avez volé autre chose ?

– Je ne t'ai rien volé. C'est tout ce que tu as, comme argent : deux roubles ?

– Eh oui.

– Tu avais deux cent quarante roubles et huit kopeks la dernière fois que je t'ai vu. Ne me dis pas que tu as tout dépensé.

– J'ai mis mes sous à la banque.

– Tu n'es pas en Suisse. Je suppose que tu les as cachés quelque part.

Il a raison : j'ai dissimulé quatre cents roubles – toute ma fortune – sur le toit de l'entrepôt. De nuit. Un assassin enterrant un cadavre n'aurait pas pris plus de précautions que moi.

– Tu as dîné ?

– J'avais réservé une table au restaurant l'*Arbat*. Un vrai festin. Vous m'avez vraiment rencontré par hasard ou vous me suiviez ?

– Ma librairie est à deux pas, et j'y habite – au cas où tu l'aurais oublié. Soit dit en passant, je ne t'ai pas beaucoup vu. Tu as fini le livre que je t'avais prêté ?

– J'en ai lu quelques pages.

– Menteur.

Je ne l'ai pas ouvert, c'est vrai. Vassia Morozov me tient toujours le bras et m'entraîne toujours, mine de rien. Je demande :

– Nous allons où ?

– Prendre l'air.

– Je marche déjà depuis près de trois heures.

– C'est très bon pour ce que tu as.

Nous redescendons la rue Gorki, droit vers les fenêtres de l'hôtel *Moscou*, vers l'avenue Marx et le Kremlin. Et cela me submerge tout d'un coup : une douceur, du chagrin, et une énorme bouffée d'affection pour ce vieil homme que je connais à peine et dont la présence à mon côté me fait d'un coup prendre conscience de ma solitude depuis mon arrivée à Moscou, voilà près de cinq semaines.

– Màrina n'est pas à la maison.

– Qui est Marina ?

– Ne fais pas le clown. J'ai bien vu comment tu la regardais. Elle est à Léningrad pour acheter des livres.

– Je m'en fiche complètement.

Vassia tient toujours mon coude, et j'ai très envie que cela dure. Il ne faudrait pas grand-chose pour que j'aie les larmes aux yeux.

– Tu t'es enfin acheté des chaussures.

– Cinq heures de queue.

– Le bonheur est dans la résignation.

– Ça m'étonnerait.

– Quelqu'un t'attend quelque part ?

– Personne.

– Tu as des amis à Moscou ?

Est-ce que Choura et Lienka et Fédorov, le contremaître de Moscou Trois, sont des amis ? Non.

– Quelques-uns, dis-je.

– Aucun, dit Vassia. Tu as tout du loup solitaire. Combien de kilomètres à pied as-tu parcouru dans Moscou tout ce mois dernier ?

– Quatre à cinq cents.

– Tu crois connaître la ville ?

– Pas mal.

Nous avons dépassé l'hôtel *Intourist* puis le musée d'histoire. Nous passons par la rue Herzen et nous gagnons une ruelle.

– Tu es déjà passé ici ?

Deux ou trois fois. Je n'y ai rien vu d'intéressant. Vassia frappe à une porte ; une femme vient ouvrir, qui peut avoir soixante ans. Nous nous retrouvons dans un appartement de douze à quinze mètres carrés occupé par cinq personnes.

L'appartement n'est pas chauffé. Le chauffage central n'a pas dû fonctionner trois mois en tout depuis quarante ans qu'il a été installé. Il n'y a qu'un vieux poêle, parcimonieusement alimenté avec des bouts de bois. On nous accueille comme si on nous attendait depuis dix ans. On me bourre de *goloubtsi*, qui sont des feuilles de chou farcies de riz et de viande hachée, on m'abreuve de *samogon*, alcool maison fabriqué avec des pommes de terre et qui décaperait une cheminée d'usine. Pas de questions. Bizarrement, on me demande de chanter une chanson. Je choisis *Les Cabans noirs*, de Vladimir Vissotski, que, déjà, je me chantais à mon départ de Barnaul.

– Ce n'est pas pour critiquer à tout prix, dit Vassia, mais j'ai rarement entendu quelqu'un chanter aussi faux.

– J'ai pris un coup sur le larynx en jouant au football. L'arbitre n'a même pas sifflé le pénalty, cet enfant de salaud !

Nous avons quitté l'appartement, dont la caractéristique la plus marquante était qu'il donnait sur une cour grande comme une baignoire, dans laquelle poussait un palmier, protégée des intempéries par une double épaisseur de plastique.

– Le seul palmier de Moscou en dehors des jardins botaniques. Le seul palmier privé de toute la ville.

– Et alors ?

– Si un jour tu as vraiment faim, va chez Volodia. Il te trouvera toujours quelque chose.

– Il a creusé un tunnel jusqu'au troisième étage du Goum ?

– Il est pompier. Si tu veux qu'il t'éteigne ton feu, tu as intérêt à lui trouver de quoi manger. Cite-moi un objet – le plus extravagant possible.

– Un éléphant.

– J'ai dit un objet.

– Un trombone à coulisse.

– Trop facile. Je peux te fournir tout un orchestre.

Je réfléchis deux bonnes minutes. Le jeu commence à m'amuser. Maman m'a fait lire – en anglais – les contes des *Mille et Une Nuits*. Je me sens Aladin, avec sa foutue lampe.

– Je voudrais un alambic de cuivre ancien.

– De quelle année ? demande Vassia, imperturbable.

– 1928.

– Le matin ou l'après-midi ?... Mais c'est enfantin. Tu aurais dû me demander quelque chose de vraiment difficile.

Trois quarts d'heure plus tard, il me fait entrer dans un garage où toutes les voitures sont des véhicules officiels des Organes (le KGB). Nous passons deux ou trois portes, et nous voici dans un entrepôt souterrain. Il y a là, vautrés sur des canapés de reps rouge, une vingtaine d'hommes et de femmes devisant agréablement.

Et, dans un angle, trente à quarante alambics.

– Et ils marchent ?

J'ai le temps de lamper trois verres de vodka, mais, déjà, Vassia m'entraîne, et nous repartons.

– Avant que tu sois complètement beurré, petit Géorgien… Autre chose qui te ferait plaisir ?

– Une femme brune aux yeux en amande et aux lèvres rouges. Un mètre soixante-dix, cinquante-trois kilos.

– Il y a des bordels pour ça. Je peux te les indiquer, mais, avec deux roubles, tu n'auras même pas le droit de débou-tonner ta braguette. Et puis, j'ai dit un objet. Petit Géorgien, tu ne connais rien à rien. Tu ne connais pas plus cette ville que tu ne connais Rio de Janeiro. Tu n'as rien lu, tu es ignare. Tu sais qui commande ce pays – ou qui donne l'impression de le commander ?

– M'en fous.

– Voilà au moins un point sur lequel nous sommes d'accord. Il n'existe pas. Demain matin, peut-être, il n'exis-tera plus. Il n'est rien. Je suis allé place des Trois-Gares et je ne t'y ai plus trouvé.

– J'ai déménagé.

– Tu as trouvé un autre travail, il paraît.

– Vous savez où ?

– Je sais avec qui. J'ai vu grandir Alexandre Ignassiévitch Gavrilenko, que tu appelles Choura. Je l'ai vu grandir dans tous les sens du terme, physiquement et dans ses trafics. Et sa sœur est encore plus dangereuse que lui. Maintenant, ce que j'en dis, c'est juste pour entretenir la conversation.

Nous sommes sur les bords de la Moskova, nous nous penchons de conserve sur l'eau gelée. Ça et là, des feux de bois sont allumés et des hommes pêchent dans des trous per-cés dans la glace. Je découvre que la neige a cessé de tom-ber. Elle recouvre la ville comme de l'ouate. J'ai un tout petit peu froid, mais, Vassia ne grelottant pas le moins du monde, je crèverais sur place plutôt que de l'avouer. Et, sur-tout, une intuition étrange m'est venue et m'exalte : pour la première fois, le sentiment que je me trouve avec quelqu'un qui sait. Je demande :

– Vous connaissez Kopicki?

– J'en connais plusieurs.

– Marat Afanassiévitch.

– Oui.

– Qui est-ce?

– Un policier.

– De haut rang?

– Je l'ai connu simple agent du Gaï, la police chargée du contrôle de la circulation. Il était intelligent en ce temps-là.

– Vous savez ce qu'il fait maintenant?

– Aucune idée.

– Sauf votre respect, camarade libraire-bouquiniste, je pense que vous racontez des craques.

– Le noble vieillard t'emmerde, petit Géorgien.

– Je peux me fier à Kopicki?

– Ne te fie jamais aux étrangers et traite tout le monde comme un ramassis d'étrangers. Je n'ai aucun conseil à te donner. Je ne suis pas un distributeur. On rentre. Un autre samedi, passe me prendre à la boutique, et je t'emmènerai faire une autre promenade. Dans quarante ou cinquante ans, tu commenceras à connaître un peu Moscou. Allez, on rentre. Sauf si tu as encore faim.

– J'ai toujours faim.

Il soupire et lisse sa barbe blanche; c'est bien ce qu'il craignait. Cette fois, nous nous retrouvons dans l'arrière-cuisine du premier restaurant privé qui ait été ouvert à Moscou, le *Kropotkine*, au 36 de la rue du même nom. Je m'empiffre de viande rouge – des morceaux laissés dans leur assiette par des clients.

– Fiche le camp maintenant; tu marches plus vite que moi.

– Je repasserai un autre samedi.

– Entendu. Je m'arrangerai pour que Marina n'ait pas de kalachnikov sous la main.

Pour un peu, je l'embrasserais. Je me contente d'un signe de tête, n'osant pas risquer une accolade que, probablement, il repousserait. Je m'éloigne. Il me rappelle:

– Et tu entreras comment, dans le palace de Choura?

Il me tend les clés des cadenas de l'entrepôt, qu'il vient

178

de prendre au fond de ma poche, sous ma *zipoune*, sans que j'aie senti quoi que ce soit, évidemment.

– Quel voleur vous feriez.

– Le roi des voleurs, dit-il. Notre famille a toujours été celle du roi des voleurs depuis que Moscou existe.

9

Il est deux heures du matin quand je réintègre l'entrepôt. Normalement, je devrais passer par l'arrière du bâtiment, puisque je n'ai que la clé de la porte coulissante qui
ouvre sur l'imprimerie. La curiosité me pousse, cependant,
à aller jeter un coup d'œil sur la façade. On ne distingue
aucune lumière, mais cela ne prouve rien : l'appartement
n'a pas de fenêtre, et la double porte qui y donne accès est
parfaitement hermétique.

Il y a là, rangés dans l'ombre, invisibles de la rue, trois
véhicules. Je dois m'approcher à quelques mètres pour reconnaître d'abord une grosse Volvo noire ou bleu nuit, puis une
Volga dont il me semble qu'elle appartient à Lienka et enfin,
à l'écart, garée dans l'obscurité, la moto Pannonia – de fabrication hongroise – de Choura.

Ils sont au moins trois à l'intérieur du bâtiment, mais on
n'entend pas le moindre bruit. J'attends une vingtaine de
minutes dans le froid mordant avant de constater qu'un
homme est assis au volant de la Volvo. Il semble endormi.

Un chauffeur.

Une Volvo avec chauffeur est un signe qui ne trompe pas :
le propriétaire ou l'usager de la voiture suédoise est un type
important, peut-être un étranger. Qu'est-ce que je fais là,
planté dans ce froid glacial, à espionner ? Je devrais déjà
être sous mes couvertures. J'arrive presque à me convaincre

de gagner l'entrepôt et de me coucher mais, non, décidément, ma curiosité est trop forte.

J'attends encore une trentaine de minutes et, enfin, je perçois un bruit de serrure. La porte du sas s'ouvre. Je recule de quelques pas, bien que la pénombre suffise à me dissimuler. J'entends d'abord des voix, des rires. Les deux premières personnes à apparaître sont des adolescentes, presque des fillettes. À leur taille, à leur démarche, à leur voix, je leur donnerais au plus quatorze ans. Lienka sort derrière elles, les conduit jusqu'à la Volga, les fait monter, referme la portière, revient vers la maison et salue l'homme qui en sort – un homme de forte corpulence, coiffé d'une chapka sombre, qui marche rapidement vers la Volvo. Le chauffeur descend, l'aide à prendre place à l'arrière, et la Volvo démarre. Lienka la regarde s'éloigner.

– Je reviens, dit-elle aux adolescentes assises dans la Volga.

Elle rentre dans l'appartement, et c'est à ce moment que tout se noue – minuscule incident dont beaucoup des choses qui suivront vont dépendre. Je franchis les quelques mètres qui me séparent de la porte et me glisse à l'intérieur. Même aujourd'hui, je suis incapable de dire ce qui m'a pris à cette seconde ; j'ai simplement obéi à une impulsion.

Je me retrouve dans le grand salon. Vide. Mais la table, toute en longueur, sur la gauche, est encore couverte des reliefs d'un repas de gala. Une chose me frappe : les couverts et les mets sont disposés deux par deux, comme si deux adultes buvant sec avaient partagé leur table avec deux enfants amateurs de chocolat. Il y a des années que je n'ai pas vu de chocolat, et je ne résiste pas à la tentation de prélever quelques carrés d'une tablette entamée de marque suisse. J'ai le temps de l'avaler avant de me réfugier précipitamment sous la table et de me dissimuler derrière les pans de la nappe. Je vois passer Lienka, ou du moins ses pieds, finement bottés. Un claquement de porte m'avertit que le sas vient de se refermer ; elle est sortie. J'émerge de ma cachette et, comme je m'y attendais, je découvre que je suis seul.

Je reprends du chocolat et, tant qu'à faire, j'engloutis une louche de mousse – au chocolat, toujours. Les fillettes y ont à peine touché. Je n'aurais décidément pas cessé de manger cette nuit. Je passe dans la chambre.

Sur le grand lit où j'ai batifolé avec Lienka, la courte-pointe, rabattue, laisse apercevoir les draps de soie ou de satin (je fais mal la différence), dont les plis témoignent de corps-à-corps homériques. Je ramasse, sur la descente du lit, un très bizarre harnachement de cuir noir clouté d'or.

Je commence à me faire une idée de ce qui s'est passé ici. Voilà donc pourquoi Choura m'a envoyé faire un tour. Encore que, si j'étais rentré directement par l'imprimerie, je n'aurais sûrement rien remarqué.

Soit dit en passant, à propos de Choura, je n'aimerais pas – mais pas du tout – qu'il me trouve ici. Je pense tout à coup aux traces si nettes que j'ai dû laisser dans la neige fraîche, devant la maison. Je regagne le sas, mais rien à faire : je n'ai pas les clés et j'ignore le code qui déclenche l'ouverture automatique de l'intérieur. Il ne me reste plus qu'à traverser l'entrepôt, à ressortir dans la nuit par la porte coulissante de l'imprimerie...

Je me fige, une peur véritable me glace : je viens de passer par le salon, la chambre, j'ai ouvert sans difficulté la porte qui donne sur l'atelier de photographie et le studio de télévision...

...Et je découvre Choura à trois mètres de moi.

Seule consolation : il est assis à la table de montage et me tourne le dos.

Je n'ai pas la moindre chance de gagner l'imprimerie sans être vu.

Il est sourd. Il est sourd, il ne peut pas m'entendre. C'est la première pensée qui me vient quand j'arrive à maîtriser ma panique. La deuxième naît de ce que je découvre sur l'écran de montage. Mon idée d'un film cochon susceptible d'émoustiller le colosse sourd-muet relève de l'école maternelle comparée à ce que je vois par-dessus l'épaule de Choura. L'homme à la chapka est là. Il a toujours sa chapka mais rien d'autre. À part un masque sur le visage, il est entièrement nu. Les fillettes également, qui sont à peine pubères. Leurs frêles corps blancs sont dépourvus de toute pilosité, les pointes de leurs seins ne dépassent pas un centimètre. Ce qui ne les empêche pas de chevaucher ou de servir de la bouche l'homme masqué. Ce dernier porte le harnachement que j'ai retrouvé dans la chambre, et qui le lie – jambes et bras écartés – aux bois du grand lit. Il se débat pour éviter les coups de fouet que lui assène avec une belle énergie une Lienka non moins nue.

Le travail auquel se livre Choura consiste d'ailleurs à supprimer toutes les images sur lesquelles le visage de Lienka pourrait être identifié. À l'évidence, ce film a été tourné à l'insu de celui qui en est l'acteur principal et servira à un chantage. Qu'imaginer d'autre ? Que l'homme à la chapka, dans son délire érotique, tient à conserver un souvenir de l'excellente soirée qu'il a passée grâce aux soins diligents de Lienka ?

J'en ai assez vu. Le problème est de sortir d'ici avant que Choura ne me mette la main dessus. Retour au grand salon. Je m'y escrime sur la serrure du sas, dans laquelle j'essaie les clés de l'entrée de l'imprimerie. Rien à faire. Je compose des codes à n'en plus finir, me retournant à chaque seconde, avec la hantise de voir surgir le silencieux Choura, prêt à m'écraser la tête. Rien à faire. Et il n'y a pas de fenêtre. Je sonde en vain les murs. Je repère bien l'appareil de climatisation et envisage un instant de m'échapper comme le fait le héros d'un roman de Julian Semionov : par le conduit d'aération. Sauf que ce conduit fait dix centimètres de large. Le toit ? Mais le plafond est à trois bons mètres au-dessus de ma tête ; rien que pour l'atteindre il me faudrait empiler deux fauteuils sur la table.

Non. La seule solution est de procéder comme je l'ai fait avec Lienka : me cacher, attendre la sortie de Choura, qui finira bien par rentrer chez lui, et seulement ensuite regagner mon lit improvisé dans l'imprimerie.

Je me glisse de nouveau derrière le sourd-muet. J'ai envie d'éternuer. Je me retiens. Avant de réaliser que, de toute façon, il ne pourra pas m'entendre. D'accord. J'éternue. Il ne se passe rien. Il continue à tapoter sur les touches, choisissant ses images. Ce que fait l'homme à la chapka, sur l'écran, me stupéfie. Le voici maintenant pendu par le cou. Je ne l'aurais pas vu sortir de l'appartement sur ses jambes et apparemment très satisfait de la soirée, je croirais que Lienka est tout bonnement en train de l'étrangler. Mais il paraît que la strangulation partielle ravive les ardeurs masculines défaillantes. Ce doit être ça.

Mon regard se pose sur les épaules et sur le cou de Choura. Et si je l'étranglais ? Juste un peu ? Juste assez pour qu'il perde connaissance ?

Non. Je ne suis pas certain d'y parvenir. Je fais demi-tour pour regagner le salon et m'y allonger sous la table quand un mouvement de Choura m'alerte. Ou plus exactement m'intrigue. Sans cesser d'actionner les touches du clavier avec sa main gauche, le sourd-muet lève très lentement la main droite, paume ouverte. Comme s'il saluait quelqu'un – il n'y a qu'un mur devant lui ! – ou comme s'il venait de tomber sur l'idée du siècle.

Mais son index indique un morceau de papier posé sur la table de montage. Il répète le même geste. Et c'est à moi qu'il s'adresse.

À moi ?

Je fais un pas en avant. C'est assez pour lire ce qui est écrit en lettres capitales : *JE SAIS QUE TU ES LÀ*.

Je déglutis.

Il se retourne lentement. Si j'espérais le voir sourire, c'est complètement raté. L'hiver, à Verkhoïansk, est moins froid que ses yeux. Les doigts de sa main me signifient :

– Vais te tuer, petit.

– Bonsoir, Choura. La porte de devant était ouverte, et je suis entré. J'arrive.

– *Tu mens*.

– Je viens d'entrer, je t'assure. Ce n'était pas très prudent, de laisser la porte ouverte.

Il me sourit. Mais je le préférais quand il ne souriait pas.

Je m'attendais à son geste mais il me manque néanmoins de très peu. Il a bondi vers moi avec une promptitude ahurissante. Je me suis baissé et j'ai filé à quatre pattes. Je plonge par-dessus le canapé, je culbute un fauteuil, je mets entre nous la longue table.

– Choura, lis sur mes lèvres, écoute-moi !

Il soulève la table d'une main et la renverse sur moi. Je feins de partir sur ma gauche, je m'échappe à droite. Je réussis à atteindre, une demi-seconde avant lui, la porte du petit laboratoire et je la lui claque au nez. Je pousse le verrou.

Tout en sachant très bien qu'il doit en avoir la clé. Mais c'est toujours quelques secondes de gagnées. J'entends qu'il introduit cette clé dans la serrure tandis que je me précipite pour ouvrir l'autre porte, celle qui donne sur l'imprimerie. Il pénètre dans la pièce comme je parviens enfin à en sortir. Une nouvelle fois, je lui ferme la porte au nez. Cet obstacle que je mets entre nous ne tiendra pas longtemps non plus. Je cours ventre à terre, je cueille mon sac au passage. Je m'escrime contre les cadenas des portes coulissantes. Derrière moi, Choura fracasse à grands coups d'épaule et de poings la porte qui nous sépare encore. Enfin, je suis dehors. Il était temps : à trois mètres près, les grandes mains marteaux-pilons m'agrippaient et me mettaient en pièces. Dans l'air glacé et visqueux de la nuit, je me sauve, et je me dis qu'il est impossible qu'il me poursuive ; je suis forcément plus rapide que lui, comment pourrait-il en douter ? Eh bien, il en doute et se lance à mes trousses. J'oubliais qu'il n'a sans doute pas trente ans et que j'ai affaire à un athlète dans une exceptionnelle forme physique. Nous voici tous les deux engagés dans une course invraisemblable à travers ces rues désertes, enneigées, éclairées par les halos des réverbères, n'ayant pas plus l'un que l'autre envie de faire appel à la police. Je n'ose pas me jeter dans l'une de ces rues qui s'ouvrent à gauche ou à droite ; il ne manquerait plus que je me retrouve coincé dans une impasse.

Nous courons six ou sept cents mètres. J'ai pris dix ou douze pas d'avance au départ, mais il a progressivement accéléré son allure, et il regagne dix mètres dans un sprint échevelé. Il plonge pour m'accrocher les jambes. Raté, mais de peu.

Après, c'est fini. Je jette un coup d'œil derrière moi et je vois qu'il rebrousse chemin – il a laissé l'entrepôt toutes portes ouvertes. Je me remets à marcher. Je m'engage dans le parc de Sokolniki en direction du palais des sports. Il doit être dans les trois heures du matin, et je n'ai pas la plus petite idée de l'endroit où je peux aller. Certainement pas à la place des Trois-Gares ; si Choura continue de me pourchasser, c'est là qu'il ira voir d'abord.

Alors seulement, je me demande ce que je vais faire de la cassette que j'ai raflée, en passant, sur la table de montage.

Lienka me fixe, et je me souviens de l'avertissement de Vassia : «*Choura Gavrilenko est dangereux mais sa sœur est pire que lui.*»

– Je suis au courant, dit-elle. Choura m'a téléphoné. Où est la cassette ?

– Je ne l'ai pas sur moi.

– Si Choura ne te tue pas – ce qui m'étonnerait –, je le ferai moi-même.

C'est précisément la raison de ma visite. Une minute plus tôt j'ai frappé à sa porte. Elle a mis du temps à répondre, ce qui est assez normal à cinq heures du matin. Elle ne devait pas dormir depuis très longtemps d'ailleurs. Elle me fait face, plantée sur le seuil comme pour m'interdire l'entrée de son appartement, proche du Planétarium. Je surveille sa main droite, enfoncée dans la poche de sa robe de chambre. Je fais bien : j'ai le temps de bloquer son poignet avant qu'elle ne dégage le petit pistolet. Elle se laisse désarmer.

– Tu es complètement fou. Où que tu te caches dans Moscou, nous te retrouverons. Et nous te retrouverons même si tu quittes Moscou.

– Je suis venu négocier, justement.

Je la pousse doucement, j'entre et je referme la porte palière derrière moi. L'appartement est moins spacieux que je ne l'avais imaginé. Deux pièces. Ce qui, tout de même, est déjà assez grand pour une femme qui vit seule. Je suis certain qu'une perquisition de la milice ici ne donnerait rien. La première pièce est un salon-salle à manger, confortable mais sans plus ; le seul signe de luxe est une chaîne JVC. Peu de livres. Sur une petite étagère, une reproduction miniature de ce qui doit être la tour Eiffel, de Paris, en métal doré. J'entraîne Lienka dans la chambre voisine, trois mètres sur trois à peine, où on a pourtant trouvé le moyen d'installer une cabine de douche, dans laquelle un Choura ne pourrait se glisser que de biais.

– Nous t'arracherons la peau centimètre par centimètre, et tes hurlements ne gêneront pas Choura et ses copains : ils sont sourds.

– Je suis tout disposé à restituer la cassette, Lienka. Je ne l'ai emportée que pour me protéger.

– Où est-elle ?

Dans un coffre de bois peint en vert pâle piqué de petites fleurs roses, je trouve ce que j'espérais trouver : des lanières de cuir. Je les passe autour des poignets de Lienka.

– Je peux hurler, dit-elle.

– Tu ne crieras pas. Tu n'as pas envie que la milice me pose des questions.

Je l'attache aux rondes quenouilles qui décorent les quatre coins du lit, du même bois peint que le coffre. Décidément, les clients de Lienka adorent être attachés, pour subir les plus doux sévices.

– Lienka, je ne veux pas d'histoires avec Choura.

– Trop tard.

– Tu vas parlementer avec Choura en mon nom. Je rends la cassette et il oublie que j'ai existé.

– Aucune chance. Tu ne le connais pas.

Je m'assure qu'elle est solidement attachée. Je décroche le téléphone et fouille le lit, pour le cas où il s'y trouverait une arme. Je n'avais pas tort : je sens un rasoir sous mes doigts, du type coupe-chou. J'ôte mes chaussures, ma *zipoune*, mon veston puis, réflexion faite, mon pantalon.

– Tu peux me violer, dit Lienka. On le mettra sur ta note.

Sa robe de chambre s'est entrouverte, et le spectacle est alléchant en diable. Je m'allonge près de Lienka et étale la grosse couette édredon.

– Parlons peu, parlons bien, Lienka. Je vais dormir quatre ou cinq heures. Mais, avant…

– Choura va te les écraser entre le pouce et l'index – il paraît que c'est très douloureux. Ensuite, il te fracassera les os à coups de poing. Ce n'est qu'après qu'ils te pèleront.

– C'est Kopicki qui a dit à Choura de m'embaucher ?

– Pour tes yeux, Choura a un adjoint dont c'est la spécialité : il t'arrache les globes oculaires avec l'index.

– C'est Kopicki ?

– Connais pas.

– Lienka chérie, j'ai eu une idée géniale pour la cassette : si je ne la récupère pas avant midi, elle partira chez un journaliste de la *Litératournaïa Gazéta*.

– Tu ne connais aucun journaliste.

– C'est ce qui te trompe. J'ai travaillé cinq jours avec Guenka, le chef de l'atelier de composition. Il a prononcé des noms devant moi. C'est Kopicki, oui ou non ?

– Oui. Tu vas vraiment nous rendre la cassette ?

– Si je me réveille à temps et si, à mon réveil, Choura n'est pas en train de me les écraser entre le pouce et l'index. Qu'est-ce qu'il y a entre Choura et Kopicki ?

– Ils sont amants.

– Et moi, je suis la Plissetskaïa. Kopicki prend une part des bénéfices ?

Haussement d'épaules. Que j'interprète comme un non. Ou bien Lienka est une grande comédienne ou bien – et c'est mon sentiment – les relations entre le policier et le sourd-muet sont relativement banales. Je demande :

– Kopicki voulait que je quitte la place des Trois-Gares. Il a demandé à ton frère de m'héberger et de me fournir un travail, et, en échange, il ne mettait pas trop le nez dans vos affaires. C'est ça ?

– Et alors ?

– Tu sais pourquoi ce Kopicki prend si grand soin de moi ?

Nouveau haussement d'épaules : elle sait que quelqu'un aurait très envie de me tuer – j'ai apparemment l'art de me créer des ennemis mortels. Et la voilà repartie sur toutes les câlineries que Choura va me prodiguer. Je tombe de sommeil après toutes les déambulations de ces douze dernières heures. Si je ne réussis pas à dormir un peu, je vais m'écrouler. Et, pis encore, perdre cette agilité d'esprit qui m'est venue – comme des vitesses que je passerais avec aisance sur une voiture. Ce n'est pas l'effet d'une surexcitation passagère : je constate que j'ai trouvé mon régime naturel. Je me relève et je vais une fois de plus vérifier que la porte palière est bien fermée. De retour au lit, je m'assure que les lanières posées autour des poignets et des chevilles de Lienka sont solidement nouées. Elles le sont. Je remets le téléphone à sa place.

– Choura va sûrement m'appeler, dit Lienka.

– Tu me réveilles.

– Tu ne me violes même pas ?

– Ça te plairait ?

– Oui.

Un peu ahuri, je la fixe. Elle paraît sincère. Drôle de fille. Capable de me trancher la gorge et le reste, au demeurant.

– Je ne viole pas les dames. Extérieurement, tu en es une. Tu sais qui veut me tuer et de qui Kopicki me protège ?

– Non.

Et elle précise qu'elle le regrette. Elle se ferait une joie de tracer des flèches dans tout Moscou pour signaler ma piste. Parce que Choura pourra peut-être se laisser convaincre de ne pas m'égorger si je rends la cassette. Mais pas elle.

Je me place sur le côté droit, qui est mon côté favori pour m'endormir. Ce sera ma seule véritable erreur de toute la longue campagne qui vient de s'ouvrir : mésestimer Lienka, sa soif de vengeance et sa haine. La seule, mais elle sera tragique.

Je m'endors dans la seconde.

Le téléphone sonne vraiment cette fois. À dix reprises, Lienka m'a flanqué des coups de genou (elle ne pouvait m'atteindre autrement) dans le seul but de m'empêcher de me reposer. Un réveil indique dix heures cinq du matin ; j'ai dû dormir un peu plus de quatre heures. Je décroche. Une voix d'homme me demande :

– Qui es-tu ?

– Lienka est là.

– Passe-la-moi.

– Je parle en son nom.

Lienka se met à hurler si fort que, même sans haut-parleur, on peut sans doute l'entendre sur les bords de la mer Noire. Elle dit qui je suis et clame qu'elle est prisonnière. Je dis dans l'appareil :

– Choura est près de toi ?

– Oui.

– Dis-lui que je lui rends la cassette à midi.

Silence sur la ligne. J'imagine des doigts qui s'agitent pour traduire.

– Où, à midi ?

– Je téléphonerai à l'entrepôt à midi.

Sauf si, d'ici là, on m'a fait des chatouilles. Je ressors mon histoire de journaliste et, pour faire bon poids, j'ajoute que l'une des copies de la cassette que j'ai faites sera remise à Marat Kopicki (en réalité, je n'ai pas la moindre idée de l'endroit où je peux le joindre, celui-là!).

– Choura veut te parler. Viens à l'entrepôt, dit la voix.

– Je ne suis pas cinglé à ce point.

– Il te donne sa parole qu'il ne te touchera pas. Il dit qu'il s'est trop vite énervé cette nuit.

Bizarrement, je crois que Choura est sincère. Mais ma conviction n'est pas suffisamment forte pour que j'aille me mettre à la portée des poings d'acier du grand chef des sourds-muets. Je réfléchis – avec cette rapidité qui m'est si nouvelle et me surprend encore.

– D'accord, à midi devant le Canon du tsar.

– Tu auras la cassette et les copies?

– Oui.

Je raccroche, je me jette hors du lit, j'enfile mon pantalon, ma zipoune et mes bottines. Lienka bave de rage.

– Choura te pardonnera peut-être, mais pas moi.

– Couvre-toi, tu vas prendre froid.

Je détache l'un de ses poignets, bondis en arrière pour éviter ses ongles et file. Je quitte l'appartement, l'immeuble et le quartier du Planétarium aussi vite que possible. Pour le cas où des escouades de sourds-muets seraient déjà à ma poursuite.

– Dégage, Ducon, me dit Marina Morozov.

– Je te croyais à Léningrad.

– Et moi, je t'espérais au diable. Fiche le camp.

Elle est assise devant la petite table de la minuscule boutique et pointe une liste de livres.

– C'est ton grand-père que je voudrais voir.

– Il n'est pas là.

– Je peux savoir où il est?

– Non.

– Il va revenir d'ici trois quarts d'heure?

– Tout porte à croire qu'il sera de retour avant le printemps, dit-elle, goguenarde.

J'ai envie de rire et de hurler, j'ai envie de la prendre dans mes bras, ou sur mes genoux pour lui flanquer une fessée, j'ai envie de l'embrasser et de la mordre. Et, comme elle ne prend même pas la peine de relever la tête pour me parler, je constate qu'elle a le plus ravissant profil de Russie.

– Écoute, Marina. Je suis dans les ennuis – de gros ennuis.

– Ça prouve qu'il y a une justice sur Terre.

– Qu'est-ce que je t'ai fait ?

– Tu existes.

D'accord, autant lui poser, à elle, la question que je destinais à son grand-père.

– Je cherche des Tchétchènes. Il n'y a pas un quartier de Moscou où ils se regroupent ?

– Au zoo, dans les cages voisines de celles des Géorgiens.

– J'ai le droit d'acheter un livre ?

– Si tu le paies.

– N'importe lequel à condition qu'il ait à peu près ce format (j'indique avec mes mains les dimensions d'une cassette vidéo) et que tu me l'enveloppes.

– Dans du papier de soie, peut-être ?

Pour la première fois, si l'on excepte le rapide coup d'œil qu'elle a jeté sur moi à mon entrée, elle me fixe, et j'ai le cœur qui chavire – c'est bien le moment ! Je dois reconnaître que je n'ai pas très bonne mine : je ne suis ni lavé ni rasé et ma *zipoune* est déchirée. Marina se lève, monte à l'étage, redescend avec un livre, qu'elle enveloppe dans du papier-journal.

– Cinq roubles.

Je ne les ai pas. J'attends.

– Cinq kopeks, dit-elle, impassible.

– J'ai vraiment de gros ennuis, Marina.

Elle se rassied et se remet à pointer ses listes de livres. J'attends une demi-minute puis tourne les talons. Pour arriver jusqu'à la boutique, de crainte qu'elle ne soit surveillée et que Choura ne m'y ait tendu une embuscade, j'ai pris des précautions inimaginables. Pour un peu, je passais par les égouts. Mais ils sont probablement bouchés.

– Il y a un restaurant tchétchène, appelé *Grozniy*, du côté de la gare fluviale. C'est plein de Tchétchènes dans le coin.

– Merci, dis-je.

– Dégage.

Elle n'a pas dit Ducon. Notre idylle prend bonne tournure.

192

J'entre au Kremlin deux minutes avant midi, au milieu d'un groupe de touristes américains que je m'émerveille de comprendre mot à mot – enfin, presque. Pas un seul sourd-muet à l'horizon ; mais comment reconnaît-on un sourd-muet ? Nous passons entre le Présidium du Soviet suprême, ou un truc de ce genre, et le Sénat. À droite, l'Arsenal ; en face, la cathédrale des Douze-Apôtres, le palais du patriarche et le palais des congrès. Le Canon du tsar est là, tout proche. C'est un énorme bidule de plus de cinq mètres de long qui pèse dans les quarante tonnes ; il paraît qu'il n'a jamais tiré un seul boulet.

Choura est là. J'avise, sur ma gauche, un gros bonhomme qui n'est certainement pas américain : il arbore son ruban rouge à étoile d'or de héros de l'Union soviétique ; il est en discussion avec deux officiers des Organes, bien identifiables à la bande de leur casquette. Je vais vers le héros et je lui tends le paquet confectionné par Marina.

– Un officier, à la porte du Sauveur, m'a chargé de vous remettre ceci.

Il me regarde, surpris, et prend machinalement le paquet. Il déchire le papier, et je m'arrange pour que le livre qu'il considère reste invisible à Choura qui, j'en suis sûr, m'observe. Je repars et je marche vers le canon géant.

– Bonjour, Choura.

– *Suis venu seul.*

– J'ai confiance en ta parole.

– *Me suis trop énervé hier soir.*

– Tu m'aurais vraiment tué ?

– *Oui, probablement.*

– Je n'ai pris la cassette que pour me protéger.

– *Tu en as fait des copies ?*

– Non.

– *Tu n'as pas eu le temps.*

– C'est vrai. Choura, je n'ai pas du tout envie d'être fâché avec toi.

– *Où est la cassette ?*

– Dans la boîte aux lettres de Lienka. Je l'y ai déposée ce matin vers cinq heures en arrivant chez elle.

Il m'observe de ses yeux du même bleu cobalt que ceux de sa sœur. Et, soudain, il se met à rire. Il hoche la tête.

– *C'est vrai?*

– Bien sûr que c'est vrai. Que voulais-tu que j'en fasse, de cette foutue cassette?

– *Tu aurais pu me demander de l'argent.*

– Je t'en demande. Tu me dois cent soixante-dix roubles. J'ai travaillé deux semaines pour toi et tu ne m'as pas payé.

– *Qu'as-tu donné au gros type, il y a une minute?*

– Un vieux livre en arabe que j'ai acheté chez un bouquiniste. Tu m'aurais tendu un piège, je m'en serais servi pour faire diversion.

– *Et, maintenant, le gros type et les deux officiers des Organes te regardent. Je ne pourrais pas te casser la tête, même si je le voulais.*

– Eh oui. On se protège comme on peut.

Il me sourit à nouveau.

– *Tu veux autre chose, non?*

– Je voudrais que tu me parles de Kopicki. Marat Afanassiévitch Kopicki.

– *Policier.*

– Je sais. Il t'a demandé de m'embaucher?

– *Oui.*

– En échange de quoi?

De l'index et du majeur de sa main droite, il fait le signe de fermer ses paupières.

– Choura, tu sais contre qui il me protège?

– *Non.*

– Quelqu'un me recherche pour me tuer, à ta connaissance?

Il hésite. Son regard s'écarte, revient sur moi.

– *Évite les Géorgiens.*

– Qui en particulier?

Il épèle le nom mais je ne comprends pas ses signes. Il dessine les lettres dans la paume de sa main gauche: *PAVLÉ.*

– Tu connais ce Pavlé, Choura?

– *Un peu.*

– Il est à Moscou?

– *Non. Mais des hommes, à Moscou, travaillent pour lui et te recherchent. Ne va pas place des Trois-Gares.*

– Tu crois qu'ils savent que je suis à Moscou?

– *Sais pas.*

– Je peux te tourner le dos sans danger, Choura ? Maintenant ou dans les jours qui viennent ?

– *Ma parole.*

– Où puis-je trouver Kopicki ?

– *Non.*

Je comprends mal sa réponse, puis la compréhension vient.

– Kopicki t'a demandé de ne pas me le dire ?

– *Oui.*

Il allonge la main, ferme le poing, me frôle le menton.

– *Tu peux encore travailler pour moi si tu veux. Tu réagis vite et bien.*

– Un jour peut-être, Choura. Mais je suis à Moscou depuis six semaines et j'ai toujours été tenu en laisse comme un petit chien. J'ai envie de gambader tout seul.

– *Où vas-tu aller ?*

– Je me débrouillerai.

– *Lienka. Comment as-tu trouvé son adresse ?*

– J'ai simplement fouillé son sac, il y a quelque temps.

Il y a une question que j'aurais assez envie de poser au grand sourd-muet : qui a eu l'idée d'attirer des hommes (peut-être aussi des femmes) dans l'entrepôt pour les y filmer pendant qu'ils satisfaisaient leurs fantasmes érotiques, de manière à les faire chanter ? Je choisis de ne pas interroger Choura. D'abord, parce que je pense connaître la réponse : Lienka. Lienka et non son frère. Question de style. Et puis, je ne tiens pas à ranimer la colère de Choura.

Il sort de sa poche une liasse de billets et me tend cent soixante-dix roubles. Qu'il accompagne d'un morceau de papier sur lequel il griffonne deux numéros de téléphone.

– *Tu appelles si tu as besoin de quelque chose.*

– Merci, Choura. Je peux partir ? La paix est signée ?

– *Oui. Bonne chance.*

Il n'a même pas pris le soin de vérifier si je ne mentais pas en affirmant avoir déposé la cassette dans la boîte aux lettres de sa sœur (ce que j'ai fait réellement). C'est pourtant le même homme qui, la nuit précédente, m'aurait sans aucun doute réduit en miettes. C'est tout le paradoxe du personnage. À vrai dire, je suis assez content de moi et de la justesse de mon analyse psychologique. Je deviens intelligent ou quoi ?

D'autres groupes de touristes, cornaqués par leur guide, passent à côté de nous ; des enfants défilent par classes entières. La neige de la nuit s'est arrêtée tout à fait, le soleil brille. J'aurais grand besoin d'une douche. Toute la glace qui s'est accumulée sur mes vêtements au cours de mes pérégrinations a fondu, je suis trempé jusqu'aux sous-vêtements. Choura m'indiquerait peut-être un endroit où aller si je le lui demandais. Mais je préfère ne pas jouer avec le feu : il est calmé pour l'instant, mieux vaut en profiter pour disparaître.

Je me dirige vers la gare fluviale. Depuis mon arrivée à Moscou, je n'ai pas encore utilisé un seul des moyens de transport de la ville, métro, bus, tramways, trolleybus ou taxis. Une sorte de timidité m'a retenu, tout autant que mon besoin d'apprendre les rues et les secrets de ma capitale – et, je l'avoue, mon souci de ne dépenser que le strict nécessaire.

Grâce à toutes les précautions que je prends, je finis par être sûr que je ne suis suivi ni par les agents sourds-muets de Choura ni par les hommes de Kopicki, ou alors, j'ai affaire à un génie de la filature ou encore à toute une équipe, que mon importance fort relative ne justifierait pas, me semble-t-il.

Je meurs de faim, une fois de plus.

– *Salâm aleïkoum.*
– *Aleïkoum salâm*, me répond courtoisement l'homme.

J'ai devant moi mon premier Tchétchène moscovite. Je l'ai trouvé en train de balayer la salle déserte du restaurant *Grozniy*. Il a dix-sept ou dix-huit ans, de fines moustaches à peine visibles, un regard de vieux loup qui aurait survécu à cent combats. Il me fixe. Je demande :

– *Nortchi vouï ?* (Tu es tchétchène ?)
– *Vouï.* (Oui.) Et toi ?
– Le gendre de la belle-mère de la cousine de mon beau-frère l'était.

Cette explication si claire à l'avantage d'être donnée en tchétchène. Il balance son balai. Peut-être pour le soupeser tout en s'interrogeant sur la solidité de mon crâne.

– Tu cherches des ennuis ?

– Je cherche mon ami d'enfance, qui est aussi mon associé. Il s'appelle Magomet ou Khan Pacha.

– L'un ou l'autre ?

Comment le saurais-je ? Si ça se trouve, ma joyeuse crapule de Tchétchène rencontrée à Bakou ne s'appelle ni l'un ni l'autre, il m'aura menti sur toute la ligne. Peut-être aussi est-il fâché à mort avec son *teïep* – son clan. Dans ce cas, en me recommandant de lui, je vais ajouter d'autres ennemis à ceux que j'ai déjà.

– La dernière fois que j'ai vu Khan Pacha-Magomet, il habitait rue de la Balance, à Bakou. Il y a environ six semaines.

– Tu parles bien le tchétchène, me dit le balayeur.

Le ton s'est adouci. C'est vrai que nous ne devons pas être très nombreux, parmi les trois cent millions de Soviétiques, à parler cette langue caucasienne. Je pousse mon avantage et cite les noms de mes amis du Kazakhstan avec lesquels j'ai appris le tchétchène. Je parle de celui qui était mon meilleur ami à Karaganda – il jouait numéro-dix et moi avant-centre, nous avons appris le football ensemble et sauté les mêmes filles, mettant en commun, dans ce domaine, notre expérience, qui, à l'époque, n'était pas démesurée.

– Il s'appelait Issa.

– Je m'appelle Issa, moi aussi, dit le balayeur.

Qui repose son balai, s'essuie les mains à son tablier de grosse toile verte. Cinq minutes plus tard, nous mangeons ensemble la *chourpa*, une soupe à l'agneau très fortement parfumée d'ail et épicée en diable, qui a dû cuire toute la semaine. J'ai même droit à un demi-litre de lait caillé aigre. Issa m'offre ensuite de me laver au robinet de la cuisine. À condition que je fasse vite : les cuisiniers ne vont plus tarder à revenir, pour le repas du soir.

– Issa, il est possible que des types me recherchent.

– La milice ?

– Des Géorgiens avec lesquels j'ai eu des problèmes. Je n'ai volé ni tué personne.

– Et quand bien même, dit-il.

Je dors comme un sonneur de cloche et je rêve que quelqu'un est en train de me trancher la gorge – je sens le froid de la lame contre ma pomme d'Adam. Une demi-seconde plus tard, je me suis redressé, ma main a accroché un poignet, j'ai retourné la pointe du couteau contre le visage de mon agresseur.

– Arrête ! C'est moi !

Qui ça, moi ? Je ne distingue rien dans l'obscurité de la soupente qu'Issa a mise à ma disposition pour que j'y dorme un peu.

– Khan Pacha, ton associé.

Maintenant, je reconnais la voix, en effet. Je garde tout de même le couteau pendant que je cherche à tâtons le commutateur. L'ampoule de faible puissance pendue au plafond me révèle bel et bien le visage de pirate de mon vieux copain de Bakou.

– Réfléchis, dit-il. Si j'avais voulu te tuer, tu serais déjà mort.

– Rien n'est moins sûr.

– C'est vrai que tu as le réflexe plutôt rapide. Tu m'as à moitié étranglé.

Je considère l'arme, qui ne fait pas moins de vingt centimètres.

– Pourquoi ce truc ?

– Je ne savais pas si tu étais bien toi.

– Je suis moi.

– Je vois.

Il rit de toutes ses grandes dents blanches de carnassier.

– Eh bien, nous nous sommes tout de même retrouvés.

– On t'a arrêté ?

Nouveau rire : ils ne couraient pas assez vite pour avoir la moindre chance de le prendre.

Je découvre qu'Issa a eu la gentillesse de déposer un cruchon de lait de chèvre à mon intention. J'en bois une rasade. Khan Pacha-Magomet prend le relais et vide d'un seul coup le récipient.

– Tu t'appelles comment en réalité ?

– Khan Pacha.

– Pas Magomet ?

– Khan Pacha.

– Qui te poursuit, toi ?

– Personne ne me poursuit.

À ceci près que, averti par Issa que quelqu'un le demande, il commence par se munir d'un grand couteau. Cet animal a des ennuis, lui aussi. Il finit d'ailleurs par en convenir. D'accord, il a un peu escroqué des gens à Bakou. Des Azerbaïdjanais – des Azéris. Il n'y a donc pas de quoi en faire un drame. Qui se soucie d'Azéris abrutis ?

– Et ces Azéris te poursuivraient jusqu'à Moscou ? Et non seulement jusqu'à Moscou mais en plein quartier tchétchène ? Ne me raconte pas d'histoires, Pacha. Tu as quelqu'un d'autre sur le dos.

Il nie avec la dernière énergie puis, tout à coup, avec cette versatilité qui lui est propre, le voici qui éclate de rire. D'accord ; il est également un peu en bisbille avec des compatriotes à lui. C'est la raison qui l'a décidé à quitter Grozniy pour Bakou. Non ; cette fois, il ne s'agit pas d'une escroquerie ni d'un vol. Les Tchétchènes ne se volent pas entre eux.

– Une histoire de femme.

Si bien que, lorsque Issa lui a parlé d'un garçon de vingt-deux ou vingt-trois ans qui cherchait à le retrouver, il a pensé qu'il pouvait s'agir du frère de la fille.

– Quelle fille ?

– Celle que j'ai sautée à Groznyi. Enfin, l'une d'entre elles.

– Il y en a eu combien ?

Quatre. L'ennui, c'est qu'il s'agissait de la mère et des trois filles. Depuis, Khan Pacha n'est pas trop en odeur de sainteté à Grozniy – ni auprès d'une bonne moitié de la population tchétchène d'Union soviétique.

Près de quatre cent mille ennemis ! Je suis battu ! Et c'est auprès de ce cinglé que je suis venu chercher refuge !

– Plains-toi, dit-il en riant. Tu ne serais pas tombé sur Issa, ils te faisaient peut-être la peau, rien que parce que tu es mon associé.

– Nous ne sommes pas associés.

– Tu me vexes. Bien sûr que nous le sommes. Nous n'avons pas encore travaillé ensemble, c'est tout. Mais ça va venir. J'ai justement une affaire à te proposer.

Faire équipe avec un type qui a tous ces Tchétchènes à ses trousses ? (Sans compter les Azéris !)

– Ôte-moi d'un doute, Pacha. Tu es fâché avec les Arméniens ?

– Un ou deux mais pas plus.

– Les Kazakhs ?

Non, pas de Kazakh dans la longue liste de ses ennemis mortels. Pas non plus de Tadjik, de Tatar, de Mongol, de Kirghize ni d'Ouzbek. Il est également en paix (sans doute parce qu'ils ne le connaissent pas) avec les Turkmènes, avec les Lituaniens, les Lettons et les Estoniens, avec les Roumains de la Moldavie soviétique, les Ukrainiens, les Biélorusses, les Mordves et les Tchouvaches. Quant aux Bachkirs, de l'Oural, ou aux Bouriates, de Sibérie, quelle chance ! il n'en a jamais rencontré.

– Je ne suis pas non plus fâché avec les Russes. Et ce sont de loin les plus nombreux, les Russes. Ils sont près de cent cinquante millions. Je peux me faire plein d'amis, sympathique comme je le suis.

J'enfile ma *zipoune* et rechausse mes bottines. Je suis venu à la gare fluviale dans l'espoir d'y trouver un abri et, peut-être, du travail (et aussi une protection fondée sur des motifs plus clairs que celle que m'accorde Kopicki). C'est raté. Petit coup de déprime à l'idée que je vais me retrouver seul dans Moscou...

– Quelle heure est-il, Pacha ?

– À peu près neuf heures.

– Du soir ?

– Il fait nuit, mon lapin. Tu ne le vois pas ?

Je vais me retrouver seul dans Moscou sans savoir seulement où dormir... Certainement pas dans un hôtel ; Kopicki n'aurait aucun mal à m'y retrouver – Pavlé non plus. Et, aussi longtemps que je ne saurai pas quels liens existent entre Kopicki et les Géorgiens que Kourachvili a lancés sur mes traces, je préfère éviter le policier. D'ailleurs, je n'aime pas la façon dont il m'a manipulé.

– Moi, je sais où tu pourrais dormir tranquille, dit Khan Pacha.

– Ne me fais pas rire. À mon avis, tu es venu ici de nuit parce que tu préfères qu'on ne te voie pas arpenter les rues.

– C'est vrai. Mais, justement, j'ai une cache. On peut la partager.

– Et nous nous retrouverons assiégés par des frères, des fils et des gendres tchétchènes.

– Pas là où je suis.

Je sais que je vais accepter – je n'ai guère le choix.

– Pacha, tu me crois capable de te tuer ?

Il rit, cesse de rire, me scrute, rit à nouveau :

– Une chance sur trois que tu le ferais. Et deux que tu me démolirais si bien que je ne pourrais plus sauter que des chèvres.

– Sauf que tu n'auras plus rien pour sauter qui que ce soit.

– Pour ça, trois chances sur trois que tu serais capable de mettre mon zizi hors d'état de marche. Et puis, Issa ne me pardonnerait pas de t'embarquer dans un sale coup. Issa est plus jeune que toi et moi, mais il nous couperait la gorge à tous les deux, et à toute notre parenté jusqu'au huitième degré, s'il pensait que c'est nécessaire. Allez ! On y va.

– Je veux d'autres garanties. À Bakou, tu as déjà essayé de me faire embarquer par la milice à ta place.

Pour la première fois depuis que je le connais, je note sur son visage de la fureur – et une fureur non simulée. Je suis plutôt content de tenir son couteau.

– Tu es plus russe que tu ne le crois toi-même.

– C'est bien possible.

Une bonne demi-minute de silence.

– Je reviens, dit-il.

Il sort, et revient en effet, avec Issa et un autre homme plus âgé – la quarantaine.

– Issa et son père, dit Pacha. Tu aurais pu tomber n'importe où, chez n'importe quel Tchétchène, mais c'est chez eux que tu es arrivé. Ils m'ont aidé et ils m'aident encore. Ils ne sont même pas de ma famille. Tu leur fais confiance ?

Je souris à Issa.

– Oui.

– Je leur donne ma parole que rien ne t'arrivera par ma faute. Autrement qu'ils me le fassent payer.

La scène est peut-être un peu ridicule, mais ce doit être

ma part de sang russe qui me la fait trouver ridicule. Je
ramasse mon sac.

– Merci, Issa. Et merci à ton père. Je reviendrai un de
ces jours.

– Il veut dire quand il sera riche. Il va devenir riche, commente Khan Pacha.

Je prends le métro pour la première fois cette nuit-là. Je
regrette de ne l'avoir pas fait plus tôt. Ça vaut bien les cinq
kopeks – prix unique – à payer. Une chose est certaine : la
veille, j'avais envisagé d'y trouver un refuge, contre Choura
et contre le froid. Je réalise à quel point ç'aurait été stupide : les patrouilles de milice y sont fréquentes et les
contrôleurs et contrôleuses ne sont pas seulement là pour
vérifier qu'on n'enjambe pas les barrières du passage automatique. Je les vois appeler les policiers de garde pour qu'ils
emmènent un ivrogne. On ne fume pas dans le métro ; l'air
y est pur et frais. C'est un monde aseptisé, mais dans
lequel la tricherie a quand même cours. Pacha me montre
comment on y pénètre sans payer (où a-t-il appris ça, à
Grozniy ou à Bakou ?). On fait, certes, glisser dans la fente
de l'arche métallique la pièce de cinq kopeks mais, d'une
pichenette de l'index, on la fait sauter en l'air avant qu'elle
ne disparaisse ; les barrières s'ouvrent et la pièce vous
retombe dans la main une fois qu'on est passé. Pacha y parvient à tous les coups. Je n'essaie même pas, convaincu par
avance que j'échouerai et surtout agacé par ce filoutage mes-
quin.

Les stations me paraissent toutes admirables. Je me suis
laissé conduire par Pacha, nous avons pris la ligne de ceinture. Notre premier changement est Komsomolskaïa, qui des-
sert la place des Trois-Gares et que décorent des mosaïques
dorées, des fleurs de pierre, des temples de marbre. Les
niches attendent les statues qui devraient les garnir. On voit
encore les traces de portraits – ceux de Staline, paraît-il.

– C'est dégueulasse, dit Khan Pacha.

– Qu'est-ce qui est dégueulasse ?

– Tous ces machins-trucs. On dirait un bordel.

– Tu n'es qu'un paysan tchétchène ; tu ne comprends rien
à l'art.

Mais il a semé en moi quelques doutes. Sans compter qu'il ne m'a toujours pas dit où nous allions.

– Chtcholkovo, dit-il.

– C'est où, ce truc ?

– On prend le train de Iaroslavl, on change à Mitichtchi, on y arrive.

Au plus, une heure et demie de trajet selon lui. Une heure et demie ? Et vers le nord ?

– Pacha, nous allons nous retrouver dans l'océan Arctique !

– Et ta sœur, dit-il.

Nous ressortons à l'air libre. J'ai prévenu mon Tchétchène que j'avais des affaires à récupérer. Il m'accompagne mais je le laisse m'attendre à quelques centaines de mètres de l'entrepôt de Choura. Tout va bien ; je peux récupérer mes quatre cents roubles, qui vont rejoindre dans mes bottes les cent soixante-dix que le sourd-muet m'a versés.

En route pour Chtcholkovo.

– Qui ira te chercher là-bas ? me demande Khan Pacha en riant.

En effet. À part le pôle Nord…

L'endroit s'appelle la rue des Lilas. On y trouve autant de lilas que de palmiers. Ce sont de petits immeubles à cinq étages datant de l'époque de Khrouchtchev irrémédiablement délabrés, entre lesquels s'étendent des terrains vagues. C'est d'une tristesse à pleurer. Il est plus de minuit. Sans quoi, j'aurais sûrement fait demi-tour pour rentrer à Moscou.

– On est à Moscou ici.

– Je préférais encore Barnaul.

– Tu peux toujours y retourner.

Une *babouchka* surgit de l'obscurité dès que nous posons le pied sur le seuil du bâtiment – à croire qu'elle dormait pelotonnée sur le paillasson (il n'y a d'ailleurs pas de paillasson).

– Je te présente mon frère jumeau, lui dit Khan Pacha.

Lui, c'est moi ; moi, c'est lui, lumière de ma vie. À ta seule vue, mon obusier de campagne fait des soubresauts.

Sur quoi, il ajoute en tchétchène, à mon intention bien sûr :

– Donne-lui trois roubles.

– Je n'ai pas trois roubles, dis-je.

– Non ? Et ce que tu es allé prendre sur le toit de cet entrepôt, c'était quoi ? Donne-lui ses trois roubles ou elle ne te laissera pas entrer.

– Vous parlez quoi en ce moment, tous les deux ? demande la *babouchka* gardienne d'immeuble.

– Le tchouvache, dit Khan Pacha. Nous sommes des Tchouvaches pur-sang.

Je réussis à trouver, au toucher, dans ma poche – belle performance ! – trois billets d'un rouble, et je paie. Nous grimpons jusqu'au quatrième étage, nous entrons dans un appartement dont Pacha à la clé, et je comprends pourquoi mon Tchétchène m'a recommandé le silence : trois enfants dorment dans des lits superposés, une femme est couchée sur un matelas à même le sol. Il nous faut la contourner pour gagner la deuxième pièce, minuscule et néanmoins partagée en deux par un rideau. D'un côté, un salon, de l'autre, une chambre, ou ce qui en tient lieu. Pacha chuchote, si faiblement que je ne comprends pas la moitié de ce qu'il me dit. Reste que sa mimique est claire : pas de bruit à cause des enfants, qui vont à l'école demain. D'ailleurs, lui-même se couche en m'indiquant la place libre près de lui, et, avec la belle sérénité des consciences que rien ne trouble, il s'endort très vite. Moi, qui ai dormi une bonne partie de l'après-midi, je ne trouve pas le sommeil. Je me demande ce que je suis venu faire dans cette lointaine banlieue. L'immeuble est extraordinairement bruyant : j'entends ronfler quelqu'un dans l'appartement voisin, je capte un bruit de conversation au-dessous de moi, le bruit d'une chasse d'eau au-dessus. Pacha a appelé ça les taudis de Khrouchtchev. Je suis dans un taudis, à vingt ou trente kilomètres de Moscou, loin de tout centre commercial ou industriel. Qui ferait fortune dans un endroit pareil ?

La vie est ainsi faite. Je suis arrivé dans cet endroit perdu comme un homme traqué se réfugie dans les bois. J'ai suivi bêtement un foutu Tchétchène en qui je n'ai aucune confiance. Il n'y a sûrement, à des kilomètres à la ronde, aucune possibilité de dénicher un travail, et si, par malheur, Pavlé réussit à retrouver ma trace, je serais plus exposé ici qu'à Moscou.

Or – mais je ne le sais évidemment pas encore –, le hasard est en train de me présenter la première clé.

Des voix d'enfant m'ont éveillé. J'ai fini par me lever. Pacha continue à dormir à poings fermés avec une placidité qui m'agace. Dans la pièce voisine, je trouve une femme d'environ trente-cinq ans, blonde aux yeux bleus, pas très jolie. C'est à peine si elle m'accorde un coup d'œil, occupée qu'elle est à habiller les trois enfants – deux filles et un garçon, entre trois et sept ans.

– Je ne sais pas ce que je fais chez vous. Khan Pacha m'a fait entrer cette nuit.

– Je vous ai entendus. Il doit rester du thé et un peu de pain.

La voix est calme, les gestes aussi. Les gosses sont entièrement habillés et me regardent avec un peu de curiosité mais pas plus.

– Je reviens, dit la femme.

Elle sort en emmenant les enfants. Un moment plus tard, alors que je bois mon thé, je la vois traverser la cour séparant deux immeubles et conduire sa marmaille à un autocar. Je regarde autour de moi. Le petit appartement comporte une cuisine de quatre ou cinq mètres carrés et une salle de bain lilliputienne simplement équipée d'une douche et d'un lavabo qui goutte. Deux des murs sont lézardés, les carreaux d'une fenêtre ont été remplacés par plusieurs épaisseurs de papier-journal. Peu de meubles en dehors des lits superposés – une table et quatre chaises, un fourneau et, dans un angle, posé sur deux caisses recouvertes d'un morceau de velours usé, un antique poste de radio. Je note, sur les murs, collées, des photos de bord de mer, sans doute découpées dans un magazine. C'est très propre.

Je contemple à nouveau les gravures collées sur les murs quand la femme revient.

– Je m'appelle Olga. Qui est Khan Pacha ?

– Le garçon qui m'a conduit ici. Je ne suis pas très sûr que ce soit son vrai nom.

– À moi, il m'a dit se nommer Igor. Il me paie quarante roubles par mois. En principe, je n'ai pas le droit de prendre de sous-locataires, mais la gardienne ferme les yeux. Et j'ai besoin de cet argent.

– Depuis combien de temps est-il là?

– Deux semaines.

Elle me fixe, une lueur d'amusement dans les yeux, et précise qu'ils ne dorment pas ensemble, Pacha et elle.

– Il me reste de la soupe d'hier soir. Vous en voulez?

– Je ne veux pas en priver vos enfants.

– Je me débrouillerai. J'ai l'habitude.

– Veuve?

Oui. Il a été tué en Afghanistan trois ans plus tôt. Entre la petite pension qu'on lui verse et ce qu'elle gagne elle-même, elle se fait dans les deux cents roubles environ. C'est assez pour survivre. Son loyer est de soixante roubles par mois. Elle travaille à Mititchtchi (j'y suis passé cette nuit avec Pacha; c'est là que nous avons quitté le train de Iaroslavl pour prendre un train de banlieue).

– Je prends ce train tous les jours, dit-elle. Mon usine fait les trois huit, et, pour l'instant, je suis de l'après-midi.

Elle est secrétaire.

– Votre soupe est très bonne. Pacha vous a payée?

– Pas encore… Si. Il m'a versé un rouble. D'avance.

De nouveau, nos regards se rencontrent, comme ils l'ont fait juste avant, quand elle a souligné qu'ils n'étaient pas amants, Pacha et elle. À l'évidence, elle entretient les mêmes doutes que moi sur la bonne foi du Tchétchène.

– Je ferai en sorte qu'il vous paie.

– Je sais me débrouiller seule.

Le ton est très calme. Il n'est pas difficile d'imaginer ce qu'a dû être sa vie au cours des trois ou quatre dernières années, avec trois enfants sur les bras. Mais pas un mot, pas une plainte. Je ne sais comment ça vient. Olga s'est mise à coudre, sur une machine qui devait être neuve il y a quarante ans – ce genre d'appareil qu'on actionne au moyen d'une pédale. Elle m'explique qu'elle fait des travaux de couture pour ses enfants et elle-même, mais aussi pour des voisins, ou pour des collègues de bureau. Elle vit à Chtcholkovo depuis quatre ans. Très vite, elle en vient à me tutoyer, me demande d'en faire autant avec elle. Son attitude familière ne suggère pourtant, en aucune façon, que quoi que ce soit pourrait naître entre nous. Elle a un

206

caractère et un comportement si lisses que, pour un peu, elle en deviendrait énigmatique.

Je ne sais pas comment c'est venu mais me voilà en train de lui raconter mon histoire. Je n'omets rien. Elle écoute tout, sourit de l'affaire du film cochon et, même, rit carrément quand je lui décris la façon dont les comédiens s'y prennent quand, par hasard, ils tombent en panne et ne sont plus en état d'assurer la prestation qu'on attend d'eux.

– Du lait condensé ?

– Du lait condensé. À l'image, la différence est nulle ; on dirait vraiment de la semence masculine.

Fou rire.

Elle n'a pas vu de lait condensé depuis des années. Sans doute certains magasins du centre en ont-ils en rayon. Les Gastronoms peut-être (deux ou trois fois par semaine, elle s'y rend avec ses filets à provisions) ; hélas ! on ne sait jamais à l'avance si on fait la queue pour quelque chose, s'il restera de la marchandise à acheter quand on arrivera enfin au comptoir. En général, elle choisit le Gastronom de Grouzinskaïa ou celui du 19 de l'avenue Kirov. Les deux de l'avenue Kalinine ne lui plaisent pas ; les employés y sont encore plus arrogants qu'ailleurs, ce qui n'est pas peu dire. Elle aime aussi aller, de temps à autre, au numéro-un, l'ancien Élisseï, avenue Gorkovo ; les étalages n'y sont pas plus garnis qu'ailleurs mais la décoration est jolie. Toutefois, son problème principal est le temps : même en se levant à quatre heures, pour être à Moscou à six, le fait de devoir rentrer à Mititchtchi pour une heure de l'après-midi afin d'y prendre son travail la désavantage. Elle sourit. En deux ou trois occasions, elle a été contrainte d'abandonner sa place dans la queue, faute de temps, alors qu'elle était sur le point d'atteindre le comptoir. Une fois, il y avait des figues et du fromage. C'était assez rageant de partir sans en avoir, mais c'est la vie.

– Il n'y a donc rien, à Chtcholkovo ?

Presque rien. Et toujours de « seconde fraîcheur ». La semaine dernière, elle a pu obtenir du mouton – deux côtelettes –, mais qui sentait si fort qu'elle a préféré ne pas en donner aux enfants.

– Mititchtchi est un peu mieux.

À Mitichtchi elle a pu trouver trois fois des pommes de terre durant les dix derniers jours. Et l'avoine est assez régulièrement disponible. Pas de déficit.

Elle m'examine avec l'expression qu'avait ma mère en pareil cas.

– Tu n'as qu'un pantalon ? Enlève-le et donne-le-moi. Il a grand besoin d'être lavé. Et je vais repriser le trou que tu y as fait.

Khan Pacha émerge vers deux heures de l'après-midi. Olga est déjà partie pour son travail. Il hausse les sourcils.

– Je vais quoi ?

– La payer.

– Le mois n'est pas terminé.

– Combien de fois as-tu mangé ici ?

– Une petite fois ; pas plus. Bon, d'accord : quelques fois. Quel lavage et quel repassage ? Ce n'est pas parce que cette bonne femme…

– Quarante-cinq roubles, Pacha. Et tu t'en tires bien.

Il rit : d'accord. Il va prendre sa douche et je profite sournoisement de ce qu'il chante gaiement sous le jet pour lui faire les poches. Cet animal a sur lui, cachés dans ses bottes, dans sa ceinture, qui comporte une poche secrète, et également dans un pan de sa chemise, pas moins de deux cents roubles. J'en prélève quarante-cinq, convaincu que, sans cela, Olga ne verra jamais son argent, et je les glisse dans le pot à sucre (presque vide), accompagnés d'un mot explicatif. Je m'attends à une discussion, voire une bagarre, quand Pacha sort de la salle de bain. Mais non ; il ne vérifie rien (je l'aurais fait à sa place, ou bien je n'aurais pas quitté mon argent des yeux) et s'habille. Sans façon, il va dans la cuisine. Il en revient avec le restant de soupe, qu'il mange debout.

– On y va ?

– Où ?

Il rit.

– Je t'ai parlé d'une affaire, hier.

– Quelle sorte d'affaire ?

C'est très simple, dit-il (ça commence mal). Il connaît un type qui connaît un type qui connaît un type. Et le type, pas celui-là, l'autre – mais non, tu fais semblant de ne pas me comprendre –, enfin, ce type est employé à l'administration de l'électricité. C'est lui qui encaisse les factures. Rien que ça. Pacha a l'air de croire qu'il vient de me dévoiler l'emplacement du trésor des tsars.

– Et alors?

– Ce type a besoin d'aide.

– Pour encaisser des factures?

– Tu as tout compris.

Je n'ai rien compris du tout. Ou, plutôt, j'ai peur de comprendre.

– Merde, dit Pacha, c'est pourtant simple. On se met juste une casquette, on frappe à la porte des gens à l'époque où ils savent qu'ils vont recevoir la visite de l'encaisseur, on leur présente la facture, ils paient…

– Et nous, nous allons directement dans un camp de vacances en Sibérie.

– Pas du tout. Parce que, ce que nous présentons aux gens, ce sont de vraies factures, établies sur du vrai papier de la vraie administration. Enfin, presque vraies (le papier, lui, est vrai). En fait, l'encaisseur à qui nous servons d'adjoints s'est procuré de vraies factures et, quand il doit aller réclamer sept roubles pour un mois, quatorze pour deux à, disons, un certain Tchountchoutchounpov, il établit une deuxième facture parallèle, indiquant huit ou seize roubles.

– Et l'encaisseur et nous on se partage la différence. Ça n'a l'air de rien, mais à cinquante ou soixante encaissements par jour… Sans compter que quinze ou vingt roubles pour deux mois, ce sont de petits consommateurs. Il y en a de bien plus gros, qui paient jusqu'à deux cents roubles. Tu te rends compte: cinq pour cent sur une facture de deux cents roubles? Rien qu'en une seule visite!

J'ouvre la fenêtre et je me demande si la neige, en bas, ne risque pas d'amortir la chute de mon Tchétchène. Avec la chance qu'il a, cet abruti ne se foulerait même pas un orteil.

– J'ai une autre affaire, si celle-là ne t'intéresse pas.

– Fous-moi le camp.

Il éclate de rire.

– Tu n'es pas chez toi. C'est moi qui ai trouvé cette planque. Cette Olga est une mine d'or.

Il lève les bras pour me signifier qu'il n'a pas l'intention de se battre. Il s'en va. La neige, au dehors, se crible de petits cratères noirs – il pleut. J'ai le cafard. Sans un passeport en règle, je ne pourrai jamais travailler à Moscou, je ne pourrai que m'y livrer à des trafics tels que celui dont Khan Pacha vient de me parler – à moins de retourner chez Choura. Les heures passent et je continue à me morfondre. À deux reprises, je suis sur le point de boucler mon sac et de partir. Mais il faudrait, pour cela, que je récupère mon pantalon, qui n'est pas encore sec. Non que ce détail m'arrête. Je me donne surtout comme prétexte que je ne veux pas m'en aller sans avoir dit au revoir à Olga.

Vers six heures trente, on frappe à la porte. Une femme, qui se présente comme la voisine. C'est elle qui est allée chercher à leurs écoles respectives les trois enfants d'Olga et qui les garde jusqu'au retour de leur mère, vers neuf heures. Elle voudrait du linge, le plus petit des gamins s'est sali.

L'idée jaillit à ce moment-là, dingue. C'est au point que j'ouvre déjà la bouche pour proposer à la voisine de prendre les trois enfants avec moi. Mais non ; je me tais. La femme va chercher du linge de rechange. Elle a manifestement ses habitudes ; elle n'a frappé que parce qu'elle me savait à l'intérieur ; elle a une clé.

– Vous allez rester longtemps ?

Le ton de sa question est peu amène. Elle n'apprécie pas ma présence.

– Je ne sais pas encore.

La radio ne marche pas. Je ne pense même pas à allumer la lumière. J'attends.

– Tu n'es pas sorti avec ton ami ?

Olga est rentrée voilà quelques minutes. Elle a couché ses enfants. Je l'ai aidée à ranger les maigres provisions qu'elle a rapportées de son usine – deux choux-fleurs, un demi-poulet, de la farine, quatre œufs, peut-être trois livres de pommes de terre, et deux oignons.

– Comment as-tu connu Khan Pacha ?

Une de ses collègues de bureau le lui a présenté. Il cherchait une chambre en dehors du centre de Moscou. Olga avait depuis quelque temps pensé à prendre un pensionnaire.

Quarante roubles ne sont pas à négliger lorsque l'on a deux cents roubles en tout pour boucler le mois.

– Tu n'as pas... pas eu peur qu'il t'attaque ?

Elle épluche très soigneusement les pommes de terre et se met à rire.

– Non. Je n'ai jamais peur de ce genre de choses. Je sais me défendre.

D'ailleurs, Khan Pacha a été assez gentil avec elle. Le deuxième jour, il lui a apporté des oranges ; une autre fois, six boîtes de sardines. Je suis surpris. Voilà un aspect de mon Tchétchène que j'ignorais ; il n'est finalement pas aussi noir que je l'imaginais.

Les enfants ont dîné chez la voisine et dorment déjà. Les deux plus jeunes ont été transportés endormis d'un appartement à l'autre et le troisième, Klimouchka, vient juste de fermer les yeux. Olga dispose deux assiettes. Elle n'a pas touché au sucrier et ignore encore la présence des quarante-cinq roubles. Je n'ai aucune intention de lui en parler. Si elle veut croire que Pacha lui a fait un cadeau, grand bien lui fasse.

– Tu as quelque chose à me dire, n'est-ce pas ?

Toujours ce même calme dans sa question. La curiosité en est absente. Je la relaie pour tourner la bouillie de seigle relevée de champignons séchés qui constitue notre repas.

Pourquoi attendre ? Je lui explique comment et pourquoi l'idée m'est venue. Je m'attendais à l'entendre rire – elle sait rire et me l'a prouvé – mais elle ne bronche absolument pas. Elle me prend des mains la cuiller de bois et s'occupe elle-même de la marmite.

– Il y a du *dvorog* sur l'étagère. Coupe-nous-en une tranche.

Le *dvorog* est un fromage blanc qui a été égoutté et asséché puis pressé. Je n'en raffole pas, mais le moment est mal venu pour le dire. Je me sens complètement idiot.

Elle s'immobilise, regard perdu dans le vague, debout devant le fourneau. Je suis à deux mètres d'elle, j'essaie de découper une tranche de *dvorog* aussi fine que possible.

– Tu veux me répéter ta demande ?

Je m'exécute et répète, reprenant les mêmes mots. Elle hoche la tête et se remet à touiller la bouillie.

– Assieds-toi, dit-elle. Je vais te servir.

– Olga, j'ai réfléchi tout l'après-midi.

Pas de réponse. Enfin, elle sort de la cuisine et vient remplir mon assiette, sans s'asseoir elle-même.

– Tu devrais manger pendant que c'est chaud, dit-elle.

– Seulement si tu te mets à table toi aussi.

– Tu veux du thé ?

– Si j'en veux, je saurai me le faire moi-même. Voudrais-tu t'asseoir s'il te plaît ?

Elle ne bouge pas. Si bien que je suis obligé de me relever. Je la contrains presque à prendre place à table, en face de moi. Et, à mon tour, je remplis son assiette.

– Nous mangeons ensemble ou pas du tout.

Elle se met à rire et secoue la tête mais elle commence à manger. J'en fais autant. La bouillie est franchement dégueulasse. Ça manque de sel, ça manque de tout.

– J'ai trente-quatre ans, dit Olga. Et toi ?

– Vingt-cinq.

– Comme le temps passe ! Tu as eu vingt-deux ans il y a deux ou trois semaines. Je pourrais être ta mère.

– Tu as quelqu'un dans ta vie ?

Non.

A-t-elle pensé à se remarier ?

Elle hausse les épaules, sans qu'il y ait, dans ce mouvement comme dans son ton et son attitude, la moindre nuance d'autoapitoiément – qui voudrait d'une veuve avec trois enfants en bas âge ?

– Olga, ce ne sera pas un vrai mariage. C'est juste une question d'état civil.

– J'avais compris.

– Nous pourrons toujours divorcer le jour ou tu le souhaiteras.

Et, bien entendu, si elle le voulait, elle pourrait, dans l'intervalle, nouer telle ou telle relation avec l'homme de son choix. Mais je ne vais pas ressasser les arguments dont je me suis déjà servi quand je lui ai fait mon extravagante demande en mariage. Je lui offre cinq cents roubles payables le jour de la cérémonie plus un minimum de cinquante roubles par mois aussi longtemps que durera notre union officielle. Ou bien, si elle choisit de me faire confiance, vingt pour cent de tout ce que je gagnerai, les cinquante roubles n'étant, en somme, qu'un minimum garanti. J'ai convenu que je ne la connaissais qu'à peine et qu'elle ne me connaissait pas non plus, ou si peu, mais j'ai dit que, pour ma part, j'étais disposé à passer sur ce point. La décision ultime lui appartient.

– Tu n'es pas obligée de me répondre tout de suite.

Elle mange sa bouillie. Les sons trop perceptibles des divers postes de télévision fonctionnant au-dessus, au-dessous et à côté de nous, ces sons nous parviennent en une cacophonie absurde ; nous suivons sans les images deux ou trois programmes différents en même temps.

– Tu vivrais ici ?

– Si tu m'y autorises. En attendant.

– En attendant quoi ?

Dès que je le pourrai, je trouverai un travail à Moscou.

Elle ne mange pas vraiment, ou à peine. Elle dessine de la pointe de sa cuiller dans la bouillie en train de refroidir, l'air pensif.

– Et que feras-tu d'Igor ? Je veux dire de Khan Pacha.

– Je lui dirai d'aller ailleurs. Mais il pourra rester ici, lui aussi. Tu décideras.

– Il m'a parlé de toi, hier, quand il m'a annoncé qu'il allait te chercher pour te ramener ici.

J'attends. Inutile de poser la question.

– Il m'a dit, reprend Olga, que tu allais certainement faire fortune à Moscou.

– Tu le crois ?

– Je ne sais pas. Et toi ?

– Je vais sûrement essayer en tous cas.

– Tu sais comment faire ?

– J'ai des idées. Il y en a peut-être dans le tas qui sont bonnes.

– Tu veux encore de la bouillie ?

– Non, merci.

– Je vais t'épouser, dit-elle ; d'accord. Tu as les cinq cents roubles ?

Je retire l'argent de mes bottines et j'étale les billets sur la table. Olga les considère puis, du bout de l'index, met à part dix billets de dix roubles.

– Tu garderas le reste. Cent roubles me suffiront. On peut peut-être devenir riche sans avoir d'argent du tout, mais c'est mieux avec des réserves. Et tu me donneras vingt pour cent de ce que tu gagneras.

– Nous mettrons tout ça par écrit.

Elle acquiesce, toujours pensive.

– Je peux te donner les cent roubles maintenant.

– Il m'en faut soixante tout de suite. Je n'ai pas payé mon loyer du mois dernier.

– Prends cent roubles. Prends-en deux cents.

– Soixante. Le reste quand nous serons mariés.

Nous nous marions trois jours plus tard. Khan Pacha n'est toujours pas réapparu. La cérémonie est d'une extrême banalité – proprement affligeante en fait. Nous nous retrouvons, Olga et moi, dans une queue de trente à quarante couples de tous âges – mais surtout des jeunes. Dans la quasi-totalité des cas – je dois être l'exception, ou peu s'en faut –, les promis sont beurrés comme des tartines ; certains tiennent à peine debout. Notre tour venu, nous sommes expédiés en moins de deux minutes : un officier de l'état civil enregistre nos noms et notre volonté de nous unir ; il nous annonce que nous sommes désormais mari et femme, que nous devons participer à l'édification du socialisme et autres calembredaines ; nous signons ; c'est terminé.

J'embrasse Olga sur la joue. Elle ne me rend pas mon baiser et consulte la pendule : il lui reste quarante et quelques minutes avant d'aller prendre son poste, et elle voudrait passer à la cantine du syndicat de son entreprise, dans l'espoir de trouver, par miracle, quelque chose d'un peu spécial pour notre repas du soir.

Elle s'en va, impassible. Je fais cadeau à nos deux témoins (qui m'étaient absolument inconnus il y a un quart d'heure) de la bouteille de vodka que j'ai achetée pour la circonstance. Je me sens bizarre. Ni gai ni triste. J'aurais souhaité que Pacha au moins fût là, ou n'importe qui qui ne soit pas une rencontre de passage.

Dans l'après-midi, grâce à la diligence d'une amie d'Olga et à un dessous-de-table de cinq roubles, j'obtiens mon nouveau passeport.

Qui me domicilie à Moscou et m'autorise à y travailler.

Sur lequel figure mon nouveau nom :

– J'ai choisi de prendre celui de mon épouse.

Qui me permet de porter un autre prénom que celui sous lequel j'ai vécu durant mes vingt-deux premières années. Mon père se prénommait Vsévolod. J'ai demandé à Olga, je demanderai à Pacha et à tous ceux qui m'auraient connu de m'appeler Séva.

Je m'appelle donc désormais Vsévolod Vsévolodovitch Tantzerev.

Tantzerev. Le patronyme contient l'essentiel du surnom dont on va bientôt m'affubler : le danseur.

10

Chamchourine me regarde.

– C'est bien toi, dit-il. Pas de doute. Qui pourrait oublier une grande gueule comme la tienne ? Tu t'es même encore perfectionné dans l'arrogance. Pourquoi « directeur Tantzerev » ?

– Parce que Tantzerev est le nom de ma femme et que je suis directeur. D'une discothèque qui marche très bien.

– Depuis quand es-tu à Moscou ?

– Quatre mois.

– Tu y connaissais quelqu'un ?

– Personne.

– Pourquoi n'es-tu pas venu me voir plus tôt ?

Je suis venu le voir plus tôt – plus exactement, j'ai tenté par deux fois de le rencontrer. Mais il était absent de la capitale, il se promenait quelque part dans la steppe, pour installer ses saletés d'antennes. Et puis, je ne savais pas s'il avait ou non envie de me revoir. C'est une chose de se lier vaguement d'amitié en Yakoutie, c'en est une autre de continuer à se fréquenter à Moscou.

Il hausse les sourcils.

– Tu veux me faire croire que tu as douté de ton pouvoir de persuasion ?

– Il y a de ça.

– Espèce de morpion ! Tu ne me feras jamais avaler que

217

tu manques de confiance en toi. Quelle autre raison avais-tu d'attendre quatre mois avant de venir me demander quelque chose ?

– J'ai dit que je suis venu vous demander quelque chose ?

– Tu ne l'as pas dit, mais c'est foutument sous-entendu. Quelle autre raison ?

– Je voulais avoir fait quelque chose. M'être constitué un bon dossier en quelque sorte. Un *curriculum vitae* – c'est du latin.

– Je sais très bien que c'est du latin, dit Chamchourine avec indignation. Et, selon toi, d'avoir monté une disco-thèque clandestine, comme tu l'as déjà fait à Alma Ata, prouve que tu es un type exceptionnel ?

– Ma discothèque n'est pas clandestine. Où avez-vous pris une idée pareille ?

Entre Mitichtchi, où travaille Olga, et Chtcholkovo, où nous habitons, il y a l'agglomération de Kaliningrad. Une agglomération banale, n'était le fait qu'elle abrite le centre d'études aérospatiales et cosmiques. Une amie d'une amie d'Olga m'y a fait entrer, pour occuper les hautes fonctions de serveur à la cantine. Cela s'est passé deux jours après notre mariage. J'ai fait la connaissance de l'ingénieur Louchine. Je suis en train de ramasser les couverts sur la table à laquelle il a déjeuné, avec deux ou trois de ses col-lègues. Je l'aborde au moment où il va ressortir. Je lui dis que, sans le vouloir, j'ai entendu qu'il se plaignait de ne pouvoir, faute de temps pour se rendre dans le centre, suivre des cours et perfectionner son anglais. Je lui dis que je sais l'anglais et que j'ai l'avantage d'être sur place au centre et à son entière disposition, vingt-quatre heures sur vingt-quatre s'il le veut. Il s'assure de ma connaissance de la langue, par lui-même d'abord (il parle l'anglais comme moi le serbo-croate), puis par le truchement de l'un des interprètes du centre. Résultat concluant ; il devient mon élève. C'est un homme qui a largement passé la quarantaine et que son tra-vail conduit assez souvent à l'étranger. Je suppose qu'il fait prendre des renseignements sur moi parce que, une semaine plus tard, la réserve qu'il me manifestait disparaît. C'est aussi sur son intervention que mon affectation est modifiée. Le centre est en grande partie souterrain; il comporte je ne sais combien d'étages de sous-sol. En tant que serveur à la cantine, je n'ai le droit de circuler que dans les bâtiments de surface, et encore, pas dans tous. Mon nouvel emploi, d'électricien, me donne accès à deux niveaux supplémentaires et fait passer mon salaire de cent cinquante-cinq à cent quatre-vingt-dix roubles par mois. Je suis affecté à l'entretien (je suis convaincu que les renseignements pris sur mon compte l'ont été auprès de Marat Kopicki).

Il me faut une autre semaine pour entrer dans les bonnes grâces de Boria Trofimovitch Zaporojko. C'est le secrétaire du syndicat du centre; il est plus important que tous les directeurs réunis. Je ne parle pas directement à Boria Zaporojko de mon projet de discothèque. Je contourne l'obstacle en circonvenant ses deux enfants et leurs amis, au point que c'est Boria lui-même qui en vient à me faire part de son souci: depuis quelque temps, les jeunes de son entourage ne cessent de lui réclamer un endroit pour eux. Il ne comprend pas cette lubie soudaine – il dirait presque «cette obsession». Il n'est pas une employée des niveaux un et deux ou des bâtiments de surface qui ne fasse son siège à ce sujet. Qu'est-ce qu'il leur prend, à tous? Est-ce que je n'aurais pas une idée, par hasard? Après avoir feint la surprise et la perplexité, je lui signale certain sous-sol entrevu dans un des immeubles du syndicat. Il convient qu'il pourrait affecter à l'aménagement de ce sous-sol une partie des sommes qu'il pensait consacrer à la réfection de la salle de musculation (qui peut attendre). Mais qui va s'occuper de l'animation de l'endroit? Qui trouvera le matériel de sonorisation? Qui saura choisir ce matériel, et la musique, et toutes ces choses qui lui sont si étrangères?

— Toi, me dit Chamchourine.
— Moi.
— Tu touches combien?
— Comme directeur? Cent vingt roubles.
— Mais tu as d'autres fonctions?
— Je suis également le conseiller musical. Cent roubles.
— Et quoi d'autre?

Responsable du bar : soixante-quinze roubles.

– Deux cent quatre-vingt-quinze roubles en tout. C'est ça ? C'est ça. Mais il convient de multiplier les sommes par deux. Parce que j'ai créé une autre discothèque, dans les mêmes conditions exactement, à Lioubertsy, autre ville dortoir, dans le sud-est de Moscou.

– Tu prends combien, là ?

– Les mêmes sommes, sauf pour le bar, que j'ai sous-traité. Pour le bar, je ne reçois que vingt-cinq roubles – en tant que directeur de l'approvisionnement.

– Deux cent quarante-cinq roubles à Lioubertsy ?

– Voilà.

– Plus deux cent quatre-vingt-quinze, ça fait cinq cent quarante. Tu gagnes deux fois plus que moi, Géorgien pourri !

Et je parie que tu touches des dessous-de-table.

Non. Pas un kopek. Parole d'homme. Je paie d'ailleurs mes impôts sur ces nouveaux revenus – trente pour cent.

– Tu vas créer d'autres discothèques ?

– J'en ai deux autres en projet.

Nous sommes dans le bureau de Sachinka Chamchourine, au 12 de la rue Korolev, siège de la télévision. La pièce est petite mais elle comporte une fenêtre donnant sur l'extérieur, signe certain de l'importance de celui qui l'occupe. Je connais pas mal de choses sur Chamchourine. Je me suis renseigné sur lui ; je suis allé jeter un coup d'œil à l'appartement qu'il occupe, avec sa femme et deux de ses trois enfants. Je sais que le troisième, l'aîné, a le même âge que moi à quelques mois près, qu'il a commencé des études d'ingénieur en informatique, mais que, depuis la rentrée, il a tourné punk, s'est fait teindre les cheveux en rouge et vert, boit trop, se drogue peut-être, rend son père complètement fou et n'a mis les pieds à l'université que pour y voler un ordinateur. Chamchourine a dû rembourser l'université afin d'étouffer l'affaire. Je sais encore que Chamchourine est un ingénieur de grande classe qui aurait pu faire une carrière autrement plus brillante – et même entrer à l'académie – s'il avait pu s'habituer à travailler sous contrôle, s'il avait sacrifié son indépendance de caractère, s'il avait maîtrisé son aversion pour toute hiérarchie.

Il se renverse dans son fauteuil, allonge les jambes et pose les talons sur le plateau du bureau.

– Quatre discothèques à deux cent cinquante roubles chacune ?

– Eh oui.

– Tu voulais être riche ; tu vas le devenir. Si la mafia te laisse faire.

– La mafia me fichera la paix.

Et pour cause : j'ai passé des accords avec les Tchétchènes pour Lioubertsy et avec Choura pour Mitichtchi et Kaliningrad ; les secrétaires de syndicat, dans l'un et l'autre cas, ont accepté de payer ces protections, qu'ils estimaient indispensables.

– C'est quoi, ton nouveau prénom ?

– Séva

– Pourquoi es-tu venu me voir, Séva ?

– D'abord, ceci :

Je retire de mon sac les six calculatrices portant les raisons sociales de banques allemandes et britanniques et les pose sur le bureau.

– J'espère qu'elles ne sont pas déjà dans votre collection.

Le regard de Chamchourine se pose sur les objets, avant de revenir à moi.

– Tu t'es renseigné. Je ne crois pas t'avoir jamais parlé de ma collection.

– Je me suis renseigné. Il le fallait bien, pour savoir quel cadeau je pouvais vous faire.

– Tu cherches à m'acheter ?

Non. Il ne me viendrait pas à l'idée qu'on puisse acheter un Chamchourine pour le prix de six calculatrices publicitaires. C'est seulement un cadeau. À un homme qui m'a témoigné de l'amitié et sans lequel je n'aurais peut-être jamais eu l'idée ni le courage de quitter Barnaul et Novosibirsk, qui m'a donné confiance en moi, qui a joué dans mon existence un rôle que je crois décisif.

En énumérant à Chamchourine les raisons de mon amitié sincère pour lui, je m'émeus moi-même, au point que mes yeux s'embuent. Cette émotion m'agace. Il faudra bien qu'un jour je me corrige de ces élans qui m'emportent aussi bien vers la fureur que vers l'attendrissement. À bien m'examiner, je constate, chaque jour davantage, que je suis à la fois d'une extrême impulsivité et d'un machiavélisme de joueur d'échecs.

— Tu es vraiment bizarre, tu sais, dit enfin Chamchourine.

— À qui le dites-vous ! Vous les aviez déjà, ces calcula-trices ?

— J'ai déjà celle de la Barclays.

— Vous pourrez peut-être l'échanger contre une que vous n'avez pas.

— Probablement.

— Vous en avez combien en tout, dans votre collec-tion ?

Environ six cents. Il a commencé à les réunir voilà une dizaine d'années, notamment à l'occasion de deux voyages qu'il a faits à l'étranger, l'un aux États-Unis, l'autre au Japon. Chamchourine commence à se lancer dans une description de chacune des pièces de sa collection, mais il s'arrête très vite et me dévisage avec méfiance.

— Tu es en train de me piéger, hein ? à me faire parler de ce qui m'intéresse.

— Je ne suis pas si rusé.

— Tu parles ! Pas étonnant qu'on t'ait pris pour un renard chez les Yakoutes. Et l'autre raison de ta visite ?

— Vous allez vous mettre en colère.

— Dis toujours.

D'accord ; allons-y. J'ai fait la connaissance de son fils aîné, celui qui a abandonné ses études et passe son temps à jouer de la guitare électrique. Je ne l'ai pas rencontré par hasard. En fait, je l'ai recherché. Nous nous sommes liés d'ami-tié.

— Et je lui ai offert un travail, dis-je.

Je le lis dans les yeux de Chamchourine : il est sur le point de se lever, de me prendre par mon fond de culotte et de m'expédier dans l'escalier. Puis il se calme.

— Quelle sorte de travail ?

— J'ai besoin de quelqu'un qui ait un ordinateur et sache s'en servir.

— Volodia ne saurait même pas faire marcher un moulin à légumes.

– Pour le moulin à légumes, je ne sais pas. Mais, les ordinateurs, il connaît et il aime.

(La preuve, c'est qu'il en a volé un. Mais je préfère ne pas utiliser cet argument-là.) Nouveau silence. Chamchourine rumine, et une pensée me vient : je me demande comment je me serais entendu avec mon propre père si je l'avais connu. Je ne le saurai jamais.

– J'ai offert un travail à Volodia, et il l'a accepté.

– Parce que tu as besoin d'un informaticien et d'un ordinateur pour gérer trois ou quatre discothèques ?

– Les discothèques marchent et marcheront très bien tout seules. J'ai besoin d'informatique pour autre chose. J'ai monté une autre affaire. Des capotes.

– Des quoi ?

– Des préservatifs.

Deux mois plus tôt, à Bakovka.

C'est une petite ville assez semblable à Chtcholkovo ou Lioubertsy, encore un ancien village que la capitale, en s'étendant, a plus ou moins absorbé, où l'on a construit d'autres « taudis de Khrouchtchev » et des usines. Un copain de mon copain Boria Trofimovitch, le secrétaire du centre aérospatial, m'a appelé en consultation. Lui aussi aimerait que je l'assiste de mes précieux conseils pour créer un centre d'animation pour les jeunes. N'importe quoi ; il n'a pas d'idées précises. Il souhaite simplement suivre la mode et les directives venues d'en haut, selon lesquelles il est urgent d'humaniser un peu ces épouvantables banlieues moscovites. Il ne comprend pas très bien ce que cela veut dire, humaniser ; il pense qu'ils sont devenus fous, là-bas, au Kremlin. Sous le grand Brejnev – sans parler de Staline –, des âneries pareilles ne se seraient jamais vues. Mais enfin, puisqu'il faut le faire…

Je donne ma consultation. Sans en faire trop. J'ai cet avantage (ce n'est pas vraiment un hasard) de porter les cheveux courts et une tenue vestimentaire sans extravagance. Il s'agit de me faire pardonner d'être jeune devant ce groupe d'hommes ayant tous dépassé la cinquantaine et affolés par les changements récents – enfin, ce qu'ils appellent les changements récents. Ma technique, en pareil cas, est au point :

223

faire en sorte que mes interlocuteurs prennent à leur compte les idées que je leur propose et s'en attribuent la paternité – j'éprouve de la jouissance à ces manœuvres.

Nous convenons d'aménager un local. J'accepte, avec les réticences de rigueur, de les aider de mes très modestes compétences. Je laisse à Boria Zaporojko le soin d'indiquer mes tarifs (il me prend dix pour cent comme, disons, imprésario). Sur quoi, on me fait visiter la principale entreprise de Bakovka.

Je suis sidéré.

Je me retrouve en effet dans une usine où la quasi-totalité des ouvriers sont des ouvrières. Travail à la chaîne, mais ce n'est pas l'essentiel ni le plus surprenant. Je reste bouche bée devant le spectacle d'un atelier où de robustes *babouchka*, dont quelques-unes sont moustachues, mettent consciencieusement à l'épreuve des échantillons pris au hasard à la sortie des chaînes. Il y a là vingt ou trente femmes et autant de phallus en bois. Des zizis. De toutes tailles et dont, pour une raison qui m'échappe, on a systématiquement peint l'extrémité en rouge vif.

– Pour que ça glisse mieux, m'explique Boria Zaporojko, qui crève de rire.

De fait, avec une gravité hilarante et le plus grand naturel, tout en bavardant agréablement de choses et d'autres, ces dames enfilent l'un après l'autre des préservatifs sur les représentations de sexes virils.

– Tu ne veux pas faire un essai, Séva ?

Il me suffirait, dit-il, de m'allonger sur une des tables, après avoir baissé ma culotte, et d'être dans les dispositions adéquates – quoi de plus simple ? Et Boria de repartir dans son fou rire avec ses copains. La mise en boîte est, paraît-il, de règle pour chaque visiteur. Je me joins à la rigolade, mais un détail me frappe : l'espèce de membrane caoutchouteuse dont les préservatifs sont faits serait parfaite pour rechaper les pneus d'un camion, mais de là à en habiller Popaul avant d'honorer une dame, il y a un grand pas. Je demande quel est le héros qui aurait jamais employé ce type de préservatif.

– À notre connaissance, personne.

Nom d'un chien ! Pourquoi fabriquer ces trucs, alors ?

Le plan dit qu'il faut fabriquer tant de millions de préservatifs par an. Donc, on les fabrique. À Bakovka, on bat même régulièrement des records de fabrication, des primes sont régulièrement versées pour récompenser ces travailleuses d'élite. À part un ou deux journaux, comme les *Izvestia* ou la *Litératournaïa Gazéta*, qui ont cru bon de faire les malins en critiquant cet aspect du plan, au nom de ce machin qu'ils appellent la *pérestroïka* (restructuration), tout le monde est content.

– Sauf les jeunes, qui sont obligés de se fabriquer leurs propres préservatifs avec la cellophane qui protège le fromage.

Quand, bien entendu, on trouve du fromage – ce qui n'arrive pas tous les jours. Une idée m'est venue.

– Et si je vous procurais une matière première un peu plus fine et plus appropriée que votre caoutchouc à pneus ?

Même Boria Zaporojko me considère avec surprise. Il comprend mieux le lendemain, quand nous sommes de retour au centre. Au centre, où l'on utilise en quantités illimitées une sorte de plastique pour envelopper le matériel sensible. On jette ces emballages après usage. Pis que cela ; on les détruit par le feu parce qu'autrement ils s'entasseraient.

Boria obtient que ce plastique – qui présente l'avantage d'être résistant, fin et extensible (à l'emballage, il moule tous les appareils) – nous soit désormais réservé. Je prends contact avec le fabricant, qui ne voit pas d'inconvénient à livrer une partie de sa production directement à Bakovka.

Des accords sont passés au terme desquels je recevrai vingt pour cent du produit de la vente des préservatifs nouveaux modèles.

Le téléphone sonne dans le bureau de Chamchourine. Il décroche et répond – il est question d'un relais qui ne fonctionne pas quelque part du côté d'Arkhanguelsk – mais, tout le temps qu'il reste en ligne, c'est moi qu'il fixe. Il raccroche enfin, non sans avoir déclaré à son interlocuteur, dont je ne connaîtrai jamais le nom, que son quotient intellectuel est assez nettement inférieur à celui d'une vache polonaise.

– Résumons-nous : tu veux engager mon fils, qui a arrêté ses études, pour qu'il fabrique des préservatifs ?

– Pas du tout.

– Et il travaillera à quoi alors ?

Volodia Chamchourine travaillera avec son ordinateur. Je veux dresser une liste d'un maximum d'usines installées dans la région de Moscou, avec la mise en mémoire de ce qu'elles fabriquent pour le moment, des quotas que le Plan leur a fixés, de l'équipement dont elles disposent, de leurs fournisseurs en matières premières.

– Et ensuite ?

Ensuite, je verrai. Il m'est en effet venu une idée…

– Je me trompe ou tu as beaucoup d'idées ?

– Beaucoup, vous ne vous trompez pas. Il m'est venu une idée fort simple (comme dirait Khan Pacha). Il existe actuellement, dans la région de Moscou… Pour le reste du pays, je m'en occuperai dans une deuxième étape… Il existe, dans la région de Moscou, des tas d'usines du type de celle de Bakovka. Autrement dit, des entreprises qui produisent à tour de bras, avec frénésie, des machins et des trucs qui ne servent strictement à rien. Invendables. Invendables parce que ne correspondant pas à la demande des consommateurs. Parce que trop laids, ou trop démodés, ou d'une qualité si basse que même un expert de la *gospriemka*, la commission d'État des normes, peut s'en apercevoir…

– Ne fais pas de mauvais esprit, jeune Géorgien.

– Et puis, il y a encore les usines d'armement, ces innombrables usines qui fabriquaient d'autres machins et d'autres trucs, pour l'Armée soviétique ou pour d'autres armées dans le monde, et à qui, aujourd'hui, on annonce qu'elles doivent arrêter leurs fabrications.

– Comment sais-tu ça ?

– J'ai visité des dizaines et des dizaines d'usines, allant d'un secrétaire de syndicat à l'autre. Il suffit de savoir écouter.

– Et tu comptes sur mon fils pour établir ces listes ?

– Il est d'accord. Ça le fait rigoler et il trouve que c'est un travail intéressant. Vous avez peur qu'on le flanque au trou, et moi avec ?

– Je ne sais pas, dit Chamchourine. À première vue, ton truc ne me paraît pas de nature à enchanter les types qui nous gouvernent. À seconde vue non plus, d'ailleurs.

Et à perte de vue, n'en parlons même pas. Mais je vais le faire. Et lorsque je détiendrai des tas de renseignements sur toutes ces usines, je les mettrai en rapport les unes avec les autres, je leur apporterai des idées. Ça ne marchera pas à tous les coups, mais avec cinq pour cent, disons même deux pour cent de réussite, je me ferai ma petite place au soleil, même sous deux mètres de neige.

– Comment va Volodia ?

Je sentais venir la question. Je sais que Chamchourine père et fils ne se sont pas vus, ne se sont pas parlé depuis près d'un an.

– Il va assez bien. Il va reprendre ses études.

– Et c'est toi qui l'as convaincu ?

– Je dois y être pour quelque chose.

La sonnerie du téléphone survient à point ; je lisais déjà une autre question dans les yeux de Sachinka Chamchourine : mon fils va-t-il cesser de se droguer ? Et, sur ce point, je ne peux pas lui donner de réponse. Quand la communication est terminée, sans doute n'a-t-il plus le cœur d'aborder le sujet ou peut-être doit-il aller quelque part. Il consulte sa montre. Je dis, rompant le silence :

– J'avais une troisième raison de venir vous voir. Actuellement, je continue de travailler au centre comme électricien. Je suis à la recherche d'un autre emploi. Et il y a quelque chose que j'aurais toujours voulu faire : tenir une caméra.

– Tu veux entrer à la télévision. C'est ça ?

– Si c'était possible.

Son regard passe sur les six calculatrices mais s'en éloigne aussitôt, presque trop vite – il ne veut, évidemment, pas lier mon cadeau (j'ai fait à plusieurs reprises le siège de délégations de banquiers de l'Ouest pour réunir ces calculettes) à la demande que je viens de lui adresser. Il a raison. Ce n'est pas du donnant-donnant.

– Je peux essayer, dit-il enfin. Tu voudrais travailler dans les studios ?

Évidemment, non. Mon travail me contraint à des heures de présence fixes. Je préférerais un emploi m'accordant davantage de liberté et la possibilité de parcourir le pays. En plus, je me sens le goût de l'image.

227

– Tu n'as aucune expérience ?

Je ne vais quand même pas faire état de mon trop bref passage dans l'entrepôt-studio de Choura Gavrilenko…

– J'apprends très vite.

– Ton ambition est décidément sans limite. Tu sais dans quel pays tu te trouves ?

– J'en ai une vague idée.

Il hoche la tête.

– J'ai quarante-sept ans. Je suis né pendant la guerre. Tu sais au moins de quelle guerre je parle ?

– Je ne lis pas les journaux.

– J'avais neuf ans à la mort de Staline… si tu sais qui était Staline. À vingt ans, je croyais que notre monde ne changerait jamais. À quarante, je ne voyais toujours pas de différence – pas vraiment. Pour ne citer que cet exemple, je pensais, comme tous autour de moi, que quiconque gagnait de l'argent t – je veux dire plus d'argent que n'en rapporte un travail salarié – était un spéculateur. À ton avis, je suis en train de te faire un sermon, petit ?

– Ça en a l'air, en tout cas.

– Tu connais le nom des types du Kremlin ?

– Ceux qui dirigent ce pays – ou qui pensent qu'ils le dirigent ?

– Je note la distinction que tu fais, sache-le. Mais réponds à ma question.

– Je connais vaguement leurs noms.

– Est-ce que tu t'intéresses si peu que ce soit à ce qu'ils font et disent ?

– Non ; pas du tout.

Nouveau hochement de tête, accompagné d'un petit rire.

– Le plus étonnant est que je te crois. Il y a quelques années, ce que tu es en train de faire t'aurait conduit dans un camp. Ou devant un peloton d'exécution.

– Il y a quelques années, je n'aurais pas pu faire ce que je fais. Mon seul vrai problème à l'époque était de devenir le meilleur avant-centre de l'histoire du football mondial et de perfectionner mes reprises de volée.

– Tu es sûr que tu n'es pas un extraterrestre ?

– Allez savoir.

– Tu sais comment on attache les chevaux ? On se

contente d'enrouler la bride autour d'une barre. Sans même faire un nœud. Le cheval croit qu'il est attaché et ne va pas plus loin. Nous sommes tous des chevaux dans ce pays. Ou nous l'avons été. Je le suis sans doute encore.

– Mais pas moi ?

– Pas toi. Toi, tu tires sur ta bride et tu pars t'occuper de tes affaires.

– Quand j'étais à Barnaul, j'ai cru que j'étais attaché.

– Non. Tu ne l'as jamais vraiment cru. Tu ne savais pas comment sauter la barrière, c'est tout. Je t'ai peut-être aidé à sauter, mais je n'en suis pas sûr. Tu aurais fini par sauter sans moi. Et maintenant, tu galopes. Ce qui s'est passé dans ce pays, au cours des dernières années, t'y autorise. Enfin, je crois. Là non plus, je ne suis sûr de rien. Je ne comprends pas bien ce qui arrive à notre pays, je ne sais pas si c'est bien ou moins bien, si ce que tu fais est permis ou non, si c'est intelligent ou, au contraire, stupide et dangereux. Tu penses quelquefois aux Organes ?

– Le KGB ?

– Le KGB, entre autres.

Est-ce que Marat Kopicki appartient au KGB ou à l'une de ces polices si secrètes que même leurs membres ne savent pas qu'elles existent ? Je n'en sais rien et je m'en fiche complètement.

– Je les emmerde, Alexandre Ivanovitch. Je ne vole personne. Si je contribue à ce que des usines marchent mieux et produisent des choses utiles, je ne fais de tort à personne. Au contraire.

– J'espère qu'on te permettra de continuer à galoper. Ou à danser ton espèce de danse de fou. Je l'espère pour toi. C'est un nom de Sverdlovsk, Tantzerev. Tu es déjà allé à Sverdlovsk ?

– Je ne sais même pas où c'est.

– Tu es d'une inconscience incroyable.

– Parce que je ne connais pas Sverdlovsk ?

– N'essaie pas d'être caustique avec moi ou je te mets une claque qui t'arrachera la tête. Je commence à te connaître. Tu es prétentieux, arrogant, tu as un culot infernal, mais, en même temps, tu crèves de trouille. Je crois que tu sais très bien que tu marches en équilibre sur un fil et qu'à tout moment le système peut te casser les reins, pour peu que les choses changent encore. Sans parler de ces types, dont tu as peur.

– Comprends pas.

– Tu comprends parfaitement. Je parle de ces types qui ont voulu te tuer en Yakoutie. Et qui sont encore derrière toi – sinon tu n'aurais pas changé de nom et de prénom. Il y a quelque chose que je peux faire à ce sujet ?

– Rien.

– Ça va finir comment, à ton avis ?

– Ils se fatigueront de me chercher et ils m'oublieront.

– Tu ne vas rien tenter contre eux ?

– Non.

Encore un hochement de tête de Chamchourine. Qui se lève et place des dossiers dans une serviette de cuir bien usée. J'ai très envie, à cet instant, de lui parler de Kourachvili et de Pavlé et de lui raconter toute l'histoire. Mais les secondes s'écoulent et je ne dis rien.

Ça n'aurait probablement rien changé à rien si j'avais parlé.

– Fiche-moi le camp, Séva Tantzerev. En supposant que j'arrive à te faire entrer à la télévision, je te le fais savoir comment ?

Il pourra toujours me joindre à Chtcholkovo, rue des Lilas.

– Tu t'entends bien avec cette Olga ?

– Oui.

– Tu couches avec elle ?

– Je ne vois pas en quoi ça vous regarde, mais la réponse est non.

– Tu te drogues ?

– Non.

Non ; certainement pas. J'ai failli essayer, une fois, à Alma Ata. En fait, j'ai essayé. Ça m'a rendu malade à vomir, et, surtout, j'ai eu le sentiment que je ne contrôlais plus ma tête, que je n'étais plus moi. Ce n'est pas que je m'adore particulièrement mais je préfère jouer avec mes propres cartes, et pour les coups de folie je me débrouille assez bien tout seul.

– Je vais m'absenter de Moscou, dit Chamchourine. Une dizaine de jours. J'espère que tu seras encore vivant – et fringant – à mon retour.

– Vous n'êtes pas obligé d'envisager ma mort chaque fois que nous nous séparons. Je serai plus fringuant que jamais à votre retour.

Il est dans les quatre heures de l'après-midi quand je ressors de l'immeuble de verre de la télévision, rue Korolev. Ces premiers jours de février sont glacés. Le beau temps froid des derniers jours a disparu, la neige est venue, elle tombe maintenant à très gros flocons qu'un vent du diable souffle à l'horizontale, détail climatique qui va prendre toute son importance le soir même du jour où j'ai retrouvé Alexandre Ivanovitch Chamchourine.

Comme convenu, Khan Pacha m'attend boulevard Gogol, à moins de cinquante mètres de la sortie de la station de métro Kropotkinskaïa. Il est au volant de son ignoble Zoporodjets, voiture fabriquée en Ukraine, grotesque assemblage de tôles et de bidules que certains champions – tel Pacha – réussissent à faire marcher, à la stupéfaction générale. Mais Pacha est très fier de son véhicule – je préfère ne pas savoir comment il en est devenu le propriétaire. Il hurle :

– Ne claque pas la…

Trop tard. Dans ma hâte à m'engouffrer dans ce débris, j'ai tiré la portière un peu trop violemment, et elle est tombée sur le trottoir. Je ne bouge pas. Cela fait bien une douzaine de fois que ce genre d'incident m'arrive ; je suis entraîné. Pacha s'extrait de derrière le volant, que, d'ailleurs, il emporte avec lui (il emporte toujours son volant avec lui quand il descend, de crainte qu'on lui vole son trésor), et, avec quelques coups de pied, remet la portière en place. Nous démarrons.

– Ça s'est bien passé, ton rendez-vous ?

– Quel rendez-vous ?

Je ne lui ai pas parlé de Chamchourine. Je pratique la politique du cloisonnement, dans mes différentes affaires, avec la maestria d'un directeur de services secrets. Pacha rit. Tout de même pas autant qu'il a ri quand il a appris qu'Olga et moi étions mariés. Cette fois-là, il est carrément tombé par terre. Pour un peu, je lui jetais un seau d'eau sur la tête pour qu'il arrête de se tordre. Il m'énervait. Cela dit, il a bien réagi à la nouvelle. Il nous a même offert un cadeau de mariage : une casserole d'un mètre cinquante de diamètre, tout juste suffisante, selon lui, pour un couple ayant déjà trois enfants et condamné à en avoir dix ou quinze autres. C'était de l'humour tchétchène. Il a habité avec nous rue des Lilas pendant une semaine encore puis il est parti s'installer à Chimki-Chovrino, chez deux femmes. Je l'ai perdu de vue pendant quelque temps – deux semaines peut-être –, puis il a reparu. Pour me donner raison, m'a-t-il expliqué avec une humilité assez inquiétante : il avait suivi mon conseil et abandonné cette affaire de fausses factures d'électricité (j'ai appris ensuite que l'organisateur de cette escroquerie minable avait été arrêté et que Pacha avait filé de justesse, sans être identifié par la milice) ; désormais, il avait un travail en règle – et des plus lucratif –, la revente de vêtements étrangers, importés plus ou moins officiellement ; il gagnait très bien sa vie et souhaitait que nous nous associassions à nouveau.

— À nouveau ? Pacha, comment pourrions-nous nous associer à nouveau alors que nous n'avons jamais travaillé ensemble – heureusement d'ailleurs – ?

— Qu'est-ce que tu me racontes ? Nous sommes associés depuis le premier jour, à Bakou !

Il était inutile d'insister. Et, d'ailleurs, il n'avait pas tout à fait tort : c'est grâce à lui que j'ai pu nouer d'utiles alliances avec les Tchétchènes de la gare fluviale et du restaurant *Grozniy*. Avec la mafia tchétchène, pourrait-on dire. Je n'ai pas tardé à constater qu'Issa se servait habituellement d'autre chose que d'un balai, et son père aussi.

À cette époque de ma vie, entrer dans un restaurant en tant que client me paraît encore insolite. Pendant mes premières semaines à Moscou, ces endroits, que j'imaginais luxueux, étaient hors de portée de ma bourse. J'ai projeté un moment de créer une chaîne de restauration rapide – encore un domaine où la pénurie, le « déficit », se fait cruellement sentir. La difficulté d'approvisionner de tels établissements m'a d'abord fait remettre le projet à plus tard. Et puis, la découverte des diverses mafias moscovites et du racket qu'elles exercent sur les restaurants qui ne sont pas protégés par un organisme d'État ou un syndicat quelconque m'a fait renoncer. Boria Zaporojko m'a brossé de la situation un tableau qui m'a paru excessif. Jusqu'au jour où j'ai vu opérer Issa, son père, et leurs acolytes : ils étaient armés de kalachnikovs, d'uzis et de ces redoutables pistolets Stetchkine, réservés ordinairement à la brigade antigang et qui tirent, paraît-il, des balles énormes, capables de faire des trous à y passer la tête. Cela s'est produit il y a trois semaines. J'ai assisté, de loin, à une rencontre au sommet entre une délégation de *Vaïnaïkh* (Notre Peuple, nom que se donnent les Tchétchènes), conduite par leur chef Aslanbek Isaev, et un autre gang de Moscou. Les chefs des deux camps étaient escortés de gardes du corps sur le qui-vive. Il s'agissait de régler un litige frontalier et un désaccord sur le contrôle de deux établissements privés ou semi-privés, des restaurants en coopérative. Il n'aurait pas fallu grand-chose pour que la confrontation tournât au massacre, mais la négociation a finalement abouti à un nouveau pacte de non-agression. Tout cela sous l'œil volontairement distrait de miliciens ordinaires, nullement disposés à se mêler de ces choses.

– On arrive, dit Khan Pacha.

Je me demande comment il peut distinguer quelque chose à travers le pare-brise. Cela tourne à la tempête, et les chasse-neige avancent à trois de front. L'homme chez qui Pacha me conduit ce soir est quelque chose comme directeur d'une usine à Krasnogorsk, dans l'ouest de Moscou, à une vingtaine de kilomètres du Kremlin. Je sais peu de chose de lui, sinon qu'il est tchétchène par sa mère (ce qui est, m'a-t-on dit, un gage absolu d'honnêteté et de loyauté). J'en sais un peu plus sur son usine : jusqu'à ces derniers temps, elle fabriquait des casques pour tankistes, de ces affreux couvre-chefs en cuir à grosses oreillettes. C'est cet aspect-là qui m'intéresse. Les premiers contacts ont été établis par Pacha. J'ai fini par trouver à quoi mon Tchétchène de course pouvait me servir et, en somme, comment nous pouvions nous associer. À condition de ne rien lui révéler de mes motivations, je peux le charger de rechercher n'importe qui dans n'importe quel secteur. Et il le fait. À mon avis, l'avenir de Khan Pacha est dans les relations publiques.

– Qu'est-ce que tu m'as dit que tu allais faire avec ce type ?

– Je ne t'ai rien dit.

– C'est bien ce qui me semblait, dit Khan Pacha. Il y a des moments où je me demande si tu as confiance en moi.

– Ne te pose plus la question : je n'ai aucune confiance en toi.

– Tu as confiance en quelqu'un ?

– Non.

– Absolument personne ?

– Ce que tu as devant ton capot est un flic, pas un arbre.

– Tu connais la différence entre un flic et un arbre ?

– « *Pisse sur le flic et tu verras.* » Je connais. L'histoire ne me faisait déjà plus rire quand j'avais deux ans et demi.

– Hé, hé ! dit Khan Pacha.

Le moteur hoquetant de la Zoporodjets cale, mais, par une heureuse coïncidence, nous sommes arrivés devant l'un de ces hôtels réservés aux provinciaux.

– Chambre 17, dit Pacha. Et nous sommes à l'heure. Quand tu seras très riche, tu me prendras comme chauffeur. Tu es peut-être déjà très riche, si ça se trouve. Tu ne dépenses jamais rien. Cette *zipoune* que tu trimbales depuis que je te connais ferait honte à un épouvantail d'Ukraine. Je me demande où tu mets ton fric.

– Dans un coffre à l'ambassade de Suisse. Tu pourrais m'ouvrir cette putain de portière ? Elle est bloquée.

L'homme que je suis venu voir s'appelle Sarkissian. Comme son nom l'indique, il est arménien. Il est mince et brun, les yeux un peu fendus. La chambre qu'il occupe est envahie par les décibels ; on n'y entendrait pas voler un bombardier. Il me hurle à l'oreille que c'est à cause des éventuelles écoutes. Je coupe la musique, et, d'un coup, c'est le silence.

– Tu m'attends dehors, Pacha. Et, si possible, pas avec ton oreille collée au battant de la porte.

Mon Tchétchène sort en riant, ce qui signifie qu'il est de mauvaise humeur. Je me demande si je ne vais pas un peu loin avec lui. Je passe toute l'heure suivante à discuter, non sans avoir expliqué à mon interlocuteur qu'il m'est complètement indifférent que notre conversation soit écoutée (sauf par Khan Pacha, mais pour d'autres raisons), enregistrée et diffusée devant une pleine assemblée de policiers et de procureurs de l'Union soviétique.

– Pas de *blat* (pas de trafic). Ce que je veux faire avec vous est une affaire en règle. Les bénéfices seront déclarés et les impôts dus seront acquittés. À prendre ou à laisser.

Il prend. Il m'a apporté un modèle ou deux des casques que son usine fabrique. Je lui demande s'il serait possible de modifier les chaînes pour produire autre chose que des couvre-chefs destinés aux conducteurs de chars et autres exportateurs de notre culture à travers le monde. Je suis nul en dessin mais je fais des croquis quand même, et il les comprend.

– Ça peut se faire, finit-il par reconnaître.

– Le plus tôt sera le mieux.

– C'est la peinture qui me pose un problème.

– Je vous la fournirai moi-même. Avec des factures en règle.

– Je touche combien ?

– Vous êtes directeur de la fabrication dans votre usine ?

– Oui.

– Alors, démerdez-vous. Je vous apporte une idée et je vous autorise à clamer partout que cette idée est de vous. Vous dirigez actuellement la fabrication d'une usine qui ne fabrique plus rien et qui, tôt ou tard, fermera. Vous serez reclassé quelque part ou, pis, obligé de chercher vous-même un nouveau boulot. À vous de vous poser en sauveur de votre entreprise et de vous faire mousser. Ce n'est pas mon problème.

– Et vous ? Vous prenez combien ?

– Vingt-cinq pour cent sur les ventes.

Un petit quart d'heure plus tard, il est d'accord pour vingt. À condition que son directeur accepte ce pourcentage. Bien sûr, il ignore que j'ai déjà fait contacter le directeur par Boria Zaporojko et qu'il m'est acquis.

Il demande, intrigué :

– Et c'est quoi au juste, ces trucs que vous voulez nous faire fabriquer ?

Des baladeurs. Des walkmans. Ces petits appareils qui

se composent de deux oreillettes reliées à un lecteur de cassette.

Non, il ne peut pas fabriquer les lecteurs de cassette. Je le sais. Mais je connais une autre usine qui pourra peut-être le faire.

Nous nous quittons amis d'enfance.

Khan Pacha m'a attendu, stoïque, sous la neige qui a épaissi d'un bon mètre sur le capot et le toit de la Zoporodjets. Mais il ne neige plus.

– Ça a marché ?

– On verra.

– C'est moi qui l'ai trouvé, ce type.

– Je l'aurais trouvé sans toi mais j'aurais mis plus de temps.

Je lui remets cinquante roubles.

– On n'avait pas parlé de cent ? remarque-t-il.

– J'ai dit : « *Cent si ça marche.* » Tu peux me déposer à la station de métro la plus proche ?

– Je t'amène où tu veux.

– Le métro.

Nouveau miracle : sa voiture démarre.

– Pacha ?

– Ouais.

– Merci. Tu vas voir que nous finirons pas nous associer vraiment.

– On aura tout entendu, dit-il.

Et il éclate de rire. Ce qui signifie qu'il est content.

Moi aussi. Je n'ai vraiment besoin d'aucune drogue pour m'exalter et avoir envie de danser, même au-dessus d'un volcan, comme c'est le cas. J'adore danser au-dessus des volcans. Et c'est Chamchourine qui avait raison : je suis prétentieux, arrogant, j'ai une formidable confiance en moi et des millions d'idées géniales en tête... en même temps que je crève un tout petit peu de frousse.

Un peu beaucoup. Vassia Morozov, le libraire-bouquiniste, n'est pas à notre rendez-vous, dans la station de métro de la place de Smolensk. Je suis en retard d'une dizaine de minutes pour m'être un peu trop attardé avec Sarkissian et surtout parce que les embouteillages ont ralenti la voiture de Khan Pacha.

Vassia pourrait simplement être en retard, lui aussi. Je n'y crois pas. Il est toujours d'une ponctualité remarquable.

La peur m'étreint d'un coup, inexplicablement.

J'ai revu huit ou dix fois le vieux Vassia depuis notre visite nocturne de Moscou, depuis qu'il m'a appris à connaître sa ville, le visage secret de cette ville, que les touristes ne voient jamais, que la plupart des Moscovites et, probablement, la police elle-même ignorent.

Notre deuxième promenade de nuit a lieu à peu près une semaine après mon mariage. Je veux annoncer celui-ci au vieil homme. Je veux surtout lui en expliquer les raisons. Il ne fait pas de commentaire. J'ai même l'intuition qu'il s'attendait à une péripétie de ce genre, que, peut-être, il l'avait prévue, que, semble-t-il, il l'approuve.

– C'est une idée ingénieuse, dit-il.

Le ton est neutre et ne trahit rien de ses pensées. Le voici d'ailleurs qui change de sujet. Il se remet à parler de lui-même, le roi des voleurs, et de la longue lignée de rois des voleurs qui l'ont précédé. Le titre est dans sa famille depuis le quinzième siècle.

– Et même avant. Remonte encore cinq cents ans en arrière, Séva. On est en train de construire les grands bâtiments du Kremlin, on édifie ses murailles. De l'autre côté de la Moskova, des paysans ont planté leurs izbas. Il y a un de mes ancêtres parmi eux. Tu le vois ? Ferme les yeux, tu verras mieux. Sûrement qu'il est déjà voleur. Le père de mon père m'a raconté ces choses, que, lui-même, il tenait de son aïeul ; c'est une longue chaîne. Un jour, mon ancêtre, qui vit encore sur l'autre rive du fleuve, traverse celui-ci. Lui ou son fils, ou son petit-fils. C'est qu'au nord-est on est en train d'édifier une ville, pas plus grande que le Kremlin, qui porte un nom tatar, Kitaïgorod, *le fort* en tatar. Mon ancêtre de l'époque est déjà le roi des voleurs ; personne ne l'égale. C'est l'un des premiers pendus de la famille – on l'a peut-être coupé en petits morceaux, remarque bien. Cela se passe sous Ivan le Terrible. Les Romanov n'en sont même pas encore à rêver d'être tsars, eux que nous allons avoir sur le dos pendant trois siècles.

237

Combien de pendus ou de déportés dans sa famille ? Pas plus de quatre. Quel beau chiffre, si l'on songe qu'ils ont été au moins soixante-quinze à se succéder (s'il faut en croire la tradition orale) ! Et encore, le dernier Morozov à avoir eu des ennuis avec la police vivait au dix-septième siècle (on l'a un peu pendu). Depuis, rien. Qu'est-ce que je crois ? On n'est pas roi des voleurs par hasard. On le devient par droit de succession certes, mais aussi parce qu'on est le meilleur et que, donc, on ne se fait pas prendre.

— On vous a déjà arrêté, vous ?

Vassia, dans son indignation, parvient presque à mettre sa barbe à l'horizontale : évidemment, non ! Mais, il est bien forcé d'en convenir, s'il a vécu du vol jusqu'à l'âge de vingt-cinq ans, ensuite, il a mis fin (la honte au cœur) à la tradition glorieuse. C'est son père qui a acheté la boutique de livres, en 1876, devenant ainsi le premier Morozov à avoir pignon sur rue. Vassia le voit bien aujourd'hui, quelque affection qu'il porte à la mémoire de l'auteur de ses jours : cet achat a marqué le début de la décadence des Morozov. Quoique les circonstances historiques portent également leur part de responsabilités. Un roi des voleurs ne pouvait décemment pas voler plus pauvre que lui ; il s'attaquait seulement aux plus riches. Leur Révolution a cassé le marché. Comment voler dès lors que tous étaient théoriquement égaux et donc aussi fauchés les uns que les autres ? Le roi des voleurs a été une victime de la Révolution. À laquelle Vassia a cru. Pas longtemps. Disons une semaine. Mais c'était assez : emporté par son élan, il avait juré de n'être plus que libraire-bouquiniste.

— Mais j'ai continué à m'entraîner. Tiens ! À propos...

Il me rend mon portefeuille et la ceinture de mon pantalon – je suis pourtant emmitouflé dans ma *zipoune*, fermée jusque sous le menton. Comment fait-il ?

— Et vous avez entraîné Marina.

— J'avais deux fils. L'un est mort à Stalingrad, l'autre est mort aussi, bien plus tard, quand Marina avait deux ans.

Et la mère de Marina s'est remariée. Elle a épousé l'un des clients de la boutique, un écrivain qui n'était pas particulièrement d'accord avec le régime et qui a fini par quitter la Russie pour l'Ouest, avec sa femme.

– Marina aurait pu partir avec sa mère.

– Elle avait quinze ans. Elle a choisi de rester avec moi. C'est une vraie Morozov.

– Il y a déjà eu des femmes qui sont devenues reines des voleurs ?

– Non. Mais pourquoi pas ?

Cette nuit de notre deuxième balade nocturne à travers Moscou, nous la passons presque entièrement sous terre. Je me retrouve à déambuler dans les égouts, sur les talons de mon infatigable petit vieux. Beaucoup des hommes et des femmes que je rencontre en cette occasion sont vieux, c'est-à-dire de la génération de mon guide, mais pas tous. Ainsi, ces jeunes peintres fous qui travaillent à une toile de plus de cent mètres de long, à laquelle ils se consacrent depuis environ six ans et qu'ils comptent sortir au grand jour sur la place Rouge, le moment venu. Ils ne me disent pas comment ils décideront de ce moment. Ils me demandent si je sais ce que c'est que la tapisserie de la reine Mathilde. Je dis que je n'en ai aucune idée.

Aucune importance, selon eux. Leur but est de retracer toute l'histoire de Moscou depuis 1917. Les premiers visages peints sur la toile sont ceux du tsar et de la tsarine. Puis vient Vladimir Ilitch. Puis les autres, que, pour la plupart, je ne peux même pas identifier. Un point me frappe pourtant : dans les derniers mètres de l'immense toile, on voit surtout, dans diverses situations, le type avec la tache-de-vin sur le front. Et l'une des représentations le montre en train de marcher sur un fil tendu, au-dessus d'un volcan tout près d'entrer en éruption.

C'est bizarre : la même image m'est venue en tête, sauf que c'était moi, le danseur. Mais je ne souffle mot à personne de cette coïncidence.

– Ça te plaît, Séva ?

– Je ne sais pas. Vos copains sont dingues.

– Ils sortent de l'ordinaire. À moins que ce ne soient tous les autres, qui vont et viennent dans les rues, au-dessus de nos têtes, qui ne soient pas normaux.

– Est-ce que le volcan est censé entrer bientôt en éruption ?

– La toile n'est pas prémonitoire, Séva. Tu sais ce que

prémonitoire veut dire ? La toile n'annonce pas l'avenir ; elle fixe le présent, à mesure qu'il se déroule. J'ai pensé que ça t'intéresserait.

Durant la deuxième promenade, je ne raconte pas mon histoire à Vassia. Pas davantage au cours de la suivante.

Pendant la quatrième, si. C'est qu'il s'est passé quelque chose d'étrange. Vassia a changé le lieu de nos rendez-vous. Il ne veut plus que je passe le prendre place Sovietskaïa. Nous nous retrouverons désormais à l'intérieur de la station de métro Place-de-Smolensk chaque vendredi soir, à sept heures précises.

— Je suis très ponctuel. Note-le. Si, un soir, je n'étais pas là, à t'attendre, c'est que je serais mort.

Bien entendu, je lui demande pourquoi tant de secret. Il hoche la tête, me fixe, et tout se passe comme si, enfin, les raisons de l'amitié qu'il me porte, les raisons pour lesquelles il m'a pris en charge depuis des semaines, au point de me faire découvrir le cœur caché de sa ville, allaient m'être révélées.

— La première fois que je t'ai emmené en promenade, dit-il, tu m'as interrogé sur Marat Kopicki.

— Je m'en souviens.

— Tu m'as demandé si je le connaissais, et je t'ai répondu oui. Je t'ai dit que je l'avais connu au temps où il débutait dans la police.

— Et c'est faux.

— C'est vrai. Mais, pour le reste, j'ai menti. J'ai revu Marat Afanassiévitch plusieurs fois. Son père et l'un de mes fils – pas le père de Marinotchka mais l'autre – étaient amis.

— Il s'appelle vraiment Marat Kopicki ?

— C'est son vrai nom.

— Il est toujours dans la police ?

— Aucun doute.

— Qu'est-ce qu'il attend de moi ?

— Je pourrais te répondre. Mais je ne vais pas le faire. Plus tard peut-être.

Je flanque un coup de pied à un bloc de glace.

— Je t'énerve, hein ?

— Le mot est faible.

240

– D'accord ; je vais t'en dire un peu plus. Suffisamment pour l'instant. Quelqu'un te recherche – plus exactement, te fait rechercher, pour te débiter en tranches.

– Vous ne m'apprenez rien. Ce que je voudrais bien savoir, en revanche, c'est comment, vous, vous êtes au courant.

– Je te le dirai peut-être un jour. Ne me dis pas que je t'énerve de plus en plus, je le sais. Revenons à ce personnage qui te recherche. Jusqu'à ces derniers temps, il ignorait ta présence à Moscou. Tu étais donc à l'abri, même si ton ennemi a la manie de tout vérifier. Il avait peut-être envoyé des gens vérifier que tu ne te baguenaudais pas sous les remparts du Kremlin, mais sans doute n'y croyait-il pas lui-même.

– Il sait maintenant que je suis à Moscou ?

– Oui.

– Il l'a appris comment ?

– D'après Kopicki, il a distribué des photos de toi et mis ta tête à prix. Il te veut vivant. Sauf accident, les hommes lancés sur tes traces ne tireront pas à vue. C'est plutôt une bonne nouvelle, non ? Peut-être quelqu'un t'a-t-il identifié d'après l'une de ces photos.

– Ou bien quelqu'un aura signalé ma présence.

Je pense soudain à Lienka.

– Peut-être, dit Vassia avec indifférence. Qui sait que tu habites Chtcholkovo, à part moi ?

– Khan Pacha et, naturellement, Olga.

– À toi de juger si ton ami tchétchène a pu te trahir, volontairement ou non.

– Je n'arrive pas à y croire.

– Si tu n'as pas encore trouvé une horde d'hommes de main rue des Lilas, c'est que ton Pacha n'a rien dit.

En revanche, Vassia estime très possible que l'ennemi soit informé des relations qui existent entre lui et moi. Auquel cas il suffirait à cet ennemi de m'attendre place Sovietskaïa.

D'où nos rendez-vous, désormais secrets.

– Nous pourrions y renoncer. Je ne voudrais pas vous mettre en danger, Marina et vous.

– Tu veux renoncer à nos balades ?

– Ces gens, qui me cherchent, ne me trouveront pas. Ils finiront par se lasser. C'est l'affaire de quelques semaines.

Vassia me scrute et, manifestement, me jauge.

– À toi de voir, dit-il enfin.

– Vous avez une autre raison de m'emmener avec vous ? Autre que celle de me montrer la ville que vous connaissez ?

– J'ai une autre raison à ton avis ?

– Vous répondez à ma question par une autre question, mais d'accord : je crois que vous avez une autre raison. Je crois que vous avez un projet en tête à mon sujet.

– Te faire épouser Marina par exemple ?

Non. Je ne crois pas que ce soit ça. Je pense que, si, un jour, je réussissais à approcher sa petite-fille sans me faire couper les oreilles et le reste, il n'en serait pas trop mécontent, mais…

Il m'interrompt.

– Sans compter que Marinotchka est bien assez grande pour savoir devant qui elle a envie d'enlever sa culotte de dentelle, dit-il en riant.

– Elle a vraiment une culotte de dentelle ?

Me voilà tout émoustillé !

– Je n'en sais fichtre rien, dit-il. Dis donc, est-ce que nous n'avons pas perdu en route le fil de notre conversation ?

– Vous, peut-être, âgé comme vous l'êtes. Mais pas moi : je vous ai dit que je pense que vous pensez à quelque chose concernant mon avenir ou mon présent…

– Plutôt compliquée, ta phrase.

– N'essayez pas de changer de conversation. Qu'est-ce que vous avez derrière la tête ?

– Tu as trop d'imagination. Je veux simplement te faire connaître un peu mieux Moscou. Personne ne connaît Moscou comme moi. C'est bizarre, cette manie que tu as de te faire voler ta montre ; tu devrais faire plus attention. Et c'est quoi, ça ?

Mes clés de l'appartement de la rue des Lilas, à Chtcholkovo. Il me les aura prises pendant notre discussion. Et je sais qu'il fait tout pour me faire perdre le fil de mes idées. En me parlant de Marina (il sent très bien, cette vieille crapule, quel intérêt je lui porte) ; ou bien en me détroussant systématiquement

242

– j'ai beau essayer de ne pas quitter ses mains de l'œil, rien à faire, il est d'une habileté diabolique et exaspérante.

– On parlait de quoi, mon cher Vsevolod Vsevolodovitch ?

– De la raison pour laquelle vous vous intéressez à moi.

– Je ne vois pas pourquoi tu ne veux pas me croire quand je te dis que tout a à voir avec la culotte de dentelle de Marinotchka.

– Sauf le respect que je vous dois, noble vieillard, vous vous payez ma fiole.

– C'est vrai que tu ferais un petit-fils par alliance des plus acceptables.

Je renonce. Il ne dira rien. Pendant cette quatrième nuit passée avec lui à parcourir Moscou, nous allons notamment dans le quartier de l'Arbat. Il m'y fait découvrir des choses fascinantes et je me retrouve au départ du dernier train pour Chtcholkovo sans avoir reçu de réponse à ma question. Je lui ai pourtant raconté toute l'affaire. Il m'a écouté sans faire le moindre commentaire. J'ai senti que certains passages de mon récit ne lui apprenaient rien qu'il ne sût déjà. Pourtant, comment pourrait-il connaître l'existence de Djoundar Kourachvili ? Je repasse dans ma mémoire tout ce qu'il a pu me dire de lui-même. Il affirme que jamais il n'a quitté Moscou, qu'il ne connaît pas la Géorgie. Je jurerais néanmoins que le nom de mon ennemi mortel lui est familier. Comment ? Par Kopicki ?

Nos balades suivantes ressemblent à celle-là. Nous nous retrouvons désormais, ainsi qu'il l'a souhaité, dans la station Place-de-Smolensk – Smolenskaïa.

Où je suis. Où il n'est pas, lui qui m'a dit : *«Je suis très ponctuel. Note-le. Si un soir je n'étais pas là, à t'attendre, c'est que je serais mort.»*

Les rames arrivent et repartent, les vagues de voyageurs se succèdent, le quai se vide puis se remplit à nouveau. Il est maintenant sept heures et dix-neuf minutes. Je ne sais que faire. Je pourrais rentrer directement à Chtcholkovo et y attendre des nouvelles. Mais j'aurais le sentiment d'abandonner le cher vieux Vassia à son sort – si quelque chose lui est arrivé.

J'en suis à observer les visages de tous ces gens qui

243

passent et me bousculent. J'ignore comment on se conduit dans les autres métros du monde ; je ne connais que celui de Moscou. Ici, toutes les portes des rames s'ouvrent automatiquement, projetant parfois des grappes humaines. Un appel du machiniste avertit les voyageurs «*Attention aux portes*!», et la foule, traditionnellement, reprend en chœur, par un jeu de mots entre *dvery* (portes) et *zvery* (fauves) : «*Attention aux fauves*!». Qui plus est, c'est maintenant l'heure de la cohue. Je recule parfois de plusieurs mètres avec une vague montante, pour redescendre avec la vague suivante.

On pourrait m'égorger dans cette foule. On pourrait se saisir de moi, m'assommer, me piquer ou me chloroformer. Et ils m'emporteraient sans difficultés.

Sept heures trente. Ma décision est prise ; je monte dans la rame. L'hypothèse qui me semble la mieux fondée, c'est que Vassia a découvert qu'il était suivi et a renoncé à venir me rejoindre.

Je n'ai qu'un seul moyen d'en être sûr, c'est de me rendre à la boutique de la place Sovietskaïa. Sachant, bien sûr, que je risque d'y tomber sur Pavlé.

Il neige toujours quand je sors de la station de métro Tchékhovskaïa, qui n'est pas la plus proche de la librairie. J'aurais pu revenir à la surface par Marx ou Pouchkiné, toutes les deux donnant sur la rue Gorki, mais j'ai envisagé le cas où des guetteurs y seraient postés. Une voiture de la milice passe lentement, mais ses deux occupants ne m'accordent qu'un coup d'œil. C'est, plus probablement, aux ivrognes qu'ils en ont, et je marche bien trop droit pour les intéresser.

Je descends la rue Pouchkine sur le trottoir de gauche. Halte de deux à trois minutes à l'entrée de Stolesnikov. Une grosse Samara 8 me dépasse, descend toute la rue, traverse Gorki, disparaît derrière le rideau des flocons. Je repars avec l'estomac noué. Le petit square, derrière la statue de Dolgorouki, au centre de la place Sovietskaïa, est désert. La neige y est intacte. On y remarque, certes, des traces de pas, mais elles remontent à plusieurs heures.

Une voiture apparaît non loin de la statue de Lénine, devant l'immeuble des archives du marxisme-léninisme.

Je repère une deuxième voiture, aux phares en veilleuse, non loin de l'entrée du Magasin d'alimentation numéro un. Il y a de la lumière aux étages de la Société théâtrale, et je crois entendre de la musique.

Bon. J'y vais.

Je sonne à la porte de la boutique. La sonnerie est très distincte, mais elle ne suscite aucune réaction à l'intérieur.

Et je les sens venir derrière moi bien plus que je ne les entends. Je me retourne très lentement, gardant mes mains bien en vue pour indiquer que je ne suis pas armé. Ils sont trois, mais deux autres descendent au même moment de la voiture garée aux abords de la statue de Lénine et se dirigent vers moi.

— Ce n'était pas la peine de venir à cinq, dis-je en géorgien.

— Ne fais pas le con. Tu vas nous suivre.

La réponse m'arrive en géorgien. Je demande :

— Est-ce que Pavlé est avec vous ?

— Tu vas le voir.

Ce qui se passe ensuite est impressionnant – ou, du moins, m'impressionne, mais je suis peut-être assez peu objectif dans mon appréciation de la scène. La place Sovietskaïa vient d'un coup de se remplir d'une dizaine de silhouettes – dix hommes portant, pour la plupart, de gros manteaux et des chapkas de fourrure. À une exception près, tous ont la même façon de marcher : le bras droit plaqué contre le corps.

— Tu devrais regarder derrière toi, dis-je au Géorgien. Il y a du monde.

Les deux hommes descendus de la voiture, sous l'aile de Vladimir Ilitch, sont en train d'opérer une retraite hautement stratégique. Quant aux trois autres, face à moi, ils hésitent.

— Vous direz à Pavlé que notre rendez-vous est remis. Et que, la prochaine fois, je passerai le voir sans prévenir.

Choura s'approche. Il est le seul de tous les sourds-muets à ne pas porter d'arme. Il me sourit, dégage sa main droite de la poche de son manteau, agite les doigts :

— *Ça va ?*

— L'atmosphère s'est considérablement réchauffée depuis ton arrivée. Est-ce que tous tes copains sont sourds-muets ?

– *Oui. C'était un peu court, deux heures, pour les réunir.*

– Tu aurais pu en réunir combien si je t'avais donné davantage de temps ?

– *Suffisamment.*

Le Géorgien et ses deux compagnons battent en retraite. La Samara 8 qui m'a dépassé tout à l'heure dans la rue Stolesnikov s'arrête près de Choura et de moi, tandis que les voitures ennemies s'en vont.

– Tu m'as sauvé la vie, Choura.

Il est neuf heures et environ quarante minutes. Je recommence à appuyer sur le bouton de sonnette de la boutique de Vassia Morozov, mais sans plus obtenir de réponse.

– Ils ne sont pas là, Choura. Des amis à moi. Quelque chose leur est arrivé.

– *Demander police.*

– Kopicki, Choura. Tu sais comment joindre Marat Kopicki ?

Il fait deux sortes de signe de sa main. À mon intention pour m'inviter à monter dans la Samara. À ses hommes pour leur ordonner de se disperser – ce qu'ils font. Cette troupe totalement silencieuse, totalement disciplinée, surgie et disparaissant comme par enchantement, me laisse un extraordinaire sentiment d'étrangeté. La place Sovietskaïa se vide, je suis monté à l'arrière de la Samara, Choura a pris place près de moi. La voiture démarre. Un homme est assis à l'avant, à côté du chauffeur. Il sort son stetchkine de sous un pan de son manteau et le pose sur ses genoux.

Je tourne la tête et fixe Choura, qui peut lire sur mes lèvres.

– Tu n'as pas répondu à ma question, Choura. À propos de Kopicki. Je voudrais le joindre et lui parler.

– *J'avais compris ta question.*

Nous tournons dans la rue Gorki et nous la descendons vers la place du Cinquantenaire-d'Octobre. La neige s'est de nouveau arrêtée. Il y a peu de circulation. À un moment, j'aperçois un ivrogne en train d'uriner contre le tronc de l'un des arbres bordant la rue, large de cinquante à soixante mètres. Nom d'un chien ! Où allons-nous ? Je pose ma main sur le bras de Choura mais il n'en continue pas moins à regarder devant lui. Ses doigts s'agitent cependant :

246

– *Du calme, Danseur.*

C'est la première fois que le surnom m'est donné. Et c'est un sourd-muet qui me le donne ! La Samara 8 traverse l'avenue Marx et vient stopper devant l'hôtel *Moscou*. Choura ouvre sa portière et descend, m'invite à le suivre. Nous entrons ensemble dans l'établissement. Où, d'évidence, on connaît mon compagnon. La preuve : nul ne lui pose de questions et plusieurs employés lui sourient. Nous voici devant les cabines téléphoniques. Choura dresse un index :

– *Danseur, tu ne dois pas voir le numéro que je compose. D'accord ?*

– D'accord.

Pourquoi tant de mystères ?

Je m'adosse au mur tandis qu'il entre dans une cabine, dont il referme sur lui la porte. J'attends deux, peut-être trois, minutes. Enfin, Choura me tapote l'épaule et me montre le récepteur téléphonique qu'il tient.

– Allo ?

– Kopicki ? Marat Afanassiévitch Kopicki ?

– Un instant, je vous prie.

La voix était celle d'une femme. Nouvelle attente, d'une vingtaine de secondes, puis Kopicki prend l'appareil. Je me nomme. J'entreprends de me lancer dans une explication, mais il me coupe aussitôt :

– Comment avez-vous eu mon numéro ?

– Je n'ai pas eu votre foutu numéro. Choura l'a composé pour moi.

– Il est près de vous ?

– Oui. Je n'ai pas pu enregistrer votre numéro, si c'est ce qui vous inquiète.

– Peu de choses m'inquiètent. Pourquoi appelez-vous ?

Je raconte rapidement ce qui s'est passé au cours des dernières heures. Très vite, il m'interrompt :

– À votre place, je ne me ferais pas de souci pour Vassia. L'homme capable de le surpasser en astuce n'est pas encore né. S'il n'est pas venu à votre rendez-vous, c'est qu'il avait ses raisons.

Tant de flegme m'irrite.

– Vous savez quelque chose que je ne sais pas ou vous vous en foutez complètement ?

– D'où appelez-vous ?

Je le lui dis.

– Restez près de la cabine, je vous rappelle dans quelques minutes. Une dizaine.

Il raccroche. Choura sourit.

– *Il va rappeler ?*

Je me demande comment il a compris. Il lit peut-être aussi sur les écouteurs téléphoniques. Il m'entraîne vers le restaurant, où, malgré l'heure tardive, on consent à nous servir.

– *Ne t'inquiète pas. Quand le téléphone sonnera, on viendra te chercher.*

Et il a raison. J'ai juste le temps d'engloutir une grosse portion de borchtch à la crème et au fenouil, j'ai encore dans la bouche un blini au hareng, quand je décroche à nouveau.

– Je vous avais dit de ne pas vous inquiéter pour votre vieil ami et j'avais raison ; il va très bien.

– Où est-il ?

– Il vous le dira lui-même s'il le juge nécessaire. Rentrez chez vous.

– Vous savez où j'habite ?

– Évidemment.

Cet « *évidemment* », prononcé avec beaucoup de placidité, relance mon irritation. Je commence à en avoir plus qu'assez de tous ces hommes – Vassia, Kopicki et Choura –, qui ont l'air de savoir tant de choses et prennent grand soin de me les cacher ! Alors que c'est tout de même ma peau qui est en jeu !

– Kopicki, je veux vous voir et vous parler.

– Quand le moment sera venu. S'il vient. Et c'est moi qui vous contacterai. Vous vous en êtes bien tiré ce soir, mais vous avez quand même commis une erreur en vous rendant place Sovietskaïa. Il fallait rentrer chez vous – ce que je vous conseille de faire maintenant. Bonne nuit.

Si fracasser le téléphone pouvait servir à quoi que ce soit, je le ferais. Mais, bon, je ressors.

Choura a disparu. Je parcours en vain l'entrée de l'hôtel. On débarrasse déjà la table où nous avons si rapidement dîné.

– L'addition a été réglée, me dit un serveur que j'accroche.

Et qui ne sait rien, dit-il, du grand sourd-muet.

Dehors, je ne vois pas la Samara. Je repère toutefois le garde du corps au stetchkine, qui me regarde. Je vais à lui.

– Où est Choura ?

– Parti s'occuper de ses affaires.

Celui-ci, au moins, n'est pas sourd-muet. Et je reconnais la voix qui m'a répondu au téléphone, à peu près trois heures plus tôt, quand j'ai appelé Choura Gavrilenko au secours avant de me rendre place Sovietskaïa.

– C'est moi que tu attends ?

– Pour le cas où les types qui t'en veulent seraient encore dans le coin.

– Tu vas me suivre ?

– Non. Je dois seulement m'assurer que tu n'es pas suivi par les autres.

– Je le suis ?

– Je ne crois pas. Bonne nuit.

En fait, il marche quelque temps sur mes talons, dix mètres en arrière de moi. Il me voit entrer dans la station de métro, mais il reste sur le quai tandis que la rame m'emporte.

J'ai pris le train de Iaroslavl et changé à Mitichtchi pour Chtcholkovo. Il n'est pas loin de minuit quand j'arrive enfin rue des Lilas, m'étant assuré que je ne traînais personne derrière moi.

J'entends le murmure des voix sitôt que je me trouve devant la porte de l'appartement. J'entre et je les trouve toutes les deux buvant du thé et bavardant agréablement : Olga Tantzereva, ma femme officielle...

...et Marina Morozov.

11

— Ce qu'il y a de plus surprenant chez ce garçon, dit Marina à Olga, c'est qu'il améliore ses propres records à chacune de nos rencontres. La première fois que je l'ai vu, place des Trois-Gares, quand il m'a pelotée comme s'il cherchait à savoir comment est faite une femme, il m'avait déjà semblé avoir atteint le sommet du crétinisme. On aurait pu croire qu'il avait établi un record imbattable dans le genre. Eh bien, pas du tout. Il est venu dîner chez mon grand-père et il a encore amélioré sa marque. Et regarde-le maintenant.

— Tu veux du thé ? me demande Olga.

— Le record qu'il est en train de battre sous nos yeux, poursuit Marina le nez dans sa chope, paraît si élevé qu'on pourrait l'estimer hors de portée de tout être humain.

— Tu as dîné ? me demande Olga.

— Mais non. Rien ne lui est impossible en ce domaine. Regarde-le, Olga. Fouille tes souvenirs. Tu as déjà vu un air aussi stupide ?

Je ne suis pas encore arrivé à placer un mot. J'enlève ma *zipoune* et m'assieds à la table.

— Où est Vassia ?

— Il parle de mon grand-père, explique Marina à Olga.

— Mon grand-père avait, ce soir, rendez-vous avec un jeune abruti chez qui, pour des raisons qui m'échappent,

251

il essaie de faire jaillir une lueur d'intelligence. Mon grand-père constate qu'il est suivi par des individus patibulaires et, donc, ne va pas au rendez-vous. Et que fait notre jeune abruti au lieu de rentrer tranquillement chez lui ? Il se promène dans Moscou. Il paraît qu'on veut le tuer. Je me demande bien pourquoi quelqu'un prendrait la peine d'éliminer un tel rebut. La seule explication qui vienne à l'esprit, c'est qu'il est géorgien, et que les autres Géorgiens le considèrent comme une contrepublicité pour le pays et veulent le faire disparaître.

— J'aimerais bien un peu de thé chaud, Olga, dis-je.

Je me relève et fais le tour de la table. Je suis assis nez à nez avec cette espèce de pécore. Si c'était un homme, je pourrais lui taper dessus. Mais, elle, ce n'est pas l'envie qui me manque de lui claquer les fesses. Et elle doit le sentir (il faudrait qu'elle soit idiote pour ne pas s'en rendre compte) car elle se décide enfin à soutenir mon regard. Si elle me dit : «Dégage, Ducon», je l'arrache à sa chaise et je lui flanque une fessée.

— On a un problème, matelot ? dit-elle.

— Qu'est-ce que tu fais ici ?

— Le pire, c'est que je suis venue pour te voir. Tu parles d'un spectacle !

Nous sommes toujours nez à nez. Je commence à prendre du plaisir à la chose. Pour une raison que j'ignore, elle est légèrement vêtue. Elle porte en tout et pour tout une robe décolletée assez légère, qui la moule. Je sens son parfum – car elle est parfumée. Je doute que ce soit pour moi qu'elle s'est faite belle. Mais le résultat est là, et – j'en ai la certitude – elle est superbement faite. On en mangerait.

— Ton thé, dit Olga.

— Merci. Olga, elle est arrivée dans cette tenue ?

— Elle a un manteau, dit Olga.

— J'étais à une soirée, dit Marina. Ou plutôt, j'allais m'y rendre. Je n'avais pas prévu qu'il me faudrait partir en expédition dans le Grand-Nord.

Je m'écarte et je prends la chope de thé bouillant que me tend Olga. À qui je souris. Mon mariage avec elle a beau n'avoir été que de circonstance – un simple accord commercial –, je me sens tout de même gêné. Bien que je croie discerner, entre les deux femmes, une sorte de connivence bizarre. C'est à Olga que je pose la question suivante :

– Et elle va rentrer chez elle comment ?

– Elle va dormir ici. J'ai couché Klimouchka dans ton lit, et elle dormira à sa place.

– Je vois.

En fait, je ne vois pas grand-chose.

– D'accord, Marina. Tu étais à une soirée – ou sur le point de t'y rendre – et, brusquement, tu as changé d'avis pour courir jusqu'à Chtcholkovo. Pourquoi… ? (Je crois comprendre, tout à coup.) Ton grand-père t'a demandé de venir ici pour te mettre à l'abri ?

– Incroyable, dit Marina à Olga. Il a fini par comprendre ! Évidemment que c'est parce que grand-père me l'a demandé que je suis venue. Mais pas pour me mettre à l'abri. Sous la protection de qui ? La tienne ? Je ricane !

– Alors, pourquoi ?

– J'ai sommeil, dit-elle. Nous parlerons de tout ça demain.

Et elle quitte la table et se hisse sur le lit du jeune Klimouchka. Un instant, je suis hypnotisé par ce derrière rond qu'elle me montre et par ce que j'aperçois de ses jambes. Jamais une fille ne m'a fait une impression pareille ; je dois vieillir.

– Je voudrais quand même…

Pas le temps de finir ma phrase.

– Dégage, bonhomme ! C'est la chambre des dames ici. La tienne est plein est. Tu avances de trois mètres cinquante et tu tombes dessus. Du vent !

Elle allonge ses jambes sur la couchette et commence à déboutonner sa robe. Je suis absolument certain qu'elle fait exprès de me montrer la très jolie vallée d'entre ses seins. Elle me toise.

– Tu vas te coucher, oui ou non ?

Même Olga s'en mêle. En souriant, elle me pousse vers la pièce du fond. Le jeune Klimouchka dort en travers du lit que j'ai, jadis, partagé avec Khan Pacha. Je me fais une place.

Sale garce !

Une minute plus tôt – il me semble, du moins, que c'était une minute plus tôt –, Olga est venue réveiller son fils et l'a emmené. Dans mon demi-sommeil, j'ai vaguement entendu les voix des enfants, un bruit de porte qui se refermait. J'émerge enfin. Le jour n'est pas encore levé. J'enfile mon pantalon et je réussis à m'arracher à la tiédeur du lit.

– Les petits matins de monsieur Olga, dit-elle. Pas brillant, hein ?

Elle est encore là. Assise en tailleur sur la table, dans l'épaisse robe de chambre d'Olga, elle est en train de tracer des traits verticaux sur les pages quadrillées d'un cahier d'écolier. Elle n'a même pas relevé la tête. Je passe devant elle, entre dans la cuisine et avale mon habituel demi-litre d'eau. J'ai faim.

– J'ai faim, dis-je.

– Que veux-tu que ça me fasse ?

Je ressors de la cuisine, et un peu de conscience me revient.

– Où est Olga ?

– Partie.

– Partie où ?

– Travailler.

– Elle commence à une heure de l'après-midi !

– Elle a changé d'horaire depuis déjà une bonne semaine à ce qu'elle m'a dit. Tu ne t'en es pas aperçu ?

C'est ma foi vrai. J'avais oublié. Pauvre Olga.

Je découvre, sur la table, derrière Marina, un petit tas de biscuits.

– Je peux en prendre ?

– Je les avais apportés pour les enfants. Mais d'accord. Autorisation accordée.

– Je préfère crever de faim.

– Excellente idée.

Je retourne dans la cuisine et j'y trouve un fond de soupe qu'Olga m'a laissé. Je suis en train de le faire réchauffer quand elle paraît sur le seuil. Elle a aux deux pieds des chaussettes de football que je connais bien : ce sont les miennes. Elle suit mon regard et contemple ses orteils.

– C'est à toi ?

– Je doute qu'Olga joue beaucoup au football.

– Ça te gêne que je les porte ?

– Non.

– C'est quoi, ton nouveau prénom ?

– Séva.

– Ridicule. Il te va très bien.

Je ne dors pas vraiment mais je somnole, accoté au mur. D'après ma montre, il est sept heures et sept minutes. J'avais un rendez-vous à Mitichtchi à neuf heures trente mais Boria Zaporojko l'a reporté – pour je ne sais quelle raison. Ensuite, je dois me rendre à Bakovka pour midi trente. J'aurais pu dormir une bonne heure de plus. J'ai très peu dormi ces derniers jours.

Ma soupe est chaude. Je la mange à même la marmite.

– Parlons peu, parlons bien, dit Marina. On part quand tu veux.

Elle commence vraiment à m'agacer avec son agressivité constante. J'ai dormi peu et mal et je suis plutôt de mauvais poil.

– Hier soir, dit-elle, tu m'as demandé ce que je suis venue faire ici. Je ne suis pas là pour mon plaisir – c'est l'évidence. Grand-père voulait que je te prévienne de ne surtout plus aller à la boutique de Sovietskaïa. Il espérait que tu rentrerais directement ici en ne le voyant pas au métro Place-de-Smolensk. J'y suis allée mais tu n'y étais plus. Il était environ sept heures trente. J'ai couru au magasin comme une idiote et, pendant une heure, je me suis gelée à faire le guet. Il y avait déjà des hommes en embuscade qui t'attendaient. J'étais chargée d'essayer de t'intercepter et de t'empêcher de tomber dans le piège qu'on te tendait. Mais monsieur Olga n'a pas daigné se montrer. Je suppose que tu es allé faire la fête quelque part, en te fichant complètement de ce qui aurait pu arriver à grand-père.

Je mange ma soupe.

– Il ne me restait plus qu'à courir jusqu'à Chtcholkovo. Soit dit en passant, elle est très bien, cette Olga. Trop gentille, en fait. À sa place, je ne t'aurais pas laissé mettre un seul pied chez moi. Tu parles ! Elle te nourrit, elle te loge, elle fait ta cuisine, elle lave ton linge. Tu mènes une existence de coq en pâte. Tant qu'à faire le gigolo, mieux aurait valu en prendre une plus riche.

Je finis très minutieusement ce qu'il reste de la soupe, je m'essuie la bouche, je repose la marmite et la cuiller de bois et, deux secondes et demie plus tard, j'ai attrapé Marina, je l'ai soulevée, emportée. Je la flanque sur mon lit, dans la chambre du fond, je lui ôte sa robe de chambre molletonnée, je lui mets les bras en croix, pare le coup de genou qui visait incontestablement le haut de mes cuisses, je m'allonge sur elle et la fais prisonnière.

Elle était nue sous la robe de chambre. Même pas une culotte de dentelle. Nue sauf les chaussettes de football. Elle se débat avec furie. Soudain, elle s'immobilise et me regarde, soufflant son haleine dans ma bouche.

– Et maintenant, monsieur Olga ?

– Je te viole.

– Vas-y.

Je l'embrasse, et, surprise ! nos langues se rencontrent, s'emmêlent pendant un long moment. Contre ma poitrine nue, ses seins se sont durcis. Je me soulève un peu pour les regarder.

– C'est le froid, dit-elle.

Je relâche un peu l'une de ses poignets, et elle ne bouge pas. Mes doigts desserrent davantage leur étreinte. Elle reste étendue en croix. Je l'embrasse encore, et elle me rend mon baiser. Ma bouche descend sur sa gorge tendue ; la pointe de ma langue rencontre un mamelon, le caresse et l'enveloppe.

Puis l'autre.

– Tu as toujours froid ?

– Un vrai homme saurait me réchauffer. Pas toi, monsieur Olga. Aucune chance, tu es nul à tous égards.

Je continue à glisser contre elle. Ma rencontre avec le petit renflement, au-dessus du nombril, est des plus charmante. Nous lions agréablement connaissance. J'ai lâché son autre poignet, mes mains caressent son buste, encerclent sa taille, passent sur ses hanches rondes, ma langue s'aventure dans une forêt à la senteur marine. Elle est chaude. Je vagabonde du côté de l'aine, là où la peau est tendue et douce.

Elle bouge enfin, ses paumes enserrent mon visage et me contraignent très doucement à relever la tête.

– Pas ici, dit-elle.

Je crois qu'elle fait allusion à cette partie-ci de son corps…

– Pas chez Olga.

Ses mains sont toujours sur mon visage. J'embrasse une paume après l'autre. J'ai envie d'être très doux maintenant. Je me laisse glisser sur le côté, l'aide à rentrer ses jambes dans le lit, m'allonge près d'elle et tire sur nous la couette. Nous demeurons immobiles et silencieux, hanche contre hanche.

– Nul à tous égards, dit-elle enfin. Je l'ai compris à la première seconde. L'autre raison pour laquelle je suis venue, c'est parce que grand-père veut que tu me montres où tu en es, quelles sortes d'affaires tu traites, et comment.

– Combien j'ai gagné, combien je gagne, ou combien je vais gagner?

– C'est un moyen de déterminer ce que tu vaux, même s'il y en a d'autres.

– M'amener à faire ce que je viens de faire est aussi un moyen?

– Oui et non.

– Ne m'appelle plus monsieur Olga, s'il te plaît.

– Je verrai. Tu es censé travailler, aujourd'hui?

– Un rendez-vous à Bakovka, puis deux autres cet après-midi. Et encore un ce soir.

– Je t'accompagne.

– Sûrement pas. Pour deux raisons. D'abord, parce que tu ne comprendrais pas où je veux en venir; ensuite, parce que j'aime autant être le seul à connaître l'ensemble de mes très remarquables réalisations.

Il existe même une troisième raison, que je préfère taire: il m'est déjà assez difficile de demeurer à côté d'elle, nue, et de résister à mon envie de lui sauter dessus; je ne veux pas l'avoir avec moi des heures durant; cela nuirait beaucoup à ma concentration.

– Petit bonhomme, dit-elle, tu as fait des études d'électricité, d'électromagnétisme et de chimie. Tu étais plutôt bon, paraît-il. En restant quelques mois de plus à l'université, tu décrochais ton diplôme d'ingénieur. N'importe qui te connaissant s'en étonnerait et serait tenté de mettre en question le niveau de l'enseignement dans notre pays, mais tu étais considéré comme un étudiant brillant au fin fond de la Sibérie ou du Kazakhstan. C'est vrai que la concurrence ne doit pas être rude là-bas, ce qui explique bien des choses.

– C'est vrai : je sais tout juste lire et écrire. Et seulement les capitales.

Mes nerfs commencent à lâcher. Non seulement le bord de la couette laisse paraître ses seins mais encore elle bouge lentement, dans le lit, remuant les hanches, comme elle le ferait sans doute dans l'amour. Je suis dans un état proche de l'apoplexie. Le pire est qu'elle le fait exprès.

– Pour moi, petit bonhomme…

– Ne m'appelle pas non plus petit bonhomme. Il y a des limites à ce qu'un homme peut endurer.

– Quel homme ? Je n'en vois aucun dans les environs. Moi, j'ai un diplôme d'économie, un autre de droit, je parle anglais sans accent, et allemand aussi, je…

– Tu sais monter à cheval ?

Ma question la prend par surprise.

– Non. Il faut ?

– Pas à ma connaissance. C'était juste pour savoir. Voudrais-tu, s'il te plaît, arrêter de bouger ?

Elle a une lèvre inférieure adorablement gourmande, que plisse à peine une moue de grande satisfaction. Je le savais bien, qu'elle le faisait exprès.

– On n'a pas les nerfs très solides, hein Tantzor ?

Le même surnom que m'a déjà donné Choura la nuit précédente. Je préfère encore ça à petit bonhomme ou – n'en parlons même pas – à monsieur Olga.

– Mes nerfs me regardent.

– Dans ce cas, ils n'ont pas de quoi se rincer l'œil. Tout cela pour te dire que je suis très capable de comprendre ce que tu as déjà entrepris et ce que tu vas entreprendre. À quelle heure, ton rendez-vous de ce matin ?

Je me soulève sur un coude et je la regarde bien en face. Elle comprend que les bornes viennent d'être franchies. Elle file. D'un bond, elle s'extrait du lit, se met debout, prend appui de ses mains sur ma poitrine, m'embrasse, s'écarte si vivement que mes bras se referment sur le vide.

– Je passe la première sous la douche. Et rase-toi. Tu piques.

Nous sommes partis ensemble. Évidemment, j'aurais pu protester et refuser carrément cette espèce d'examen auquel elle prétend me soumettre. De quel droit quiconque – y compris Vassia, par le truchement de sa petite-fille – viendrait-il inspecter mes affaires ? Je mène, d'ores et déjà, trois ou quatre entreprises de front, et, si je me sers de l'une pour faire marcher l'autre, je n'en compartimente pas moins. Boria Zaporojko ne sait que ce que j'ai bien voulu lui dire. S'il est au courant pour les discothèques (puisque c'est sur lui que je me suis appuyé, en l'achetant plus ou moins), il ignore à peu près tout des autres accords que j'ai passés à Bakovka. Il n'est pas au courant de l'affaire des baladeurs que j'ai lancée avec Sarkissian. Khan Pacha en sait bien moins encore. Mon intention est de maintenir ce cloisonnement, et même de le renforcer.

Ainsi pour tous les autres projets que j'ai en tête.

– Pourquoi Tantzor ?

– Comprends pas, dit Marina.

Nous sommes assis dans le train qui nous emmène de Mitichtchi à la place des Trois-Gares, mais il est convenu que nous descendrons avant celle-ci, pour le cas où quelqu'un nous y attendrait. La station précédente est Moscou Trois. Je préfère ne pas m'y faire voir non plus, même si, comme c'est probable, Pavlé et ses copains n'ont pas l'idée de m'y chercher – j'y suis trop connu. Mon choix s'est porté sur la place Malenkov. De là, nous gagnerons le métro le plus proche, sur l'avenue Mira.

– Tu m'as appelé Tantzor. Je voudrais savoir pourquoi.

– Il faudrait savoir ce que tu veux. Petit bonhomme t'énerve et monsieur Olga te fait grincer des dents.

– Tu peux m'appeler Séva. Alors, je te demande : pourquoi Danseur.

– Tu as choisi ce nom de Tantzerev. Entre Tantzerev et Tantzor, il n'y a pas loin.

– Quelqu'un d'autre m'a surnommé ainsi.

– Il avait ses raisons.

– Quelles sont les tiennes ?

D'après elle, je danse en marchant. J'ai une façon de marcher très caractéristique, les pieds bien dans l'alignement, comme si je suivais une marque étroite et invisible tracée devant moi. Et puis, à passer d'un sujet à l'autre dans tous les domaines, je donne l'impression de danser.

Tout cela est dit sur un ton sarcastique. Elle se paie ma tête une fois de plus.

— Marina, tu m'attendais au train, n'est-ce pas ?

— Quel train ?

— Celui qui m'a amené à Moscou de Bakou. Tu m'attendais, et ce n'est pas par hasard que tu m'as fait les poches et que tu as pris mon argent.

— Tu es dingue.

Si j'avais un bref instant espéré la surprendre par la brusquerie de ma question, j'en suis pour mes frais. Elle reste très paisible, ses mains gantées sagement posées sur ses genoux. Elle regarde le paysage – sinistre – par la fenêtre du wagon.

— Je crois que tu m'attendais. Je crois que tout Moscou m'attendait – à commencer par ton grand-père et Marat Kopicki.

— Connais pas du tout ce type.

— Peut-être. C'est à voir. Je crois aussi que tu as fait exprès de te faire remarquer par moi deux semaines plus tard.

— Il délire, confie-t-elle à la vitre qui me renvoie son image.

— Tu t'arranges pour me passer sous le nez, tu t'arranges pour que je te suive, et tu me conduis droit à la librairie.

— Tu prends tes désirs pour des réalités.

— C'était place Pouchkine, devant le cinéma Rossia. J'avais, en ce temps-là, sur mes talons, en permanence, un ou deux des hommes de Kopicki. Dont je pense qu'ils étaient là pour me protéger. Ensuite, ils ont passé le relais à Choura.

— Qui est Choura ?

— Tu portais des jeans, des bottines de daim, un chandail noir à col roulé et un trois-quarts en similicuir de couleur rouge.

— Simili ? Mon œil !

— Tu étais avec deux garçons et deux filles. Les filles vous ont vite quittés. Tu es restée avec les deux mecs. J'ai cru que vous alliez entrer dans le métro, mais, si eux l'ont fait, pas toi.

– C'était du vrai cuir. À propos, c'est à propos de quoi, ton rendez-vous de ce matin ?

– De préservatifs.

Là, oui, je lui en bouche un coin !

Nous sommes donc descendus du train à l'arrêt de la place Malenkov, nous avons marché jusqu'au métro…

– Où est Vassia, Marina ?

– Il y a soixante endroits dans Moscou où il pourrait être… Qui est Choura ?

– Quelqu'un qui parle nettement moins que toi. Ce doit être de famille, cette façon de répondre à une question par une autre. Je voudrais voir ton grand-père.

– Tu le verras.

– Ça dépend de quoi ? Du rapport que tu vas lui faire sur mes activités ?

– Il t'aime beaucoup. Je ne sais pas pourquoi. Ça ne dépend de rien du tout. Il te verra quand ce sera nécessaire selon lui. Si tu me parlais de cette histoire de préservatifs ?

Nous ressortons du métro à la station Place-de-Biélorussie et nous entrons dans la gare de Biélorussie. On annonce le départ de trains pour Minsk et Brest-Litovsk. Pour Varsovie et Berlin aussi, et voici que Marina tombe en arrêt devant les panonceaux indiquant ces destinations lointaines. Je dois la prendre par le bras et l'entraîner. J'ai acheté deux billets pour Mamonovo ; certes, c'est moins enthousiasmant. Nous nous retrouvons assis avec des groupes de kolkhoziens qui s'en reviennent chez eux après avoir vendu volailles, légumes et fruits à dix ou vingt fois le prix officiel. Ils sont heureux et chantent. Certains sont un tout petit peu ivres. Ils mangent, et j'ai les yeux qui me sortent presque des orbites en découvrant dans leurs paniers de la cochonnaille comme je n'en ai pas vu depuis des siècles.

– Tu as envie de partir pour l'étranger, Marina ?

Nous voyons défiler l'hippodrome sur notre droite. Marina tarde à me répondre. Je n'arrive pas à croire que je l'ai tenue nue dans mes bras – et qu'elle a répondu à ce point à mon baiser. Elle a posé sa tempe contre la vitre et écarquille un peu les yeux. Sous le gros béret bleu-noir à la Guevara, ses cheveux, que je sais noués à la diable, dépassent un peu, en accroche-cœur, et rendent plus gracieuse encore la courbe de sa nuque.

– J'aurais envie d'aller à Paris et à Londres. Et en Italie. Tu as déjà pensé à t'en aller ?

Je pourrais lui dire que je suis allé en Turquie – j'ai bien dû y passer quinze heures à peu près –, mais l'histoire serait trop longue. D'ailleurs, elle la connaît peut-être déjà, puisque je l'ai racontée à son grand-père. Et puis, il semble clair qu'elle ne doit pas ignorer grand-chose de mon passé. Elle a évoqué les études que j'ai faites. Cela, elle ne le tient pas de Vassia. Elle a eu accès à d'autres sources.

Je ne vois pas du tout lesquelles. Je dis, sincère :

– Ça ne me dirait rien d'aller à l'étranger. J'aimerais y faire un tour, mais rien de plus. Je n'y resterais pas.

Les kolkhoziens ne nous offrent rien. Où est le temps où les voyageurs partageaient leurs victuailles dans les trains russes ?

À notre débarquement dans la petite gare de Mamonovo, les deux directeurs de l'usine m'attendent avec une voiture. Je présente Marina comme mon chef comptable ; elle ne proteste pas, au contraire de ce que je craignais.

Elle ne bronche pas davantage quand nous nous retrouvons tous devant le bataillon d'essayeuses enfilant consciencieusement les capotes sur les phallus de bois.

C'est la même scène que celle à laquelle j'ai déjà assisté, mais avec une différence : ces préservatifs, que les *babouchka* expérimentent, ont été fabriqués avec le plastique que j'ai fait venir du centre aérospatial.

– Ça ne vaut rien, ce truc. Ça se déchire.

Critique acrimonieuse de l'une des ouvrières que je viens d'interroger. Je réprime un accès de franche rigolade : la représentation de membre viril qu'elle utilise pour ses essais est proprement monstrueuse. S'il se trouve réellement un homme doté d'un membre de ce calibre, il faudrait le produire dans un cirque.

– Et, en plus, c'est du bois, dis-je aussi dignement que possible.

– Et alors ?

Je préfère ne pas croiser le regard de Marina. Les hommes présents non plus, qui, s'ils sont indifférents à la présence des ouvrières (mais celles-ci n'éveillent pas spécialement la concupiscence), sont en revanche très sensible à sa présence.

– Il y a des échardes dans votre… dans votre appareil.

Je passe les dix minutes suivantes à faire deux choses. D'abord, trouver et poncer un phallus de dimensions normales selon moi. Ensuite, ne pas m'écrouler de rire. Tout cela en poursuivant un dialogue de fou avec deux ou trois *babouchka* qui, pour un peu, m'accuseraient de mettre en doute leur compétence professionnelle. Bizarrement – ou, alors, ce sont de fabuleuses comédiennes, des virtuoses de l'humour à froid –, aucune d'elles ne semble établir de rapprochement entre ces objets de bois, sur lesquels elles travaillent à longueur de journée, et certains ébats, auxquels elles ont bien dû se livrer. À leurs yeux, les phallus de démonstration sont des machines, et les anciens préservatifs, eux, ne se déchiraient jamais.

J'argumente, avec tout le tact possible. Quarante minutes plus tard, nous quittons l'usine, Marina, les directeurs et moi.

– Vous vous en êtes vraiment bien tiré, me dit l'un des deux hommes. Je crois que vous avez su les convaincre.

Nous parlons production et chiffres. Ils ont déjà sorti plus de six cent mille préservatifs nouveaux modèles, qu'ils ont baptisés Spoutniks, pour une raison qui m'échappe.

– Le nom vous plaît ?

– Il me semble parfait. Je n'aurais pas trouvé mieux.

Je suis de nouveau dans le train avec Marina. Les directeurs nous ont offert une collation arrosée de bière, pendant laquelle nous avons conclu nos derniers accords. Le réseau de distribution des anciens modèles – qui ne se vendaient pas (les statistiques font état de neuf ventes pour une production de onze millions quatre cent cinquante-trois mille huit cent vingt-neuf unités) –, ce réseau sera réutilisé. À condition que je décide après examen qu'il peut encore servir. Je dispose de trente jours pour faire mon inspection et rendre mon rapport. Dans le cas où il faudrait chercher d'autres moyens de mise sur le marché, il est entendu que rien ne sera fait sans mon intervention. Je suis donc confirmé dans mes fonctions de conseiller technique et directeur commercial.

– Spoutnik !

Jusqu'ici, je n'ai vu Marina que sarcastique et, une seule fois, pendant à peine une minute, quand elle regardait les noms des destinations dans la gare de Biélorussie, rêveuse. Bon. Elle commence par s'étrangler, comme quelqu'un qui aurait avalé de travers. Puis elle pouffe. Un instant après, elle pleure de rire.

– C'est une affaire comme une autre, dis-je, partagé entre une forte envie de rire avec elle et le besoin étrange de me justifier. Rigole. Vas-y ! Rigole. N'empêche que je vais recevoir sept kopeks par machin. Les prévisions de vente sont de deux cent mille au moins. Pour la première année. Quatorze mille roubles de bénéfice net. Rien que pour moi.

Le train a démarré ; nous revenons vers Moscou. Il est deux heures et des poussières. Pour l'instant, mon horaire est respecté.

– Combien as-tu dit ?

Cette folle a quand même fini de se fendre la pêche. Elle sort même un cahier d'écolier d'une poche de son épais manteau en mouton retourné.

– Combien ?

– Sept kopeks.

– Ils n'ont pas pu aller jusqu'à dix ?

– Il fallait venir négocier à ma place.

– Pourquoi pas ?

– Et ta sœur ?

Elle écrit *CAPOTES* dans la première des colonnes qu'elle a tracées puis *7 k.*

– Et vous pensez en vendre deux cent mille ?

– Ils pensent en vendre deux cent mille. Moi, je crois que nous atteindrons le demi-million. Pour les douze premiers mois.

– Tu crois aller au-delà ?

Évidemment. Si l'on exclut les femmes, les nouveau-nés, les vieillards cacochymes, les membres du gouvernement…

– Pourquoi exclure les membres du gouvernement ?

– Parce qu'ils achètent leurs capotes à l'étranger.

– Il faut soustraire aussi les sportifs, qui se déplacent.

– Exact. Et les comédiens en tournée, et le personnel diplomatique et les agents du KGB.

– Il ne va plus rester personne.

– J'enlève aussi les popes.

– Ne me fais pas rire. Je connais au moins un pope qui rêve de me coincer dans un ascenseur.

– Cinquante pour cent des popes, ça va ?

– Admettons.

– Moins les impuissants. D'après un article que j'ai lu, les impuissants représentent trois virgule sept pour cent de la population masculine.

– Tu t'es compté ?

– C'est malin.

Je la fixe, et c'est le miracle : elle rougit. Elle n'en soutient pas moins mon regard, et dit :

– C'était une plaisanterie idiote.

– N'en parlons plus.

– Qui on enlève d'autre ?

– Les prisonniers.

– Droits communs ou politiques ?

– Il n'y a plus de politiques. C'est la *Pravda* qui l'a dit. On retranche aussi les maris fidèles.

– *No comment*, dit-elle. Tu as pensé aux gardiens de phare ?

Et allez donc ! Elle repart dans un fou rire. Deux vieux croûtons assis non loin de nous et qui, heureusement, n'entendent pas ce que nous disons, nous traitent d'intellectuels – injure suprême ! – parce que Marina, en riant, montre ses jambes – je ne m'en plains pas, mais j'en éprouve un peu de jalousie ; la vie est bizarre.

Notre train entre dans la gare de Biélorussie.

– Il reste combien d'acheteurs potentiels d'après tes calculs ? me demande Marina.

– Cinquante-trois millions deux cent sept mille six cent cinquante-deux Soviétiques mâles et en état d'enfiler des Spoutnik et donc susceptibles de les acheter.

– J'arrondis à cinquante millions. Tu as sûrement oublié d'exclure des tas de gens.

– Si tu veux.

– Je divise par cinq et je multiplie par quatorze.

– Ah bon ? Pourquoi ?

– Quatre-vingts pour cent des acheteurs potentiels n'achè-
teront jamais tes machins, soit parce qu'ils n'ont pas de sous
à perdre, soit parce qu'ils ne sauront même pas qu'ils existent. Et je multiplie par quatorze parce que j'estime que ce
doit être la consommation moyenne d'un bonhomme par
an.

– Expérience personnelle ?

Là encore, elle rougit, mais c'est de fureur cette fois. Et
c'est moi qui dis :

– Plaisanterie idiote.

– N'en parlons plus. Le marché est donc de cent quarante
millions. Admettons que tu arrives à prendre dix pour cent
de ce marché. Soit quatorze millions. Multiplié par sept
kopeks...

– Neuf cent quatre-vingt mille roubles.

– Par an ?

– Eh ouais.

– Tu as dû te tromper quelque part. C'est monstrueux,
autant d'argent !

– Il faudra déduire les frais.

– Quand même. Quels frais ?

– Je vais faire de la publicité.

Elle en reste coite. C'est la deuxième fois que je réussis à lui clouer le bec. La performance est d'envergure. Je
n'arrive pas à détacher d'elle mon regard, et constamment
me revient en mémoire le souvenir de ce matin, quand je
l'ai emportée, dévêtue, souvenir comme irréel, qui me
donne l'impression que j'ai rêvé. Où diable ai-je trouvé le
courage de m'écarter d'elle ?

– Même en ne retenant que dix pour cent de dix pour cent,
ça va te laisser près de cent mille roubles par an, dit-elle
enfin, revenue de sa surprise.

Oui. Si je réussis à assurer la distribution et la vente, si
les directeurs de l'usine de Bakovka ne parviennent pas à
m'escroquer (comme il est possible qu'ils tentent de le faire).
Oui si je peux faire de la publicité, comme je le projette,
si les autorités me laissent entreprendre et ne décident pas

subitement que je vais contre leurs règles, leurs habitudes, leurs goûts.

Oui si Djoundar Kourachvili ne me capture pas et n'interrompt pas ma course dansante. Oui si Pavlé l'Albinos, ne me tranche pas la gorge.

Ce qui fait pas mal de conditions à remplir.

Nous sortons de la gare de Biélorussie, je ne repère personne en train de nous guetter ou de nous suivre, le froid est vif mais sec; il fait beau sur Moscou.

Ça tombe bien.

Vladimir Alexandrovitch Chamchourine a les cheveux moitié rouge, moitié vert. Il porte, malgré le froid glacial de la pièce, un T-shirt proclamant *MERDE AU MONDE ENTIER* en anglais. Il joue de la guitare. Il n'est pas seul. Deux autres types et quatre filles sont là, vautrés. Odeur de haschisch dans l'air et seringues qui traînent. Un ragoût cuit sur un réchaud à alcool, des bougies sont allumées pour pallier l'absence d'électricité. Nous sommes dans un ancien atelier de peintre, squatté par cette bande.

Volodia a la carrure imposante de son père, en plus athlétique, plus grand, moins enveloppé. Je ne me battrais pas avec lui, à moins de jouer ma vie – je la jouerais dans tous les cas s'il lui prenait fantaisie de me casser la gueule. Son regard passe sur moi, très vite, s'arrête sur Marina.

– C'est qui, ça ?

– Je suis son oncle, espèce de babouin ! dit Marina.

– Mon directeur financier, dis-je. Je peux te parler, Volodia ?

– Et qu'est-ce que tu fais d'autre en ce moment ?

– Seul.

– Mais qui c'est, ce petit con ? dit l'un des autres.

Volodia s'est remis à pincer sa guitare. Je crois reconnaître du Weather Report. Il ne joue pas mal du tout.

– Marina ? Nous allons repartir. Il est camé jusqu'aux ouïes.

Nous avons le temps de repasser le seuil de la porte et de descendre trois des marches de l'escalier métallique. Sans avoir besoin de me retourner, je perçois le mouvement du fils de Chamchourine. D'ailleurs, il nous rejoint, tenant toujours sa guitare, et jouant, cette fois, sans variations extravagantes, distinctement.

– J'ai presque fini ton programme, dit-il. Elle s'appelle comment, ta meuf ?

– Cuirassé Potemkine, dit Marina.

– Allez, venez.

Il nous fait entrer dans ce qui, autrefois, a dû être une cuisine. Il y a encore un antique fourneau à bois, une longue table, deux chaises, un calendrier de l'année 1938. Tout cela d'une saleté repoussante. Une couche de trente centimètres d'immondices recouvre le sol, et quelqu'un a vomi récemment. Sans parler des excréments qui ne doivent pas être plus vieux. Le contraste avec le côté gauche en est d'autant plus surprenant : on a fermé la pièce avec un assemblage hétéroclite de pièces métalliques, soudées les unes aux autres. J'identifie des essieux de voiture ou de camion, des grilles qui ont dû être découpées et volées dans un jardin public, des plaques d'égout. Le tout formant une cloison qui ne déparerait pas une cellule de la Loubianka. Il s'y trouve pourtant une porte – en tout cas, quelque chose comme une ouverture, très solidement verrouillée par des chaînes et des cadenas.

Que Volodia ouvre l'un après l'autre. Le battant sans forme précise pivote sur ses gonds, gros comme des têtes d'enfant.

– Entrez.

Il y a de quoi s'ébahir : je découvre une pièce entièrement peinte en noir – murs, plancher et plafond. Une paroi de planches double la grille hétéroclite et obstrue la vue. L'ordinateur volé à l'université est là, posé sur un bat-flanc. Sur des étagères sont rangées des disquettes, toutes étiquetées.

– Je ne suis pas si camé que ça, dit Volodia.

Si j'en juge par ce qu'il me montre, il a dû avoir la tête bien claire pendant les jours précédents. Comme nous en étions convenus, lui et moi, il a pu obtenir, auprès d'un fonctionnaire du ministère du Plan, une première liste d'usines. Plus de soixante-dix. Il attend un nouvel envoi mais, d'ores et déjà, il a bien avancé dans la conception de son logiciel.

– Tu peux me sortir une première liste ?

– Sans problème. Maintenant ?

– Oui.

Je n'ai pas réellement besoin de cette litanie d'usines avec leurs adresses, les noms de leurs principaux dirigeants, la définition des produits qu'elles fabriquent, les possibilités qu'elles peuvent offrir. Je n'en ai pas besoin pour l'instant, mais ce m'est un plaisir – assez puéril, mais tant pis – que de voir l'imprimante en action. Quelque chose est en train de prendre forme sous mes yeux. Encore embryonnaire et dans un décor qui n'est pas à proprement parler celui d'IBM, mais, il y a près de cent vingt jours, je débarquais à Moscou, dont je ne savais rien, chaussé de chaussures de football, pour aller dormir sur un banc dans une gare. Depuis, j'ai fait un peu de chemin.

Et il est assez agréable de le faire savoir à Marina.

– Il me faut de l'argent. J'ai des trucs à acheter, Séva.

– Appelle-le Tantzor, dit Marina. Il adore ça.

– Et pour bouffer, ajoute Volodia Chamchourine.

Il me sourit et devine ma question.

– Seulement pour bouffer. Parole.

Je sors cent cinquante roubles de ma botte et les lui donne.

– Et il me faudra quelqu'un, dit encore mon informaticien personnel. Quelqu'un de sérieux. Notamment pour ramasser toutes les informations. Je ne peux pas tout faire.

– Tu auras quelqu'un très bientôt.

Je me suis déjà replongé dans la liste. Elle est plus complète que je ne l'espérais. Et des idées me viennent. Nom d'un chien ! Il y a des millions de choses à faire ! Et que je ferai si j'arrive à monter mon affaire comme je le souhaite.

– Tu as vu mon père ?

Question de Volodia. Je ne commets pas l'erreur de lever la tête et de croiser son regard.

– Oui. Il va bien.

– Tu lui as parlé de moi ?

– Je lui ai dit que nous avions commencé à travailler ensemble. À propos, il a payé ton ordinateur. Plus exactement, il a commencé à le payer. Ça lui prendra un peu de temps.

Dans les cinq ans, à coups de versements mensuels, grâce à l'argent que Sacha Chamchourine prélèvera sur son propre salaire. Mais j'évite de donner à Volodia ce genre d'information. Ce qui se passe entre le père et le fils ne regarde qu'eux.

— Je lui rembourserai jusqu'au moindre kopek.

— Ton problème. Je voulais simplement que tu saches qu'aucun policier ne viendra te reprendre ta bécane.

— C'est bon à savoir. Il sera là quand, cet assistant que tu m'as promis ?

— Dans les jours qui viennent, j'espère. Mais ce ne sera pas ton assistant. Il fera tout le boulot nécessaire, sans pour autant être à tes ordres. Son rôle sera de me remplacer en toutes choses.

Je sens sur moi le regard intrigué de Marina, qui, sûrement, se demande de qui je veux parler. Je n'ai pas l'intention de le lui dire.

— Je dois vraiment t'appeler Tantzor ?

— Appelle-moi comme tu veux.

C'est vrai que Tantzor commence à me plaire. Ce nom de guerre en vaut un autre. Je me sens d'un coup très euphorique.

— Volodia, on peut faire des trucs supers ensemble.

Nos regards se croisent et il comprend très bien ce que je veux dire. Réduire un peu cette saloperie de drogue qu'il prend — ses bras sont criblés de marques de piqûres — ne lui ferait pas de mal.

— J'adore Potemkine, dit-il. Quels canons elle a !

J'emmène Marina avant qu'elle ait eu le temps de répondre. La première fois que j'ai vu Volodia et l'ai entrepris pour qu'il accepte de travailler avec moi, il sortait d'une crise. J'ai mis quatre heures à atteindre son intelligence et, dans l'intervalle, j'ai eu le sentiment de jongler dans l'obscurité avec de la nitroglycérine contenue dans un flacon de cristal. Même s'il semble aujourd'hui plus calme (parce qu'il s'est drogué avant notre arrivée ou, au contraire, parce qu'il ne l'a pas fait ?), je préfère ne pas prendre de risques.

— Je repasserai après-demain, Volodia.

Nous descendons l'escalier de fer. Nous traversons une cour intérieure puis une autre, nous débouchons dans la rue Anosova, près des échangeurs ferroviaires de la ligne de Kazan. Coup d'œil à Marina, dont le silence m'étonne. Elle

270

est pensive, ses yeux sont un peu écarquillés. Je m'attendais à des questions, mais non.

– Ça ne va pas ?

– Je vais très bien, dit-elle.

En route vers mon troisième rendez-vous de la journée.

De la station Aviamotornaïa, le métro nous ramène vers le centre. Nous sommes serrés comme des harengs en caque. Monter dans le wagon a été relativement facile – le flot nous portait – mais, au fil des stations successives, nous avons été pressés, de plus en plus. J'ai réussi à abriter vaillamment Marina au début, en m'arcboutant, puis la pression est devenue trop forte.

– Arrête immédiatement, me dit-elle.

Je m'écrase contre elle, me colle à elle. On ne glisserait pas un mot tendre entre nos deux corps. Et nous sommes exactement dans la position de l'amour. Avec, en ce qui me concerne, les manifestations extérieures qui sont de circonstance en pareil cas, et contre lesquelles je ne peux rien.

– Écoute, je suis désolé.

– Je suis sûre que tu le fais exprès.

– Ne dis pas n'importe quoi.

Nous chuchotons à l'oreille l'un de l'autre, notre différence de taille (je fais près de quinze centimètres de plus qu'elle) compensée par le fait que je suis courbé sur elle – un homme doté d'au moins quatre ou cinq coudes me bloque la nuque.

– Marina, je vais devenir fou.

– Tu l'es depuis ta naissance.

– Tu sais très bien ce que je veux dire.

– Pas du tout.

– On dort où, cette nuit ?

– Qui ça, « on » ? Tu rentres chez ta femme.

– Tu ne vas pas me laisser dans cet état ?

– Va voir les putes.

Je la tuerais. D'autant que je ne comprends goutte à sa saute d'humeur. Elle était charmante en revenant de Bakovka. Et, à présent, ce n'est même plus la Marina du tout début de nos relations, agressive et caustique jusqu'à en être drôle.

– J'ai dit ou fait quelque chose ?

– Non.

– C'est la vue de Volodia qui t'a tourné les sangs ?

– Avant que toi ou l'un de tes copains ringards me fassent tourner les sangs, il aura poussé des cocotiers sur les bords de la Moskova.

Carrément acariâtre. Mon rendez-vous suivant est avec Guenka. C'est le prote qui m'a enseigné quelques rudiments d'imprimerie quand je travaillais pour Choura. Il m'a fallu aller le voir deux fois, dont une fois chez lui, pour le convaincre de m'aider. Bon. Il est là, et avec l'homme qu'il m'a trouvé. Ce deuxième homme s'appelle Kyryl Belov ; il a une trentaine d'années. Il a suivi les cours de l'école de journalisme et travaillé trois ans à *Ogoniok*, un hebdomadaire dont le tirage dépasse un million et demi d'exemplaires et qui, au cours des dernières années, selon Guenka, a vu augmenter son tirage parce que ses journalistes se faisaient une joie d'étaler des scandales soigneusement étouffés autrefois. Belov a tenté, voilà deux ans, de créer sa propre revue. Il a tenu quelques mois avant de devoir s'arrêter. Il secoue la tête, réticent.

– Et qu'est-ce qui vous fait penser que vous allez réussir là où j'ai échoué ?

Le fait que je suis allé consulter les dix-neuf numéros qu'il a sortis. À mon avis, il a commis une erreur. Il a essayé de refaire *Ogoniok*. C'était perdre son temps et son argent. Autant essayer de lutter contre la *Litératournaïa Gazéta*. Moi, je crois à une publication exclusivement réservée aux jeunes, consacrée aux seuls sujets qui les passionnent vraiment ou vont les passionner, ce qui exclut la politique sous toutes ses formes, les grands problèmes économiques et même les révélations sur les agissements de tel ou tel responsable, à la vertu duquel, de toute façon, ils ne croient pas.

– Il y en a beaucoup que ça intéresse.

– Ils liront autre chose.

Kyryl Belov n'est pas convaincu. Pas encore.

– Un hebdo entièrement consacré à la musique, aux nouveaux types de jeans ou de blousons, aux bottes de cowboy…

– Aux fringues en général. Où les trouver et à quel prix. Avec une bourse des valeurs.

– Qui l'établira?

Moi évidemment. C'est-à-dire nous : lui, moi et quelques autres.

– Et nous coterons les trucs en fonction des stocks que nous aurons ; c'est ça?

Il a tout compris. Et, par ce qu'il appelle les trucs, j'entends, moi, tout ce qui est susceptible de tenter les jeunes et d'être acheté par eux. Dans tous les domaines.

– Pas de rédaction?

Aladin contiendra des articles. Des critiques de tout ce qui sort, de tout ce qui est disponible sur le marché.

– Jusqu'à quoi?!

– Tu as bien entendu, Kyryl : jusqu'aux capotes. Je connais un type qui est en train de lancer sur le marché des tas de choses introuvables jusqu'ici. Ce type s'apprête à sortir des préservatifs. *Aladin* en parlera. Comme il parlera du dernier album d'Untel ou d'Untel.

– Ça ne se vendra pas.

– Qu'est-ce qu'on parie?

Et, d'ailleurs, est-ce que je lui demande de prendre des risques, financiers ou autres? Il n'aura pas à mettre un kopek dans l'aventure ; il sera payé pendant six mois, que l'hebdo tienne ou non six mois.

– Qui va financer?

Ça, c'est mon problème. En réalité, je pourrais lui révéler que j'ai obtenu le soutien financier de trois syndicats, grâce à Boria Zaporojko – le journal des syndicats, *Troud*, tire à près de vingt millions d'exemplaires chaque jour, près du double de la *Pravda*. Il ne m'a fallu que quelques dizaines d'heures de discussion patiente et une trentaine de rencontres pour réussir à convaincre des hommes, figés dans une routine vieille d'un demi-siècle au moins, que, compte tenu de l'évolution de notre pays, il était de leur intérêt d'investir ailleurs que dans leurs secteurs traditionnels. J'ai obtenu leur concours pour les discothèques (j'en ai vingt-huit en liste d'attente) et, il y a peu, le lancement de l'hebdomadaire que je viens de décrire à Belov. Ils ont posé une condition que je n'aurai aucun mal à respecter : rien ne devra être imprimé qui implique une opinion politique quelle qu'elle soit.

Kyryl Belov commence à craquer ; je le sens. Il tente un baroud d'honneur.

– Il existe déjà des magazines de ce genre, clandestins ou non.

– Le nôtre sera meilleur. À toi d'y réussir.

Et il percevra trois cent cinquante roubles par mois pendant six mois. Avec dix pour cent de plus dès que nous aurons atteint une diffusion de cent mille. Puis encore dix pour cent par tranche de cent mille supplémentaire.

– Kyryl, tu n'es pas obligé de me répondre oui tout de suite. Prends ton temps pour réfléchir. Il est sept heures vingt-huit. Tu as jusqu'à sept heures trente.

– J'ai faim.

Elle fait celle qui n'entend pas. Nous marchons sur le boulevard de Smolensk. Je la devine fatiguée. Non sans raison. Elle n'a guère dormi la nuit précédente, dans le lit étroit du fils d'Olga. Elle s'est endormie tard et levée tôt, et nous avons fait pas mal de chemin. Même moi, j'ai les jambes un peu lourdes.

Et j'ai envie d'elle à en crever.

– J'ai faim, Marina.

Elle stoppe brusquement, si bien que je parcours encore deux bons mètres sur ma lancée avant de réaliser qu'elle a cessé d'avancer. Je reviens en arrière.

– J'avais entendu la première fois, dit-elle. C'est très simple : tu reprends tes trains jusqu'à Chtcholkovo et tu y arriveras à temps pour que ta femme te serve à dîner.

D'accord. Le moment est venu de jouer ma carte.

– Je ne peux pas encore rentrer à Chtcholkovo.

– Pourquoi ?

– Un autre rendez-vous.

– Tu avais parlé de trois rendez-vous.

– Trois plus celui de Bakovka. Je parlais des rendez-vous de l'après-midi.

Pendant tout le temps que je négociais avec Kyryl Belov, elle n'a pas ouvert la bouche. Je ne suis pas sûr qu'elle ait suivi notre conversation. Que j'ai fait durer autant que j'ai pu. Quand l'ancien journaliste d'*Ogoniok* m'a finalement donné son accord, j'ai remis ça. Nous avons crayonné à n'en plus finir, dressé des listes de noms et de sujets. (Guenka ne m'a pas raconté d'histoires à propos de Belov : ce type crève vraiment d'envie de diriger son propre journal, et il est bourré d'idées.) Il était plus de neuf heures quand, enfin, nous nous sommes retrouvés dehors, Marina et moi.

Elle est maintenant debout sur le trottoir, elle serre contre elle les pans de son manteau et regarde sans rien voir tantôt à droite, tantôt à gauche. Elle n'est pas seulement fatiguée, elle a également froid et, surtout, elle est plus furieuse que jamais, pour des raisons que je discerne mal.

– Avec qui, cet autre rendez-vous ?

Il y a de la lassitude dans sa voix.

– Il s'appelle Sergueï Alexeïev. Je lui cours après depuis plus de deux semaines sans réussir à le rencontrer.

– Qu'est-ce que tu lui veux ?

– Il travaille au ministère des Finances de la République de Russie. Il peut m'aider. J'espère qu'il le fera.

Alexeïev a, au plus, trente ou trente-deux ans. Je sais qu'il est diplômé de l'institut d'économie de l'université de Moscou. J'ignore comment – peut-être grâce à sa famille – il a réussi à faire un stage d'un an à Londres, à la City. Il a travaillé à la banque centrale d'URSS, la Gosbank, puis au département d'économie du comité central du Parti. Il y a deux ans, d'après mes renseignements, il a tenté de créer une banque, qui aurait été la première banque privée du pays. Il a finalement dû renoncer à son projet, mais qu'il l'ait conçu et qu'il ait essayé de le mener à bien me donne à penser qu'un tel homme serait fort intéressant à connaître.

– Et tu as rendez-vous avec lui ?

Pas vraiment. Pas du tout même. Mais je me suis déjà présenté huit fois à son bureau, dans le grand immeuble blanc aux allures de paquebot, sur la rive de la Moskova, au siège du gouvernement de la Russie (à ne pas confondre avec le gouvernement de l'Union soviétique ; la Russie n'est qu'une des républiques formant l'Union). Il m'est arrivé de faire le pied de grue pendant quatre heures. En vain. Je l'ai juste aperçu une fois : il montait dans un ascenseur.

– Je sais qu'il dîne ce soir au restaurant *Havane*, avenue Lénine.

– Je le connais.

– Il devrait y être dans une heure ou deux. Ça ferme tard ?

– Vers une heure du matin.

J'éprouve soudain un petit pincement de jalousie. Avec qui est-elle allée dans cet endroit où l'idée de mettre les pieds ne m'est seulement jamais venue, certain que j'étais qu'on m'en refuserait l'entrée ? Avec qui ? Et comment a-t-elle remercié celui – je jurerais que c'est un homme – qui l'a invitée ? Combien a-t-elle eu d'amants ?

– Marina, je vais me planter devant l'entrée de ce truc et j'attendrai qu'il en sorte.

– Les portiers te jetteront dans le caniveau le plus proche. Je crois que tu me racontes des histoires. Tout ce que tu fais, c'est raconter n'importe quoi pour ne pas devoir rentrer tout de suite chez ta femme.

Et elle a raison. Je ne veux pas la quitter. Il y a maintenant près de vingt-quatre heures qu'elle est avec moi. J'ai une idée précise des raisons qui l'ont conduite à Chtcholkovo : elle a été chargée par son grand-père de procéder, en quelque sorte, à une expertise, de déterminer si je vaux quelque chose, de découvrir à quoi j'ai employé mon temps depuis mon arrivée à Moscou ; elle n'a pas cessé de prendre des notes dans son fichu cahier.

– Marina, j'irai au *Havane*. Tu n'es pas obligée de me suivre ; je comprends que tu sois fatiguée. Mais je n'ai pas fini ma journée, moi. Et, avant d'aller parler à cet Alexeïev...

Je cherche désespérément ce que je pourrais bien inventer comme important rendez-vous d'affaires à plus de neuf heures du soir. Bien entendu, mon projet de me poster à la porte d'un restaurant pour y rencontrer quelqu'un, ce projet est purement imaginaire, même s'il est tout à fait exact que je voudrais bien faire la connaissance de Sergueï Alexeïev.

– Avant d'aller lui parler, je dois...

Dans la seconde, je saute sur Marina, je la prends fermement par le bras, je l'entraîne !

– Cours !

Je la traîne de force sur toute la largeur de l'avenue,

manquant de peu de nous faire passer l'un et l'autre sous un autobus. Ce n'est qu'à la dernière seconde, au moment où nous allons nous engouffrer dans la station de métro Parc-de-la Culture, que je me retourne pour lancer un coup d'œil derrière nous et m'assurer que je n'ai pas été victime d'une hallucination.

Mais non ; il est là. Lui n'a pas encore traversé et n'aura pas le temps de le faire avant que nous ayons disparu sous terre. Il m'a semblé moins surpris de me découvrir que je l'ai été de le voir apparaître. Je l'ai, heureusement, reconnu dans l'instant. Il était encore à cinquante ou soixante mètres de nous mais marchait dans notre direction. Cette nuit, il porte un long manteau noir ; il est tête nue ; c'est le reflet d'un réverbère sur ses cheveux blancs à force d'être blonds qui a capté mon attention.

C'est Pavlé-l'Albinos.

12

– Il n'y avait personne.

– J'ai inventé Pavlé. C'est ça?

– Je ne sais pas qui est Pavlé.

– Il mesure environ un mètre quatre-vingts, il est blond très pâle, mince. Il paraît que c'est un extraordinaire tireur, et c'est vrai que, à deux cents mètres, sans viser, il a fracassé d'une balle une bouteille que je tenais entre mes doigts. Et en montagne, il est capable de grimper pendant des heures plus vite que je ne peux le faire. Marina, tu crois vraiment que je l'invente?

– Je ne crois pas qu'il était sur le boulevard de Smolensk.

La rame prise Parc-de-la-Culture nous a déposés à Kalininskaïa. On y fait, comme toujours, la queue devant les escaliers roulants, je me suis assis à même le sol, mais pas Marina, qui reste debout. Une flambée de colère me vient d'un coup:

– D'accord, on retourne boulevard de Smolensk. On y retourne.

Elle hésite mais me suit. Je me garde bien de la toucher; nerveuse comme elle est en ce moment, elle serait capable de me planter là. Nous changeons de côté et nous voilà repartis vers la station Parc-de-la-Culture.

– C'est idiot, dit-elle enfin.

– Pourquoi? Puisque j'ai menti en te disant que j'ai vu

Pavlé, il n'y a aucun danger à retourner là-bas. Tu crois toujours que j'ai menti ?

– Oui.

Pas l'ombre d'une hésitation dans sa réponse. Pour être butée, elle l'est. Nous repassons par la station intermédiaire, Kropotkine, sans qu'elle fasse mine de descendre, comme je l'espérais un peu – je n'ai pas tellement envie de revenir boulevard de Smolensk, même s'il est peu probable que Pavlé s'y trouve encore.

Nous sortons du wagon et remontons vers la surface. C'est là qu'enfin elle cède.

– D'accord.

– D'accord quoi ?

– Il y a une chance sur un million pour que tu ne m'aies pas menti, mais je ne veux pas la courir.

– Qu'est-ce que tu risques ? Ils ne te feront rien. C'est à moi qu'ils en veulent.

– Crétin.

Pour la première fois depuis des heures, elle consent à soutenir mon regard.

– Qu'est-ce que tu lui veux, à Sergueï Alexeïev ?

– Je veux monter avec lui une affaire de consultants.

– Tu ne sais même pas ce que le mot veut dire.

– Des types qui conseillent d'autres types. Je veux être consultant.

– Pour les investisseurs étrangers ?

– Pour eux et pour toutes ces usines, dont Volodia va me dresser la liste.

– Tu attaques dans toutes les directions. Un vrai chien fou.

– Ouah ! Ouah ! Tu connais Alexeïev ?

– Je connais quelqu'un qui le connaît.

– Tu peux me faire rencontrer ce quelqu'un ?

– Pas ce soir.

– Marina, je ne rentrerai pas à Chtcholkovo cette nuit. Je ne te lâcherai pas d'une semelle, je te suivrai jusque dans les toilettes des dames.

– Rien que pour coucher avec moi ?

– Ce serait déjà une bonne raison. Mais il y en a une autre : tu m'as suivi toute la journée en prenant des notes pour te faire une idée de ce que j'ai entrepris. Et je t'ai laissé faire.

– Tu parles ! Tu visais ma culotte.

– Pas seulement. Supposons que nous nous soyons séparés tout à l'heure. Où serais-tu allée ? Voir ton grand-père ?

– Pas ce soir.

– Tu le verras quand ?

Elle hésite, hoche la tête.

– Pas avant trois jours. Au moins.

– Il n'est plus à Moscou ?

– Où voudrais-tu qu'il fût ?

J'ai bien la réponse – une réponse possible – à cette question mais je la garde pour moi. Je parierais toute ma fortune du moment que Vassia Morozov est en voyage. Voyage qu'il a décidé sitôt qu'il a découvert qu'on le suivait, hier soir, pendant qu'il venait me rejoindre. Et je crois savoir où il est allé en quittant Moscou.

– Marina, tu t'es fait une idée sur moi ?

Elle ne bronche pas.

– Je crois que tu t'en es fait une. Tu te dis maintenant que je suis très capable, sinon de réussir à devenir millionnaire, du moins de me débrouiller plutôt bien.

Toujours pas de réaction. Je poursuis :

– En d'autres termes, je crois que j'ai réussi mon examen. Tu vas m'aider à rencontrer Alexeïev ?

– J'essaierai.

– Si mes renseignements sont bons, il a un frère, d'une dizaine d'années plus jeune que lui, qui, lui aussi, vient de boucler ses études à l'institut d'économie. Ce n'est pas Nicolaï ?

Comme à regret :

– Mikhaïl.

– Tu as fait tes études avec Mikhaïl Alexeïev. C'est ça ? Marina, je veux vérifier ça dès demain matin. J'ai demandé à Volodia de me dresser la liste de tous les étudiants de cet institut au long des dix dernières années.

Et je ne bluffe même pas ; c'est vrai. Mon idée est d'opérer une sélection parmi tous les diplômés de l'institut et d'aller les voir un à un. Marina a raison sur un point.

Je ne connais pas grand-chose, sinon rien du tout, à la législation des affaires, au droit commercial, à la jungle des réglements, à l'enchevêtrement des ministères et des administrations. J'aurais pu envisager d'apprendre seul, mais il m'aurait fallu des mois, ou des années. Je préfère rechercher des associés ou, tout au moins, des conseils. Et jeunes comme moi. Manifestant comme moi la même totale indifférence pour le passé de notre pays, pour ceux qui le gouvernent, pour le pouvoir politique dans son ensemble. Des jeunes éprouvant le même désir que moi d'aller de l'avant et de construire, en se fichant complètement des théories, de quelque bord qu'elles viennent.

Quitte à nous retrouver, à la suite d'un brusque retour de bâton, dans un hôpital psychiatrique ou en villégiature du côté de la Kolyma.

– Je peux te faire rencontrer Mikhaïl.

– Et d'autres ?

– Oui.

– Tu crois que je peux réussir, Marina ?

Je m'en veux beaucoup de la naïveté de ma question mais je n'ai pas pu m'empêcher de la poser.

– Je ne sais pas.

– Je suis bon ou non ?

– On en reparlera. Tu sais où tu vas dormir ?

– Je ne veux pas rentrer à Chtcholkovo. Parce que Pavlé était vraiment là, Marina, que tu le croies ou non. Et il n'y a qu'une seule explication à sa présence. Le journaliste que j'ai vu tout à l'heure m'a été amené par Guenka. Et j'ai tendance à croire que c'est par Guenka que Pavlé m'a retrouvé.

Je pars de ce principe que c'est Lienka, la sœur de Choura, qui a signalé à Kourachvili (comment le connaît-elle ? mystère) ma présence à Moscou. Or j'ai fait la connaissance de Guenka par elle. Tout cela débouchant sur cette constatation inquiétante : Pavlé-l'Albinos a relevé ma trace dans l'entrepôt de Choura, puis chez Vassia Morozov, et il la suit maintenant, grâce à Guenka. L'étau se resserre.

– Pas question que j'attire la foudre sur Olga et ses enfants.

– Et voilà, dit-elle, sarcastique. Autrement dit, c'est moi qui dois jouer les paratonnerres.

Une petite lueur brille dans son œil. Ce n'est pas encore de la gaieté mais ça s'en rapproche. Pour un peu, je me tiendrais au mur afin de résister à mon envie de la prendre dans mes bras. Je demande :

– On dort où ?

Évidemment pas dans le petit appartement au-dessus de la librairie, place Sovietskaïa. S'il y a un endroit dans Moscou où Pavlé peut m'attendre, c'est là. Dommage : Vassia absent, nous aurions eu deux pièces – et un lit ! - pour nous tout seuls.

– Viens, dit-elle.

Nous ne retournons pas boulevard de Smolensk. À nouveau, nous prenons le métro. J'ai l'impression d'y avoir passé ma journée. L'humeur de Marina s'est modifiée. Pas encore le grand beau, certes, mais…

– Ne te fais pas d'illusions, Tantzor. Les amis chez qui nous allons pourrons nous nourrir et nous loger. Mais nous y serons les uns sur les autres.

Je me dis *in petto* que ce serait bien le diable si nous ne réussissions pas à nous trouver un petit coin pour…

Bernique ! L'appartement est vaste – trois pièces en enfilade, dans les soixante-dix mètres carrés en tout, en comptant la salle de bains et la cuisine. Il est situé au troisième étage d'un immeuble dont les fenêtres donnent sur le zoo. Le couple qui nous reçoit travaille dans le cinéma. Lui est metteur en scène, elle est comédienne. Ils ont, ce soir-là, réuni une vingtaine d'amis.

– Essaie de ne pas trop boire, me dit Marina.

– Je n'ai pas l'habitude de me saouler la gueule partout où je vais.

– Ah, non ?

Marina est accueillie comme l'enfant prodigue. Tout le monde l'embrasse. Trois hommes, au moins, la prennent par la taille et se serrent contre elle. Mes poings me démangent. Quant à moi, on me colle une assiette dans une main, un verre dans l'autre, on me jette un rapide coup d'œil, on m'abandonne. Je ne tarde pas à me retrouver seul. J'ai un peu honte de mes bottines pour le moins rustiques qui tachent tous les tapis, sans parler de mon pantalon qui tirebouchonne, du veston que je traîne depuis Barnaul, du chandail avec lequel j'ai travaillé à Moscou Trois et qui a quelques trous. J'ai l'air d'un *bomji* et je le sais – plus exactement, je le découvre.

Marina, au contraire, à qui notre hôtesse (elle se prénomme Sonia) a prêté de quoi se changer, arbore une large jupe chatoyante et un chemisier soyeux, des bas noirs à motifs et des chaussures très fines à très hauts talons. Elle s'est assise sur un canapé de vrai cuir, des types l'entourent, elle semble s'amuser beaucoup. Je mange et, en effet, je bois un peu trop. Un bonhomme aux cheveux blancs tout frisottés et presque roses par endroits me tire de mon isolement en me demandant si je connais Paris. Je lui dis oui, bien sûr ! comme ma poche ! j'y étais encore ambassadeur la semaine dernière – d'ailleurs je me suis habillé là-bas à la dernière mode ! Il m'informe que je suis très mignon et m'assure qu'il « *adore* » ma chemise à carreaux, surtout portée avec une cravate à fleurs, comme c'est le cas. Je suis à deux doigts de casser la figure à cette tante quand quelqu'un intervient. C'est Evguéni, le metteur en scène, maître des lieux. Il m'entraîne sous le prétexte de me montrer sa chaîne.

– Marina m'apprend que tu es un véritable spécialiste. Je voudrais changer mon matériel et j'ai besoin de tes conseils.

Il dispose d'un simple JVC dans un *rack* banal au fil trop fin et d'un Philips.

– Je me trompe ou tu t'apprêtais à fracasser les superbes fausses dents de Iouretchka ?

– Je ne sais pas qui est Iouretchka.

– Le type aux bouclettes. Tu lui plais beaucoup.

Le rire de Marina me parvient de la pièce voisine. Je suis d'une humeur de dogue affamé, et le whisky, que j'ai avalé trop vite, commence à faire son effet. C'est la première fois que je bois du whisky, et je ne déteste pas, mais je préfère la vodka.

– Je ne sais pas ce que je fais ici.

– D'après Marina, tu cherches un endroit où passer la

nuit. Tu ne seras pas seul, mais il doit nous rester un lit de camp – plusieurs de nos amis n'habitent pas Moscou. Tu t'y connais vraiment en matériel hifi ?

– À votre place, je prendrais un Magniplan avec enceinte en panneau, qu'il vaut mieux décoller du mur d'un mètre à peu près. J'achèterai aussi un ampli A & R Cambridge. Et, comme lecteur de cassettes, un Tandberg 3004.

– Tu t'y connais.

– Tant qu'à faire, je m'équiperais aussi d'un Sony DAT (numérique). Et, comme platine-disque, une Linn-Soundek. Comme lecteur de cassettes, le Nakamishi n'est pas mal non plus, avec trois têtes, trois moteurs et double cabestan. Autre chose pour ton service ?

Evguéni rit. Il doit avoir dans les quarante-cinq ans.

– Je ne connais de toi que ton surnom, Tantzor.

– Le reste ne vaut pas d'être connu.

– Toujours selon Marina, tu es dans les affaires. Il paraît que tu t'en tires très bien.

Marina lui a vraiment dit ça ou il cherche simplement à être poli ? Le voici qui sourit à nouveau.

– Nous aimons beaucoup Marina, Sonia et moi. Elle m'a demandé de t'aider. Je peux faire quelque chose pour toi ?

– Me trouver une chambre. Je voudrais une chambre à Moscou.

C'est la première requête qui me soit passée par la tête.

– Ça peut se faire, dit-il. Pas cette nuit mais demain.

– Je peux payer un loyer, j'ai de l'argent.

Une lueur amusée dans son œil bleu. C'est vrai qu'il ne doit pas être à vingt ou trente roubles près ; le seul aménagement de cet appartement a dû coûter des sommes dont je n'ai même pas idée. Pour la première fois de ma vie, je suis en face de ce que je crois être le vrai luxe.

– Vous connaissez Vassia ?

– Le grand-père de Marina ? Mais oui.

– Est-ce qu'il vous a parlé de moi ?

C'était la bonne question, à en juger par sa réaction.

– Oui, dit-il. En bien.

– C'est lui et non pas Marina qui vous a demandé de m'aider, n'est-ce pas ?

– Oui.

– Je suis poursuivi par des types assez dangereux. Il ne s'agit pas de la police ni d'aucune autorité de ce pays. Il vous l'a dit ?

– Je sais que tu as des ennuis qui mettent ta vie en danger mais j'ignore lesquels. Et je ne veux pas les connaître.

– Il était prévu que je vienne ici ce soir ?

Non. Marina était attendue mais pas moi.

– Si je vous… (J'ai du mal à le tutoyer)… si je te demandais cinq mille roubles ?

– Je n'ai pas cinq mille roubles ici. Je peux t'en avancer mille.

– Je ne veux rien, c'était juste pour savoir. Tu connais Kopicki ? Marat Kopicki ?

Il fait un signe de dénégation, apparemment sincère.

– Mais je connais beaucoup de monde, précise-t-il. Notamment… disons dans les hautes sphères. Si, un jour, tu as des difficultés avec quelqu'un de haut placé, viens me voir. J'essaierai d'intervenir.

– Je m'en souviendrai.

Il me sourit et tapote le rebord de mon verre.

– Je t'ai vu lamper le whisky. Fais attention.

Les derniers invités sont partis vers deux heures du matin. La soirée m'a paru interminable. Comment se mêler à une conversation où il n'était question que de choses dont j'ignore tout – films, livres, pays étrangers, villes inconnues, personnages dont le nom ne me disait absolument rien ? Je me suis fait l'impression d'être un Martien. Que suis-je d'autre qu'un jeune paysan venu de son Kazakhstan et que quinze semaines de Moscou n'ont en rien dégrossi ? Certains m'ont fait l'aumône de quelques mots. Je me suis fermé comme une huître, mi-cafardeux, mi-enragé, et, de surcroît, avec une Marina qui ne m'accordait que de brefs regards. Nous étions sept, en plus des hôtes, à devoir dormir dans l'appartement – trois hommes et quatre femmes. J'ai eu droit à un lit de camp dans l'entrée, à côté d'un scénariste, arrivé le matin même de Crimée, qui tenait absolument à me raconter quelques scènes de son histoire. J'ai dû dormir trois ou quatre heures et je me suis réveillé abruti – cette saleté de whisky faisait son effet. J'ai traversé sur la pointe des pieds le grand salon, où Marina dormait avec les trois autres femmes, j'ai fait une toilette de chat, j'ai raflé, en sortant de la salle de bains, quelques blinis de la veille.

Je suis en train d'ouvrir la porte palière, verrouillée comme un coffre-fort, quand le metteur en scène surgit, drapé majestueusement dans une robe de chambre en soie noire.

– Il me semblait bien entendre quelqu'un tripoter la porte. Tu t'en vas déjà?

– J'ai un rendez-vous.

– Et la chambre que tu m'as demandé de te trouver? Attends.

Il retourne dans sa chambre et en revient avec un papier griffonné.

– Voilà l'adresse et un mot pour le concierge. Vas-y quand tu veux à partir d'aujourd'hui midi. Je téléphonerai pour prévenir.

– Merci.

– Tu peux te fier entièrement à Glieb.

– Glieb?

– Le concierge.

Mon dernier regard, avant de refermer la porte, est pour Marina. Elle et les autres femmes semblent dormir profondément. Je devrais être de retour dans moins de trois heures et, donc, la retrouver avant qu'elle s'évanouisse dans la nature.

Il est plus de sept heures – presque sept heures trente – quand j'arrive place des Trois-Gares. Ma connaissance des lieux me permet d'éviter les entrées ordinaires. Je me glisse dans la gare de Kazan par le service des messageries, sans que personne semble m'accorder la moindre attention. Le train en provenance de Bakou sera à peu près exact. Il n'a qu'une heure et demie de retard sur son horaire, m'annonce un employé, lui-même stupéfait de tant de ponctualité. La foule est toujours aussi nombreuse, surtout à pareille heure, les convois de banlieue déversant leur cargaison. Je préfère ne pas traîner dans la gare, où trop de gens me connaissent et où Pavlé pourrait avoir posté des guetteurs. Ayant plus d'une heure à perdre, je vais faire un tour, remettant mes pas dans mes traces d'il y a quatre mois, quand, depuis la place des Trois-Gares, je commençais mes explorations de la ville. Par la rue Kalanchovskaïa, je passe une fois de plus devant les vingt-six étages de l'*Hôtel de Léningrad*. J'hésite à y entrer (j'ai très envie de quelque chose de chaud et j'ai soif; j'aurais dû boire à la gare de Kazan) mais, finalement, je m'en détourne. Kopek après Kopek, j'ai amassé, durant les dernières semaines, un pécule qu'il n'est pas question de dilapider – je tourne à l'avare pur et simple, c'est vrai. Plutôt que de m'engager sur l'avenue Kirov, qui me ramènerait vers le centre, je prends à gauche, un peu au hasard, vers le square Lermontov. Il me reste alors une quarantaine de minutes à tirer avant l'arrivée du train de Bakou, et je note le manège des quatre jeunes hommes sans d'abord y prêter trop attention : des types en maraude. D'évidence, ils en ont après un étranger, un petit bonhomme d'une quarantaine d'années qui a tellement l'air britannique qu'on dirait une caricature. Il mesure au plus un mètre soixante, ses cheveux, prématurément blanchis, sont divisés par une raie qui donne naissance à un cran de six ou sept centimètres de haut. Il a trop bu ; cela se voit. Il se dirige vers une Morris dont la plaque d'immatriculation porte le 001 indiquant que son propriétaire est britannique, le K précisant qu'il est correspondant de presse et le R signalant que le véhicule est autorisé à quitter le territoire de l'Union. Tout cela en noir sur fond jaune. Le petit homme s'approche de l'auto et essaie d'introduire la clé dans la serrure. Sans grand succès. Il rit.

Et il rit encore quand les quatre autres le rejoignent et l'encadrent. Le premier coup de poing l'atteint du côté gauche, à hauteur du cœur. Il reçoit encore des coups dans les reins. Il ne tombe pas tout de suite et se retourne, prenant appui sur la carrosserie. Curieusement, il ne manifeste ni peur ni colère. Il continue de sourire et explique en anglais que tout est de la faute de l'eau minérale ; il n'aurait jamais dû en mettre dans son whisky, ça le rend malade. Et de rigoler plus que jamais. Le quatrième coup le plie en deux. Il s'affale sur les genoux sans cesser de rire. Je ne devrais pas m'en mêler mais j'interviens. Je prends par l'épaule l'un des agresseurs, je le force à se retourner et lui assène un assez joli crochet du droit, qui lui fait éclater la lèvre.

– Foutez-lui la paix, c'est un ami.

Je cogne deux autres fois, sur un garçon aux yeux légèrement bridés, puis sur un deuxième, qui porte une casquette de type américain.

– Tirez-vous.

Ce n'est certes pas que je les terrifie, encore qu'aucun des quatre ne soit de ma taille et n'ait dépassé dix-huit ans, mais une bagarre un peu prolongée finirait tôt au tard par provoquer l'intervention de la milice. Ils décident de rompre. Le petit Anglais est assis par terre, et il rit toujours, ce cinglé !

– Foutue eau minérale, dit-il.

– Ça va ?

– Vais très bien.

– Donnez-moi votre clé, je vais vous ouvrir la portière.

Sans difficultés, il me tend le trousseau. La troisième clé est la bonne. J'ouvre la Morris.

– Vous ne devriez pas conduire, beurré comme vous l'êtes.

– Suis pas beurré, suis malade.

– C'est ça.

Je le cueille sous les aisselles et l'installe au volant.

– Vous appelez comment ?

– *Dancer*, dis-je en traduisant mon surnom. Tantzor en russe.

– Parle pas cette putain de langue ! Quelqu'un m'a frappé.

– Pas moi. À votre place, je m'enfermerais dans la voiture et je dormirais un peu avant de repartir.

– Vais très bien.

Il avance la main et, voulant me tapoter la joue, manque de peu de m'enfoncer son doigt dans l'œil.

– Première leçon : jamais d'eau minérale dans le whisky.

J'ai juste le temps de sauter en arrière : avec une vivacité inattendue, il a tiré sur lui la portière, et, deux secondes plus tard, il démarre. Je le vois s'éloigner – il ne roule pas vite, heureusement – dans la rue Sadovaïa-Spasskaïa.

Il est déjà hors de vue quand je découvre à mes pieds, dans le caniveau, le portefeuille qu'on a essayé de lui voler et qui est tombé sur le sol. J'y trouve une vingtaine de roubles, vingt-huit livres anglaises et des papiers au nom de Colin MacHendricks, avec une adresse à Londres et une autre à Moscou, rue Petchanikov – je ne sais pas où c'est. J'empoche le tout.

Le train de Bakou entre dans la gare de Kazan trente-cinq minutes plus tard. Normalement, Gogui devrait s'y trouver. Je lui ai demandé, voilà déjà quatre semaines, de me rejoindre à Moscou. J'ai adressé la lettre à sa mère, à Tbilissi.

Gogui n'est nulle part, et mon moral en prend un coup. C'était à Gogui que je pensais quand je parlais à Volodia Chamchourine d'un assistant qui allait me remplacer en toutes choses. Mais je n'attendais pas seulement du fils de Myriam Semionova qu'il vînt me seconder dans mes entreprises débutantes. Je comptais également sur lui pour rompre un peu ma solitude.

Il n'est pas là, il n'a pas répondu à mon appel. Je n'arrive pas à croire que sa défection est volontaire. Il lui sera arrivé quelque chose.

Kourachvili. Qui d'autre ?

J'attends sans raison – aucun autre train en provenance du Caucase n'est prévu avant le lendemain –, et m'attarder comme je le fais dans cette gare de tous les dangers est une folie. Mais rien à faire ; je suis au bord des larmes. À Sacha Chamchourine et à Vassia Morozov, qui m'ont tous les deux posé à peu près la même question, j'ai répondu que je n'avais pas l'intention de tenter quoi que ce fût contre Djoundar Kourachvili – et donc contre Pavlé. Faire quoi d'ailleurs ? La disproportion entre nos forces est telle qu'elle en est grotesque. Et puis, merde ! J'ai mieux à faire que relever le défi d'une espèce de parrain de la mafia géorgienne vivant à des milliers de kilomètres de moi. J'ai déjà en caisse plus de cinq mille roubles. Au train où vont les choses, je suis certain de tripler, voire de décupler ce premier capital. Je ne vais pas courir deux lièvres en même temps ; c'est déjà assez difficile de me faire une place dans Moscou.

Gogui n'est pas là. Je comptais les jours depuis le départ de ma lettre.

– Oh! Merde !

Je finis tout de même par me remettre en mouvement. Je ressors de la gare de Kazan, toujours par l'arrière, en évitant la place Komsomolskaïa, comme je l'ai déjà fait deux fois ce matin. Je vais regagner l'appartement où j'ai passé la nuit. Il y a déjà plus de deux heures que j'en suis parti. Je ne peux qu'espérer que Marina s'y trouve encore. Il vaudrait mieux, sans quoi, elle va disparaître, et il se passera des jours, sinon des semaines, avant que je lui remette la main dessus (au sens propre comme au sens figuré).

Des milliers de voyageurs (chaque jour, il en transite cinq cent mille par les gares de Kazan, de Iaroslavl et de Léningrad) m'entourent. J'avance dans une foule de visages gris, de vêtements gris, une foule de moutons. J'ai envie de hurler et de frapper. Pour un peu, je souhaiterais presque que Pavlé-l'Albinos surgisse. J'aurais au moins quelqu'un sur qui taper, même si je dois y laisser ma peau.

Je me retrouve une fois de plus dans la rue Kalanchovskaïa. Je la traverse pour gagner l'entrée du métro devant l'autre grand immeuble, qui est un ministère. Un abruti d'autocar me barre la route. Je flanque un coup de pied dans la carrosserie. Il ne bouge pas pour autant alors que la voie, devant lui, est libre – à croire qu'il fait exprès de me bloquer le passage. Allez! Un chauffeur d'autocar fera très bien l'affaire, comme punching-ball.

Je lève les yeux et découvre la grosse bouille d'Eldar Nourpeïsov.

Gogui est à côté de lui. Ils sont hilares.

– Tais-toi, Eldar.

La voix de Gogui et la mienne s'unissent pour faire taire le géant kazakh, qui s'apprête une fois de plus à nous raconter comment, depuis Alma Ata, il a réussi à conduire son autocar jusqu'à Moscou. C'est vrai qu'ils ne doivent pas être nombreux à avoir accompli, récemment, pareille performance. Ils sont venus, Gogui et lui, par la route directe, sans perdre de temps à des déviations que des miliciens de rencontre voulaient leur imposer – dont quatre détours qui les auraient ramenés à leur point de départ! Ils sont passé par Tchou, Tchimkent, Kazalinsk, Aktioubinsk, Kalmikovo, Ourda, Voronej et Toula. Qu'ils soient parvenus à passer sans encombre avec une plaque d'immatriculation kazakhe semble proprement irréel.

– Nous n'avions pas d'immatriculation kazakhe, dit Gogui de sa voix tranquille. Au début, si. Mais ensuite, nous en avons changé en cours de route. Six fois. Tu as déjà vu Eldar expliquer quelque chose à un flic ?

– Et où preniez-vous ces plaques ?

Eldar en a emporté tout un stock. Nul ne sait comment, mais il s'est procuré des numéros correspondant à des véhicules existant réellement.

– Je peux tout expliquer, dit le Kazakh.

– Non !

Gogui et moi avons hurlé d'une même voix. Une explication d'Eldar, en supposant que nous y comprenions quelque chose – ce qui serait très surprenant –, nous prendrait trente à quarante minutes. Je demande :

– Et en ce moment, nous avons quoi comme immatriculation ?

– Une plaque de Moscou. Il l'a posée à deux ou trois cents kilomètres d'ici. Nous avons été contrôlés deux fois, et, les deux fois, les policiers ont fini par le laisser repartir. Ils devenaient complètement fous.

Je me retourne. L'autocar venu d'Alma Ata n'est pas ordinaire. À part le siège du chauffeur et deux banquettes, tout le reste de l'équipement a été retiré ; à la place, on a aménagé un salon-salle à manger-cuisine-chambre à coucher. J'aperçois des caisses.

– C'est quoi ?

– Des provisions. Eldar en a emporté dans les deux tonnes. Il paraît qu'on mange très mal à Moscou.

– Et les flics qui vous ont contrôlés ont laissé passer cette caravane ?

– Eldar leur a expliqué.

Même Gogui, dont la nature manque d'humour, sourit.

– Gogui, il a dû voler ce véhicule à Alma Ata. Il n'est pas possible qu'il s'en soit tiré aussi facilement.

– Il n'a rien volé du tout. Il a construit un autocar neuf avec des pièces de rechange pour les autres autocars qu'il avait sous sa garde. Cet autocar, dans lequel nous sommes, n'existe pas. Officiellement du moins. J'ai eu un peu de mal à comprendre moi-même. En fait, ce n'est qu'après mille kilomètres de route que j'ai fini par saisir ce qu'Eldar m'expliquait, mais maintenant c'est clair. Pour ce qui est des plaques, je pense qu'il s'est procuré, d'une façon ou d'une autre, les numéros des véhicules récemment retirés du service, sur le parcours Alma Ata-Moscou, et qu'il a fabriqué lui-même les plaques. Je sais que c'est difficile à croire quand on le regarde et quand on l'entend parler, mais je crois que ce type est le citoyen le plus rusé de l'Union soviétique. Ils devraient le prendre au Kremlin.

Nous roulons très calmement sur les boulevards de ceinture en direction du zoo. J'ai un peu de mal à rassembler mes idées. Je ne suis pas encore remis de ma surprise de les avoir vu surgir tous les deux – mes deux amis, et ensemble – dans un autocar.

– J'ai bien reçu ta lettre, dit Gogui. J'étais à Bakou, Maman me l'a transmise discrètement. J'aurais pu partir tout de suite pour Moscou, mais tu m'avais fixé un jour précis, pour notre rendez-vous. Tu m'avais parlé de ton Kazakh lanceur de poids, et je me suis dit qu'il ne serait pas de trop, comme garde du corps. Le trouver à Alma Ata a été facile. On voit Eldar de loin, et il suffisait de suivre les autocars jusqu'à leur garage. Je n'aurais pas dû l'emmener ?

Je ne sais pas. C'est vrai que, si j'avais été flanqué de Nourpeïsov l'autre soir, place Sovietskaïa, les hommes de Pavlé auraient eu du mal à m'approcher. Mais le personnage est pour le moins encombrant. Je ne sais même pas où le loger.

– Tu n'as pas à le loger. Il restera dans son car. C'est chauffé et il y a ses habitudes. Moi aussi d'ailleurs. C'est très confortable. Nous avons même la télévision. Eldar sait aussi réparer la télévision, à propos. Il ne faut pas lui demander de commenter les programmes ; c'est tout.

Le plus extravagant dans l'histoire, c'est que nous parlons d'Eldar comme s'il était absent. Il est pourtant à un mètre de nous. Mais il ne semble pas entendre. Peut-être n'entend-il pas, d'ailleurs. Sa structure mentale me déconcerte – le mot est faible !

– Comment va ta mère ?

– Bien. Elle m'a chargé de te dire que Kourachvili fera

tout au monde pour avoir ta peau et qu'il te veut vivant. Mais je ne t'apprends rien.

En effet.

— Gogui, on m'appelle Tantzor ici.

— Ça te va très bien.

La rue Grounzinskaïa est bordée d'un côté par le zoo et de l'autre par des immeubles dont l'espacement laisse apercevoir les jardins du Planétarium. Je remarque et j'identifie la silhouette au moment où l'autocar débouche.

— Eldar, rattrape-moi ce type qui court.

Trente secondes plus tard, nous roulons à la hauteur d'Evguéni, le metteur en scène, mon hôte de la nuit précédente. Il porte un superbe survêtement et des chaussures de sport comme je n'en ai vu qu'en photo. Il finit par tourner la tête, intrigué par ce monstre rouge et gris qui roule très près de lui. Le car stoppe et je descends.

— Tantzor ? Si tu viens chercher ton amie, elle est déjà partie.

— Elle a dit où elle allait ?

— Je lui ai demandé s'il y avait un message pour toi, et elle m'a répondu — je cite — que tu aurais les résultats de ton examen après-demain soir et qu'ils te seraient envoyés. J'espère que ça te paraît clair.

Ça l'est. Marina s'est évanouie dans la nature, comme je le craignais, et soit son grand-père soit elle reprendront le contact dans deux jours. Evguéni considère l'autocar avec curiosité.

— Une ligne régulière ?

— La plus longue d'URSS. Vous m'avez dit que, si j'avais besoin de quelque chose, je pouvais vous le demander.

— On peut toujours demander.

Il devait courir depuis pas mal de temps quand nous l'avons intercepté (ou alors il est en piètre condition physique) car il est en sueur malgré l'air glacé et il halète façon chien de chasse.

— C'est justement à propos de cet autocar, dis-je. Il n'a pas l'air mais il n'existe pas.

Je lui raconte toute l'histoire. Gogui hoche la tête d'un

294

air réprobateur devant tant de confiance témoignée à un inconnu. Quant à Eldar Nourpeïsov, il mange des concombres avec du pain et semble se désintéresser totalement de ce qui se passe.

– On peut visiter ? demande le metteur en scène.

Une quarantaine de minutes plus tard, nous sommes assis à discuter, Gogui et moi, quand Evguéni ressort.

– Incroyable, dit-il. Je ne parle pas de l'autocar lui-même. Je veux dire Nourpeïsov. Non, mais vous avez déjà entendu ce type expliquer quelque chose ?

– Nous l'avons déjà entendu deux ou trois fois, nous écrions-nous en chœur, Gogui et moi.

– Il a toujours été comme ça ?

Je fouille mes souvenirs. Le Nourpeïsov avec qui j'ai fait mon service militaire était déjà pas mal dans le genre. Des bataillons entiers d'officiers et de sous-officiers ont sombré dans la dépression nerveuse pour avoir voulu percer sa carapace d'abruti, qui recouvre pourtant une exceptionnelle matoiserie. Mais, à en croire Gogui, Eldar aurait encore perfectionné sa technique – Gogui croit qu'Eldar est plus ou moins fou.

J'offre à Evguéni une bière prise dans l'un des réfrigérateurs du bord. Il l'accepte avec reconnaissance. Derrière nous, Eldar a disparu dans les profondeurs du véhicule, et, aux bruits qu'il fait, je ne serais pas surpris qu'il prenne une douche.

– Je pourrais tourner un film avec ce type, dit Evguéni. Raconter seulement son voyage jusqu'à Moscou, avec lui dans son propre rôle ! Vous croyez qu'il accepterait ?

– Demandez-lui, dit Gogui.

– Et l'entendre m'expliquer pourquoi il veut ou ne veut pas ? Des clous !

Deux miliciens passent et tournent autour du car. Mais ils reconnaissent le metteur en scène, qui leur explique qu'il prépare un film. Ils s'en vont.

– Ce n'est pas une si mauvaise idée, dit Evguéni. Je peux raconter que c'est moi qui ai fait venir cet engin bizarre avec son chauffeur depuis le Kazakhstan, à seule fin de faire un film. On me croira. Dans ma dernière œuvre, qu'on a presque présentée au festival de Cannes, je racontais l'histoire d'un mineur de fond qui refuse de remonter à la surface parce qu'il ne veut pas croire que Staline est mort. Pendant une heure et demie. Et, lorsqu'il se décide enfin à grimper les onze cents mètres de puits, il a un accident et meurt avant d'avoir revu le Soleil. Vous l'avez vu ?

– Je n'ai pas beaucoup eu le temps d'aller au cinéma mais j'irai le voir. Ça semble intéressant, dis-je poliment.

– C'est un film très noir. D'autant plus que c'est une mine de charbon. Bon. Plus j'y pense, plus je crois que je vais vous obtenir une vraie immatriculation.

– Et des papiers en règle pour Gogui et Eldar.

– C'est plus facile. Je les engage officiellement comme machinistes. Je m'arrangerai avec le syndicat.

Le regard d'Evguéni soutient le mien avec insistance. Je finis par comprendre.

– Tu peux parler devant Gogui.

– C'est à propos de Sergueï Alexeïev. Marina m'a dit que tu souhaitais le rencontrer. Je t'ai pris un rendez-vous pour aujourd'hui. Ça va ?

– C'est superbe. Merci.

– Il y a autre chose… Il y a autre chose, reprend Evguéni. Vassia m'a téléphoné ce matin, une vingtaine de minutes après ton départ. Est-ce que le nom de Myriam Sémionova Livchitz vous est connu ?

Je fixe soudain Gogui, qui est devenu blanc comme un linge. Evguéni suit mon regard et m'interroge d'un haussement de sourcils.

Je dis simplement :

– Sa mère.

– Je suis désolé, dit doucement le metteur en scène.

– Elle est morte ?

– Oui. Elle se serait pendue.

Gogui se lève et s'éloigne, petite silhouette frêle. Je le suis un instant des yeux. Je demande à Evguéni :

– Tu as dit « serait ». Vassia croit qu'on l'a tuée ?

– Il semble en être certain. Avant de se pendre, la femme se serait brûlée accidentellement d'après la police locale, en tombant dans le foyer de sa cheminée. D'après Vassia, la réalité serait assez différente. On l'aurait torturée et on aurait camouflé les traces des sévices en plaçant le cadavre sur le feu. Avant de la pendre. Vassia m'a dit que tu saurais qui a fait ça.

Je ne réponds pas. Je regarde toujours Gogui, qui est maintenant appuyé contre une façade et cache son visage dans ses mains. Il me semble tout à fait évident que, si je n'étais pas allé faire le guignol à Tbilissi, Myriam Sémionova serait encore vivante. Elle qui pensait n'avoir rien à craindre de son ex-époux, Djoundar Kourachvili.

– Tu sais où est Vassia, Tantzor ?

– Je le crois.

– Moi, je l'ignore. Je connais Vassia depuis toujours. C'est grâce à lui que j'ai écrit mon premier scénario et réalisé mon premier film. Je l'aime infiniment. Il t'a raconté son histoire de roi des voleurs ?

– Oui.

– Elle est vraie.

– Je sais. J'ai vérifié.

– D'après Vassia, tu es le jeune homme le plus machiavélique qui soit. Ce n'est pas une critique dans sa bouche. La première fois qu'il m'a parlé de toi, après m'avoir fait toutes sortes de compliments sur toi, il m'a dit qu'il n'était pas encore sûr que tu sois l'homme de la situation. Je n'ai pas la moindre idée de ce qu'il entendait par là. Est-ce que ça a un rapport avec cet examen dont parlait Marina ?

– Il semble que oui.

– Marina est très amoureuse de toi. Mais tu le sais.

Je ne relève pas. Gogui revient vers nous, son mince visage de fille est impassible.

– Il y a quelque chose d'autre que je peux faire pour ton ami et toi, Tantzor ?

– Tu as déjà fait pas mal. Merci. Dans ton dernier film, est-ce que le mineur croyait encore au Soleil ?

– Après quarante et un ans à onze cents mètres de profondeur, on a perdu jusqu'au souvenir du Soleil. Mais il y croyait encore. Personnellement, j'ai mis seize ans pour arriver à faire accepter mon premier scénario. Bonne journée.

Je m'attendais à trouver un Sergueï Alexeïev en costume-cravate, tout plein de la componction inhérente à ses fonctions officielles. J'ai devant moi un garçon qui fait à peine plus que mon âge, sans veston, vêtu d'un pantalon et d'un chandail gris-noir sur une chemise à petits carreaux aux pointes de col boutonnées. Ses cheveux sombres sont plus longs que les miens, un peu hirsutes. Il porte des lunettes à monture d'or. Il se renverse dans son fauteuil et pose les talons sur le plateau de la table.

– On se tutoie. Je t'écoute.

Je parle pendant cinq à six minutes sans être interrompu. J'ai bien réfléchi à ce que j'allais lui dire. J'ai résolu de ne rien lui cacher de mes affaires présentes et de celles que j'ai en projet – je lui en dis plus qu'à Marina. J'essaie d'être aussi concis que possible.

Je me tais. Il se passe la main dans ses cheveux. C'est un tic.

– Tu as quel âge ?

Je le lui dis. Il hoche la tête comme si ma réponse confirmait son estimation.

– J'ai dix ans de plus que toi. Et le sentiment que tu es déjà d'une autre génération que la mienne. Je me sentirais presque vieux à t'entendre. Que sais-tu de moi ?

Je lui récite sa biographie. Ce que j'en connais. Qui n'est pas négligeable. La preuve, c'est qu'il me considère avec surprise.

– Où as-tu appris tout ça ?

– J'aime être renseigné.

– Evguéni m'a dit que tu n'étais à Moscou que depuis quatre mois.

– Et quelques jours.

– Tu n'as pas perdu de temps. Tu as vraiment mis sur ordinateur tous les diplômés de l'institut d'économie ?

– Pas seulement eux. J'ai prévu d'autres programmes. Nous dressons une liste de tous les directeurs d'entreprises dans un rayon de deux cents kilomètres autour de Moscou. Des usines aussi. Et des « *déficits* », de tout ce qui manque sur le marché.

– Ça va être une liste interminable.

J'ai déjà rencontré près de trois cents personnes à Moscou. Pour la première fois, j'ai l'impression d'avoir face à moi quelqu'un qui pense à la même vitesse que moi et qui va dans la même direction. Il sourit.

– Je suppose que c'est un compliment que tu me fais, dit-il.

– C'en est un.

– Tu as vraiment un culot infernal.

– La prétention, c'est de surestimer ses propres capacités.

– Et tu ne penses pas commettre ce genre d'erreur.

– Non.

Le téléphone sonne. Sergueï Alexeïev décroche le récepteur, mais ce n'est pas pour prendre la communication. Il pose l'appareil sur la table, après avoir coupé le correspondant qui parlait déjà.

– Résumons-nous, dit-il. Tu as cette affaire de préservatifs. Plus les discothèques. Plus ton agence de consultants. Plus ton projet de baladeurs. Plus ton magazine de rock. Tu vas, bien entendu, relier ce magazine aux discothèques ?

– Bien entendu.

– Et à ce magasin que tu veux ouvrir ?

– Ces magasins. J'en prévois trois pour Moscou. Je compte ensuite m'étendre aux autres villes.

Magasins dans lesquels on vendra du matériel hifi, des disques, des cassettes et des disques compacts. Des supermarchés spécialisés dans la musique, en quelque sorte. Dont les vendeurs et les vendeuses seront jeunes, fanatiques de musique, capables de discuter avec une clientèle de leur âge.

– Et, selon toi, demande Alexeïev, les syndicats sont prêts à investir dans ce projet ?

– Comme ils investissent déjà dans les discothèques. Il faut bien prendre l'argent où il est.

– Et tout ce matériel que tu veux vendre, tu le prendras où ?

– Comme l'argent : où il est. Au Japon, pour l'essentiel.

– Tu as des contacts au Japon ?

– Absolument aucun.

– Je me trompe ou tu comptes sur moi pour en établir ?

– Tu es dans le système, pas moi. Si tu refuses, je trouverai quelqu'un d'autre.

– Tu as prévu pour moi d'autres interventions dans d'autres domaines ?

Le ton est un peu caustique mais je parierais que ce n'est

que de l'autodéfense chez Sergueï. Je vais peut-être un peu trop vite pour lui, c'est vrai. Mais c'est un risque calculé (enfin, j'espère) dès lors que j'ai choisi de jouer la franchise à fond, en me fiant à son intelligence et en comptant qu'il va passer outre ses habitudes d'homme du sérail, de la *nomenklatura* (à laquelle il appartient plus qu'il ne le croit sans doute lui-même).

– Il y a d'autres domaines.

– Que tu n'as pas évoqués tout à l'heure dans ton exposé d'ouverture ?

Pour un peu, il me décevrait. Il devrait avoir déjà compris que je ne suis pas venu le voir et que je ne lui ai pas révélé la nature de mes activités du moment pour l'impressionner ou pour obtenir de lui une aide dont je n'ai pas besoin. Si je me fie à lui et si je lui montre mon jeu, c'est pour aller plus loin dans des domaines où je ne peux m'aventurer seul.

– Sergueï, j'ai besoin d'un associé dans des projets que je n'ai pas encore mentionnés. J'ai besoin de quelqu'un pour l'agence de consultants, pour les deux autres journaux et hebdomadaires que je voudrais créer. Et également pour tout ce qui concerne les achats à l'étranger.

Silence. Il en a visiblement pris un coup, et je ne suis pas trop mécontent de moi, même si me titille la crainte d'en avoir trop dit – il va peut-être me prendre pour un fou.

– Un journal et un autre hebdomadaire ?

– Un quotidien – pas forcément quotidien les premiers temps d'ailleurs, on pourrait envisager des parutions moins régulières, par exemple à la semaine pour commencer –, un quotidien traitant uniquement de finance et d'économie.

– Tu voudrais créer le *Wall Street Journal* ou le *Financial Times* à Moscou ?

– Je ne connais ni l'un ni l'autre. Je ne sais rien en matière d'économie et de finance. Je sais tout juste que deux et deux font quatre.

– C'est un bon début, remarque-t-il en riant.

– Mais je pense que l'économie et la finance ne doivent pas être si compliquées que ça. En général, on habille des choses simples avec des mots compliqués.

– Je me demande pourquoi j'ai fait des études.

– Il y a des règles et, surtout, des règlements ; il faut les apprendre. Toi, tu les connais.

Je ne vais quand même pas jusqu'au bout de ma pensée sur ce point. Sergueï Alexeïev a fait de très brillantes études, m'a-t-on dit. Je risquerais de le braquer en lui révélant qu'à mon sens les études ne servent à rien. Pour les créateurs. Pour ceux qui ont des idées. Ma conviction est qu'elles constituent plutôt un obstacle. Je veux réussir en faisant du neuf. Passer des années à étudier les techniques me ferait perdre du temps et, surtout – comment dire ? –, m'émasculerait. Je veux conserver ma fraîcheur. Et inventer tout ce qui me passera par la tête sans me soucier des règles (sauf celles dont l'ignorance pourrait me conduire en prison). Et, pour ces règles, il existe des spécialistes. Je ne sais strictement rien de la façon dont les grands milliardaires de l'Ouest ont bâti leurs fortunes. Je serais surpris qu'ils y soient parvenus grâce à ce qu'ils ont appris dans les universités. Là encore, je suis prêt à parier que la plupart d'entre eux étaient sans formation. Libres, donc, d'imaginer.

Et, pour ce qui concerne les règles, ils ont dû employer des avocats. (Existe-t-il, à New York ou à Londres, des avocats d'affaires qui ont fait fortune en créant ? Je serais curieux de les connaître.) Bon. Je n'ai pas, à Moscou ni ailleurs en Union soviétique, d'avocats de ce genre à ma disposition. Restent des hommes comme celui que j'ai en face de moi.

Et qui est de plus en plus pensif.

– Je suis partagé entre deux envies, dit-il. La première est de te flanquer à la porte puis de téléphoner à Evguéni pour lui dire qu'il a été cinglé de me conseiller de te recevoir.

– Hé, hé ! dis-je, façon Khan Pacha. Sauf que tu t'emmerdes dans ce bureau.

– Je suppose qu'on t'a déjà expliqué que nous n'étions pas précisément dans un pays où la liberté d'entreprendre est garantie ?

– On m'en a touché deux mots ; oui.

Chamchourine entre autres. Mais je ne tiens pas à parler de Chamchourine à Sergueï. Jusqu'ici, je n'ai pas prononcé un seul nom. Je n'ai pas cité Kyryl Belov, qui est en train de travailler sur les maquettes de mon magazine de rock, ni Sarkissian, ni Boria Zaporojko, ni Volodia Chamchourine, ni tous les autres – ils sont déjà plus d'une quinzaine à travailler avec moi, ou pour moi.

Je demande :

– Et à part me flanquer par la fenêtre, tu penses à quoi ?

– Continuer à t'écouter. Continuer à me demander si tu es complètement cinglé ou si tu es unique. Soit dit en passant, tu es habillé comme un *bomji*.

– Je suis Tantzor le Bomji. Mais j'ai plein d'idées rigolotes.

– Admettons que je sois intéressé par une association – simple hypothèse de travail. Je t'aide donc à faire venir au meilleur prix du matériel, japonais ou autre ; je t'aide à ouvrir ces magasins ; je t'aide à créer cette agence de consultants... Destinés à qui, ces conseils ?

– Aux citoyens soviétiques qui seraient aussi fous que nous et aux étrangers qui souhaiteraient travailler dans notre pays et y investir leurs sous. On pourrait aussi conseiller les usines, mais, à mon avis, il faut créer deux organismes différents. C'est toujours mieux de cloisonner et d'avoir plusieurs fers au feu.

– Reparle-moi de ton journal économique.

– Il ne s'agit pas de refaire en russe ton *Wall Street Journal*. Je ne l'ai jamais lu mais il est probablement destiné à une clientèle qui connaît les mots techniques et qui a l'habitude de la finance. Nous, nous ferions quelque chose de plus simple, adapté à notre pays. Nous ne trouverions pas cinquante lecteurs pour rêver de gagner un million de dollars. La quasi-totalité de nos compatriotes se contenteraient largement d'informations et d'idées leur permettant de gagner mille roubles.

Voire, plus prosaïquement et plus modestement encore, leur permettant d'apprendre où et pour combien l'on peut acheter des jeans qui ne soient pas ces saloperies importées de Pologne.

– Tu as une idée du prix de revient d'un journal ?

J'ai les chiffres d'exploitation (Guenka me les a obtenus) des *Izvestia* pour les quotidiens, de la *Litératournaïa Gazéta* et d'*Ogoniok* pour les hebdomadaires, de *Novy Mir* et du réformiste *Znamia* pour les mensuels. Je les cite de tête à Sergueï, et il lève les bras au ciel sous cette avalanche de chiffres que je débite à toute vitesse.

— Je sais aussi dans quelle imprimerie nous pouvons faire fabriquer notre journal. Et j'ai déjà les noms de trois journalistes capables de travailler avec nous.

— Tu dis « *nous* » comme si j'avais accepté.

— Je ne m'arrête pas aux problèmes de procédure. J'ai également un chef de fabrication et un chef de publicité.

Pour ce dernier poste, j'ai un candidat volontaire désigné d'office, même s'il l'ignore encore : Khan Pacha.

— Un chef de quoi ?

— Publicité. C'est un domaine dans lequel il y a beaucoup à faire. Nous pourrions d'ailleurs monter une agence de publicité tant que nous y sommes. Les marques étrangères ont du mal à assurer la promotion de leurs produits. Et les usines soviétiques ignorent jusqu'au mot de publicité.

Je vais peut-être un peu loin en dévoilant ainsi, l'une après l'autre, toutes mes batteries. Mais, pour la première fois, je donne libre cours à toutes les idées – enfin, presque toutes – que je caresse depuis des mois, sinon des années. Sergueï Alexeïev prend le temps de digérer et lisse frénétiquement ses longs cheveux.

— Tu parlais aussi d'un hebdomadaire.

— En anglais, pas en russe. Et destiné aux investisseurs étrangers. Avec tous les renseignements dont ces gens peuvent avoir besoin.

— Tu sais l'anglais ?

Évidemment. Non, je n'ai pas encore recruté de traducteurs. Quoique moi-même – ou Sergueï – puisse se charger d'une partie des traductions. Mais nous aurons mieux à faire, lui et moi.

— Sergueï, je vois deux moyens de financement. Puisque, dans cette affaire-ci, je doute que les syndicats acceptent de mettre de l'argent. Il y a d'abord les abonnements. Nous lancerons une campagne pour les recueillir. À cette occasion, nous pourrions fabriquer un machin, une sorte de lettre déclarant nos intentions. On l'adresserait à toutes les ambassades, à tous les consulats, à toutes les entreprises étrangères représentées ici et à toutes celles qui ne sont pas encore représentées mais qui voudraient l'être. Je sais qu'il y a des tas de banques privées à l'Ouest. On pourrait peut-être passer par elles.

Ce ne doit pas être difficile d'établir une liste de toutes les banques s'intéressant au commerce avec l'URSS.

– Je pourrais entrer cette liste dans mon ordinateur.

Sergueï Alexeïev se lève, marche un peu, va se planter devant la fenêtre, par laquelle il aperçoit, en dessous, la Moskova. Une bonne minute et demie de silence. Je sais qu'il va accepter et je n'en suis même pas exalté. J'ai acquis un sang-froid que je ne me connaissais pas.

Il me pose la question sans se retourner :

– Quel autre moyen de financement pour l'hebdomadaire en anglais ?

– Le gouvernement de ce pays. C'est son intérêt.

– Et je dois t'obtenir une subvention ?

– Tu dois nous obtenir une subvention. Et tu as un milliard d'autres choses à faire. Si ça se trouve, dans un an ou plus, tu pourras vraiment créer cette banque privée dont tu rêves.

J'hésite à cette seconde. Je suis au bord de me lancer dans un discours poignant, exalté, vibrant et tout et tout dans lequel je ferai miroiter les lendemains chantants qui nous attendent, lui, moi et quelques autres, où je soulignerai le plaisir sauvage qu'on éprouve à créer, à façonner le monde, à apporter quelque chose à quoi personne d'autre, avant, n'avait songé. Nous gagnerons de l'argent ; c'est mathématique. Mais ce n'est pas l'essentiel. C'est, au mieux, un prétexte.

Je me tais. Chamchourine, Vassia et Alexeïev n'ont pas besoin de me le rappeler : je suis dans un monde où ce que je veux faire est sûrement original, certainement dangereux (et je ne pense même pas à Kourachvili et à la menace qu'il fait peser sur moi) ; je suis vraiment l'équilibriste dansant sur un fil, au-dessus d'un volcan qui peut à tout moment entrer en éruption – par exemple, à la suite d'un coup d'État militaire – et me calciner ; ou bien je peux chanceler, tomber et m'abîmer dans la lave en fusion parce que les inerties du système auront freiné ma danse.

C'est la raison majeure de mon silence en ce moment. Mais il y en a une autre : trop en faire dans le lyrisme serait insulter l'intelligence de Sergueï Alexeïev.

Une idée amusante me vient.

– D'ores et déjà, Sergueï, il y a quelque chose que tu pourrais faire. Une simple transaction avec la Pologne ou la Hongrie. Tu connais les hommes qui s'occupent de ce département.

– Tu veux faire venir quelque chose de Pologne et de Hongrie ? Ce sont des pays aussi fauchés que le nôtre – ou à peine moins dans le cas de la Hongrie. Tantzor, notre pays est le plus beau bordel que l'histoire ait connu. Nous entrons carrément dans la légende. Le gouvernement…

– Je ne crois pas aux gouvernements. Je ne crois pas aux hommes providentiels. Aucun homme ne fait l'histoire, c'est le contraire. On a les chefs qu'on mérite. Et ils ne peuvent agir que de la même façon qu'agirait la moyenne nationale. Un peuple provisoirement con a un gouvernement con. S'il a de la chance, il se trouvera le type adéquat le jour où il aura une lueur d'intelligence. Un gouvernement ne crée pas, il replâtre ou détruit.

Alexeïev me regarde, ahuri (je dois dire que je suis moi-même stupéfait de ma propre tirade).

– Tu es anarchiste.

– Je ne suis rien du tout. Je ne sais pas ce qu'est un anarchiste. Je suis partisan de la suppression de tous les mots finissant en isme. Je veux danser avec une seule règle : ne pas marcher sur les pieds de quelqu'un en dansant. Tu veux t'occuper de cette petite affaire dont je t'ai parlé ?

– Il s'agit de quoi ?

C'est simple. Nous avons, dans ce pays, un joli drapeau tout rouge. Il y a des trucs en haut à gauche. Personnellement, dans les circonstances actuelles, j'y mettrais une carcasse de poulet que toute une famille a sucée pour en détacher la moindre parcelle de viande. Mais on y a mis autre chose, sans me consulter. Dommage !

– Sergueï, nous sommes le pays de la faucille et du marteau.

– Et alors ?

– Je te l'ai dit : j'ai entrepris de dresser la liste de tout ce qu'on ne trouve nulle part, à moins de payer en devises étrangères et d'acheter dans certains magasins aux rideaux soigneusement tirés.

— Et alors ?

— On trouve des marteaux, en Union soviétique. Mais pas de faucilles. Sors dans la rue, parcours Moscou ou n'importe quelle république qui soit encore disposée à rester dans l'Union (tu en auras vite fait le tour), et essaie de trouver une faucille.

— C'est une blague ?

— Pas du tout.

Ça m'a bien fait rigoler, moi aussi, quand j'ai découvert qu'entre autres il y avait pénurie de faucilles.

Mais ce serait bien le diable si, en important des quantités industrielles de faucilles, à raison de quelques misérables kopeks de bénéfice par faucilles, nous ne nous faisions pas de l'argent de poche. Et plus.

— À bientôt, Sergueï.

Gogui n'a pas repris le premier train pour le Caucase. Il en a eu l'intention mais ça n'aurait servi à rien sinon, sans doute, à mettre sa propre vie en danger. Kourachvili n'a pas reculé devant l'assassinat de son ancienne femme, il hésiterait moins encore à faire exécuter son beau-fils. Gogui en a convenu. Mais c'était autre chose de l'admettre. Tout le poussait à retourner là-bas, à commencer par le besoin de se recueillir sur la tombe de sa mère.

Il ne faut pas se fier au fin visage, si féminin, de Gogui. Sous sa joliesse, il cache une énergie et une détermination farouches. De l'entêtement aussi. J'ai vu le moment où il me faudrait demander à Eldar Nourpeïsov de le maîtriser en le couchant sur le plancher moquetté et en s'asseyant sur lui.

— Ce n'est pas de la moquette, dit Eldar, ce sont des tapis. La différence entre la moquette et les tapis, je peux te l'expliquer…

— La ferme, Eldar.

— Tu ne veux jamais que je t'explique.

— Un de ces jours, nous prendrons une semaine de vacances et tu m'expliqueras tout ce que tu voudras. Mais

306

je n'ai pas le temps maintenant. Tu as quelque chose à manger ?

Il a. Il s'est confectionné un petit ragoût avec des oignons sauvages et des champignons qu'il a cueillis en route, plus des pommes de terre, des carottes, de la poitrine de porc, un peu de bœuf, et des piments rouges, dont il a emporté deux ou trois sacs – on lui a dit qu'il était difficile d'en trouver à Moscou.

– On ne trouve rien à Moscou. Les magasins font semblant de vendre, les gens font semblant d'acheter et de manger, les ouvriers font semblant de travailler et le gouvernement fait semblant de les payer.

– Tu es de mauvaise humeur, dit le géant.

Même pas. Je serais plutôt exalté, porté par une sorte de fièvre féroce. Avec Alexeïev, que je viens de quitter, j'ai joué l'essentiel de mes cartes ; je lui ai tout dit ou presque. S'il lui venait l'idée de me trahir, ne serait-ce qu'en reprenant à son compte les idées que j'ai énoncées, j'aurais l'air malin – surtout si je me retrouve au gnouf pour « *atteinte à la propriété socialiste* ». Je ne sais pas, au juste, en quoi consiste ce crime, mais il paraît qu'en certains cas c'est puni de mort.

Suis-je ou non dans l'illégalité ? Et si s'y suis, quelqu'un cherchera-t-il à me punir ? Après tout, Sergueï fait partie de la haute administration.

– Gogui ? Tu es en état de discuter affaires ?

– Oui.

Nous roulons, l'autocar roule dans Moscou. Je mange du ragoût qui, son goût de napalm mis à part (les piments rouges), est délicieux. Les portions sont généreuses : quand il y en a pour Nourpeïsov, il y en a pour douze.

– Je veux travailler, dit Gogui. Le plus tôt sera le mieux.

– Nous allons jeter un coup d'œil sur la chambre indiquée par Evguéni. Ensuite, j'ai un long entretien avec un groupe de syndicalistes. Je serais partisan que tu viennes. Autant te présenter tout de suite.

Gogui en sait moins que Sergueï sur mes projets. Il ne connaît que ceux dans lesquels il va me seconder. J'ai confiance en lui – il est même l'être en qui j'ai la plus grande confiance – mais je crains que l'immensité de mes ambitions ne le perturbe.

— À gauche, Eldar.

J'ai dû demander mon chemin à deux ménagères. *Avoïtchka.* C'est le nom que l'on donne à ce qu'elles sont en train de faire : courir d'un magasin à l'autre, des heures et des heures durant, dans l'espoir de trouver quelque chose à acheter, avec, dans cet espoir, des filets à provisions aussi grands que possible. *Avoïtch* signifie « peut-être », « à la grâce de Dieu ».

— À gauche puis la troisième à droite.

Nous sommes passés devant l'église de l'Assomption, dont les teintes orangées éclatent joyeusement sur fond de neige. Je me suis un peu perdu dans ce quartier de Moscou situé sur la rive de la Moskova opposée à celle du Kremlin. Vassia m'a pourtant amené par ici lors d'une de nos virées nocturnes. Lui appelait Iakimanka une rue maintenant appelée Dimitrov, du nom de je ne sais trop quel Bulgare moustachu qui ne doit pas avoir grand-chose en commun avec l'un des meilleurs joueurs de football de Sofia.

— Et maintenant, qu'est-ce que je fais ? demande Nourpeïsov.

Il a fait avancer son monstre autant que cela lui était possible, mais la minuscule rue Strogov (elle a la longueur de l'autocar, un point, c'est tout) est fermée par une immense porte cochère.

— Ouvre-moi, chauffeur.

Eldar actionne le mécanisme pneumatique, et le marchepied se déploie, la porte avant s'ouvre. Je descends et je frappe à une petite porte, à côté de la grande. Un guichet s'ouvre. Un Tatar paraît, avec des moustaches tombantes et, sur la tête, un casque pointu bordé de loup. Je dois rêver.

— Va te faire foutre, dit le Tatar. On n'entre pas.

Il me ferme le guichet au nez. Je refrappe. Il me rouvre. Je lui tends le billet d'Evguéni.

— Ça change tout.

Il referme le guichet. Je pense qu'il est définitivement cinglé, mais il ouvre la petite porte. Il considère l'autocar :

— Parce que tu crois que j'ai encore de la place ?

Je n'ai pas le temps de répondre. Il brandit une espèce de cimeterre et feint de me décapiter avec. Sur quoi, il rentre, referme la petite porte, ouvre la grande — la cochère.

– Tu vas pouvoir manger cochère, dis-je à Gogui.

Il me regarde, ahuri.

– Tu es juif, non?

– Je ne vois pas en quoi c'est drôle, dit-il.

Eldar a fait pénétrer l'autocar dans une cour intérieure. Le Tatar referme derrière nous les deux battants et les barricade littéralement à l'aide d'une poutrelle d'acier et de deux cadenas de cinq kilos chacun. Je regarde autour de moi, sidéré. L'endroit est plein de toutes sortes de choses. Sur quatre étages, desservis par des monte-charge. Au rez-de-chaussée, il y a des voitures, de toutes marques et de tous modèles. Des vélocipèdes datant de l'ancien régime voisinent avec des motos de rêve. J'aperçois quelques chars d'assaut et les super-structures d'un paquebot transatlantique à peu près grand comme une cabine téléphonique. Il y a aussi une quantité de chameaux, mais ils sont en bois.

– Vous allez dormir ici tous les trois? demande le Tatar – qui, d'ailleurs, n'est plus du tout tatar maintenant. Il vient de troquer son casque (qui, après tout, est peut-être mongol) et sa cuirasse contre un chapeau en plumes d'autruche et un dolman blanc et or.

Je lui demande :

– On peut dormir ici tous les trois?

– Dans le billet, c'est écrit que je dois laisser entrer un danseur et ses deux copains.

– Je suis le Danseur. Je ne mets mon tutu que dans l'intimité. On peut voir nos chambres?

En tout cas, ce ne sont pas les lits qui manquent. Il doit bien y en avoir deux cents, là encore, de tous les styles possibles. Bon, nous sommes dans un magasin d'accessoires de cinéma; la chose est claire. Dont le gardien s'appelle Glieb.

– Et je ne veux pas de cuisine ici. Pas de feu. Même de cigarette. Le premier que je vois fumer...

Il ne plaisante apparemment pas. Dans le réduit qui lui sert de logement, tout près des chars d'assaut, il y a une kalachnikov et un pistolet Nagant.

– Glieb, on vient souvent ici?

Sauf Evguéni, qui parfois fait des visites, plus sentimentales que professionnelles, personne. La dernière fois qu'on a utilisé ce magasin pour un film, c'était il y a huit ou neuf ans.

– Qui te paie?

L'État, dit-il. Il reçoit cent roubles par mois comme gardien, grâce à Evguéni. Plus une pension à peu près équivalente, qu'il perçoit depuis des années. Depuis le moment où, sous Nikita Khrouchtchev, il a été libéré de son camp, au-delà de l'Oural. À l'époque, on lui a offert une petite maison en banlieue, comme dédommagement de ses années de bagne – il n'a jamais su pourquoi il avait été arrêté et condamné –, mais il a préféré la pension. Il a soixante-deux ans.

– Et toi, tu t'appelles comment, morveux?

– Tantzor.

– Ce n'est pas un nom.

– C'est le mien. Je pourrais entrer ici et en sortir à ma guise?

– Ton problème.

– Mes amis aussi, dans ce cas. Et pour l'autocar? Il nous faudrait les clés de la porte cochère.

Non. Personne d'autre que lui n'aura les clés. Il est toujours là de toute façon. On lui apporte ses repas d'une cantine voisine, grâce à un accord passé par l'inévitable Evguéni.

– Tu as fait combien au bagne?

Il a été arrêté à quatorze ans et quatre mois, en janvier 1942. Il a été libéré vingt et un ans plus tard; on l'avait un peu oublié.

– Je ne suis pas du genre à me plaindre. Et j'ai mauvais caractère, je vous préviens, tous les trois.

Il est très grand – un mètre quatre-vingt-douze, quatre-vingt-treize – mais proprement squelettique. Evguéni l'a utilisé comme figurant dans deux de ses films puis l'a fait engager comme machiniste puis lui a trouvé cet emploi de gardien.

– À propos, il y a ça qui est arrivé pour vous.

Il me tend une forte enveloppe de papier jaune qu'on a utilisée et réutilisée maintes fois. Plusieurs adresses successives ont été barrées, au point qu'elle est maintenant à peine lisible. J'ouvre: deux cartes syndicales de machinistes au nom d'Eldar et de Gogui. Et un mot pour annoncer la prochaine arrivée de passeports. Et, encore, une carte grise

310

pour l'autocar, carte provisoire certifiant que le véhicule peut circuler dans Moscou et doit recevoir l'assistance des agents du Gaï.

Evguéni est d'une efficacité sans pareille.

Assez stupéfiante.

– Glieb, il nous faudra bien manger. Nous pourrions faire de la cuisine uniquement dans l'autocar.

Il cède assez facilement – au bout de vingt minutes.

Je monte à l'étage du mobilier. Nourpeïsov est déjà au travail, il a déplacé des montagnes de bois de lit, de sommiers, de matelas, de courtepointes, d'édredons, de couvertures. C'est surtout pour moi qu'il travaille, entreprend-il de m'expliquer. Et éventuellement pour Gogui. Car lui continuera à dormir dans son cher autocar, où il a ses habitudes ; est-ce que j'aimerais de la soupe aux fèves pour ce soir ?

Gogui est à plusieurs dizaines de mètres de là. Tout l'étage où nous sommes est en réalité un immense grenier, où les meubles s'entassent par endroits jusqu'au plafond. Parfois, dans ce fouillis, des sortes d'îlots apparaissent ; ici une chambre, là un bureau – on a peut-être tourné autrefois des scènes d'un film dans ces décors. C'est dans l'un de ces îlots que Gogui a établi ses quartiers. Il a retiré de sa valise de gros cahiers de comptable à couverture vert et noir et les étale sur une table. À son habitude, il a l'air très sérieux.

– Tu ne m'as pas répondu, remarque Eldar. Tu en veux ou non, de ma soupe aux fèves ?

– Je ne sais pas si je rentrerai.

J'ignore aussi si j'ai envie d'emmener Nourpeïsov avec moi partout où j'irai. Malgré ses proportions colossales, je ne suis pas du tout sûr qu'il puisse être un garde du corps efficace. Sans compter qu'il serait encombrant ; ça mange et ça tient de la place, ces petites bêtes.

– Prépare quand même ta soupe, Eldar.

Je dois prendre une décision, et elle n'est pas facile. Il s'agit de savoir ce que je vais faire de ce Kazakh titanesque qui m'est tombé du ciel.

Gogui ne relève pas la tête à mon approche. Il écrit, en capitales, affectant un numéro à chaque livre de comptabilité, puis, sur la page de garde, inscrivant tour à tour :

CAPOTES, *BALADEURS*, *MAGAZINE*, *CONSULTANTS*, *DISCOTHEQUES*. Soit chacune des entreprises dont je lui ai parlé. Et il reporte déjà les premiers chiffres d'exploitation, que je lui ai cités au hasard de notre conversation tandis que nous roulions dans Moscou. Il ouvre l'un des livres et me le présente.

– Ce sont bien les chiffres que tu m'as donnés ?

Oui. Au kopek près. Je ne me suis décidément pas trompé sur lui. Je me souviens de l'avoir entendu me dire qu'il rêvait de partir pour Paris afin d'y dessiner des robes pour les dames. Peut-être a-t-il du talent pour le dessin de mode – je n'en sais rien. Mais, pour ce qui est d'aligner des chiffres, il est vraiment doué. Plus que moi, qui n'ai guère le goût de ces lentes et minutieuses opérations. Si nous étions chercheurs d'or ensemble (ce que nous sommes au figuré, d'ailleurs), je creuserais les galeries et lui les étayerait.

– Parlons de ce que tu vas recevoir, Gogui.

– Tu veux dire ma rétribution ?

– Je te donne deux cents roubles par mois, plus dix pour cent des bénéfices.

– Vingt.

Je n'en crois pas mes oreilles : il négocie !

– Quinze, dis-je. Je dois déjà verser un pourcentage à Olga.

– Quinze la première année et dix-huit la deuxième.

– D'accord.

Notre conversation a quelque chose de surréaliste, dans la mesure où ni l'un ni l'autre n'avons la tête à parler argent. Quant à lui, ses mains tremblent un peu. C'est à sa mère qu'il pense, et à Kourachvili.

Bon. Parlons-en. Il nous reste une vingtaine de minutes avant de partir pour notre rendez-vous avec les syndicalistes.

– J'ai réfléchi, Gogui. Attaquer Kourachvili serait suicidaire. Nous sommes deux gamins et il va nous falloir bosser comme des fous dans les mois qui viennent. La sagesse commanderait d'attendre que nous ayons un peu plus assuré nos arrières.

Il ne dit rien et continue d'inscrire ses chiffres. Impassible. De sorte que je reprends :

– Et, même dans six mois, un an ou davantage, en

312

supposant que nous ayons réussi dans la moitié seulement de nos entreprises…

— Ce qui ne serait déjà pas si mal, dit-il très calmement.

— Tout juste. Même en supposant cela, donc, nous n'aurions pas encore les moyens de nous attaquer à lui avec une chance de succès. Nous sommes à Moscou, c'est à peine si nous avons une existence officielle, nous sommes à la merci de n'importe quel contrôle, ou d'une sanction des autorités décidant de mettre fin à nos activités. C'est probablement notre petitesse, notre insignifiance, qui nous sauve et peut nous protéger quelque temps encore. On nous ignorera moins si nous devenons plus riches. Le danger augmentera. Tu es de mon avis ?

— Oui.

— En plus, nous sommes à Moscou et lui est en Géorgie. À des milliers de kilomètres. En Géorgie, il est comme dans une forteresse, avec toutes les polices locales à sa botte, toutes les administrations à sa solde.

Kourachvili a fait assassiner Myriam Sémionova, et l'enquête a conclu à un suicide. Sans doute est-il une survivance de l'URSS stalinienne ou brejnévienne, que ni Gogui ni moi n'avons connue, et qui peut-être n'existe plus – peut-être. Mais elle a de beaux et redoutables restes. Kourachvili a mis trente ans à établir sa position. Je ne doute pas qu'il ait su se concilier d'innombrables *apparatchiks*, plus ou moins nostalgiques. Il doit en rester des millions dans ce pays – et qui occupent les meilleures places. Pour l'heure, l'homme de Gori s'est contenté, si l'on peut dire, de m'expédier des tueurs. À la façon dont on dépêche un garde-chasse pour abattre un loup en train de rôder. S'il prend un peu mieux ma mesure, c'est tout l'appareil qu'il mobilisera contre moi. Mes chances seront nulles.

— Toujours d'accord avec moi, Gogui ?

— Oui.

— Je peins la situation plus noire qu'elle ne l'est ?

— Je crois que tu es en dessous de la vérité.

— Je ne te le fais pas dire.

Il additionne des chiffres, très minutieusement, refaisant jusqu'à cinq fois ses calculs. Je crois compter assez vite mais il me surclasse en ce domaine. Il demande :

– Tu penses avoir gagné combien depuis ton arrivée à Moscou ?

– Dans les cinq mille huit.

– Tu t'es trompé. Tu en es à six mille deux cent douze roubles. Si tu es encore vivant, tu passeras le cap des dix mille fin février. Ensuite, tu doubleras ou tripleras chaque mois. Au moins. La courbe est exponentielle.

– N'emploie pas des mots comme ça, s'il te plaît. Je ne sais pas ce que ça veut dire.

J'espérais le dérider un peu, lui faire quitter ce détachement qu'il affecte et sous lequel il dissimule si bien des émotions que je sais violentes ; mais non.

– Je ne base mes calculs que sur celles de tes affaires que je connais, bien sûr. Et tu connais le mot exponentiel ; tu as fait des études.

– Ne m'emmerde pas, Gogui. Je sais très bien que tu attends de moi que je sorte mon fusil et que j'aille à la chasse au Kourachvili. Tu n'as que ça en tête.

– Ces tueurs, qu'il t'a envoyés, finiront tôt ou tard par t'avoir. Ils t'ont manqué jusqu'ici uniquement parce qu'ils avaient l'ordre de te prendre vivant. Pavlé te tuera si on l'y autorise.

– Gogui, je ne peux pas prendre un vrai fusil et aller jusqu'en Géorgie pour l'abattre à vue.

– Ce serait pourtant le meilleur moyen de tout arrêter. Lui mort, Pavlé devrait ne plus être dangereux.

Je fixe mon petit Gogui aux allures de fille. Serait-il capable, lui, de mettre très froidement deux ou trois balles dans le crâne de l'homme de Gori, son ex-beau-père ?

– Je le ferais, dit Gogui.

– Mais tu préférerais que ce soit moi qui le fasse.

– Je crois que tu peux le piéger.

Pour la première fois depuis le début de notre conversation, il consent à abandonner ses livres de comptes et me fixe. Je répète :

– Le piéger ?

– Tu trouveras quelque chose. C'est toi qui as les idées dans notre équipe. D'ailleurs, tu y as déjà pensé.

– Tu prétends lire dans mes pensées ou quoi ?

– Tu vas essayer de le piéger ?

314

Une flambée de colère me traverse. Colère contre Gogui mais, plus encore, contre moi-même. Parce que tout se passe comme si, depuis le début, j'avais toujours su, au fond de moi, que j'allais bel et bien me jeter à l'assaut de la forteresse Kourachvili. Gogui ne fait rien d'autre, en somme, que de révéler au grand jour ce que je m'efforçais d'écarter de mes pensées.

Je n'ai pas la moindre idée de la façon dont je peux procéder. Je n'ai même pas l'espoir de vaincre. Quoique…

– Gogui, tu as une idée, toi?

– Non.

Oui. Je sais: c'est moi qui ai les idées dans ce qu'il appelle notre équipe.

Le piéger.

– Je vais essayer, Gogui. D'accord.

– Tu auras sa peau. Promets-le-moi.

Sur un morceau de papier, Gogui trace, sans règle, des lignes qui sont rigoureusement parallèles. Sa main est d'une sûreté et d'une précision extraordinaires. Il y a de la paranoïa dans tant d'adresse. Je crois Gogui déterminé à tenir Kourachvili au bout de son fusil. Et il tirera; aucun doute. Ce que, moi, je ne ferai jamais. Je peux casser la figure à quelqu'un, mais le tuer, non. Jamais.

– Donne-moi du temps, Gogui.

– Combien?

– Six mois.

– J'attendrai six mois.

Mener de front dix ou douze affaires différentes, faire fortune, esquiver tous les traquenards que me tendra l'administration, danser donc au-dessus d'un volcan, éviter que Pavlé, qui peut surgir à tout moment, jour et nuit, m'égorge ou me révolvérise…

Et, en même temps, abattre un parrain disposant de dix mille fois plus de relations que je n'en aurai jamais, qui a davantage d'argent que je ne pourrai en amasser en dix ans, qui ne lésinera pas sur les moyens à employer, qui a derrière lui un système peut-être révolu mais encore diablement puissant.

Quoi de plus simple?

13

Je me souviens des deux jours qui suivent comme d'une succession ininterrompue de rendez-vous. Je présente Gogui à tous ceux qui ont quelque chose à voir dans les affaires auxquelles je l'intéresse. Nous allons énormément travailler, lui et moi, dans les semaines à venir, mais davantage encore durant les quarante-huit heures qui suivent notre première réunion avec les syndicalistes.

C'est à croire que l'entrée en scène du petit Juif géorgien a provoqué une accélération générale.

Ainsi de Sergueï Alexeïev. Faute de pouvoir me joindre directement, il me fait prévenir par Evguéni (qui, lui-même, fait passer le message à Glieb) qu'il est prêt à me donner sa réponse. Je ne trouve la note qu'à onze heures du soir. Un numéro de téléphone y est joint, et cette précision : «*À toute heure du jour ou de la nuit.*» Je forme le numéro, une femme décroche puis me passe Sergueï.

– On se voit quand tu veux.

– Maintenant ?

Hésitation, rire, puis il dit qu'il est d'accord. Il sera dans une heure au volant de sa voiture, une Volkswagen blanche, à hauteur de la boutique de souvenirs *Podarki*, dans la galerie marchande à deux niveaux de l'avenue Kalinine. J'y suis trente minutes au moins avant l'heure du rendez-vous, avec Gogui et Eldar jouant les tirailleurs de flanc-garde – c'est l'époque où je me méfie encore de Sergueï et où je n'exclus pas la possibilité qu'il me tende un piège. La suite me démontrera que mes appréhensions étaient sans fondement. Je connais bien l'endroit ; Vassia me l'a longuement fait visiter, évoquant le temps où l'énorme avenue d'aujourd'hui n'avait pas encore remplacé les vieilles maisons et les ruelles, entre les rues de l'Arbat et Vorochkovo. Je parcours la galerie marchande précédé par Gogui et suivi, à dix mètres, par mon géant personnel, qui m'a expliqué qu'il était tout à fait d'accord pour assurer ma protection mais que, le cas échéant, il ne frapperait pas trop fort. Quand il frappe juste un peu, les gens s'écrabouillent, dit-il. Il a très peur de leur faire mal – je suis assez fort, tu comprends ; si je ferme le poing, leur tête éclate comme une pastèque trop mûre ; aussi, je ne ferme pas le poing, je donne juste une claque, parce que, si je ne donnais pas seulement une claque, je veux dire si je fermais le poing même rien qu'un peu, ce serait carrément un meurtre ; non, vous rigolez, mais c'est vrai ; il ne faut pas que je ferme le poing, j'ai de gros poings, alors qu'une claque...

– La ferme, Eldar !

La Volkswagen se range le long du trottoir. Sergueï est seul à bord. Je prends place près de lui.

– Il est plus de minuit, dit-il. Tu crois que c'est une heure pour travailler ?

– Nous autres, travailleurs indépendants asociaux, nous n'avons pas d'heure.

– Je me trompe ou il y a quelque chose de bizarre chez toi.

– Par exemple ?

– Qu'on ne puisse pas te joindre autrement que par Evguéni.

– J'aime bien bouger.

– Ou bien que tu ne veuilles être connu que sous ton sobriquet.

– Sergueï, je me trompe ou tu connais déjà la réponse à ta propre question.

Il rit, et je lui demande aussi :

– Tu sais qui est Kopicki maintenant ?

– Tu as l'esprit plutôt vif.

– Que t'a dit Kopicki de moi ?

– Je dois t'aider. Je peux avoir confiance.

– Je me fous complètement de ton aide, Sergueï. Si tu travailles avec moi, ce ne sera pas parce que tu as bon cœur ou parce que j'ai de beaux yeux. Si nous parlions plutôt affaires, au lieu de perdre notre temps ?

– Je ne t'ai pas dit que j'allais travailler avec toi.

– On perd du temps.

– D'accord. Première affaire que j'ai presque réglée : celle de l'hebdomadaire en anglais. J'ai une subvention de la banque des investissements extérieurs. Soixante pour cent du prix de revient. C'est-à-dire le prix de revient que tu m'as toi-même indiqué, que j'ai vérifié – il était exact, soit dit en passant, tu sais t'informer – et que j'ai majoré de dix pour cent. Disons que nous sommes couverts à soixante-dix pour cent. J'ai fait le calcul : à trois cents dollars l'abonnement annuel, il nous suffira de six mille abonnés pour commencer à gagner de l'argent.

– C'est trop cher, trois cents dollars. Je t'ai dit deux cent cinquante.

– Deux cent soixante-quinze. Et sept mille abonnés.

– Ta banque nous subventionne combien de temps ?

– Six mois. Subvention renouvelable au vu des résultats.

– Dans six mois, nous aurons quinze mille abonnés. Qu'est-ce qu'on parie ?

– On va se faire des cocottes en or, camarade.

– Les autres projets ?

– L'histoire des faucilles est réglée. J'ai une commande pour un million deux cent mille faucilles.

Il a surtout l'air très content de lui. Il peut l'être. Je suis assez abasourdi par la vitesse à laquelle il a travaillé. Mais il n'est peut-être pas indispensable que je me mette à sauter de joie – surtout dans une Volkswagen.

– Pas mal, dis-je. Et elles vont venir d'où, ces foutues faucilles ?

– C'est là où ça devient amusant, dit-il.

Il avait sur les bras, depuis quelque temps, un groupe suédois qui insistait pour une *joint venture*…

– Je ne sais pas ce que c'est.

– Je croyais que tu parlais anglais, Tantzor.

– Aventure en commun ; c'est ça ?

– Société mixte. Moitié des étrangers, moitié des Popovs comme toi et moi. Ils apportent leur fric, leur technologie, leurs techniciens ; on leur donne en échange un peu de vodka et de caviar et on se démerde pour qu'ils aient les autorisations nécessaires.

– C'est les Suédois qui vont nous vendre les faucilles ?

– Ils vont les vendre par l'intermédiaire d'une société que nous allons créer. Qui est déjà créée. J'ai les papiers ici. Avec l'accord du ministère intéressé. Tu es directeur et je suis directeur-adjoint.

– Nous gagnons combien par faucille ?

– Cinq kopeks et demi. Tu avais raison, pour les faucilles : personne n'avait signalé de pénurie, mais elle existe bel et bien. Toutefois, il reste un petit problème à régler...

– Dis toujours.

– Le ministère insiste beaucoup pour que nous vendions quelque chose aux Suédois en échange.

– Quoi ?

– Personne n'en a la moindre idée. Je crois t'avoir dit qu'il régnait un certain désordre dans notre cher vieux pays.

– Demande aux Suédois ce qu'ils sont susceptibles d'acheter, et je verrai dans ma liste d'usines s'il y a quelque chose qui corresponde. Dis-leur que nous leur ferons une proposition lundi – non, mardi prochain.

– Ils vont en tomber sur les fesses. Ils attendent des réponses de plusieurs ministères depuis dix à onze mois. Ils se plaignent tous de n'avoir jamais en face d'eux un interlocuteur vraiment responsable et qui leur dise oui ou merde.

– Sergueï, c'est précisément pour ça que j'ai fait établir ma liste sur ordinateur. Réponse mardi matin.

– Tu es sûr de toi ?

– Oui.

Accroché au rétroviseur intérieur de sa voiture, Alexeïev a un curieux petit bonhomme en bois rouge, blanc et vert, qui, si je ne me trompe pas, doit être la mascotte des championnats du monde de football en Italie.

– Tu y es allé ?

– Où ?

– En Italie, pour la coupe du monde.

Il y est allé. Le pénalty refusé à l'équipe d'URSS pour une aveuglante faute de main de Maradona lui pèse encore sur l'estomac (à moi aussi d'ailleurs). Je me demande si, un jour, je pourrai aller faire un tour en Italie. Ou dans n'importe quel pays. La première condition à remplir pour ce faire est que je sois encore vivant le jour où je demanderai mon visa de sortie.

– Autre chose ?

– J'ai mis en route le dossier pour les magasins de matériel hifi. Ça prendra un peu de temps.

– Des contacts avec les Japonais ?

– L'avantage des Japonais, c'est qu'il y en a toujours deux ou trois sous chaque tapis prêts à te vendre quelque chose. On n'a que l'embarras du choix. Le vrai problème sera d'obtenir les licences d'exploitation. Il nous faudrait une société du style coopérative.

– Avec l'usine qui est en train de me fabriquer les baladeurs, par exemple.

– Tu ne m'as pas donné son nom, ni le nom du type que tu as contacté.

– C'est vrai.

– Et alors ?

– Je te le donnerai le moment venu.

– Tu n'as pas trop confiance en moi, hein ?

– Ne jamais faire confiance aux étrangers, et traiter tout le monde comme un ramassis d'étrangers. C'est un vieux proverbe géorgien.

– Rassure-toi, tu ne t'es pas trahi en parlant de Géorgie. Je savais déjà que tu es de là-bas. Tu es né à Gori, et ta mère est morte il y a cinq ou six mois.

– Kopicki ?

– Kopicki.

– Je voudrais le voir et lui parler, celui-là !

– Mais tu ne sais pas où le joindre.

– Non.

– Il m'a chargé d'un message pour toi : « *Que le Danseur continue à danser. J'essaierai de faire en sorte qu'il n'y ait pas trop de tables et de chaises sur la piste.* » Vous jouez à quoi, toi et lui ?

– On rigole, tu ne peux pas savoir ! On a fini notre tour d'horizon, camarade associé ?

– On peut aller manger un morceau ensemble. Dans le coin, il y a le *Valdaï*, le *Péchora* ou encore l'*Angara*. On peut aussi aller manger une glace au *Mietielitsa* ou carrément nous joindre aux deux mille dîneurs de l'*Arbat*, quoique ce soit un peu tard, je le crains.

– Une autre fois. Merci quand même. À propos, Sergueï, ce qui nous bouche la vue, sur notre gauche, n'est pas un camion. C'est un copain kazakh qui s'appelle Eldar. Ne lui demande jamais de t'expliquer quelque chose. Et à droite, c'est Gogui. Gogui, dis bonjour à Sergueï Sergueïevitch Alexeïev.

– Tu n'as vraiment pas la forme, me dit Evguéni.

– La dernière fois que j'ai dormi, c'était il y a cinquante et quelques heures. Et ça n'a pas duré très longtemps. J'ai été plutôt pris ces derniers temps. Où est Marina ?

– Je n'en sais rien. Parole d'homme.

– Tu l'apprendrais s'il lui arrivait quelque chose ?

– Oui.

Autant sa première réponse a été d'une sincérité convaincante, autant la deuxième a été marquée par une légère hésitation. D'ailleurs, il s'en rend compte.

– Je sais simplement qu'elle est sous protection.

– L'inévitable Kopicki ; c'est ça ?

– C'est ça.

– Evguéni, je voudrais tout de même rencontrer Marat Kopicki.

– Cela viendra en son temps, je suppose.

– Dis-le-lui.

– Je le lui ai déjà dit. Il n'a pas que toi en tête.

– Et Vassia ?

– À ma connaissance, il n'est toujours pas rentré à Moscou. Mais il va bien. Il ne devrait plus tarder.

– J'aurais dû le voir hier soir.

Nous courons côte à côte, le metteur en scène et moi. Il est un peu plus de six heures du matin, le jour se lève, la neige des derniers jours n'est plus qu'un souvenir. Le temps s'est un peu refroidi mais, en revanche, le ciel est

clair. J'ai rattrapé Evguéni quand il longeait le jardin zoo-
logique, nous avons traversé en trottinant la rue des
Barricades puis poursuivi en direction du Palais des soviets
de la République de Russie. Eldar Nourpeïsov, au volant
de son autocar, nous suit à dix mètres. Il y a aussi une autre
voiture, au volant de laquelle je reconnais Petit-Gros,
l'adjoint de Kopicki, celui-là même qui m'a filé le train
quand je vivais place des Trois-Gares et que je travaillais
à Moscou Trois. Et mes fatigues s'estompent, mes jambes
raidies retrouvent leur souplesse, je cours mieux. J'ai
trouvé mon deuxième souffle. Au point que j'accélère, et,
quand nous débouchons sur le quai Krasnopresnenskaïa,
c'est Evguéni qui, soudain, crie grâce. Il stoppe, haletant,
les mains sur les cuisses, courbé en deux.

— Je retire ce que j'ai dit. Tu es en pleine forme.

Je m'arrête à mon tour, à regret. J'avais le sentiment de
pouvoir continuer à courir pendant des kilomètres. Le
sport me manque depuis que je suis à Moscou. Je taperais
très volontiers dans un ballon.

Nous contemplons la Moskova. Evguéni reprend son
souffle. Il remarque :

— Tu n'aurais pas grandi un peu ? Tu mesures combien ?

— Un mètre quatre-vingt-trois. Je ne crois pas avoir
grandi en quatre jours.

Mais j'ai maigri durant les derniers mois. Si je pèse
soixante-dix kilos, c'est le bout du monde.

— C'est vrai qu'il n'y a que quatre jours que nous nous
connaissons, note Evguéni. Bizarre. Il me semble te connaître
depuis bien plus longtemps que cela. Peut-être parce qu'on
m'a beaucoup parlé de toi. Sergueï encore, hier soir.

— Il t'a téléphoné ?

— Oui. Tu lui as fait une grosse impression. Il n'est pas
loin de te tenir pour un génie. J'espère que ta tête ne va pas
trop enfler.

— Rien à craindre.

En effet. Ce compliment, qui m'est adressé, m'aurait
sans doute transporté d'extase voilà quelque temps. À présent, il m'indiffère. J'y vois tout au plus une raison de faire
davantage confiance à Alexeïev, qui pense tant de bien de
moi.

— Ce qui le frappe, reprend le metteur en scène, — et ce qui me frappe aussi – c'est ta liberté.

— Comprends pas.

— Ça m'étonnerait. Tu te fiches complètement des règles, du passé, du présent. Tu traces ta route. Tu connais quelque chose à l'histoire ? Tu as lu des livres d'histoire ?

— Non.

— Tu as pourtant suivi des cours. Tu es allé à l'université.

— Ça ne m'intéressait pas.

— Tu as lu quelque chose sur l'empire romain ?

— Non.

— Nous sommes un empire en train de s'effondrer, et il se produit d'épouvantables soubresauts. C'est inéluctable.

— Très bien.

— L'un de ces soubresauts pourrait t'aplatir.

— On verra.

— À propos, où crois-tu que sont les hommes qui te recherchent ?

Aucune idée. Pavlé (si c'est bien lui qui conduit la chasse) a successivement relevé ma présence place des Trois-Gares puis chez Choura, peut-être chez Olga. Et il a repéré Vassia et Marina. Aucun doute qu'il me serre de près.

— Il est possible qu'on s'en prenne à toi, Evguéni. Tu le sais ?

— Vassia m'a prévenu.

Et Kopicki a placé Petit-Gros pour surveiller et protéger Evguéni, et non pas moi.

— Qui est au courant de ma présence chez Glieb ?

— Toi, moi, Glieb et tes deux copains. Personne d'autre. Mais tu bouges bien trop, tu rencontres trop de monde. Tôt ou tard…

— Je ne vais pas m'arrêter de travailler pour me cacher.

Il y a un autre moment de silence entre nous. La veille, j'ai dû me rendre à la datcha d'un homme qui n'est pas tout à fait ministre mais presque. C'est de lui que dépend l'obtention de la nécessaire licence pour ouvrir les magasins de hifi. De lui et de ses services, bien qu'il m'ait affirmé le contraire. Mais personne ne veut être responsable de quoi que ce soit dans ce pays ; on préfère toujours laisser la décision à quelqu'un d'autre. Il paraît, pourtant, que les types du Kremlin clament à cor et à cri qu'ils veulent supprimer les intermédiaires, remédier aux lenteurs administratives. Foutaises !

– Je ne sais pas être patient.

Evguéni me jette un coup d'œil surpris : j'ai réfléchi à voix haute. Il se retourne et contemple l'autocar. Eldar y est assis à sa place ordinaire et mange, placide. Hier soir, c'est lui qui m'a conduit à la datcha. C'est-à-dire qu'il m'a laissé à quelques kilomètres de la maison. Je ne voulais pas débarquer chez le presque-ministre avec mon car personnel, cela aurait pu surprendre. Et, surtout, je préfère éviter qu'on puisse établir une relation directe entre le véhicule et moi. D'autant que…

– À propos, dis-je. Je suis en train de faire aménager l'autocar. Il va me servir de bureau. J'y aurai le téléphone à partir de demain. Trois lignes. Je t'ai noté deux des numéros. Tu pourras plus facilement me joindre.

C'est Khan Pacha qui m'a trouvé le matériel téléphonique dont j'avais besoin. J'ai beaucoup insisté pour qu'il ne le vole pas. Il m'a affirmé que tout était ou serait en règle – parole de Tchétchène. Et, comme je l'interrogeais sur la provenance de ce qu'il va me fournir, il m'a expliqué qu'il l'achetait au copain du copain d'un copain, qui lui-même le tenait de l'armée. C'était ça ou attendre qu'on puisse en trouver sur le marché officiel. Environ deux ans à patienter – avec de la chance.

– Je vais commencer un autre film, dit Evguéni. Mon premier assistant est déjà en train de faire les repérages, et je finis d'auditionner pour ma distribution. Tu es sûr que tu ne veux pas te présenter ? J'ai un rôle qui t'irait comme un gant. C'est un jeune *bomji* qui réussit à vendre une partie du Kremlin à un touriste. Mon personnage a une caractéristique ; il porte des chaussures de football.

– Qui t'a raconté ça ? Marina ?

– Vassia. Je peux étudier une demande de droits d'auteur, que tu m'adresserais par la voie hiérarchique… Sacha C., ça te dit quelque chose ?

Chamchourine.

– Oui. Evguéni, tu as vraiment besoin d'attendre chaque

fois la dernière seconde de notre entretien pour m'annoncer les nouvelles?

— Je suis metteur en scène et scénariste; tu t'en souviens? Il faut toujours finir par un rebondissement. Bon. Un message signé Sacha C. m'a été remis. Je ne l'ai pas sur moi puisque je ne m'attendais pas à te rencontrer ce matin. C'est très court. Ça dit: «*Planque-toi.*» Rien de bien urgent, comme tu le vois.

Ce n'est peut-être pas urgent mais je devine pas mal de choses sous ce message. D'abord, que mon entrée à la télévision est remise. Ce n'est pas grave. Les choses sont allées si vite depuis que j'ai fait ma demande que celle-ci date un peu. Je ne me vois guère entamer à présent une carrière de cadreur – c'est un stade que j'ai dépassé. Mais il y a peut-être davantage. J'ai le numéro personnel de Chamchourine à Moscou et, bien entendu, son adresse. Un moment, je suis tenté de me rendre chez lui. Je me contente d'un coup de téléphone, donné depuis une cabine de la station de métro Barricades. On ne répond pas. Ce qui est pour le moins surprenant à sept heures et quelques du matin. Je laisse sonner et, pour finir, une voix d'enfant me répond.

— Je veux parler à ton père.

— Papa n'est pas là. Il est à l'hôpital.

— Quel hôpital?

L'hôpital. À en juger par la voix, la petite fille qui me répond doit avoir au plus six ou sept ans.

— Tu es toute seule? Ta maman n'est pas là?

— Oui. Non.

— Écoute – c'est très important. Tu es seule? Alors, tu sors et tu vas chercher un voisin ou une voisine. Vite!

Elle est enfermée dans l'appartement, maman est partie et Irina est à l'école. Au revoir, monsieur. Elle raccroche.

Il me faut plus de quarante minutes pour joindre Sergueï, qui, lui-même, réussit à toucher un médecin de ses amis. Vers huit heures trente, j'ai enfin au bout du fil une infirmière d'un hôpital du quartier de Lénino, dans la banlieue sud-est de Moscou. Sacha Chamchourine a été ramassé dans la nuit. On l'a retrouvé ligoté à un arbre. Il a été torturé au couteau. On a commencé à le peler vif, avant de l'éventrer. Oui, il vit toujours. Non, on ignore s'il va s'en sortir.

Gogui n'est pas au rendez-vous. Je ne l'aperçois nulle part. Eldar arrête doucement son véhicule à la lisière nord-est du parc Gorki. Sur notre droite, il y a la masse de l'*Hôtel de Varsovie*, et, face à nous, se trouve la station de métro Octobre. Il est neuf heures du matin.

– Il va arriver, dit Eldar de sa grosse voix tranquille.

Trente minutes plus tôt, lorsque je suis ressorti de la cabine téléphonique, j'ai demandé au Kazakh de me conduire à l'hôpital de Lénino. Il n'a pas bougé. J'ai cru qu'il n'avait pas entendu et j'ai réitéré ma demande, qui avait tout d'un ordre. «*Je ne t'emmène pas là-bas. – Qu'est-ce qui te prend? Nom de Dieu! – Je ne t'emmène pas là-bas parce que, si je t'emmène, tu seras mort, et tu seras mort parce que celui que tu appelles Pavlé attend que tu ailles à l'hôpital, et il t'attend à l'hôpital parce qu'il sait que tu sais que ton ami Chamchourine est dans cet hôpital, et il sait que tu vas arriver en courant, et, si je t'emmène là-bas…*» Il était parti pour l'une de ses explications d'une heure un quart. J'ai voulu redescendre de l'autocar, mais il avait bloqué le mécanisme. Et, quand j'ai voulu sortir par une fenêtre, il m'a soulevé par le collet, m'a allongé par terre et s'est assis délicatement sur moi en continuant, très serein, à me développer son argumentation. D'accord, il avait raison. Il m'a toutefois fallu dix minutes pour le convaincre que je me rangeais à ses arguments. J'ai repris mon sang-froid.

Que je suis en train de perdre à nouveau devant l'absence inexplicable de Gogui.

– Il va arriver. Pourquoi tu t'inquiètes?

Gogui et moi avons passé toute la nuit à vérifier et revérifier nos chiffres. Pas pour le plaisir de constater une fois de plus que les perspectives sont alléchantes et les bénéfices passés, présents et à venir très juteux. Nous avons préparé une réunion, qui doit avoir lieu dans deux heures. Il était trop tard pour dormir quand nous avons terminé. Gogui partait pour Chtcholkovo, m'ayant persuadé qu'il ne risquait rien puisqu'on ne le connaissait pas là-bas. Nous l'avons déposé à la gare de Iaroslavl, et c'est alors que je suis allé faire un tour du côté de chez Evguéni. Je ne connais que trop bien les horaires des trains de Chtcholkovo. Gogui

327

devrait être là depuis vingt minutes ; c'est Eldar et moi qui étions en retard.

S'il lui est arrivé quelque chose, comme à Sacha…

Mais non. Sa petite silhouette vient d'apparaître en haut de l'escalier roulant. Je la cadre dans mes jumelles. Gogui ne regarde même pas dans notre direction. Il s'engage dans l'avenue Dobrynine de son pas court de demoiselle, et ce n'est qu'au bout de deux ou trois cents mètres, quand il s'est assuré qu'il n'est pas suivi, qu'il revient vers nous. Sept ou huit minutes plus tard, il est à bord.

— Tout va bien. Il y avait juste ça dans la boîte à lettres.

Une enveloppe non timbrée et vierge de toute adresse, que, visiblement, on a ouverte puis plus ou moins recollée. A l'intérieur, un simple feuillet de papier où l'on a écrit : « *Planque-toi. Sacha C.* »

— Tu es monté à l'appartement ?

Non. Mais il n'avait pas à le faire (déjà, en allant jeter un coup d'œil dans la boîte aux lettres d'Olga, il a outre-passé mes consignes). Sa seule mission était de vérifier si, oui ou non, le logement d'Olga était sous surveillance.

— Il l'est, dit Gogui. Ils sont deux, dans une voiture, dont j'ai relevé le numéro à tout hasard.

— Ils t'ont vu entrer ? Ou sortir ?

Sortir peut-être. Mais il a quitté l'immeuble de la rue des Lilas avec tout un groupe d'ouvriers partant pour leur travail, et, à la façon dont il est vêtu, il ne courait pas grand risque de se faire remarquer. Pour entrer, il a pu se glisser par l'arrière, profitant de ce que la *babouchka* de garde s'occupait des ordures.

Olga et ses enfants ne sont plus à Chtcholkovo depuis près de quatre jours. Elle n'aurait certainement pas consenti à s'éloigner s'il ne s'était agi que d'elle. Les enfants m'ont permis de la convaincre. Boria Zaporojko, le syndicaliste, leur a trouvé un refuge chez des cousins à lui, près de Vitebsk. Je vois aujourd'hui combien la manœuvre a été avisée, puisque les hommes de Pavlé ont fini par arriver rue des Lilas.

Je raconte à Gogui ce qui est arrivé à Chamchourine. Il ne bronche pas, il remarque simplement :

— Le couteau, c'est Pavlé. C'est son style.

Eldar a remis son autocar en route. Il retraverse la Moskova.

– On va où? demande Gogui.

Chez Volodia Chamchourine. D'abord, pour lui annoncer ce qui est arrivé à son père, ensuite, et peut-être surtout, pour le mettre en garde. Si Pavlé est remonté jusqu'à Sacha, il ne tardera pas à penser à son fils.

Nous nous garons dans la rue Anosova, et Eldar part en éclaireur. Pour revenir très vite : il a eu beau taper à la porte, au point de la défoncer un peu, personne n'a répondu. Curieux. Je décide d'y aller moi-même. Le Kazakh tient à toute force à m'accompagner. Mais l'endroit est vide et, surprise ! la porte de la cloison métallique bâtie par Volodia est béante. Le réduit peint en noir est vide, l'ordinateur a disparu. Où est passé Volodia?

– Son père l'a peut-être averti, suggère Gogui.

Peut-être.

Ou bien le fils de Sacha, en plein délire, sera parti pour la Crimée en emportant toutes mes listes. Je fouille rageusement ma mémoire et mon petit carnet d'adresses, tellement codé que, même moi, je n'y comprends pas grand-chose, à la recherche d'un autre endroit où je pourrais retrouver cet abruti.

Je tombe par hasard sur l'adresse du petit Britannique qui m'a bien recommandé de ne jamais mélanger l'eau minérale au whisky.

Il me regarde de bas en haut.

– On se connaît?

Je lui tends son portefeuille, auquel il lance à peine un coup d'œil avant de l'envoyer sur un canapé. L'appartement est au troisième étage d'un immeuble cossu de la rue Petchanikov, sur la droite du boulevard Tchvetchnoï.

– Et alors?

– Vous ne vous rappelez pas l'avoir perdu?

– On me l'a volé.

– On a essayé de vous le voler. Vous étiez saoul.

– Je ne bois jamais. Du moins pendant les repas. Vous prendrez bien quelque chose?

– L'argent y est toujours.

– Forcément, vous ne me l'auriez pas rapporté sans cela. Il m'énerve.

– Écoutez, petit bonhomme. Si j'avais volé votre porte-feuille, je ne me serais pas donné la peine de vous le rendre.

Je lui raconte rapidement ce qui s'est passé place Lermontov. Il me verse un plein verre de scotch.

– En somme, vous m'avez sauvé la vie, dit-il.

– N'exagérons rien.

– Ce n'est pas un autocar en bas ? Par la fenêtre, je vous ai vu en descendre, et il a bien l'air de vous attendre.

– Il m'attend. Je ne me déplace qu'en autocar. J'en ai sept, un pour chaque jour de la semaine. Merci pour le whisky.

Whisky auquel je n'ai pas touché. Pas de si bon matin, quand même. Et je suis sur le point de partir quand j'avise, sur une table où se trouve également une machine à écrire, différents numéros d'une même revue.

– Je peux ?

Je feuillette et demande :

– Vous êtes bien journaliste ? C'est quoi, votre spécialité ?

Économie. Je reprends mon verre et je m'assieds.

Je suis resté près d'une heure avec Colin MacHendricks. J'ai même fait monter Gogui, dont l'anglais est assez rudimentaire mais qui le comprend néanmoins. Le plus dur a été de ne pas boire trop. « Tu es fou », m'a dit Gogui. « Boire de l'alcool si tôt dans la journée alors que nous avons tant à faire ! » C'est vrai que j'avais l'esprit un peu embrumé pour le rendez-vous suivant, mais, d'un autre côté, toute la tension accumulée s'en est trouvée un peu allégée. La seconde réunion, à onze heures trente, est avec l'équipe Sarkissian, qui est responsable de la fabrication des casques de baladeur. Deux prototypes ont déjà été dessinés et conçus, l'un qui ressemble par trop à la coiffure des tankistes de l'armée (forcément, ils en ont produit pendant des années), l'autre déjà plus acceptable.

– Sauf qu'il est encore trop lourd. On ne peut pas faire plus léger ?

Discussion. L'attitude de Sarkissian à mon égard a changé. Il semble m'accorder sa confiance désormais, et je me demande pourquoi jusqu'au moment où, en aparté, il me confie qu'il a été contacté par Sergueï Alexeïev. Oh! Que je me rassure. Sergueï n'a pas cherché à me doubler en reprenant l'affaire à son compte.

– Tantzor, il voulait seulement s'assurer que tu ne lui avais pas raconté d'histoires et que mon usine et moi étions réellement disposés à marcher.

Ouais. Je crois surtout que Sergueï a voulu me démontrer quelque chose : À aucun moment je ne lui ai donné le nom de Sarkissian ; quand j'ai évoqué une certaine usine prête à me fabriquer mes baladeurs, j'ai pris grand soin de ne lui fournir aucun indice ; or, il apparaît qu'il a trouvé tout seul ; autrement dit, il a suivi le même raisonnement que moi. D'un côté, c'est rassurant de savoir que votre associé n'est pas précisément idiot, mais, de l'autre, je vois très bien la menace : qu'est-ce qui retiendra Alexeïev de se débarrasser de moi si l'entreprise se révèle très fructueuse ? Je suis jeune, isolé, étranger à Moscou et à ses arcanes (sans négliger ce handicap supplémentaire que constituent les tueurs qui me poursuivent). Le risque est réel. J'espère le mesurer exactement, et il va peser sur moi durant les mois à venir.

– Remarque bien, dit Léo Sarkissian, qu'apprendre que tu es associé à un Alexeïev m'a bien aidé à convaincre la direction de mon usine. Ce n'est pas n'importe qui, Sergueï Alexeïev. Tout le monde sait qu'il a ses entrées au Kremlin.

– Je suis rusé en diable. Quand peux-tu me présenter un prototype amélioré ?

– Dans deux jours.

– Autre chose : je le veux vert.

– Pourquoi vert ?

– Pour qu'il ne soit pas rouge.

– J'aurais cru qu'il y avait une raison plus compliquée, dit Léo en riant.

– Et même vert fluo.

– Fluo ?

– Fluo. Ça se verra de loin.

– Tu imagines un million de jeunes Moscovites se promenant en ville avec des baladeurs vert fluo ?

– Très bien. Et pourquoi se limiter à Moscou ? Nous allons en vendre partout dans le pays. En exporter peut-être.

Je dis un peu n'importe quoi. Surtout quand j'évoque l'éventualité d'exporter mes machins-trucs. Comment de jeunes Polonais, Hongrois ou Bulgares pourraient-ils se décider à acheter des écouteurs dont la qualité sera forcément inférieure à celle de n'importe quel matériel sorti des usines japonaises, britanniques, américaines ou autres ? Pourquoi les Russes, eux-mêmes, seraient-ils assez cinglés pour seulement y jeter un coup d'œil ? La monstrueuse imbécillité de toute l'opération m'apparaît soudain – peut-être parce que j'ai bu ce grand verre de scotch ou parce que je commence à sentir la fatigue. Je vais me retrouver avec un million de ces saloperies sur les bras et personne pour les acheter. Il ne me restera plus qu'à émigrer en Australie.

Heureusement, Pavlé-l'Albinos m'aura réglé mon compte avant.

Je suis d'une humeur carrément sinistre.

D'autant que, ayant une nouvelle fois joint l'hôpital de Lénino au téléphone, je m'entends dire que les médecins font plus que réserver leur pronostic au sujet de Sacha Chamchourine. Ils lui accordent une chance sur quatre.

La deuxième réunion de la journée a pour objet le journal économique. Serguei y assiste. Il s'est même fait accompagner de deux *apparatchiks* aux visages de cire.

– Nom de Dieu, Seriojka ! Qu'est-ce qu'ils foutent ici ? Pourquoi les avoir amenés ?

– Ils nous cautionnent. Tu ne comprends donc pas ? Tes syndicalistes sont peut-être d'accord pour nous financer, mais, avec Rosenkrantz et Guildenstern à nos côtés, ils seront plus rassurés. Ils verront que nous avons l'aval des autorités.

– Ils s'appellent vraiment Rosenkrantz et Guildenstern ?

– Évidemment, non. Tu n'as donc pas lu *Hamlet*, de Shakespeare ?

– Qui ?

Bon. J'exagère un peu – c'est vrai. J'ai entendu parler de Shakespeare, même si je ne l'ai jamais lu. Je sais qu'il était anglais et qu'il ne jouait pas au football – c'est déjà ça. Mais Sergueï m'énerve, avec sa manie de vouloir rassurer tout le monde. Qui me rassure, moi ?

Discussions. Malgré les lenteurs, les atermoiements ordinaires, les inerties, nous progressons. Nous avons l'imprimerie, le titre ; avec un peu de chance et beaucoup d'appuis, nous pouvons espérer trouver du papier. Nous disposons aussi d'un chef de fabrication (Guenka), d'un embryon d'équipe technique, d'une liste de quinze journalistes (je l'ai établie en partie et Sergueï l'a complétée) susceptibles de travailler immédiatement, parmi lesquels un rédacteur en chef.

— Celui-là, je voudrais le rencontrer, Seriojka.

— Quand tu voudras.

— Il aura un conseiller technique.

Sergueï me regarde, étonné.

— Quel conseiller technique ?

— Il s'appelle Colin MacHendricks. Il a travaillé pendant quinze ans au *Financial Times*. Il connaît évidemment l'économie, puisque c'est un spécialiste, mais surtout l'économie soviétique. Ça fait sept ans qu'il écrit sur le sujet. Et il a des raisons personnelles de rester dans ce pays. Une femme.

S'il n'est pas marié avec elle, MacHendricks vit, en effet, avec une Maroussia à laquelle il est visiblement très attaché. Au point d'avoir par deux fois refusé de rentrer à Londres pour y prendre des fonctions plus importantes.

Sergueï n'est pas dupe. Il convient, certes, que la présence d'un conseiller technique anglo-saxon ne sera pas inutile, bien qu'elle égratigne un peu son amour-propre national (le mien aussi dans une certaine mesure). Mais il voit bien que, en incorporant MacHendricks à l'équipe rédactionnelle en cours de formation, je place une pièce personnelle dans le jeu. Ce qui est parfaitement exact.

Il sourit :

— Je peux le connaître ?

— Je te fais la réponse que tu m'as faite pour le rédacteur en chef : quand tu voudras.

Et c'est Gogui qui tiendra tous les comptes. Je verrouille.

— Tantzor, ton petit ami juif ne pourra pas tout faire.

– Il peut beaucoup. Et, le moment venu, il saura s'entourer.

– Ce n'est qu'un gamin.

– Tout comme moi. Pour le numéro zéro, un mois, c'est trop long. Je pense qu'on peut le sortir dans dix jours.

– Pourquoi es-tu si pressé ?

– Dix jours.

Je commence à avoir une idée assez précise du caractère de Sergueï. Il est fort intelligent, sa capacité de travail est considérable, il est animé de grandes ambitions, mais il y a, chez lui, une certaine faiblesse de caractère. Il est trop sensible à l'image qu'il donne de lui-même et, surtout, il a tendance à plier devant une personnalité qu'il juge, à tort ou à raison, plus forte que la sienne. La vie lui a sans doute été trop facile, à lui qui est né dans le sérail et qui y a toujours vécu. Il lui manque la vraie férocité, qui fait qu'on est prêt à mourir, s'il le faut, pour tuer l'autre. Férocité que, toujours à tort ou à raison, il m'attribue.

– Seriojka, je t'ai déjà pris un rendez-vous pour demain matin, dix heures, avec MacHendricks. Chez lui, rue Petchanikov. Tu peux y être ?

À condition de déplacer un autre rendez-vous, oui.

– Tu pourrais convoquer ton rédacteur en chef pour onze heures au même endroit ?

D'accord.

Mon petit coup de déprime de tout à l'heure est passé. Ma froide exaltation m'est revenue. À la surprise générale, y compris celle des deux hauts fonctionnaires baptisés Rosenkrantz et Guildenstern par Sergueï, je saute en l'air et flanque un coup de poing dans le battant d'une porte. Je leur souris à tous.

Et Sergueï a raison sur un point : je me sens féroce. Mais ma férocité n'est pas dirigée contre Alexeïev.

Je viens d'avoir une idée. Née, peut-être, de l'espèce de fièvre que me donne le manque de sommeil.

Bon. D'accord. Ce n'est encore que le début du commencement d'un embryon d'idée, mais, tout au bout, j'en suis sûr, se profile le moyen d'avoir la peau de Djoundar Kourachvili.

Et j'aurai sa peau, quitte à en crever.

Troisième réunion, le même jour, avec Kyryl Belov. Il s'agit de mon futur magazine de rock. Le numéro zéro est prêt. À quelques détails près, il me convient. L'avantage qu'il y a, à lancer plusieurs publications en même temps, c'est qu'on acquiert plus vite des connaissances. Je sais, à présent, ce que c'est qu'une justification ou une mise en page, je connais les cadences possibles d'une Linotype mécanique ou d'une photo-composeuse, la différence entre les compositions chaude et froide, j'ai des notions de photogravure. Suffisamment pour ne plus proférer d'âneries monstrueuses, et bien assez pour les reconnaître quand d'autres les profèrent devant moi.

Suivant en cela mes directives, Kyryl est allé recruter parmi les étudiants étrangers qui fréquentent les universités de Moscou. La pêche, selon lui, a été médiocre. Ce n'est pas mon avis : deux rédacteurs potentiels sont un bon résultat, et je me fiche complètement qu'ils soient cubains et écrivent en espagnol. On leur trouvera un traducteur. L'essentiel, c'est qu'ils puissent rédiger des chroniques documentées sur la musique caraïbe. Ils savent tout de Bob Marley et de ses successeurs ? Alors, que demander de plus ?

Kyryl, en revanche, est content des recherches qu'il a faites, avec ses deux jeunes frères, dans les boîtes du parc Gorki ou de l'Arbat (l'ancien maire de Moscou, Saïkine, dit Boule de Suif, y avait autorisé l'ouverture de quelques établissements pour les jeunes). Ses explorations l'ont aussi conduit parmi les rockeurs du quartier du stade Lénine et les punks du boulevard Tverskoïé. Il est même allé plusieurs nuits de suite au bar de l'aéroport de Domodedovo, lieu de rencontre s'il en est, puisqu'il est ouvert vingt-quatre heures sur vingt-quatre. Il a ainsi sélectionné une trentaine de postulants sachant à peu près écrire et tous fanatiques de rock. Il a procédé déjà à quelques essais, en laissant les gamins écrire ce qu'ils voulaient.

— Tantzor, deux ou trois écrivent à la dynamite.

— M'en fous. Ou, plutôt, non. Laisse-les faire.

— Tu veux vraiment qu'on publie ça ?

— Si ça ne contient pas d'appels au meurtre, oui. Et les petites annonces ?

Il en a déjà deux bonnes centaines, et il en arrive tous

les jours – de plus en plus chaque jour – à son bureau, en fait, l'appartement de son oncle, rue Karetnyi, près du cirque de Moscou (ce voisinage m'enchante). Mais il a des inquiétudes en ce qui concerne le contenu de ces messages.

– Un bon tiers sont cochons comme il n'est pas permis. À croire que tous les pédés de Moscou se sont mis en tête de se servir de notre hebdo pour chasser.

– M'en fous.

– Et il me faudra quatre pages – qui ne suffiront d'ailleurs pas – pour imprimer tout ça chaque semaine. Même en utilisant du corps 6.

– C'est ce qui était convenu. Tu fonces.

Pour chaque petite annonce publiée, l'hebdo recevra cinq kopeks, le prix d'un voyage à bord de n'importe quel moyen de transport dans Moscou. Mais ce ne sont pas tant les recettes ainsi obtenues qui m'intéressent. Je compte bien que mes petites annonces feront plus ou moins scandale et attireront les lecteurs. De même que les deux pages – format tabloïde – de tribune libre.

– Ça va marcher, Tantzor.

Kyryl Belov y croit, lui qui était plutôt réticent au départ. Sa seule faiblesse était son peu d'intérêt pour la musique. Il s'y met.

Il me demande où il peut me joindre.

Nulle part. C'est moi qui passerai aux nouvelles. Ou Gogui.

J'ai du mal à sortir de l'appartement-bureau, au rez-de-chaussée : ils sont bien cent ou cent cinquante à faire la queue. Les plus âgés ont au moins vingt ans !

Autre réunion ce jour-là (et je me rends compte brusquement que la nuit est déjà tombée), relative, cette fois, aux Spoutniks. Autrement dit, aux capotes. On parle distribution. Boria Zaporojko m'a trouvé l'homme que je voulais : le responsable de la voirie de Moscou. Pas le directeur, ni même un de ses innombrables adjoints. C'est comme dans l'armée, il vaut mieux adresser une demande à un sergent qu'à un général si l'on veut obtenir quelque chose. Quoi qu'il en soit, le bonhomme, horrifié, rejette ma suggestion de distributeurs automatiques de capotes. Je m'y

336

attendais à vrai dire. Il ne s'agissait que d'une préparation d'artillerie pour ma véritable offensive : je voudrais pouvoir apposer des panneaux aux arrêts d'autobus. Il dit qu'il peut s'arranger, cette deuxième requête lui semblant déjà plus raisonnable (il l'aurait trouvée extravagante si je l'avais présentée en premier).

J'apaise définitivement ses craintes en feignant de m'étonner. Bien sûr que je ne vais pas couvrir les lieux publics de publicité pour des préservatifs ! Où a-t-il pris une idée pareille ? Et la décence, alors ?

Non, il se trouve que je représente, très indirectement, une agence de publicité désireuse de lancer des produits dûment approuvés par le gouvernement, le Parti et l'Association des anciens de Stalingrad. (En réalité, je suis en train d'aborder la deuxième phase de mon offensive générale : je relie les unes aux autres, autant que faire se peut, les différentes activités que j'ai entreprises, m'appuyant sur l'une pour développer l'autre. Je doute que quelqu'un, à part moi et peut-être Gogui, puisse démêler l'écheveau que représente l'ensemble de ces opérations. Ainsi, Sergueï Alexeïev, ou un autre de mes associés, ne sera pas tenté d'essayer de m'exclure de mes propres affaires ; je suis seul à en posséder la clé.)

Boria n'est pas tout à fait idiot.

– Qu'est-ce que c'est, cette mystérieuse agence de publicité ?

– Une affaire montée par un copain.

– Ce ne serait pas toi, le copain en question ?

– Réfléchis, Boria. Tu crois qu'avec tout le travail que j'ai je pourrais en plus m'occuper d'une agence de publicité ?

Il en convient ; ce n'est pas vraisemblable.

– Quoique… dit-il.

Gogui n'en peut plus. Il est blême d'épuisement, et je ne vaux guère mieux. Nous sommes crevés au point que nous n'avons même pas faim. Papa-poule Eldar Nourpeïsov nous force à avaler la bonne soussoupe qu'il nous a préparée tandis qu'il faisait le pied de grue (géante, la grue) avec son autocar, toujours à distance de l'endroit de nos rendez-vous.

J'ai déjà téléphoné quatre fois aujourd'hui pour avoir des nouvelles de Chamchourine. État stationnaire.

Où a bien pu passer Volodia, son fils, avec mes listes? Je réalise tout à coup que tous ceux que je connais, à Moscou – et je commence à y connaître pas mal de monde –, je les ai plus ou moins rencontrés soit par Vassia Morozov et Marina, soit par Kopicki, l'invisible manipulateur de marionnettes. D'ailleurs, Kopicki et Morozov se connaissent et, sans aucun doute, agissent de concert.

Sacha Chamchourine et son fils ne savent pas où me joindre. Et je ne veux pas aller à Lénino. Gogui et Eldar ont raison en disant que Pavlé m'y attend sûrement. Si Volodia ne me laisse pas un message quelconque à son ancien repaire de la rue Anosova pour me dire où il est, je n'ai aucune chance de lui remettre la main dessus.

Et s'il en laisse un, Pavlé va le trouver. Ce qui risque de mettre en danger la vie du fils après celle du père.

– Il faut quand même que je vous explique, dit Eldar, que, conduire dans Moscou, ce n'est pas comme d'aller d'Alma Ata à Moscou. Pour aller d'Alma Ata à Moscou…

Gogui a fermé les yeux et dort déjà à moitié. Je n'ai même pas la force de faire taire le Kazakh. Et puis, il mérite bien qu'on le laisse s'exprimer de temps à autre.

J'ai donné mon dernier rendez-vous de la journée dans le parc Gorki. Où, ce matin-même, je suis allé récupérer Gogui à son retour de Chtcholkovo. Nous devons repasser par ce secteur pour rentrer au magasin des décors.

J'aperçois d'abord la voiture – enfin, ce que cet animal ose appeler une voiture – puis sa silhouette, à l'intérieur. Il n'a qu'un petit quart d'heure de retard.

– Tu te gares derrière le restaurant, Eldar.

Nourpeïsov vient aligner son monstre à côté d'autres autocars, ceux de l'Intourist, qui servent au transport des touristes que leurs guides ont emmenés dîner de saucisses et de bière au restaurant *Pilsenski*. Je descends et je me dirige vers la voiture.

– Je t'ai vu arriver.

Khan Pacha arbore une superbe chapka de loup et un

338

manteau à col de fourrure assorti. Il respire l'opulence. Il me sourit.

– Ça va, associé?

– Je survis.

– C'est déjà pas mal. Tu aurais dû te mettre avec moi dans cette affaire de vêtements étrangers. Il n'est pas trop tard, remarque.

– Je n'arrête pas d'y réfléchir. Tu as mon matériel?

D'un désinvolte mouvement du pouce, il désigne des tas de choses entassées sur le siège arrière de la Zoporodjets.

– Tu pourras tout porter tout seul?

– Je me débrouillerai.

– Je peux te déposer là où tu vas.

– Non, merci. Tu as les autres trucs que je t'ai demandés, Pacha?

Il retire de ses poches des liasses de feuillets. Ce sont des renseignements sur Oleg Borisseïevitch Tikhonov (le rédacteur en chef que Sergueï me propose pour le journal économique), sur quatre des syndicalistes que j'ai vus ce matin, sur une dizaine d'hommes et de femmes que j'ai rencontrés ces derniers jours. Pacha est devenu le chef de mon service secret. Il adore ça (bien qu'il ignore tout de mes affaires avec ces gens – du moins fais-je de mon mieux pour qu'il les ignore –) et, grâce à la filière tchétchène, il obtient des résultats tout à fait remarquables. Au point que je me suis demandé – et que je me demande encore – si, par hasard, Kopicki et lui n'auraient pas partie liée, le policier se servant discrètement de Khan Pacha pour me transmettre tout ce qui est de nature à favoriser mon ascension. Mais je n'ai pas posé la question à Pacha, il ment trop bien.

– Et un petit cadeau supplémentaire, dit-il.

Il tient entre les doigts un feuillet unique. Je tends la main pour m'en saisir; il retire le papier.

– Donnant, donnant, Tantzor. Un de mes chargements est bloqué à la frontière. J'aurais besoin d'une intervention.

– Je ne peux rien faire. Tu me prends pour qui?

– Toi, non. Mais lui, oui.

Et de me montrer le feuillet. Je comprends.

– Alexeïev? Tu as trouvé quelque chose sur lui?

– Mmmm. Et sur l'autre aussi.

L'autre étant Boria Zaporojko. J'avais demandé à Pacha de fouiller partout pour me trouver un levier, n'importe quoi qui me permette de mieux tenir chacun de ces deux hommes, de qui je dépends trop à mon goût.

– D'accord, je demanderai à Sergueï d'intervenir.

– J'ai ta parole?

Curieux comme mon Tchétchène préféré s'attache à des choses comme la parole d'un homme, lui qui est, par ailleurs, si peu regardant sur les fins et les moyens.

– Tu as ma parole. Tu es sûr d'y croire?

Il éclate de rire.

– À la tienne, oui. Tu es bien le seul dans toute l'Union soviétique.

Je ne suis pas très sûr que c'est un compliment. Mais, après tout, peut-être bien. Je prends le papier, sans rien pouvoir lire dans la pénombre.

– Pour Alexeïev, une histoire de femme à Londres et une autre à Moscou. Attends avant de faire la grimace. Pour l'affaire anglaise, les services de la reine ont monté un joli coup. S'ils lâchent le morceau, ton copain Sergueï va se retrouver dans une foutue merde. On n'est plus sous Staline, mais les Organes existent toujours, et ils couperont la tête à ton bonhomme. Quant à l'aventure d'ici, à Moscou, c'était avec la fille d'un type important que personne ne voudrait avoir sur le dos.

C'est presque trop. Mais les informations de Pacha se sont toujours révélées exactes. Ma conviction grandit: Kopicki est intervenu.

– Et pour Zaporojko?

– Il a des parts dans un casino, à Riga, en Lettonie. Plus une datcha, en Crimée, qui vaut bien dans les trois cent mille roubles. Et il t'a parlé de sa maîtresse? Elle vit du côté de la rue Herzen, dans un appartement de quatre pièces, avec une domestique. Il va la voir trois fois par semaine, sous prétexte de réunions syndicales. Je peux t'avoir des photos, si tu veux.

J'ai le nom de Kopicki sur le bout de la langue mais je l'y laisse. Encore une fois, parce que Pacha me mentirait. Et aussi, parce que je préfère ne pas faire savoir au policier que j'ai deviné son jeu, quoique je ne voie pas encore quel bénéfice je peux tirer de ce silence – mais on verra bien.

– Pacha, tu sais que des types me recherchent. Fais attention à toi.

– Ils ne me connaissent pas.

– Ils ont remonté ma piste jusqu'à Chtcholkovo. J'ai dû évacuer Olga et les enfants. Bien sûr qu'ils te connaissent. Un de mes amis a été pris la nuit dernière et il est peut-être en train de crever uniquement parce qu'on voulait lui faire dire où je suis.

– Je ne sais pas où tu es. On pourrait me torturer à mort, je ne pourrais rien dire.

– Fais attention.

– Je suis un Tchétchène. Le type qui s'attaque à un Tchétchène prend tous les Tchétchènes sur le dos, et on lui tue jusqu'à ses cousins au neuvième degré.

– Mais tu es fâché avec un Tchétchène sur deux.

– Ça n'a rien à voir. On peut se battre entre nous, mais, contre un étranger, nous sommes tous unis, et on règle nos comptes après. (Il éclate de rire.) D'ailleurs, c'est en train de s'arranger, mon problème. Je vais me marier. Maintenant que je suis riche et que j'ai une voiture, je peux négocier.

– Elle est jolie ?

– La mère mise à part, c'est la moins laide de la famille. Je ne pouvais pas épouser la mère. Dommage. J'aurais pu tomber plus mal. Tu veux autre chose ?

Je lui remets une autre liste de noms, de fonctions et, dans la mesure où je les connais, d'adresses. Il prend les deux cents roubles que je lui devais pour ses services, les empoche puis m'aide à sortir de l'arrière de la voiture le matériel téléphonique destiné à l'autocar.

– Tu es sûr que ça marche, Pacha ?

– Tu me vexes, dit-il en riant. Hé, hé ! Bien sûr que ça marche. La brigade antigang a les mêmes appareils, si tu veux tout savoir.

Je voudrais bien tout savoir, mais je doute qu'il me dise tout. Il demande encore, déjà à demi revenu à son volant.

– Tu ne veux vraiment pas que je te raccompagne ? Tu vas rester tout seul dans ce grand parc glacé ?

– Disparais, foutu Tchétchène.

Il rigole et claque la portière. J'attends qu'il se soit éloigné. Puis j'attends encore, au cas où… Et, alors seulement, je fais signe à Eldar, qui arrive et m'aide à tout transporter jusqu'au parc de stationnement du *Pilsenski*.

– On rentre.

On me tire sur le bras, on m'enfonce un index dans l'oreille, et je continue à refuser énergiquement de me laisser réveiller. C'est alors qu'une main glisse sous l'édredon et la couette, descend le long de mon abdomen et…

Ça ne peut pas être Eldar Nourpeïsov ni Gogui.

– Ce n'est pas une façon de réveiller un homme, dis-je.

– Où vois-tu un homme ? dit-elle.

14

– Comment veux-tu faire fortune si tu dors tout le temps ?

Quand elle a senti que je me réveillais vraiment, que je manifestais des signes sans équivoque, elle s'est mise d'un bond hors de ma portée. Je la devine dans la pénombre, debout très près du lit. Insensiblement, je rampe, avec une extrême sournoiserie, jusqu'à l'endroit où elle sera à ma portée. Je ronfle.

– Je sais que tu fais semblant de ronfler. Ne te fatigue pas.

Je l'attrape, je l'accroche, je la coince, je l'aplatis, je la déshabille, je la viole…

Enfin, je vais essayer ; elle m'a l'air drôlement sur ses gardes.

– De deux choses l'une, petit danseur : ou bien tu me parles ou bien je m'en vais.

– Je dors vraiment.

– Tu rampes, oui.

– Quelle heure est-il ?

– Quatre heures du matin. C'est une honte d'être encore au lit à une heure pareille. Je condescends à te rendre visite, et monsieur rampe en dormant.

J'y suis. Je plonge. C'est un plongeon à arrêter tous les pénaltys du monde.

Je la rate.

– Olé! dit-elle.

Je suis allongé sur le parquet, et c'est elle qui est dans le lit. Elle s'enfouit sous les couvertures. À mon avis, elle est nue.

– Tu es nue, Marina?

– Ça va pas, la tête? Qu'est-ce que tu crois?

– Je crois que tu es nue.

– C'est ma foi vrai. Et alors? Où est le problème?

Cinq centièmes de seconde plus tard, je suis couché près d'elle. Plus près, ce ne serait pas possible. Quoiqu'il y ait encore un tout petit détail à perfectionner.

– Non, dit-elle.

– Quoi, non?

– On se calme.

– Écoute, nous ne sommes plus chez Olga mais en terrain neutre.

– Allume les lumières.

– Nous sommes dans le lit de la Grande Catherine d'après Glieb. Je ne sais pas qui était la Grande Catherine, mais elle devait être sacrément grande, pour avoir un lit pareil.

– C'était l'impératrice de Russie il y a deux cents ans, crétin! Tu es vraiment ignorant.

– Appelle-moi Pougatchev. Si j'allume les lumières, on va y voir comme en plein jour, il faudra qu'on se mette des lunettes de soleil. Toujours d'après Glieb, la Grande Catherine adorait recevoir ses ministres au lit. C'est plein de lampes partout.

– On est timide, Tantzerev?

Eh merde! Je me relève (je la garde à l'œil pour le cas où elle tenterait de filer), je vais actionner les sept ou huit interrupteurs, et, pour de la lumière, on a de la lumière.

– Eh bien, voilà! dit-elle. Au moins, y on voit.

Je vois surtout la pointe rose de ses seins à la lisière de la courtepointe.

– D'abord, on parle, Tantzor. Ne t'approche pas!

Je me fige, debout au pied du lit, une jambe en l'air, bras semi-dressés, pouces et index joints, dans la gracieuse position du danseur étoile du Bolchoï sortant de son bain. Marina rigole mais dit toutefois :

– Arrête de faire le clown et assieds-toi. Non ! Plus loin ! Ce foutu lit doit faire dans les vingt-cinq mètres de long.

– Très bien, dit-elle. Et tu restes là jusqu'à nouvel ordre. Pourquoi je suis ici et comment ? Je suis ici parce que c'est moi qui ai demandé à Evguéni de t'y cacher, de vous y cacher, toi et tes copains. À propos, je te signale que la montagne humaine a l'oreille plutôt fine : je suis passée à dix mètres de lui sur la pointe des pieds, et, en moins d'une seconde, il m'avait attrapée et soulevée en l'air par les chevilles. Et cet enfant de salaud m'a fouillée, même après que je lui avais dit qui j'étais. Il est derrière la porte et écoute tout ce que nous disons. Si tu cries parce que je te viole, je me retrouverai étranglée, aplatie comme une crêpe contre le mur. Tu ne voudrais pas lui dire que tout va bien et que je n'ai pas d'intentions hostiles ?

– J'adorerais que tu aies des intentions hostiles.

– On verra. Dis-lui de s'éloigner.

– Ça va, Eldar. Tout va bien. Retourne dormir.

Je n'entends rien. Je quitte le lit, je me glisse jusqu'à la fausse porte, dans le faux mur de la fausse chambre, et j'aperçois la gigantesque silhouette de Nourpeïsov, le Kazakh fidèle, qui s'éloigne. Je reviens prendre ma place.

– Les nouvelles, maintenant, dit Marina. Grand-père a été retardé. Il a été retardé parce qu'il a été repéré à Tbilissi, où il s'était rendu…

– Je le savais.

– Qui te l'a dit ? Pas moi.

– J'ai deviné.

– Tu serais intelligent ? Quelle surprise ! Il a été retardé parce que des types lui couraient derrière. Il a dû se cacher. Il sera à Moscou dans deux ou trois jours. Il va bien.

J'ai froid, tout nu comme je le suis, assis à l'extrémité du lit dans cette pièce qui n'en est pas une, puisque les murs sont de simples toiles peintes, qui ne se raccordent pas au plafond – la réserve n'est pas chauffée et l'air circule sur toute la superficie de l'étage. J'ai froid, mais ça n'empêche rien : mes intentions sont des plus précises et des plus apparentes. Et, chaque fois que le regard de Marina passe sur cette partie-là de mon anatomie, mes dispositions en sont encore renforcées.

– Pourquoi Vassia est-il allé en Géorgie ?

– Il te le dira lui-même.

– Et toi, où étais-tu ?

– Quelque part dans Moscou, chez une amie.

– Une ou un ami ?

– Tu as mis ta femme et ses enfants à l'abri, il paraît ?

Bon. Elle sait ce qui s'est passé à Chtcholkovo. Par Kopicki sans doute. Je n'en suis plus au stade des suppositions à propos de la connivence très étroite qui existe entre Kopicki, Marina et son grand-père. Je ne me demande même plus quel but ils poursuivent ; je pense en avoir une idée très nette.

– Marina, tu connais un certain Alexandre Chamchourine ?

– Je ne l'ai jamais rencontré. On m'a dit qu'il était de tes amis. Je sais qu'il est à l'hôpital. Je sais aussi qu'il va s'en tirer.

Le soulagement l'emporte, chez moi, sur la curiosité – curiosité de savoir comment elle sait tant de choses.

– Les dernières nouvelles que tu as eues de lui datent de quand ?

Il n'y a même pas une heure, me dit-elle. Juste avant qu'elle ne vienne me rejoindre.

– On a un peu froid, Tantzor ?

– Pas du tout.

– Je suis venue te poser une question importante. La dernière fois que grand-père t'a demandé ce que tu comptais faire à propos de ces hommes qui te traquent, tu as répondu que tu ne voulais rien faire, que tu ne te battrais pas, que tu pensais que, tôt ou tard, on finirait par te ficher la paix, qu'il te suffisait d'attendre.

– Ce n'est pas exactement ce que j'ai dit.

– Peu importe. C'était l'idée. Tu n'as pas changé d'avis ?

J'hésite. Non pas tant sur la réponse à faire – puisque j'ai, en effet, changé d'avis et que je veux me battre. Mais j'aimerais bien savoir quel est l'intérêt de Vassia Morozov, de Marina et, surtout, de Marat Kopicki dans toute cette affaire. Pourquoi tiennent-ils tant à me voir livrer bataille ? Pourquoi moi ? Quel compte ont-ils à régler avec Djoundar Kourachvili ?

– J'attends ta réponse, Danseur.

– Si je dis oui, est-ce que j'aurai une médaille ?

– Qu'est-ce que tu entends par médaille ?

– Cinquante kilos de Marina.

– Je ne suis pas une entrecôte.

– Réponds à ma question, et je répondrai ensuite à la tienne.

– Tu commences à geler sur place, mon garçon. Le gel va te prendre et on t'enterrera dans un cercueil spécial pour protubérance verticale. C'est curieux : j'aurais pensé que le froid coupait leurs moyens aux hommes. Eh bien, non. La preuve. Grand-père pense que tu vas te battre. D'autres aussi.

– Et toi ?

– J'attends de voir.

Je commence à être en colère. En somme, elle aurait fait irruption dans ma cache – et dans mon lit – à seule fin de savoir si, oui ou non, j'allais partir en guerre. Et si je l'assure de mon humeur guerrière, elle consentira à se laisser câliner ?

– Tu te rhabilles et tu t'en vas, Marina.

– Tu vires au bleu ; je te préviens.

– Fous-moi le camp.

Elle ne bouge pas. Son corps, du moins, ne bouge pas. Mais son visage change. Et l'expression de ses yeux.

– Viens dans le lit, crétin de l'Oural.

– Crève !

– Je crois que tu me laisserais réellement partir, ma parole !

Je n'en suis pas si sûr. Mais j'aime qu'elle le pense. Et c'est vrai que je pèle de froid. Je m'engourdis et je gèle sur place. Sans que mon ostensible vaillance en soit le moins du monde affectée. Marina a raison sur ce point : le froid n'a aucun effet sur la détermination virile.

Elle sort enfin une main de sous la couette et l'édredon.

– Viens, dit-elle. Excuse-moi.

Elle me tend la main et, comme je m'obstine à ne pas broncher, elle se dégage de la chaleur du lit, s'approche de moi, m'embrasse.

– Viens, je t'en prie.

– C'est bien pour te faire plaisir, dis-je entre deux claquements de dents.

Elle me fait m'allonger, me recouvre, se glisse contre moi. Elle est chaude et douce. Je grelotte stupidement malgré ma volonté de n'en rien faire. Je suis allongé sur le dos, quasi cadavérique.

– Nom d'un chien ! dit-elle. Pourquoi ne m'as-tu pas violée ?

Je préfère ne pas répondre. D'autant qu'elle s'active maintenant de ses mains et de ses lèvres brûlantes. Elle s'enfonce peu à peu sous la couette, et celle-ci s'arrondit, prend des allures de tente.

– Tu m'entends, Danseur ?

– Oui.

– N'attends pas monts et merveilles. Contrairement à ce que tu as l'air de penser, je n'ai pas couché avec la moitié de Moscou. J'ai eu deux amants. L'un par curiosité, l'autre pour confirmation. L'un a duré trois minutes, le deuxième deux jours. À la seconde où je t'ai vu, dans la gare de Kazan, j'ai su que tu serais le troisième, et – que le diable te patafiole ! – peut-être bien le bon. Je suis idiote de te dire ces choses.

Pas tant que cela, à mon avis. Je me sens fondre – mais c'est peut-être le dégel.

– Remarque bien, dit-elle depuis les profondeurs du lit, comme je ne te vois pas, peut-être que tu rigoles. Ou bien tu te rengorges.

– Je ne me rengorge pas.

Pas vraiment. Pas du tout. Je me sens, au contraire, envahi par une immense tendresse.

– Non, ne bouge pas, dit-elle. Ne fais rien. Je ne sais pas si je suis experte mais je fais de mon mieux. Il faut bien que je te réchauffe. Tu étais carrément bleu de méthylène, tu sais ?

Sa langue. Le froid s'en va tout à fait. Cela valait d'attendre – si elle ne joue pas une fois de plus avec moi, comme le soupçon m'en traverse.

– Pourquoi je suis venue ? Pour des tas de raisons. J'ai appris, cet après-midi, tout à la fois l'existence de Sacha Chamchourine et ce qui lui était arrivé. Je ne le connais pas.

Mais c'est à toi qu'ils auraient pu s'en prendre. Ou qu'ils s'en prendront demain. Il n'était pas prévu que je rétablisse le contact avec toi avant le retour de grand-père. Je n'ai pas pu attendre. Si ça se trouve, c'est la première et la dernière fois, cette nuit.

Ordre de ne pas bouger ou pas, je m'enfonce à mon tour sous la tente que forment la couette et l'édredon pour la retrouver.

– Pas la dernière, Marina. Tu veux vraiment savoir si je vais m'attaquer à Kourachvili ?

– J'ai peur que tu le fasses.

– Je vais le faire.

– Je sais. Et j'ai peur. Même aidé par grand-père et peut-être Marat, c'est un combat inégal.

Je prends son visage entre mes paumes et l'embrasse. Elle se love contre moi. On y voit à peine dans notre abri malgré toutes les lampes allumées autour. Les prunelles de Marina brillent dans la pénombre.

– Parlons d'autre chose.

– Je n'étais pas d'accord avec grand-père au début, quand il voulait se servir de toi contre ce Géorgien pourri. Je ne le suis toujours pas. Est-ce que tu as choisi de te battre à cause de ce qui est arrivé à ton ami ?

Non. Ma décision était prise avant. Ce qu'on a fait à Sacha Chamchourine n'a joué aucun rôle. Ni non plus l'assassinat de la mère de Gogui. Je le vois bien maintenant.

– Je vais m'en aller, dit-elle.

Un instant, je crois qu'elle va, une fois de plus, m'échapper, mais elle secoue doucement la tête et m'embrasse.

– Mais pas tout de suite, Tantzor. Nous avons le temps. Tu peux t'arranger pour que ce soit inoubliable ?

– Je peux essayer, en tout cas. Mais ça se fait à deux.

– Ma collaboration t'est entièrement acquise. Je dois faire davantage que ce que je suis en train de faire ?

– Non. Tu continues comme ça, et ça ira à merveille. Ça va déjà à merveille.

Elle me prend en elle plutôt que je ne la pénètre, et je me retiens désespérément pour résister au lent mouvement de ses hanches. Elle geint doucement puis se tait enfin, haletante, comme moi.

– Je n'ai pas trop crié, Tantzor ?

– Tu as juste appelé maman ; c'est tout.

– Je suis sûre que tu mens.

– Hé, hé ! Non.

– J'ai appelé ma mère ? C'est vrai ?

– Pas plus de deux fois.

– Tu dois pouvoir faire mieux. C'est déjà un peu inoubliable, remarque. Mais je vais écouter la prochaine fois. S'il y a une prochaine fois.

Il y en a une. À tort ou à raison, je la crois quand elle me dit qu'elle a eu deux amants. Et je ne sais pas pourquoi mais, pour le deuxième, celui qu'elle a pris « *pour confirmation* », je pencherais pour Evguéni – Evguéni, qui m'a assuré que Marina était folle de moi (les circonstances lui donnant apparemment raison). Je ne chercherai pas à savoir si je me trompe ou non.

– Ça devient de plus en plus inoubliable.

– On peut essayer encore, pour être tout à fait sûr.

Nous essayons encore, et c'est toujours un peu mieux chaque fois. Vient un moment où il reste peu à dire. Je crois que nous en sommes tous les deux stupéfaits. Nous sommes revenus à la surface. Elle s'est mise sur le ventre. Elle enfouit son visage dans l'oreiller de dentelle de la Grande Catherine. Cette posture lui déforme un peu la lèvre inférieure, mais c'est charmant. Je suis, de mon index, ce sillon si séduisant qui parcourt son dos et s'approfondit au creux des reins. Sa peau est très blanche, lisse, veloutée ; le contraste avec la toison luxuriante de son mont de Vénus en est d'autant plus spectaculaire.

– Arrête, dit-elle doucement.

– Tu n'aimes pas ?

Au contraire. Elle se met sur le flanc et replie ses jambes en me tournant le dos. Sa taille se creuse. Elle m'échappe alors même que je venais contre elle.

– Je dois vraiment partir, Tantzor.

– Où te retrouverai-je ?

– C'est moi qui reprendrai contact. Il est bientôt cinq heures ; tu devrais dormir encore un peu.

Je la regarde aller et venir, elle éteint une à une toutes les lumières. C'est un peu comme si nous avions fait

350

l'amour sur la scène d'un théâtre et que le rideau tombait. Rhabillée, elle se penche sur moi, s'assied sur le bord du lit, me regarde dans le halo de la dernière lampe encore allumée. Je demande :

– Ça valait la peine de venir ?

– J'ai envie de pleurer ; je te préviens.

– Pourquoi ne pas rester avec moi, Marina ?

– J'en ai envie.

– Fais-le. Tu ne me gêneras pas, au contraire. Je n'ai pas l'intention de me servir de mes petits poings, contre Kourachvili. J'utiliserai plutôt ma tête.

– Parce que tu en as une ? Première nouvelle.

Elle pleure bel et bien mais le ton persifleur y est. Elle m'embrasse, bouche grande ouverte, avec sauvagerie puis s'écarte de moi. Elle éteint la dernière lampe et s'en va. Je lui laisse prendre de l'avance puis je cours. Il y a, à l'autre bout de l'étage, une minuscule fenêtre, fermée par d'épais barreaux en croix, d'où on aperçoit la rue. Une voiture est là, qui attend. Un homme est assis au volant, dont je ne peux pas distinguer le visage. Puis Marina paraît, et, dans le mouvement que cet homme fait pour ouvrir la portière côté passager, je le reconnais. C'est Evguéni, évidemment.

Évidemment.

Après tout, il est possible qu'elle soit venue à seule fin de, comment dire ? m'encourager. Ils se seront dit, Vassia, Kopicki, Evguéni et elle (plus un nombre indéterminé de conjurés dont on m'aura caché l'existence), qu'un câlin avant la bataille est toujours bon pour le moral des troupes.

C'est complètement idiot, comme déduction, mais pas invraisemblable.

Depuis le temps qu'on me manipule.

Une autre voiture, que je n'avais pas remarquée d'abord, a démarré derrière celle qui emporte Marina et Evguéni. Petit-Gros, chef du service des filatures de Marat Afanassiévitch Kopicki, est assis à l'avant, près du chauffeur. Sans le signe qu'il fait en passant, je n'aurais même pas l'idée de fouiller du regard certaine encoignure de porte.

Il y a bien là un guetteur.

Je suis également sous protection, semble-t-il.

Ou sous surveillance.

Marina m'avait annoncé que Vassia réapparaîtrait dans les deux ou trois jours, mais deux semaines entières s'écoulent et rien n'arrive. Evguéni lui-même semble avoir disparu de la surface de la terre. Il m'avait annoncé qu'il se préparait à faire les repérages et la distribution d'un nouveau film. J'avais cru comprendre que cela aurait lieu à Moscou ou dans les environs. J'ai sans doute rêvé. Le metteur en scène n'est pas dans son appartement avec vue sur le zoo. Personne ne répond au téléphone, et Gogui, envoyé en éclaireur, m'annonce que la concierge prétend ignorer où se trouvent Evguéni et sa compagne ; elle ne sait pas davantage pour combien de temps ils sont absents.

Février s'achève, mars commence. Il fait froid. J'entame mon sixième mois à Moscou. Mes affaires se développent. Une seule anicroche, mais sérieuse : l'usine qui devait me fabriquer les lecteurs de cassettes pour mes écouteurs se révèle incapable de les produire.

– Tu n'y arriveras pas, dit Gogui.

Il ne croit pas à la possibilité de trouver un autre fabricant et ne voit guère d'autre solution que d'importer le matériel nécessaire. Ce qui prendra du temps et, surtout, implique de trouver des devises étrangères. À moins de recourir au troc : échanger tel produit *made in* USSR contre ces saletés de lecteurs. Mais quoi ?

J'ai remis la main sur Volodia Chamchourine. Cela s'est passé deux jours après la visite que m'a rendue Marina. Je prends, une fois de plus, au téléphone, des nouvelles de Sacha, et, au lieu d'un membre du personnel de l'hôpital de Lénino, après une minute d'attente, c'est Svetlana, l'épouse de Sacha, qui me répond. Pour me donner la preuve de son identité, elle me remet en mémoire tel détail d'une conversation que nous avons eue, Chamchourine et moi, quand nous nous sommes rencontrés pour la première fois à l'hôtel *Novosibirsk*, il y a maintenant sept mois. Elle me confirme que Sachinka va bien ; il se remet doucement et sortira bientôt. Mais elle a autre chose à me dire, un message à me communiquer : je dois appeler tel numéro le soir même, à sept heures cinq précises. Je m'exécute et, moins de soixante minutes après ce nouvel appel, je me retrouve en face de Volodia. J'ai quelque mal à le reconnaître : ses cheveux ont repris leur couleur naturelle, ils sont coupés de frais ; Volodia est rasé.

– Je suis allé voir mon père à l'hôpital. Tantzor, d'un certain point de vue, on pourrait penser que, s'il est dans cet état, c'est par ta faute.

– On pourrait.

– Sauf qu'il ne t'en veut pas et qu'il va s'en tirer. Il y a une chance de trouver les types qui lui ont fait ça ?

– Pas dans l'immédiat.

– J'attendrai le temps nécessaire.

Apparemment, père et fils ont fait la paix, par un bien surprenant concours de circonstances. Je demande :

– C'était quoi, ce numéro, où je t'ai appelé ?

Une cabine téléphonique – qui marchait. Ce n'est pas pour lui-même que Volodia a pris tant de précautions mais pour ma sauvegarde. Il veut maintenant des détails sur ces hommes, qui me traquent et qui ont manqué de si peu d'assassiner son père. Autant lui raconter toute l'histoire. Ce que je fais. Nous sommes, lui et moi, dans un petit appartement non loin du bâtiment de la télévision, rue Korolev. C'est un logement de fonction réservé aux cadres des services techniques. Volodia y a pris ses quartiers avec son ordinateur.

– Tu t'es déjà drogué, Tantzor ?

– Non.

– Je vais arrêter.

– Je te le souhaite.

Ses mains tremblent, il fume cigarette sur cigarette, va et vient nerveusement. Il approche le mètre quatre-vingt-quinze et il a le torse massif de son père. Je ne donnerais pas cher de la peau de qui lui fournirait un motif de fureur.

– Ça veut dire quoi « dans l'immédiat » ?

– Quelques mois.

– Tu as une idée de la façon dont tu peux abattre ce Kourachvili ?

– Une petite.

– Je t'écoute.

Pas question. Même à Gogui, je ne me suis pas confié. Je suis encore très loin d'avoir une stratégie définie, il ne s'agit que d'hypothèses vagues. Je les garde donc pour moi.

— À prendre ou à laisser, Volodia.

— Finalement, je vais peut-être te péter la gueule.

— Ça te soulagera sûrement. Mais tu perdras toute chance de massacrer Pavlé et ses copains – si je suis mort, je veux dire.

Il prend et considère l'épais dossier que je lui ai apporté et qui contient des informations sur quantité d'usines non encore répertoriées.

— Si je comprends bien ce que tu m'as expliqué, si tu fais fortune, tu seras en meilleure posture pour démolir ce fils de pute en Géorgie ?

— Oui.

— C'est plutôt difficile à croire, non ? Tu es très fûté, Tantzor. Tu es peut-être tout simplement en train de te servir de moi et de mon envie de me venger.

— Je m'en sers.

— À moi, il m'a tué ma mère.

Gogui, qui n'avait pas ouvert la bouche depuis notre entrée dans l'appartement, vient soudain d'intervenir. Calmement, de sa voix flûtée marquée d'un léger accent géorgien, il raconte la mort de Myriam Sémionova. Il affirme que lui aussi éprouve un grand désir de vengeance et dit sa conviction qu'une telle vengeance est subordonnée à une certaine fortune – fortune n'étant d'ailleurs pas le mot qui convient le mieux : il nous faut acquérir des moyens financiers, certes, mais aussi de l'expérience, de la crédibilité, des relations.

Gogui me surprendra toujours. Le contraste physique entre lui et Volodia Chamchourine est saisissant. Ils ont plus de trente centimètres et plus de cinquante kilos de différence. Son regard noir, le plus souvent, paraît tourné au-dedans de lui-même. C'est un introverti. Je m'estime capable d'une dureté féroce mais je ne suis pas certain de l'emporter sur Gogui en ce domaine. Il est sans fantaisie, il a peu d'imagination et pratiquement jamais d'idées originales. C'est, en revanche, un organisateur né, d'une extraordinaire minutie. Sa mémoire est faramineuse, surtout en matière de chiffres. Il parle peu, ne dit jamais un mot inutile. Il a toujours l'air triste, il est d'un sérieux mortel. Tout le temps que nous passerons ensemble, je ne lui connaîtrai aucune relation féminine. Je le verrai souvent tituber d'épuisement, à bout de forces. Il ne se plaindra jamais. Il a joué un rôle primordial dans toute l'aventure – que, sans lui, je n'aurais sans doute pas réussi à mener à son terme.

Volodia Chamchourine cède. D'accord, il va travailler. Plus et mieux qu'il ne l'a jamais fait, dit-il. Peut-il s'adjoindre quelqu'un ? Il connaît un garçon qui poursuit des études d'informatique et dont le père dirige le service des statistiques d'un ministère.

Pourquoi pas ? Sous réserve que j'obtienne toutes les garanties souhaitables.

– Donne-moi toutes ses coordonnées, Volodia. Tu auras ma réponse définitive dès que possible.

Nous passons ensuite trois heures à établir le programme de ce que j'appelle – assez pompeusement – notre département informatique, qui va gérer l'ensemble de mes opérations – j'en prends le risque. Il y a plus de mille noms déjà. Avec chaque nom, l'adresse, professionnelle ou privée, le numéro de téléphone, les éventuelles corrélations existant avec d'autres noms, et aussi la nature, bien sûr, de l'engagement, l'origine du contact, et ainsi de suite. Quant aux usines et entreprises diverses, Volodia en fixe le nombre à deux cent soixante et onze.

Des dossiers sont en outre constitués pour chacune des affaires que j'ai lancées. Il est certain que Volodia seul ne suffira pas à la tâche. D'autant que je vais continuer à le fournir en données. Ou Gogui s'en chargera pour moi. C'est, en effet, ce soir-là que je décide de l'associer pleinement à tout ce que je fais, alors que, dans un premier temps, j'avais résolu de ne lui dévoiler qu'une partie seulement de mes activités.

Nous quittons l'appartement vers minuit. Eldar nous attend comme convenu. Nous dormirons dans le car cette nuit-là, nous avons rendez-vous de bonne heure dans une usine, sur la route de Léningrad.

– Gogui, tu pensais vraiment ce que tu as dit à Volodia ?

Sur le lien entre, disons, notre réussite et nos chances contre Kourachvili ?

– Il fallait bien convaincre Volodia.

– Mais tu le crois ?

Oui. Il s'autorise un mince sourire : il a tout autant que moi envie de devenir riche. Et que nous le devenions ne nuira en rien à l'exécution du parrain de Géorgie. Et puis, il serait stupide de ne pas utiliser à fond des circonstances aussi favorables…

Quelles circonstances favorables ?

Gogui s'est déjà installé pour la nuit, tandis que l'autocar roule. Il dort toujours sur le dos, les mains croisées sur l'abdomen, parfaitement immobile. Il ne ronfle ni ne soupire. Même endormi, il ne fait aucun bruit.

– On t'aide à réussir, Tantzor ; tu le sais bien.

– Vassia Morozov, tu veux dire ?

– Pas seulement lui. Des gens plus haut placés encore. Ne me dis pas que tu n'y as pas pensé.

– Kopicki, alors ?

Encore au-dessus de Kopicki. Kopicki est un flic. Un flic de très haut rang, disposant de pouvoirs étendus, certes, mais encore et toujours un flic.

– Je dors maintenant, dit Gogui.

Nous avons oublié de dîner, mais il ne semble pas en être troublé. Je repasse à l'avant où, comme toujours, Eldar Nourpeïsov tient en réserve de quoi nourrir une équipe de foot.

– Ça va, Eldar ?

– Je vais vraiment très bien.

– Ne m'explique pas pourquoi, s'il te plaît.

– On ne peut jamais rien dire.

– Tu as des projets ?

– Oui. Je conduis l'autocar jusqu'à l'endroit où tu m'as dit de le conduire.

– Ne fais pas l'imbécile avec moi, Nourpeïsov de mes deux. Je parlais de tes projets pour ton avenir. Pour après.

– Après quoi ?

– Après que nous serons devenus riches, Gogui, toi et moi.

Il réfléchit. Cela ressemble à la gestation d'un mammifère

et cela prend presque autant de temps. Je ne suis pourtant pas certain du tout qu'Eldar ne me joue pas, à moi aussi, la comédie de l'abrutissement. Je ne sais trop que penser d'Eldar. Qu'il ne soit pas tout à fait normal me semble évident ; il est probable que les méandres de ses raisonnements rendraient très perplexes Kasparov et Karpov réunis. Mais je reste convaincu qu'il exagère ce trait à dessein pour tromper l'adversaire.

Il a fini de réfléchir – nous avons couvert dix kilomètres dans la nuit, et un contrôle du Gaï nous a à peine ralentis, les documents qu'Evguéni nous a procurés ont suffi aux policiers, qui, en plus, sont restés bouche bée devant l'analyse de la situation faite par Nourpeïsov.

– J'ai réfléchi. Je crois que j'irai faire un tour avec mon autocar.

– Où ça ?

– En Espagne.

Évidemment, il ne me répond pas simplement : « *En Espagne*. » Ce serait trop simple. Il commence à m'expliquer où est l'Europe de l'Ouest et comment on peut la traverser, puis où se trouve la péninsule Ibérique. Il fait une assez longue digression sur les taureaux et leurs cornes, sur le riz, que les Espagnols, paraît-il, mettent dans un plat appelé *paella* (d'où sort-il ces informations ?) et, seulement après, à peine vingt minutes après ma question, il me semble clair que c'est en Espagne qu'il veut aller, au volant de son autocar.

Je ne suis pas fou ; je me garde bien de lui demander pourquoi. Je repars vers l'arrière reprendre place sur mon matelas. Ma colère contre Gogui s'est apaisée. J'ai éprouvé une vraie fureur lorsqu'il m'a affirmé qu'« *on* » m'aidait à faire fortune. Le plus irritant, c'est qu'il a raison et que je le sais.

Bien sûr que quelqu'un m'aide. Je bénéficie de bien trop de bienveillance (c'est-à-dire qu'on m'ignore, mais être ignoré, dans mon pays, est rarement le fait du hasard) de la part des autorités. Un Sergueï Alexeïev ne s'est pas rangé de mon côté aussi vite sans avoir d'abord pris des renseignements. Il l'a sûrement fait. À l'évidence, on lui a donné le feu vert. Pour un peu, j'irais presque jusqu'à penser que

tout ce qui m'arrive est le fait de quelque divinité mystérieuse ayant déterminé, du haut de son Olympe, que je devais
absolument faire fortune.

Il y a de quoi être en rage.

D'abord parce que mes mérites, à mes propres yeux, s'en
trouveraient fort diminués.

Ensuite, et surtout, parce que, si la divinité en question
a choisi de me donner un coup de pouce (et quel coup de
pouce !), elle peut tout aussi bien, demain matin ou samedi
prochain, à la suite d'une nouvelle lubie énigmatique,
décider de m'aplatir.

Je me souviens que c'est un mardi. Je suis seul. Gogui
est parti assister à une réunion à laquelle ma présence n'était
pas absolument indispensable, et moi, j'ai un autre rendez-
vous – à l'hôtel Rossia, près de l'entrée du magasin
beriozka, à cinq heures. Je dois rencontrer un ingénieur qui
peut peut-être me faire fabriquer les foutus lecteurs de cassettes. Il est mon dernier espoir, et encore, je n'y crois guère.
Je ne le connais pas. Je sais qu'il est ukrainien et qu'il vient
de Kiev. Je le reconnaîtrai à l'objet qu'il portera sous le
bras gauche : un tableau enveloppé dans du papier journal.
C'est un ami de Boria Zaporojko qui m'a pris le rendez-
vous.

Cinq heures dix, et personne ne paraît. La haute silhouette
d'Eldar est à environ vingt mètres. Pour dissimuler sa sta-
ture, le Kazakh géant s'est adossé à un mur. Je contemple,
par l'entrebâillement d'une porte, les trésors, à l'intérieur
du magasin de l'hôtel. Un *beriozka* n'est ouvert qu'aux étrangers et aux citoyens soviétiques munis de devises fortes et
porteurs d'un permis spécial. Les pauvres hères dans mon
genre n'y ont pas accès. On peut y acheter quantité de choses
– des denrées alimentaires, bien sûr, qu'on n'a plus vues
dans les rayons des magasins ordinaires depuis des lunes,
mais aussi des livres et jusqu'à des voitures. Je ne rêve pas
d'entrer là-dedans avec un permis spécial et des dollars ;
je voudrais y pénétrer un jour librement, sans aucune
condition.

Cinq heures vingt-cinq. On me touche le bras. Je découvre
un petit bonhomme à lunettes cerclées d'acier, blond mais

très largement dégarni. Il porte bien sous le bras gauche un tableau mal enveloppé dans un exemplaire de la *Pravda*. On aperçoit le cadre.

– Vous êtes bien le Danseur? Je m'appelle Andreï Chevtchenko. Je suis ingénieur.

Je n'aime pas ses yeux ni son regard et je sais déjà que mes chances de faire affaire avec lui sont nulles. Mais je suis fatigué, et j'ai faim pour avoir, une fois de plus, sacrifié mon déjeuner à mes occupations.

– Comment m'avez-vous reconnu?

Un grand et beau garçon, tout près de l'entrée du *beriozka*, avec une *zipoune* en triste état et l'air d'attendre. Il ne pouvait pas s'y tromper, dit-il en riant. Je n'aime pas non plus son rire. D'autant qu'il tient toujours mon bras.

– Je crois que je peux tenir debout tout seul, dis-je.

– Excusez-moi. J'ai pensé que nous pourrions parler tout en marchant. Je n'aime pas les halls d'hôtel, il y a trop de monde.

Et moi, je ne veux pas sortir. Ni marcher. J'ai parcouru des kilomètres depuis ce matin, six heures.

– Finissons-en. Vous pouvez vraiment fabriquer le type de lecteur que je recherche?

– Notre usine a travaillé pour l'armement pendant plus de quarante ans. Matériel radio et électronique. Il vaudrait mieux que nous sortions.

Il y a quelque chose d'inquiétant dans le ton de sa dernière phrase, dans la lueur de son regard, derrière les verres des lunettes. Et, plus encore, dans ce contact contre moi, celui d'un canon de pistolet enfoncé dans mon flanc.

– J'ai ordre de te tuer si tu résistes. Nous sommes trois, et ton copain y passera aussi. Tu comprends?

– Oui.

– On va sortir tranquillement. On marche comme je l'ai dit, on parle tranquillement affaires. Fais signe à l'autre monstre de ne pas te suivre.

– Il me suivra de toute façon. Tu devrais aller le lui expliquer.

– Alors, c'est lui que nous tuerons en premier, s'il nous gêne.

J'évite le regard de Nourpeïsov – il serait capable de foncer en culbutant tout sur son passage. J'évalue mes chances d'arriver à saisir le poignet de l'homme aux lunettes d'acier, de lui coller mon poing dans la figure et de filer. Peut-être m'a-t-il bluffé en racontant qu'ils sont trois, dans ce hall plein de monde.

Je rencontre un regard, celui de Béret-Bleu. Qui n'a plus son béret, mais c'est bien l'homme à la calvitie naissante que j'ai vu à Barnaul et qui m'a poursuivi ensuite jusqu'à Aktioubinsk. Il y a mis le temps mais il m'a retrouvé.

Il me sourit comme à une vieille connaissance, et le signe qu'il me fait est sans équivoque : tu sors avec mon ami, sinon je flingue ton copain kazakh.

Je lève la main droite pour signifier à Eldar de rester où il est, de m'attendre sans bouger. Sachant que ça ne servira à rien. Mais au moins aurai-je essayé.

– Allez-y, professeur, dit Béret-Bleu.

Lunettes-d'Acier me sourit à son tour.

– Il se trouve que j'ai été professeur dans le temps, avant le bagne de Potma.

Nous sortons de l'hôtel. Deux hommes, aussitôt, nous emboîtent le pas. L'air de deux amis qui se font un bout de conduite en bavardant, mais la manœuvre a été trop bien synchronisée. Je me retourne et je reconnais l'un d'eux, qui était aussi à Barnaul.

– Je croyais t'avoir entendu dire que vous étiez trois ?

– Trois dans l'hôtel, trois autres dehors.

– Pavlé n'a pas regardé à la dépense. Je vais le voir ?

– Pavlé ? Il t'attend avec impatience. Il est en chasse pour l'instant.

Je crois même pouvoir mettre un nom sur son gibier : Vassia Morozov. Nous nous éloignons du Rossia et nous prenons à droite. Nous débouchons sur l'avenue Kitaïsky.

– On rentre en Géorgie à pied ? C'est ça ?

– Tu auras un voyage très confortable. Ne tente rien !

Cet enfant de salaud a dû sentir que j'allais bondir. Le canon de son arme s'enfonce un peu plus au-dessus de ma hanche, l'un des hommes de derrière nous vient à notre hauteur et se place à côté de moi. Je voudrais me retourner pour savoir si Eldar m'a ou non suivi, mais, s'il a une petite chance, très petite, d'intervenir sans se faire tirer dessus, autant la lui laisser.

– On traverse.

Nous passons sur l'autre trottoir. Nous allons toujours vers le nord.

– Donne-moi une occasion de te flinguer, petit merdeux, dit la voix de Béret-Bleu, derrière moi.

Ils sont maintenant cinq à m'encadrer.

– Une occasion. Une seule. En principe, on doit te ramener vivant. Nous y perdrons un peu si nous ne livrons que ton cadavre, mais je suis prêt à perdre de l'argent. Essaie quelque chose. Essaie !

Nous tournons à droite dans la première rue importante, en direction de l'académie de médecine. La nuit tombe. Il y a déjà moins de monde autour de nous, mais le seul passant qui nous jette un regard curieux le détourne aussitôt. Béret-Bleu et ses hommes, avec leurs pardessus épais, pourraient tout aussi bien appartenir aux Organes.

Nom d'un chien ! Où est passé Eldar ?

– Monte.

Un camion. Un camion tout en hauteur, dont les plateaux intérieurs sont d'acier brillant. J'aperçois des caisses dans le fond. Et, à cette seconde, je tente ma chance. Bien que je sois convaincu qu'elle n'est pas très grande. Je me dégage, je frappe à gauche et à droite à coups de coude, je flanque mon poing dans un visage, je distribue des coups de pied…

Je m'effondre. On m'a frappé à la nuque, on me frappe encore. Je suis à quatre pattes sur la chaussée, je sens qu'on me relève, qu'on me soulève, qu'on me dépose sur le plateau du camion.

– J'ai bien failli tirer, dit la voix du professeur.

– Tu aurais dû. S'il fait le moindre mouvement, n'hésite plus. Mets-lui une balle dans les couilles.

C'est Béret-Bleu qui vient de parler. Et qui dit encore :

– De toute façon, on va les lui arracher là-bas.

J'entends refermer les hautes portes du camion, et il démarre. Je suis allongé à plat ventre, ma nuque me fait mal, des étoiles scintillent sous mes paupières closes. Un homme s'assied sur moi et m'écrase contre le plancher d'acier, une main me contraint brutalement à tourner la tête, on m'enfonce dans la bouche le canon d'un pistolet.

– Cette fois, tu n'hésites plus et tu tires, dit Béret-Bleu.

Le canon me déchire un peu le palais, meurtrit ma luette. Goût de sang dans ma bouche. Je feins d'avoir perdu connaissance. Mais le pire est à venir.

– Et l'autre ? Le géant ? demande le professeur.

– Kola et le siffleur l'ont eu, répond Béret-Bleu. Tu n'as pas entendu le tremblement de terre quand il est tombé ?

Le souvenir m'en revient alors : il y a eu trois ou quatre coups de feu accompagnés de cris, pendant que je me débattais, juste avant d'être hissé dans le camion.

Nous avons roulé une heure, sinon davantage. Le camion stoppe une première fois puis repart. J'ai entendu des voix, mais sans pouvoir distinguer ce qui se disait. L'intérieur de ma bouche est en sang. Nouvel arrêt. Définitif cette fois. Les portes arrière s'ouvrent.

– Faites-le descendre, ordonne une voix inconnue au fort accent géorgien.

On me remet sur mes pieds.

– Ça va, dit la voix. Vous pouvez lui sortir le pistolet de la bouche. Il ne pourrait pas aller loin.

On me libère enfin. Je reçois une violente poussée, qui m'expédie sur le sol. J'exagère mon état de faiblesse, et je m'affale comme une loque.

– Il est blessé ?

– Nous l'avons juste un peu sonné. Il joue la comédie, répond Béret-Bleu.

– Je veux voir son visage.

Une main m'agrippe par les cheveux, me fait relever la tête. On braque sur mon visage le faisceau d'une lampe électrique.

– C'est bien lui. Pas de doute. Debout, petit.

Je ne bouge pas, ou à peine, bien décidé à continuer à jouer les grands blessés. On me plante à nouveau sur mes pieds, mais je m'écroule. J'ai toutefois eu le temps de découvrir que nous sommes dans un très vaste hangar et qu'ils sont six ou sept, sinon davantage, autour de moi. Djoundar Kourachvili a décidément mobilisé toute une armée pour me capturer.

– Vous l'avez trop frappé, remarque le Géorgien. Vos ordres étaient de l'expédier intact.

– Du cinéma, dit Béret-Bleu. Il fait du cinéma, cette ordure.

– Déshabillez-le.

Je me laisse faire tandis qu'on m'enlève mes bottes à semelle de crêpe, ma *zipoune*, le reste de mes vêtements. Ma totale inertie ne leur facilite pas les choses. Ils me mettent entièrement nu, et, sur le ciment glacé du sol, le froid ne tarde pas à me pénétrer. L'idée que je ne puisse pas m'en sortir commence à m'envahir. La peur vient du même coup, mais surtout la fureur.

Ils sont en train de fouiller mes vêtements. J'avais peu de choses sur moi : une quinzaine de roubles au plus, mon passeport, mon carnet d'adresses et de numéros de téléphone (mais j'y ai récemment rayé tout ce qui était en clair, tous les noms et prénoms sont codés, grâce à Volodia ; les numéros de téléphone sont systématiquement décalés d'un chiffre – un 9 est un 8, un 5 est un 4, et ainsi de suite – ; c'est tellement compliqué que, même moi, je n'arrive pas toujours à comprendre mes pattes de mouche ; si ces hommes, qui m'ont capturé, espèrent en tirer quoi que ce soit, je leur souhaite bien du plaisir).

La fouille est très minutieuse ; on déchiquète mes bottes, et ma *zipoune* est découpée au rasoir.

– Vous avez trouvé où il se cachait ? demande le Géorgien.

– Quelque part au sud du parc Gorki, mais nous ne savons pas exactement où.

Au moins n'ont-ils pas repéré le magasin des décors. Je suis en train de compter les torches électriques qu'ils tiennent. Il y en a quatre. Je pourrais sûrement fracasser la plus proche de moi. Ensuite, j'ai une chance vraiment infime d'arriver à courir sur dix ou quinze mètres, en direction de ces tas de conteneurs, avant qu'ils ne commencent à me tirer dessus. Ils hésiteront à ouvrir le feu ; le Géorgien vient de le dire : Kourachvili me veut vivant et intact.

– Je garde le carnet, dit le Géorgien. Embarquez le garçon.

On me soulève par les bras et les jambes et on m'emporte. En direction, précisément, des conteneurs et des caisses. J'en rajoute, dans ma comédie de l'inconscience : je geins. J'aperçois mieux le hangar. Il est fermé par d'immenses portes, coulissant sur des rails – pas étonnant que le camion ait pu y entrer, on dirait un hangar à avions. Avion ! J'identifie soudain ces grondements, que j'ai entendus il y a une minute : nous sommes sur un aérodrome. On m'offre le voyage en avion pour la Géorgie.

Et je voyagerai dans une caisse capitonnée. On est sur le point de me mettre dedans.

– Je vais lui faire sa piqûre.

J'ouvre les yeux. Je découvre le visage du Géorgien qui se penche sur moi, une seringue à la main. Dans la seconde qui suit, je saute en l'air comme un poisson hors de l'eau, je dégringole sur le rebord d'une caisse, puis sur le sol. Un de mes coups de pieds a fait exploser la torche électrique que l'on braquait sur moi. Je me rue comme un fou, escaladant les tas de conteneurs. Un premier coup de feu part, puis d'autres. J'ai déjà plongé dans une espèce de couloir qui serpente entre les empilements. J'y vois à peine, mais suffisamment pour distinguer une porte de fer dans le mur, tout au fond du hangar. Elle aurait été ouverte, je pense que je m'en tirais.

Elle ne l'est pas. J'ai beau tourner la poignée en tous sens, rien à faire. Brûlure sur ma cuisse gauche, une balle vient de me frôler. Le temps de me retourner et je suis pris dans le faisceau de plusieurs lampes, qui m'éblouissent. C'est tout juste si je distingue les silhouettes de ceux qui les tiennent.

– Ça ne sert à rien, petit merdeux.

Béret-Bleu.

Je saute. Je m'accroche, à deux mètres cinquante au-dessus du sol, au rebord de caisses de bois. Je me hisse. S'ils ne tenaient pas tant à me prendre vivant, j'aurais depuis longtemps été transpercé de balles. Je cavalcade sur le sommet des empilements de conteneurs, mais les torches ne me lâchent plus. Ce que je fais est parfaitement inutile, je le vois, mais pas question de renoncer. J'ai parcouru trente mètres et je me retrouve perché à cinq ou six mètres de haut…

En bas, deux hommes m'attendent très calmement. Je repars sur ma gauche…

Même chose.

À droite aussi.

– Tu descends de toi-même ou je viens te chercher? demande Béret-Bleu.

Si, au moins, j'avais une arme, n'importe quoi. Les poutrelles du plafond sont bien trop hautes pour que je puisse les atteindre; il s'en faut de trois bons mètres. Je soulève l'une des caisses du sommet de la pile et je la pose sur une autre; j'en suis là quand ils me rejoignent. Ils sont quatre, qui m'encerclent et braquent leurs torches et leurs armes.

– Tu as fini?

Je peux encore me suicider – ou essayer de le faire – en me jetant la tête la première sur le ciment.

Non.

Je vais tout bonnement casser un maximum de leurs sales gueules. Après quoi, ils me reprendront, si tant est que je leur aie vraiment échappé, ils me feront cette piqûre, qui m'endormira, et, à mon réveil, je serai en Géorgie, face à Kourachvili, dont Gogui m'a raconté qu'il adorait se servir d'un fer rouge.

Et badaboum! Ça arrive.

Les portes coulissantes du hangar ne volent pas à proprement parler en éclats. Mais elles cèdent sous la poussée de l'autocar d'Alma Ata, lancé à fond la caisse. Ses phares éclairent le hangar *a giorno* et, notamment, l'empilement sur lequel je suis perché. Il n'en faut pas plus au conducteur pour qu'il jette son mastodonte dans ma direction et vienne stopper juste sous moi. Je saute et tombe sur le toit. J'ai bondi un peu trop vite. Je glisse, et je n'ai d'autre recours que de m'accrocher au rebord de la galerie à bagages. Déjà, le car fait marche arrière, et je me dis que nous allons nous en tirer. Je suis couché sur le ventre, les jambes écartées, m'accrochant des deux mains.

– Descends de là.

Le canon du pistolet de Béret-Bleu est à cinq centimètres de ma tempe. Lui aussi a bondi, et s'est agrippé je ne sais où. Miraculeusement, aucun coup de feu n'a encore été tiré.

– Lâche ça et descends, répète Béret-Bleu.

Et il me frappe, de son arme, sur les doigts. La première balle fait un trou sous son œil gauche. Une autre balle lui entre dans la gorge, une troisième lui perce l'épaule. Il a encore le réflexe d'appuyer sur la détente de son pistolet, mais sa balle se perd. Il disparaît de ma vue tandis que tout le hangar résonne de rafales de coups de feu. Je m'aplatis tant que je peux. Le car ne bouge plus. Cela dure très peu de temps – dix, vingt secondes au plus. Je panique, convaincu qu'il est impossible que je ne sois pas atteint.

Le silence.

Je me force à relever la tête. Plus rien ne bouge dans le hangar. Toujours à plat ventre, je rampe sur le toit jusqu'à me trouver au-dessus du pare-brise. Me retenant avec les orteils, je risque un coup d'œil. J'aperçois la grosse trogne d'Eldar.

– Ça va ?

– Tu es tout nu, dit-il.

Je vois le cadavre de Béret-Bleu au-dessous de moi, et, au moment où je demande s'il est vraiment mort, toutes les lampes accrochées aux poutrelles métalliques du plafond s'allument. Je constate alors que Béret-Bleu n'est pas le seul cadavre étendu par terre. De là où je suis, j'en vois quatre autres.

– Ce n'est pas un temps à aller tout nu, dit Eldar de sa grosse voix placide. Tu devrais t'habiller.

– C'est toi qui as tué tous ces types, Nourpeïsov ?

– Quels types ?

Je lui montre les cadavres, et il dit non, ceux-là ce n'est pas lui qui les a tués, il ne les connaît pas. Et, même s'il les connaissait, il ne voit pas pourquoi il les aurait tués. Il n'a pas l'habitude de tuer des inconnus. Il n'a pas l'habitude de tuer des gens en général. Quand il donne un coup sur la tête, il fait exprès de ne pas frapper trop fort. Il est assez costaud et, quand il frappe seulement un peu fort, il leur éclate le crâne. Alors, il doit faire très attention, surtout quand c'est des gens qu'il ne connaît pas. Et, alors, ces types étendus sur le sol...

– La ferme, Eldar.

Je me laisse glisser à terre et je vais examiner les morts. Il n'y en a pas quatre mais sept. Un seul bouge encore. Il a reçu deux balles dans la poitrine, il est couché sur le côté mais tente de se relever, du sang coulant de la bouche. Il lève la main, peut-être pour me signifier quelque chose. Et un dernier coup de feu éclate, très assourdi. Ce n'est pas une détonation ordinaire, à peine un *plop*, comme lorsque l'on débouche du «champagne» de Crimée. Le mourant prend la balle en plein front et, cette fois, s'écroule. Sa tête frappe le ciment avec un bruit mat.

Instinctivement, je m'accroupis et, dans cette position, je file prestement contre le car pour y trouver un abri.

Mais le silence est à nouveau revenu. À nouveau, rien ne bouge.

– Qui a tiré, Eldar?
– Un fusil, dit-il.

Je fouille du regard le réseau des poutrelles, dix à douze mètres au-dessus de moi, et il me semble soudain apercevoir une silhouette et peut-être le canon d'un fusil. Mais le halo de la grosse lampe m'éblouit et m'empêche de distinguer le tireur. Ce n'est pas après moi ni après Nourpeïsov qu'il en a à – nous serions déjà morts.

Je me redresse et je vais récupérer ce qui reste de mes vêtements. Je me rhabille, relevant de temps à autre la tête pour vérifier que l'homme au fusil est toujours à la même place. Il y est et ne bouge pas. Je viens de passer mon pantalon et j'enfile le premier de mes chandails quand un bruit de pas me parvient.

La silhouette pénètre dans le hangar par le trou qu'a ouvert l'autocar. Là encore, je suis incapable de distinguer de qui il s'agit: les phares d'une voiture placée derrière lui, en face de moi, m'en empêchent. Puis Kopicki apparaît. Il avance vers moi en tenant à bout de bras un pistolet monstrueux, un stetchkine à canon long. Il ne m'accorde qu'un bref regard; c'est aux corps étendus qu'il s'intéresse. Il retourne, de la pointe de sa chaussure, ceux des cadavres dont le visage s'écrase contre le sol. Je le regarde, ahuri.

Le tireur des cintres a disparu. Je demande :

– Vous étiez combien ?

Kopicki se penche sur Béret-Bleu et, ignorant ma question m'en pose une autre.

– C'est bien l'homme qui vous a poursuivi à Barnaul ?

– Oui.

– Vous en avez reconnu d'autres ?

J'indique un autre cadavre, entre les piles de conteneurs. J'ai fini de m'habiller, mais je ne peux plus mettre ma *zipoune* ; elle est en lambeaux. Je vais la regretter. J'ai toujours cru qu'elle me portait chance.

– Je vous ai posé une question, dis-je à Kopicki.

– J'ai entendu.

Il fouille les morts et met tout ce qu'il ramasse dans un sac de toile.

– Votre ami Nourpeïsov a tué un homme ce soir, sur l'avenue Kitaïsky. Quand il donne une gifle à quelqu'un, il devrait essayer d'avoir la main plus légère.

– Vous allez peut-être l'arrêter pour meurtre ?

– Le mort de l'avenue Riazanski était un repris de justice dangereux, évadé du bagne de Potma. Il était recherché. D'après ce que je sais des premiers résultats de l'enquête, il a succombé à un torticolis. Je crois savoir que l'affaire sera classée. Même chose pour l'un de ses complices, autre ancien de Potma. Ce dernier a été renversé par un autocar qui a pris la fuite et dont personne n'a relevé le numéro. Il est mort pendant qu'on le transportait à l'hôpital, paraît-il.

Le coup de feu déchire le silence glacé du hangar. Je contemple Kopicki et je suis horrifié : il vient de tirer à bout portant dans la tête de l'un des corps étendus. Mais son visage est impassible, il ne trahit qu'une vague expression d'ennui – celle que l'on a quand on s'acquitte d'une corvée.

– L'autocar d'Eldar Nourpeïsov est manifestement entré dans quelque chose, dit-il. Il vaudrait mieux le faire réparer. On remarque davantage un véhicule qui porte les traces d'un accident.

Kopicki remet le stetchkine dans son étui, sous sa parka noire, pose le sac de toile, en retire un carnet, sur une page duquel il écrit quelques mots. Il me tend le papier.

– Présentez-vous demain à ce garage. On y réparera le véhicule. Vous n'aurez rien à payer.

– Vous venez de tuer sept hommes. Ils étaient combien, avec des fusils, là-haut ?

– Je ne comprends pas de quoi vous parlez. À ma connaissance, nous sommes sur les lieux d'un règlement de comptes entre deux gangs. Ce sont des choses qui arrivent. Ni vous ni votre ami Kazakh ni moi n'y sommes pour quoi que ce soit. À propos : on m'a dit que vos petites affaires se développaient. Vous seriez en train de faire fortune. J'en suis heureux pour vous. Je suppose que, si les autorités vous laissent agir comme vous le faites, c'est que, d'une manière ou d'une autre, elles vous approuvent. Ce n'est pas mon affaire.

Il a achevé son inspection et sa fouille des cadavres, son sac est plein. Il ressort par la brèche ouverte dans les portes coulissantes.

– À votre place, dit-il encore, je m'en irais au plus vite d'ici et je rentrerais chez moi. Ça n'a, bien entendu, rien à voir avec ce qui s'est passé ce soir avenue Kitaïsky ou dans ce hangar, mais j'inclinerais à penser que ces hommes, qui vous recherchaient, ces derniers mois, devraient cesser de le faire. À une exception près.

– Pavlé-l'Albinos.

– Jamais entendu parler, dit-il. Bonne nuit.

Il s'en va.

– Ils étaient deux, Eldar. Les tireurs cachés dans les poutrelles. Ils étaient deux. En tout cas, j'ai retrouvé des douilles en deux endroits.

– J'ai faim, dit Eldar.

– Et ce devaient être de fameux tireurs, pour ajuster ainsi sept types dans la pénombre. Ils avaient peut-être des viseurs à infrarouge.

– Je peux nous faire des brochettes, dit Eldar.

– Tu as vraiment décapité un type en lui flanquant une gifle ?

– Je n'ai pas envie de parler de ces choses.

– Et l'autre ? Tu l'as écrasé avec ton car ?

Alors, là, c'est vraiment un mensonge, dit-il. Pour le premier, d'accord : il lui a donné une gifle. Mais le deuxième, qui voulait aussi lui tirer des coups de revolver dessus, Eldar l'a juste poussé et lui a un peu sauté à pieds joints sur la poitrine. En se faisant tout léger, attention ! Pas brutalement.

– J'étais pressé, tu comprends. J'avais vu qu'ils te faisaient monter dans le camion et qu'ils avaient des revolvers et qu'ils étaient des tas autour de toi. Ça m'a paru suspect et je voulais les suivre.

Et Eldar les a suivis, les a perdus, les a retrouvés par hasard, quand un policier lui a barré la route pour lui faire prendre une déviation. Et alors, le camion a réapparu. Il l'a encore suivi jusqu'au hangar de l'aérodrome. Là, il a hésité à foncer dans la porte – c'était un truc à casser l'autocar. Mais, bon, il l'a fait quand même, et, non, il n'a rien vu du tout, surtout pas moi, qui gesticulais tout nu sur mon tas de conteneurs. Mais à un moment, il a vu ma tête, qui dépassait en haut de la vitre. Qu'est-ce que je pouvais bien faire sur le toit de son autocar tout nu (pas l'autocar, tout nu, moi) ? Et, non, il n'a pas vu Kopicki et, d'abord, qui c'est exactement ?

– La ferme, Eldar.

Je ne doute pas une seconde que Kopicki m'ait fait suivre depuis ma sortie de l'hôtel Rossia puis ait délibérément aiguillé Eldar Nourpeïsov en direction du hangar, pour s'en servir comme d'une diversion.

Il est plus près de neuf heures que de huit quand, enfin, nous rejoignons le magasin des décors.

– Il est un peu cassé, votre autocar, dit Glieb en nous ouvrant.

Gogui est déjà rentré. Son œil de fille me détaille.

– Quelque chose est arrivé ?

– Rien de bien excitant, dis-je. Sauf peut-être que les bonshommes qui nous traquaient dans tout Moscou depuis des mois et ont aidé Pavlé à torturer Sacha Chamchourine sont morts tous les neuf. Une épidémie brutale. Pas d'autres nouvelles, la routine.

Je tremble. La réaction nerveuse s'est fait attendre, mais elle s'abat brusquement à retardement. J'ai une trouille de tous les diables. Je m'assieds dans le fauteuil du ministre Potemkine et je le vois enfin, tout petit, jambes croisées, en train de manger des figues.

Vassia Morozov.

15

Le roi des voleurs lève une main pour me faire taire.

– Tu me poseras ensuite toutes les questions que tu veux. Mais, d'abord : dans ce que t'ont dit, ce soir, ces hommes, quelque chose te donne-t-il à penser qu'ils connaissent l'endroit où nous sommes ?

– S'ils l'avaient connu, c'est ici qu'ils seraient venus m'attendre.

– C'est logique. Ils sont bien morts ?

– J'ai vu Kopicki achever l'un d'entre eux, qui respirait encore.

– Combien en tout ?

– Sept dans le hangar. Plus les deux éliminés par Eldar. Neuf au total.

– Nous devrions être tranquilles pour un certain temps.

– Sauf si Pavlé est encore sur vos traces. Et sur les miennes.

– Il y est encore. Il y sera jusqu'à notre mort. Ou la sienne.

– À Moscou ?

– Je ne sais pas où il se trouve. Il est, heureusement, un peu moins à son aise dans les villes que dans la campagne. Mais c'est un exceptionnel chasseur d'hommes.

– Je peux poser des questions maintenant ?

– Tu peux ?

– Où est Marina ?

– Dans un endroit sûr. Je note que ta première pensée est pour elle, et non pour moi. Tu aurais pu me demander, par exemple, comment j'avais réussi à échapper à Pavlé.

– Vous êtes ici, vivant et, apparemment, en bonne forme.

– Je vais très bien. Merci de te préoccuper de ma santé.

– Question suivante : est-ce que les hommes de Pavlé m'ont retrouvé par hasard ?

– Ils te recherchaient depuis des mois, non ?

Ouais. Mais je me suis méfié, durant tous ces mois. Béret-Bleu aurait peut-être pu repérer l'autocar d'Eldar – et Eldar lui-même. Mais, si tel avait été le cas, il n'aurait pas pris le risque de m'enlever à l'hôtel *Rossia*. Il aurait été mille fois plus simple de nous suivre jusqu'ici, au magasin des décors, où il aurait été possible en plus de capturer Gogui. Au lieu de cela, les hommes de Pavlé ont monté une opération de commando dans un lieu public, en substituant l'un d'entre eux à l'homme qui m'avait donné rendez-vous.

– Vassia, où est le vrai Andreï Chevtchenko ?

– Qui ?

– Un ingénieur de Kiev avec qui j'avais rendez-vous au *Rossia*. À sa place, c'est un ex-prisonnier du camp de Potma qui s'est présenté à moi.

– Et alors ?

– Je pense que c'est Kopicki qui a arrangé toute l'affaire. Ou vous deux.

Le visage intelligent du vieil homme reflète comme de l'amusement.

– Et pourquoi aurions-nous fait ça ?

– Pour mettre la main d'un coup sur l'ensemble de la bande. J'ai servi de chèvre. Kopicki et ses hommes devaient déjà être en place bien avant mon arrivée à l'hôtel. Je crois qu'ils savaient que j'allais être enlevé. Pour la bonne raison que ce sont eux qui ont donné aux hommes de Pavlé les moyens de me retrouver. Je me demande même si Kopicki ne savait pas à l'avance où Béret-Bleu allait m'emmener. Ce hangar, je veux dire. Ils pistaient peut-être la bande depuis des jours ou des semaines. Ils ont provoqué un flagrant délit et pof ! le carnage.

– Tu as de l'imagination, tu sais ?

– Oui. Dommage que Pavlé n'ait pas dirigé en personne mon enlèvement. Il serait mort lui aussi maintenant.

– La perfection n'est pas de ce monde, dit Vassia.

Nous mangeons les brochettes préparées par Eldar sur le fourneau de l'autocar. Gogui est avec nous; il a pris place dans l'autre fauteuil à oreillettes, qui fait face au grand bureau derrière lequel je me suis assis. Il n'a pas dit un mot, pas exprimé un sentiment sur l'aventure de la soirée, à laquelle il aurait fort bien pu se trouver mêlé. Il a écouté mon récit avec la plus grande attention; mais, de commentaire, point. Il parle de moins en moins en dehors du travail. Là, en revanche, il peut se montrer prolixe et révèle une sorte de sérieux fanatique, qui m'inquiéterait presque.

– Vassia? Oui ou non, Kopicki a-t-il délibérément organisé mon enlèvement pour pouvoir éliminer d'un coup tous les hommes qui me traquaient?

– Je crois très possible que Marat l'ait fait, répond le roi des voleurs.

– Il vous avait annoncé qu'il allait le faire?

Eldar Nourpeïsov effectue des allers et retours entre l'autocar et le premier étage de la réserve. À chaque fois, il rapporte trois brochettes. Vassia accepte la sienne et l'accompagne de figues.

D'ailleurs, il m'en offre.

– Je les ai achetées en Géorgie, précise-t-il. Et ma réponse est oui et non. Marat m'a prévenu, en effet, qu'il allait tenter quelque chose pour te débarrasser de tes poursuivants, qu'il avait presque tous repérés et identifiés. Mais il ne m'a pas dit comment il comptait procéder.

– J'ai failli laisser ma peau dans son opération.

– Je ne crois pas, dit calmement Vassia, la bouche pleine. Si tu avais couru un danger immédiat, je suppose que Marat et ses adjoints seraient intervenus plus tôt.

– Il recherche Pavlé?

– Évidemment.

Je n'ai même plus faim; je suis bien trop tendu pour cela. Le grand moment est enfin arrivé. Je vais savoir pourquoi Kopicki et Vassia Morozov agissent ainsi avec moi depuis que j'ai débarqué à Moscou.

– Bon, dis-je. Allons-y. Les vraies questions maintenant.

Depuis quand êtes-vous associés pour détruire Djoundar Kourachvili, vous et Kopicki ?

– Depuis le jour de la mort de ta mère, à Barnaul. C'est cette mort qui a tout déclenché.

– Comprends pas.

– Je n'en suis pas surpris, dit Vassia. C'est une longue histoire, elle remonte à plus de vingt ans.

– Il serait peut-être temps de me la raconter !

– Pourquoi crois-tu donc que je suis venu ? J'aimerais bien une autre brochette ; elles sont délicieuses. Et je boirais bien quelque chose.

Gogui se lève et va chercher de la vodka. Moi, je ne bouge pas et je continue à fixer le roi des voleurs.

– Vous connaissiez ma mère ?

– Peu. C'est surtout ton père, que j'ai connu.

Le ton est tranquille. Eldar est reparti dans la cour pour préparer d'autres brochettes. Gogui revient avec de la vodka et du thé. Vassia choisit le thé. Je me sers un verre de vodka. Mes mains tremblent.

– J'ai rencontré ton père pour la première fois, dit le roi des voleurs, il y a un peu plus de vingt-deux ans. C'était le jour anniversaire de la révolution d'Octobre. Ce jour-là, il m'a confié le dossier qu'il avait constitué contre Kourachvili.

Le roi des voleurs vole encore en ce temps-là. Ce n'est pas tant l'appât du gain qui le pousse. Davantage la répugnance à rompre avec une tradition familiale plusieurs fois séculaire : comment se targuer d'être le roi des voleurs si l'on ne vole plus ? Il hésite. Tantôt (le plus souvent), il observe la résolution qu'il a prise, au tout début de la Révolution : puisqu'un roi des voleurs ne peut décemment s'en prendre qu'aux nantis, comment opérer dans une société neuve, où la distinction entre pauvres et riches a été abolie ? Mais, cela, c'est pour le principe, la différence n'a été supprimée que dans les textes ; tout démontre qu'elle continue d'exister.

Alors, d'autres fois, il replonge ses doigts agiles dans les poches de l'un ou l'autre membre de la *nomenklatura*. Manière d'aider à rétablir l'égalité. Manière de ne pas perdre la main. On est un artiste ou on ne l'est pas.

– J'aperçois pour la première fois ton père vers dix heures du matin. Il est grand, comme toi. Il est mince et souple. C'est manifestement de lui que tu tiens ta démarche dansante, ta façon un peu arrogante de porter la tête. Pour le visage, tu ressembles à ta mère, mais tout ton corps est celui de ton père. Il n'avait pas ton regard effronté ; c'est vrai. Ni ta façon de toiser les gens en les défiant. Lui avait dans les yeux une expression rêveuse. Ce n'était évidemment pas le genre d'homme dont on pouvait s'attendre à ce qu'il vous flanque son poing sur la figure. À l'inverse de certain morveux que je connais. Un vrai voleur, petit, juge ses victimes au premier coup d'œil. Il sait d'instinct s'il a affaire à quelqu'un capable de réagir violemment, et, surtout, si ce quelqu'un a sur lui des choses qui valent d'être volées. Ça ne s'explique pas, ça se sent, et un roi des voleurs sent cela plus que tout autre. Dans notre famille, de génération en génération, nous sommes devenus et restés les meilleurs, parce que nul ne nous égalait pour la dextérité et la vitesse, pour le doigté, bien sûr, mais aussi parce que nous possédons, de naissance, ce sixième sens. Je vois ton père dans la rue, du côté de la place Rouge, au milieu de centaines de milliers de gens qui vont et viennent pour assister au défilé, et, dans la seconde, je me dis : cet homme a quelque chose à cacher, il a sur lui beaucoup d'argent ou un objet auquel il attache énormément de prix. Ce quelque chose ne se trouve pas dans la mallette qu'il tient de la main droite. Non ; il l'a sur lui. Je le suis à distance. Je note le geste de sa main gauche lorsque, au sortir d'une bousculade, il vérifie que l'objet est toujours là. Le reste ressortit à la routine. Je sais, à présent, où il cache son trésor. J'effectue un premier passage ; je le frôle. C'est un objet rectangulaire, d'à peine vingt centimètres de long, épais de deux à trois centimètres. Cela peut être un portefeuille, une boîte ou un livre. Je plie un journal aux mêmes dimensions. J'attaque. Il me faut une demi-seconde à peu près pour faire l'échange. Ton père s'éloigne. Il n'a, évidemment, rien senti. Il a pourtant dans la poche intérieure de son veston, sous son pardessus, un numéro des *Izvestia*. Et moi, je me retrouve avec une boîte en carton. Que j'ouvre. Sur le moment, je suis déçu : il n'y a là que deux feuillets de papier très fin, couverts, sans le moindre blanc, d'un texte manuscrit. L'écriture est minuscule, très serrée. Je lis les premières lignes, qui commencent ainsi : «*Ceci pour le cas où je mourrais assassiné. Si tel était le cas, mon assassin serait Djoundar Kourachvili, secrétaire délégué à l'idéologie de la région de Gori, Géorgie…*»

— Où est ce texte, Vassia ? Où est-il aujourd'hui ?

— Du calme. Je te raconte l'histoire telle que je me la rappelle. Nous n'en sommes pas à dix minutes près.

Le roi des voleurs se retrouve donc à l'entrée de la rue Herzen avec, entre les doigts, un document qui ne lui semble guère monnayable. Il en conçoit d'abord de l'agacement : il ne lui est encore jamais arrivé de voler pour rien, sans aucun bénéfice ; c'est une tache sur son palmarès, jusque-là glorieux. Il relève les yeux et voit mon père qui s'éloigne.

— Et j'hésite. Je n'imagine même pas, sur le moment, que je puisse courir après ma victime et lui restituer ce que je lui ai pris. Pour un peu, je détruirais les deux feuillets et je passerais à quelqu'un d'autre. Sauf que quelque chose me frappe : ton père est suivi. Ils sont deux à marcher sur ses talons. Policiers ou voyous, la différence est mince.

Et tout se joue dès lors que Vassia entreprend de suivre, à son tour, les suiveurs. La journée y passe. Ce n'est que vers le milieu de l'après-midi que mon père regagne le petit hôtel pour provinciaux où on a logé la délégation de la République de Géorgie venue se joindre à la grand-messe célébrant une «*révolution imbécile*», comme le dit Vassia. Pendant ces heures, mon père a semblé rechercher quelqu'un ou, peut-être, une cachette. Il ne semble pas savoir qu'il est suivi – ou il feint de l'ignorer. Le roi des voleurs se décide. À l'insu des suiveurs, il va frapper à la porte de la chambre de mon père et lui dit tout. À seule fin d'avoir une explication.

— Et ton père me dit qu'il se sait sous surveillance depuis déjà des semaines, qu'il craint pour sa propre vie, pour celle de sa femme et de son fils. C'est la raison pour laquelle il a constitué ce dossier, qu'il considère comme une protection, pour lui-même mais surtout pour sa famille. Il n'a trouvé personne, en Géorgie, à qui le confier. Aussi a-t-il pris le risque de l'emporter avec lui dans ce voyage à Moscou. Moscou où, pourtant, il ne connaît personne. En tout cas, il n'y a aucun ami proche en qui il ait assez de confiance. Et d'ailleurs, il craint que Kourachvili ne remonte facilement la piste s'il remettait ce dossier à la garde d'une personne ayant avec lui des liens connus.

Cela se fait ainsi, à la grande surprise de Vassia. Entre mon père et lui, une amitié est née. Loin de vouloir récupérer son dossier, mon père demande au contraire au libraire de le lui garder. Ce n'est pas plus fou que de jeter une bouteille à la mer sans avoir la moindre idée de la personne qui la retrouvera peut-être un jour sur une grève.

– Vassia, vous avez ce dossier depuis vingt-deux ans ?

– Eh oui. Ne bois pas tant de vodka.

– Nom d'un chien ! Pourquoi ne pas l'avoir rendu public le jour où mon père est mort ?

– Pour plusieurs raisons, répond Vassia Morozov.

D'abord, parce que rien ne prouve que la mort de mon père ait été d'origine criminelle. Peut-être a-t-il effectivement été victime d'un accident.

– Vous avez vérifié ?

– J'ai vérifié. Je suis allé, pour cela, jusqu'au Kazakhstan.

– Où vous auriez vu ma mère…

– Tu as l'air de douter que je l'ai rencontrée. Je l'ai bien vue pourtant, à Karaganda. Toi, tu étais à l'école. Elle ne t'a jamais dit que ton père avait été assassiné ?

– Non.

– Elle n'en était pas certaine. Ç'a été la première raison pour laquelle j'ai laissé le dossier où il était. Où il est toujours, d'ailleurs.

– L'autre raison ?

– Deux autres raisons. D'abord, le fait que ta mère était au courant de l'existence de ce dossier ; elle connaissait mon nom et mon adresse à Moscou. En fait, c'est elle qui m'a écrit pour me demander de garder le silence. Elle ne voulait pas que ce dossier réapparaisse.

– Elle vous a dit pourquoi ?

– Parce qu'elle avait passé un accord avec Kourachvili, dit tranquillement Vassia.

– Ce n'est pas possible.

– Je me fiche que tu me croies ou non, gamin. Je te raconte l'histoire, c'est tout.

– Quel accord ?

– Demande-moi plutôt quelle troisième raison j'avais de ne pas me servir du dossier.

Je jette un coup d'œil vers Gogui. Lui aussi s'est mis à manger des figues.

– D'accord. Je vous le demande, dis-je.

– Ce dossier ne vaut pas un kopek. Il aurait peut-être pu gêner le Kourachvili du temps de Gori, il y a vingt-deux ans. Il a perdu le peu de valeur qu'il avait au fil des années. Tu le brandirais aujourd'hui contre un Kourachvili aussi puissant qu'il l'est devenu, cela le gênerait autant que si tu faisais pipi contre le mur d'une de ses maisons.

– Où est ce putain de dossier ? Merde !

– Le livre sur la table.

Plusieurs livres sont posés sur le plateau du bureau, que nous avons baptisé Potemkine tant il est imposant (sans doute a-t-il servi dans un film historique). Ces livres font partie du décor, comme tout ce qui nous entoure ; du faux-semblant.

Sauf que l'un d'eux se révèle, dans ma main, plus lourd que les autres. Je l'ouvre. Le titre ne me dit rien, le nom de l'auteur non plus – *Gens d'Église*, de Nicolas Leskov.

– Ce n'est pas une édition originale, loin s'en faut, dit Vassia. Ça vaut dix roubles au plus, et encore… Je l'ai pourtant relié moi-même.

La dernière phrase m'éclaire. Jusque-là, je feuilletais l'ouvrage sans y découvrir autre chose qu'un texte imprimé. La reliure est de carton noir et vert ; à l'intérieur, on a utilisé un papier épais, parfaitement collé. D'abord, je ne sens rien sous mes doigts, puis je découvre qu'un des plats est légèrement plus épais que l'autre. Je croise le regard de Vassia, qui acquiesce. À l'aide d'un couteau, je décolle le papier. Les feuillets rédigés par mon père sont là, bien à plat. Je me mets à lire.

Ses notes recoupent l'histoire que la mère de Gogui m'a déjà, en partie, raconté. Le hasard seul, explique mon père, lui fait découvrir un important trafic portant sur plusieurs productions géorgiennes : manganèse, engrais chimiques, thé et fruits. Le mécanisme est relativement simple : pour dix wagons qui partent de Tbilissi et sont destinés à Moscou ou à d'autres villes soviétiques, sept ou huit seulement sont réellement remplis du produit qu'ils sont censés transporter. À l'arrivée, des directeurs d'usine, complices, acceptent pourtant la livraison et signent sans broncher les bordereaux pour dix wagons. L'avantage de l'opération est double. Les producteurs géorgiens peuvent ainsi annoncer des résultats dépassant les objectifs que leur a fixés le Plan et percevoir les primes correspondantes. Il est également possible de vendre au marché noir, à des prix nettement supérieurs, et avec des bénéfices qu'on empoche intégralement, les marchandises ainsi soustraites à l'économie officielle. Mon père cite peu de noms et s'en justifie : il hésite à mettre en cause des hommes qui sont ses collègues et auxquels, selon lui, on ne peut reprocher que leur faiblesse ; il ne détient pas toutes les preuves nécessaires, mais il estime qu'une enquête approfondie permettrait de les obtenir aisément. En revanche, il indique des chiffres : entre deux et cinq millions de roubles de détournement – il y a près d'un quart de siècle de cela, à une époque ou le salaire moyen est d'une centaine de roubles par mois. Il précise que son estimation doit sans doute être corrigée à la hausse.

Et il donne les noms des hommes qui sont à l'origine de ces énormes malversations : Djoundar Kourachvili et…

— Vassia, on a rayé les noms des deux autres.
— Ton père.
— Il vous a dit pourquoi ?
— Selon lui et selon ta mère, les deux autres n'étaient que des comparses. D'ailleurs, l'un d'eux est mort depuis, toujours d'après ta mère.
— Elle connaissait ces deux noms ?
— Apparemment, oui.
— Et elle ne vous les a pas donnés ?

Vassia fait non de la tête. Je le fixe. Il ne serait pas en train de me mentir ? J'ai une impression curieuse. Mais pourquoi me mentirait-il ? Pour protéger l'un des deux inconnus ? J'ai du mal à y croire.

– Quand avez-vous vu ma mère pour la dernière fois ?

– Il doit y avoir sept ou huit ans. Nous nous sommes rencontrés secrètement.

– À Barnaul ?

Que quoi que ce soit de secret puisse jamais s'être passé à Barnaul me semble parfaitement invraisemblable.

– Ici même, à Moscou. Tu te souviens sans doute du voyage qu'elle y a fait.

En effet. Elle faisait partie de je ne sais quelle délégation de son usine et a dû passer deux nuits dans la capitale.

– Elle m'a même acheté un livre, précise Vassia. Une édition en anglais de *L'Île au trésor*.

C'est également vrai. Je me souviens de ce foutu livre, qu'elle m'a rapporté et qu'il m'a fallu lire intégralement dans la langue de Bobby Robson – un entraîneur de l'équipe d'Angleterre de football.

– Vassia, vous avez reparlé de mon père ensemble ?

– C'était la vraie raison de sa visite. Elle m'a fait promettre de ne jamais me mêler de l'affaire si rien ne t'arrivait.

– Ce qui veut dire ?

– Ta mère se savait déjà malade. Elle craignait de mourir jeune. C'était une femme extrêmement courageuse. Et très belle, soit dit en passant. Elle m'a dit que, si elle venait à disparaître, je ne devais en aucun cas te raconter l'histoire que je te raconte. Sauf si tu étais en danger de mort et capable de réagir intelligemment. Ce sont ses propres mots.

– Réagir intelligemment ?

– Ne pas te précipiter chez Kourachvili par exemple. Ne pas aller gesticuler devant lui. Te faire oublier.

J'ai terminé la lecture des notes laissées par mon père. Ce qu'il appelait son dossier. À contrecœur, je suis forcé de reconnaître que Vassia avait raison. Il n'y a à peu près rien, là-dedans, qui puisse sérieusement inquiéter Kourachvili – surtout qu'il est, aujourd'hui, membre de la commission de contrôle du Parti, député au Soviet suprême de Géorgie, secrétaire à l'idéologie et, donc, membre éminent du bureau du Parti communiste géorgien, et plusieurs fois héros du travail socialiste. Ce seraient les affirmations d'un homme mort depuis plus de vingt ans contre la parole d'un membre respecté de l'appareil d'État.

– Mon père était idiot ?

– Pas du tout. Il n'était simplement pas fait pour ce genre de combat.

La preuve : ce qui s'est passé après son retour de Moscou. Mon père raconte dans ses notes comment Kourachvili et ses émissaires ont d'abord tenté d'acheter son silence, puis comment ils l'ont menacé. Pourtant, il est bel et bien rentré à Tbilissi. Estimant sans doute qu'en confiant à un libraire moscovite son « dossier » il avait fait suffisamment pour assurer sa sécurité.

– Vassia, il a parlé de ce dossier à Kourachvili ?

– Il m'a dit qu'il allait le faire. Dans son esprit, Kourachvili ne devait plus oser s'attaquer à lui sitôt qu'il connaîtrait l'existence de ces révélations écrites et mises en lieu sûr.

– Vous avez cru que ce serait une garantie suffisante, vous ? Vous avez été le premier à lire ces notes.

– Sur le moment, il y a vingt ans et plus ? Je ne savais que penser. J'avais remarqué un peu de naïveté chez ton père, mais je ne savais rien de Kourachvili en ce temps-là. Avec une crapule ordinaire, la menace d'un dossier pouvait suffire.

Le dossier n'a pas protégé mon père, ni ma mère ni moi. Mon père a été arrêté par la police géorgienne – on a trouvé dans ses tiroirs des textes réclamant l'indépendance de la Géorgie et d'autres preuves accablantes de ses menées anti-soviétiques. Il a été condamné à vingt-cinq ans de camp de travail.

– C'était trop ou pas assez, dis-je.

Le regard de Vassia s'écarte et, à nouveau, j'ai le sentiment que le roi des voleurs me cache quelque chose.

– Il est mort, petit. C'est tout ce qui compte. Et il a été condamné sur une accusation montée de toutes pièces.

Les questions se pressent dans ma tête. Malgré ce que j'en savais déjà par Myriam Sémionova, je me sens un peu perdu dans cette évocation d'un passé si lointain, dont ma mère ne m'a jamais parlé – ou si peu. De mon père, je ne connais qu'une photo, que j'ai souvent détaillée sans y trouver la moindre ressemblance entre lui et moi. Et voilà que Vassia me le décrit comme un doux rêveur assez naïf. Un peu bête, en somme.

– Vous connaissiez ma mère ?

La question vient de Gogui, si silencieux jusqu'à cette seconde. Elle nous prend par surprise, Vassia et moi. Le vieil homme hésite. Puis il acquiesce. En sorte que c'est moi, à présent, qui demande :

– Vous avez connu Myriam Sémionova ? Mais comment ?

Par ma mère, bien sûr. De crainte qu'on ne découvrît le rapport qui existait entre eux, il n'écrivait jamais directement à Barnaul. Il passait toujours par Myriam Sémionova, qui, sans connaître tous les arcanes de l'affaire, savait que son amie était en danger et voulait l'aider. Vassia a fini par aller la voir il y a cinq ans, lors de son premier voyage en Géorgie.

Je suis sidéré. À la rigueur, je peux comprendre comment ce bouquiniste de Moscou, qui pratique le vol à la tire comme un art, a pu se trouver mêlé à une sombre histoire qui s'est passée à l'époque de ma naissance. Mais, qu'il se soit investi dans cette affaire au point d'aller jusqu'au Kazakhstan puis en Géorgie, pourquoi ?

– Curiosité, dit Vassia.

Il sourit.

– Curiosité dans un premier temps, puis ta mère. Ce n'était pas une femme banale.

Nom d'un chien ! Qu'est-il en train d'essayer de me dire ? Qu'il était amoureux d'elle ?

– Je l'étais. Je lui ai même proposé de venir habiter Moscou. J'ai des amis. Je pouvais obtenir pour elle, et donc pour toi, l'autorisation de venir vous installer ici.

– Et elle a refusé.

– La preuve, dit Vassia.

Eldar a fini ses travaux de cuisine. Il nous rejoint et annonce qu'il va se coucher. D'ailleurs, il tient dans sa main son livre de chevet. *Les Douze Chaises*, d'Ilf et Petrov, dont, à ma connaissance, il a commencé la lecture au printemps dernier, à Alma Ata, une dizaine de mois plus tôt, et dont il a déjà lu cent onze pages. Il lit au rythme impressionnant de dix-huit lignes par jour, prononçant chaque syllabe de chaque mot à mi-voix, avec ce résultat qu'il connaît absolument par cœur tout ce qu'il a lu et peut le réciter à l'envers ou à l'endroit – je le sais pour en avoir fait l'expérience. Il vient d'atteindre le passage, chapitre seize, où Hippolyte Vorobianinov et Ostap Bender arrivent en train à Moscou, par la gare de Riazan, et il n'a pas compris pourquoi les auteurs parlent des favoris de fumée de la locomotive. Comment une locomotive peut-elle avoir des favoris puisqu'elle n'a pas de poils ?

– Bonne nuit, Eldar. Et merci pour les brochettes.

Eldar dit que ce sont les dernières. Il avait emporté douze batteries de voiture et dix-huit pneus pour les échanger contre des produits alimentaires, mais son stock est épuisé ; il n'a, désormais, plus rien à troquer.

– Je ne sais pas comment je vais vous nourrir demain. Il me reste des pois chiches, de la farine de sarrasin, et quelques pommes. Peut-être cent cinquante kilos en tout, mais on ne va pas loin avec ça.

– Ton ami, le Danseur, trouvera du ravitaillement, dit Vassia.

Nourpeïsov hoche la tête et va retrouver ses trois paillasses tout au bout du bâtiment, près de l'escalier. C'est son poste de garde. Il l'a lui-même choisi, et quiconque gravirait les marches, même en catimini, le tirerait du sommeil à la seconde – Marina en a fait l'expérience.

Le regard de Vassia ne m'a pas quitté durant tout cet intermède.

– Tu as l'air encore plus ahuri que d'habitude, gamin. Tu ne crois pas qu'un autre homme que ton père ait pu être amoureux de ta mère ?

Je ne sais pas. Je n'ai jamais pensé à elle dans ces termes-là.

– Je n'ai pas besoin de te dire que nous n'avons pas eu de liaison.

Il serait plus grand – et surtout plus jeune –, je lui casserais la figure avec un certain plaisir. Je me lève et je vais marcher un peu. Je m'enfonce dans les sombres dédales du magasin. Ma chambre, ou, plus exactement, le coin de décor que je me suis aménagé, se trouve à dix ou quinze mètres de là. Toutes les lampes y sont éteintes. Ce qui domine en moi, c'est la colère. Comment ma mère a-t-elle pu me laisser ainsi, dans l'ignorance ? Je conçois désormais assez bien l'enchaînement des circonstances. Je quitte Barnaul pour Novosibirsk au moment même où Gogui, mandaté par sa mère, y arrive pour me prévenir qu'un certain Djoundar Kourachvili (dont jamais je n'ai entendu parler jusque-là) projette de me faire assassiner. J'échappe une fois, deux fois, trois fois, aux tueurs de ce Kourachvili. Je débarque en Géorgie. On m'y apprend une partie de l'histoire – une partie seulement, pourquoi ? Je pars pour Moscou, et, dès mon arrivée place des Trois-Gares, la petite-fille du roi des voleurs me subtilise mon argent. En sorte que, quand je la retrouve (sûrement pas par hasard), je peux faire la connaissance de Vassia Morozov sans soupçonner un seul instant qu'il a depuis des années partie liée avec mes parents. Pourquoi ces mystères ?

Et Kopicki, que vient-il faire là-dedans ?

– Et Kopicki ?

La question n'est pas posée par moi mais par Gogui, qui, lui, n'a pas bougé du fauteuil à oreillettes.

– Bonne question, dit la voix de Vassia. Tu l'as entendue, gamin ?

Je reviens sur mes pas.

– J'ai entendu.

Vassia me sourit.

– Tu viens d'avoir envie de me taper dessus, n'est-ce pas ?

– J'en ai toujours envie.

– Le jour où tu boiras un peu moins et où tu renonceras à casser la tête des gens à la première occasion, tu commenceras à être adulte. Pour répondre à une question que tu ne m'as pas posée : j'ai attendu pour te raconter cette histoire parce que ta mère m'avait demandé de le faire.

Il lève une main pour m'empêcher de parler.

– Elle et moi étions convenus de ne rien te dire jusqu'à ce que tu fasses la preuve que tu étais suffisamment mûr. Ce genre de réaction, que tu as failli avoir avec moi, elle ne voulait pas que tu t'y laisses aller avec Kourachvili. Si tu dois t'attaquer à lui, tu dois le faire de sang-froid, après avoir pesé chacun de tes actes. Myriam Sémionova m'a raconté ce que tu as fait en Géorgie. Te rendre tout droit chez Kourachvili était du dernier crétin. L'humilier était pire encore.

– Et, en commençant à faire fortune à Moscou, je prouve que je peux devenir le vengeur que vous attendiez que je sois, maman et vous?

– Il y a de ça. Et il nous fallait gagner du temps.

– Nous?

– Marat Kopicki et moi. On ne s'en prend pas à un Kourachvili sans une sérieuse préparation d'artillerie.

– Comment Kopicki est-il entré dans la conspiration? Il était, lui aussi, amoureux de ma mère?

– Il ne l'a jamais rencontrée. C'est moi qui ai demandé à Marat Afanassiévitch de s'intéresser à ton parrain géorgien.

– Qui est-il exactement? Sûrement pas un policier ordinaire.

– Disons qu'il fait partie d'une brigade spéciale.

– Le KGB?

– Non. Je pense même que le KGB et la brigade de Marat ne se tiennent pas en grande affection. Je t'ai dit que je connaissais Marat depuis des années. À tort ou à raison, il estime que je l'ai aidé dans sa vie et dans sa carrière.

Encore une fois, cette impression de quelque chose qui sonne faux. Le vieux Vassia me raconte des craques. Mais c'est un menteur très adroit, qui mêle vérité et mensonge en un inextricable écheveau.

– Quel est la mission de la brigade si spéciale de Kopicki?

– Lutter contre la corruption aux échelons les plus élevés de la hiérarchie. Et le faire secrètement aussi longtemps que les preuves suffisantes n'ont pas été rassemblées.

– Et un Kourachvili est un objectif pour ce genre de brigade?

– Un objectif de choix. Les garçons, est-ce que l'un de vous a entendu parler de ce qui s'est passé en Ouzbékistan au cours des dernières années?

Gogui dit oui, vaguement. Moi, j'ignore tout. Et voici Vassia lancé dans une interminable énumération de potentats ouzbeks arrêtés, condamnés, suicidés, limogés, suspendus, exécutés. Des noms reviennent plus souvent que d'autres: Adylov, Rachidov, Mouzaffarov. Des titres prestigieux accompagnent ces noms : président du Conseil des ministres, ministre, vice-ministre, président et vice-président des comités exécutifs du Parti d'oblasts, de raïons, de villes. Il y a aussi des magistrats, des hauts responsables de la milice ou du KGB, des premiers secrétaires, des secrétaires d'obkoms, de raïkoms, de gorkoms, des directeurs d'entreprises. Vassia est intarissable. Il récite, avec une lueur ironique au fond de ses prunelles, comme si lui-même ne prenait guère au sérieux le numéro qu'il nous fait. Où diable veut-il en venir avec son Ouzbékistan, dont je n'ai rien à fiche ?

— Tu comprends, gamin ?

— C'est Kopicki qui a fait arrêter tous ces gens ?

— Évidemment, non. Ce n'est pas un surhomme. Il a travaillé au démantèlement de cette mafia ouzbèke.

— Et, maintenant, il s'en prendrait à Kourachvili ?

— Voilà.

— Et c'est le même Marat qui vous doit tant ? Quelle superbe coïncidence !

— N'est-ce pas ? dit Vassia. Mais ce n'est qu'une coïncidence si le policier à qui j'ai fait appel pour te protéger est justement l'un des responsables de la brigade spéciale d'enquête sur les crimes économiques et la corruption dans toutes les républiques de notre beau pays.

Le roi des voleurs me ment en quelque chose. Au milieu de toutes ses affirmations des trois derniers quarts d'heure, une ou plusieurs sont fausses. J'en mettrais ma tête à couper (enfin, presque).

— D'autres questions, gamin ?

— Oui. Celle-ci par exemple : pourquoi Kopicki et sa foutue brigade prennent-ils tellement soin de moi ?

— Réfléchis, et je suis sûr que tu trouveras la réponse tout seul.

J'y ai déjà réfléchi : les superflics kopickiens ont besoin de moi pour avoir la peau de Kourachvili. Ils ont besoin de moi parce qu'ils sont incapables de flanquer sous les verrous l'homme de Gori par les moyens habituels. Kourachvili est un peu trop malin pour eux. Il ne s'est pas fait construire de datcha avec salles de bain en marbre et robinets en or massif. Il n'a probablement aucun argent liquide chez lui.

On ne trouvera sans doute pas, dans toute la Géorgie, un seul homme ou une seule femme pour témoigner contre lui. Je jurerais qu'il n'a jamais reçu le moindre pot-de-vin en mains propres ni la moindre commission ni la plus petite soulte. Et, si des hommes sont morts sur son ordre, nul ne pourra jamais le prouver. Il est aussi inaccessible dans sa Géorgie qu'il le serait sur Mars.

Je crois que Kopicki attend de moi que je trouve une idée pour le piéger, une idée à laquelle aucun policier ne penserait.

Je crois que Kopicki, ses supérieurs ou ses subalternes, me reconnaissent un atout particulier, unique : la haine que me voue Kourachvili (et que j'ai exacerbée par la visite que je lui ai rendue, c'est vrai). Kopicki et ses copains espèrent que, en agissant sous le coup de cette haine – sa seule faiblesse – Kourachvili commettra une erreur.

En d'autres termes, je vais encore servir de chèvre.

Et – bien entendu –, plus je serai riche, mieux j'aurai réussi, plus la haine de Kourachvili à mon encontre sera grande. Au point de le pousser à la faute.

Ce serait là la raison pour laquelle on m'a aidé depuis mon arrivée à Moscou.

Vassia m'examine de son œil de joueur d'échecs.

– Il me semble que tu as trouvé la réponse à ta propre question, gamin. Non ?

– J'en ai trouvé une ou deux. Qui ne sont pas forcément les bonnes.

Il se lève, sans même prendre appui sur les bras du fauteuil. Pour un homme de son âge, il est dans une forme superbe, tout menu qu'il est.

– Je vous laisse les figues qui restent, dit-il. Si vous apercevez Pavlé, tirez les premiers. Cet animal aux yeux pâles est d'une adresse diabolique. Songez que, même moi, j'ai dû parfois courir pour lui échapper. Il finira tôt ou tard par arriver ici ; ne croyez surtout pas le contraire. Je dois vraiment t'appeler Tantzor, gamin ?

Je préfère quand même Tantzor à gamin.

– Va pour Tantzor, dit Vassia en souriant.

– Je veux revoir Marina.

– Ne dis jamais « *je veux* » avec une femme. Ne dis, d'ailleurs, jamais « *jamais* » non plus. Je t'ai dit que Marina

389

se trouvait dans un endroit sûr; cela devrait te suffire. Sa grand-mère – ma femme –, était la plus jolie femme que Moscou ait jamais connue. Elle avait trente-deux ans quand elle est morte, et, certains soirs, j'ai encore envie de la pleurer.

Il a bel et bien les larmes aux yeux tout à coup. Mais il sourit.

– Vous avez lu *Alice aux Pays des merveilles*? Aucun de vous deux? Question idiote, j'aurais dû le savoir. Bon. Il y a, dans ce livre, un certain chat à l'exaspérante habitude: il disparaît à volonté; on ne sait jamais s'il va revenir, ni où ni quand; et, quand il s'en va, il s'efface, les lignes de son corps disparaissent une à une; au bout d'un certain temps, il ne reste plus de lui que son sourire, qui, à son tour, devient invisible, après avoir flotté en l'air.

Le roi des voleurs est parti. Il a peu à peu reculé, s'est enfoncé dans la pénombre de la réserve. Il n'est plus là. Je ne suis pas si sûr que son sourire ne continue pas de flotter quelque part.

– Je vais dormir, dit Gogui de sa petite voix tranquille. J'ai du nouveau pour MacHendricks. Du bon. Mais nous en parlerons demain si tu veux bien.

– Bonne nuit, Gogui.

J'ai éteint la lampe sur le bureau Potemkine. Je marche dans le noir total jusqu'à ma chambre, sachant que je ne vais pas dormir avant deux heures au moins. Pas avant que je n'aie tourné et retourné dans ma tête chaque mot qui vient d'être dit. Vassia, Kopicki et les autres attendent-ils vraiment de moi que je trouve quelque chose d'imprévu, de surprenant, de fou peut-être, pour piéger Djoundar Kourachvili et l'abattre?

Je n'en suis pas si sûr.

Je me glisse sous les couettes et l'édredon, claquant un peu des dents. Or, le lit est tiède. Je respire le parfum de son corps avant même de sentir sous ma paume la rondeur de sa hanche.

– C'est une heure pour rentrer? dit-elle.

«*Marina est dans un endroit sûr*», m'a affirmé Vassia. Tout s'explique.

16

– MacHendricks, dit Gogui. Je pense que c'est par lui qu'il faut commencer. J'ai discuté près de deux heures avec lui hier.

Il est environ six heures un quart du matin. Je bois mon thé matinal, après avoir avalé un bon litre d'eau ; je mange l'espèce de bouillie bizarre, produit des talents culinaires conjugués de Marina et d'Eldar.

– Tu as suffisamment ménagé tes effets, Gogui. Lâche le paquet.

– MacHendricks nous offre un million et demi de livres sterling, dit Gogui, la bouche pleine.

Je ne bronche pas. Je m'attendais à quelque énorme nouvelle de ce genre. Je fais semblant de rester impassible, maître de moi et tout, mais la vérité pure est que je reste coi.

– Combien as-tu dit ? demande Marina.

– Un million et demi.

– En livres ?

– En livres.

– Payables quand ?

– Dès que les papiers seront signés. Nous formons une société mixte. Cinquante et un pour cent pour nous, dix pour cent pour le syndicat de l'édition, trente-neuf pour les Britanniques.

Je ne dis toujours rien. Marina et Gogui discutent entre eux et je fais le spectateur, tournant la tête de l'un à l'autre. Je ne sais pas combien de roubles – non convertibles – font un million et demi de livres sterling. Le cours changeant toutes les heures, le calcul n'est pas simple.

Beaucoup, en tout cas.

Bien assez pour financer mon hebdomadaire en langue anglaise pendant un an ou deux. Au moins.

– Je ne savais pas ce MacHendricks si riche, dit Marina.

– Il ne l'est pas, explique Gogui. Il a parlé de notre projet à quelqu'un, à Londres, qui en a parlé à quelqu'un d'autre, et, de fil en aiguille, MacHendricks nous transmet une proposition d'association.

– C'est quoi, ce truc ?

J'ai enfin réussi à ouvrir la bouche.

– Tu parles de quoi ?

– La bouillie.

– Des pois chiches plus de la farine plus de la mélasse que j'ai apportée, dit Marina.

J'examine d'étranges vers noirs.

– Et les bigoudis ?

– De la vanille. J'en ai échangé trois kilos contre une édition des *Âmes mortes* de 1912. Le type m'a fait cadeau de la mélasse. Mange ; c'est très nourrissant. Si notre conversation d'affaires ne t'intéresse pas, tu peux toujours emporter ta gamelle à l'étage du dessus. Gogui, quand faut-il donner la réponse ?

Dans les dix jours qui viennent. Ou avant. Les Anglais sont prêts à prendre un avion pour Moscou. D'après Sergueï Alexeïev, qui s'est déjà renseigné, les autorisations nécessaires à une telle association avec des étrangers ne seront pas difficiles à obtenir.

– Tu as entendu, Tantzor ?

– Distinctement. De la vanille avec des pois chiches. Ce n'est pas courant.

Je crois avoir trouvé ce qui m'agace si profondément : que les choses me deviennent de plus en plus faciles. Nom d'un chien ! J'ai eu toutes les idées ; aucune ne m'a été soufflée ; personne ne peut se vanter d'avoir pensé pour moi. Après les avoir conçues, ces idées, j'ai cherché comment je pouvais les réaliser. Dans à peu près tous les cas, j'ai trouvé et j'ai réuni les hommes. Sans moi, tous seraient encore ce qu'ils étaient – insignifiants.

Et voici maintenant que toutes les portes s'ouvrent. Sans que j'aie à faire le moindre effort. Je déteste que la proposition de MacHendricks me parvienne par personne interposée – serait-ce par Gogui. Je n'aime pas que Sergueï ait déjà transmis les demandes d'autorisations à qui de droit pour la création d'une société mixte. J'aime moins encore que ces autorisations nous soient, d'ores et déjà, accordées. C'est trop facile.

Je me sens frustré de ma réussite.

Et, à ce sentiment, s'en ajoute un autre : ce que l'on me donne avec tant de bienveillance, on peut me le reprendre ; aucune loi ne me protège ; je bénéficie de passe-droits. Il n'est rien de moins stable.

– Ça tient au corps, dit Eldar Nourpeïsov.

Bien sûr, il parle de la bouillie compacte qui nous sert de petit déjeuner.

– J'aime, dit-il encore.

Marina et Gogui me regardent. Mon silence les déconcerte.

D'accord.

– Les autres nouvelles, Gogui ?

Les autres nouvelles ne sont pas mauvaises non plus. Sergueï a trouvé un bureau pour l'agence de consultants et a dressé une première liste de gens que nous pourrions employer, tous parlent l'anglais ou l'allemand, ou les deux, tous sont issus de l'institut d'économie et possèdent une expérience suffisante du tissu industriel et des cheminements bureaucratiques.

– Il t'en a réuni cinq pour cet après-midi, trois heures. Les meilleurs d'après lui.

– Parce que j'ai mon mot à dire ?

– Tu es de mauvaise humeur ce matin, dit Gogui, très calme.

– Pourquoi le serais-je ? Hier encore, je me suis follement amusé. On a juste massacré neuf hommes sous mes yeux. C'est, évidemment, un incident sans importance. Ça arrive tous les jours. Et les Spoutniks ?

Ils commencent à sortir, ils se vendent. Gogui a les premiers chiffres.

– Je peux te dire à un rouble près combien tu as déjà gagné.

– Ça attendra. Le magazine de rock ?

Le premier numéro paraîtra dans quatre jours. Kyryl Belov et sa petite équipe ont recruté plus de trois cents vendeurs. Des étudiants et des lycéens, qui, comme je l'ai demandé, ne seront pas rétribués mais auront droit à un baladeur gratuit.

– Je ne sais toujours pas où je peux faire fabriquer ces foutus lecteurs de cassettes, Gogui.

– On ne peut pas vendre les casques sans les lecteurs.

– Pourquoi pas ?

Je ne dois pas être si abattu que cela, finalement. L'idée vient de surgir. Elle est idiote, mais…

– Gogui, on met les casques vert fluo sur le marché. Je te parie qu'on trouvera des jeunes pour les acheter.

– Sans rien au bout ?

– Sans rien au bout.

– Complètement crétin, dit Marina.

Peut-être. Mais j'ai le pressentiment que ça va marcher. On m'achètera mes casques de baladeur parce qu'ils sont vert fluo, parce qu'ils se verront de loin, parce que ceux qui les porteront pourront narguer leurs copains avec (en prétendant, au besoin, que le lecteur de cassettes est quelque part sur eux, caché), parce qu'ils espéreront trouver le complément. Après tout, nous sommes un peuple entraîné depuis des années à sortir de chez lui avec un panier à provisions pour le cas où – à la grâce de Dieu.

– Je vais appeler mes baladeurs. À la grâce de Dieu. Ça fera rire ; et tu vas voir qu'ils se battront pour les acheter.

Mars passe comme dans un brouillard. Je n'ai pas moins de dix fers au feu. Dix entreprises menées simultanément : la chaîne de discothèques, les Spoutniks, l'agence de consultants, mon service de conseils techniques pour la restructuration des usines, les casques (sans lecteurs de cassette au bout), le magazine de rock (dont les bureaux sont rue Karetnyi), les deux magasins de vente de disques, disques compacts et cassettes, le quotidien d'économie, l'hebdomadaire en anglais, l'agence de publicité.

J'y ajoute même des opérations ponctuelles. Ainsi, ce que j'appelle l'affaire Youssouf. Youssouf est un étudiant étranger à Moscou. Il est noir. C'est un Africain au sourire immense. Nous le ramassons un soir, Marina et moi. Il est ivre, n'a plus rien sur lui ; on lui a tout pris, jusqu'à sa montre Rolex et sa ceinture en crocodile du Congo. Marina insiste pour que nous le mettions à l'abri des miliciens, qui ne vont pas tarder à le cueillir et à le traîner dans un dessoûloir, où, dans le meilleur des cas, il passera vingt-quatre heures. Il ne sait pas un mot de russe. Eldar le soulève et l'allonge sur un matelas, à l'arrière du car. Pas question de le ramener à la réserve ; je tiens à protéger le secret de notre retraite. Nous le laissons dans le véhicule, garé parmi d'autres cars de tourisme aux abords de l'hôtel *Moscou*, sous la garde de Nourpeïsov. En dépit des protestations de Marina.

– Parce que tu crois que ce type pourrait être un espion de Pavlé-l'Albinos ?

– Pourquoi pas ?

– Tu es devenu tout à fait parano, Tantzor. Un albinos et un Nègre ! Tu te rends compte de la tête que va faire ce pauvre diable en se réveillant face à ton Kazakh ? C'est un coup à avoir un infarctus !

Nous nous disputons pendant tout le long trajet de retour. Mais, le lendemain matin, notre Africain est dans une forme éblouissante. Il fait de la musique dans l'autocar en tapant sur tout le matériel de cuisine d'Eldar. Loin d'être terrifié par Nourpeïsov, il le trouve mignon. Mon Kazakh lui rappelle les éléphants de son pays. C'est au point qu'il ne veut pas rentrer chez lui, à cet institut pour étudiants étrangers où on le loge pour la durée de son séjour. Il ne voulait d'ailleurs pas venir faire ses études à Moscou ; c'est son père qui l'y a expédié d'office, pour y avoir lui-même suivi des cours avec un dénommé Patrice Lumumba (dont je n'ai jamais entendu parler – et Marina non plus, pour une fois). Bon. Il faut bien nous débarrasser de l'oiseau des tropiques ; nous ne pouvons tout de même pas l'héberger pendant des mois dans l'autocar. Je négocie. Il évoque son père ministre. Nous voilà partis sur le sujet des échanges commerciaux entre son pays natal et l'Union soviétique. Je n'y crois pas une seconde, mais c'est une façon de gagner sa confiance. Je me trompe sur toute la ligne. Quatre jours plus tard, sur son insistance, je me retrouve en ligne avec le ministre. Le reste ne se fait pas en un jour ni en une semaine, mais l'ambassade, à Moscou, me reçoit bel et bien, dit avoir reçu des ordres précis à propos des échanges projetés, se déclare disposée à signer tout contrat qui recevra l'agrément des deux parties.

Des casseroles. Il ne me vient rien d'autre à l'esprit. J'ai, en effet, sur ma liste d'ordinateur, une usine, spécialisée jusqu'à ces derniers mois dans l'armement, en particulier – arrête de rigoler, Marina ! –, dans la fabrication des gamelles destinées aux vaillants soldats de l'armée soviétique. Elle s'est reconvertie dans la batterie de cuisine et produit maintenant d'immenses plats faits en je ne sais quel alliage. Le directeur de l'usine n'a pas la moindre idée de qui pourrait les acheter. Ce qui n'empêche pas les chaînes d'en sortir à tire-larigot – de quoi remplir des dizaines de trains. Que les plats s'entassent par milliers sur les terrains vagues avoisinants ne trouble personne ; les objectifs du Plan sont dépassés, et c'est tout ce qui compte.

Mes amis africains voudraient-ils des casseroles ?

Ils en veulent. Surtout des grands plats. C'est, paraît-il, très pratique pour déguster leur spécialité locale, un truc à base de riz qui se mange avec les doigts.

– Marina ! Que tu rigoles, passe encore. Mais pas devant eux au moins !

Je vends les plats. Avec une petite difficulté : le papa de Youssouf ne peut pas payer. Son pays n'a pas d'argent. Surtout en devises. Est-ce que j'accepterais des cacahouètes en échange ?

Marina rigole toujours.

Mais je finis par vendre les cacahouètes aux services officiels d'alimentation et aux restaurants coopératifs.

– On gagne combien, Gogui ?

– Déduction faite de ce que nous avons versé à l'usine

pour payer les casseroles : deux cent soixante-dix-huit mille cent quatorze roubles.

Il dit que, pour les kopeks, il a arrondi au rouble inférieur.

– Tu rigoles toujours, Marina ?

L'hebdomadaire de rock est sorti. Nous en sommes déjà au troisième numéro et nous avons franchi le seuil de rentabilité, calculé par Gogui et Kyryl Belov : cinq mille trois cent cinquante exemplaires. Pour la quatrième livraison, Kyryl prévoit un tirage de onze mille huit cents, et il se voit déjà à trente mille à la fin de l'année.

Sortie également de notre journal économique. Le numéro zéro est paru sans susciter d'intérêt. Il n'en a pas été de même pour le – vrai – numéro un, deux jours plus tard. Vers quatre heures de l'après-midi, je suis dans la salle de rédaction (deux pièces au premier étage d'un immeuble abritant une galerie d'art, quai de Smolensk). Il y a, là, une quinzaine de personnes. Je relis les épreuves. Non que je comprenne tout ce qui est écrit – le sens de certains mots techniques m'échappe, et je ne vais certes pas me ridiculiser en demandant à Sergueï ou à Filip Medviedkine, le rédacteur en chef, ce que diable ils peuvent bien vouloir dire. Mais, enfin, je suis officiellement directeur de la publication, et, le moins que je puisse faire, c'est de lire ce que je prends la responsabilité d'imprimer.

Ils entrent à trois, et c'est bien inutilement qu'ils nous montrent leurs cartes. Ils sentent les Organes à plein nez. Sans un mot, ils s'installent et se mettent, eux aussi, à lire les morasses encore fraîches, l'un après l'autre – le contrôle est triple.

Trente minutes plus tard, ils repartent sans avoir prononcé un mot.

Sergueï me sourit.

– Pas plus difficile que ça.

– C'est moi qui irai en prison, pas toi. Tu savais qu'ils allaient venir ?

– Je m'en doutais. Il ne s'est rien passé. Où est le problème ?

Pas de problème. Sauf que, pour la première fois depuis

que j'ai commencé mon offensive, je constate que je suis sous surveillance. Sinon sous contrôle. Je n'en avais jamais vraiment douté, mais, là, c'est autre chose ; on vient de m'en administrer la preuve.

Pas d'autres manifestations de l'intérêt qu'on me porte en haut lieu pour les parutions suivantes (cinq par semaine). Quant aux chiffres, ils sont médiocres, voire catastrophiques, pour les premiers numéros. Vers la fin de la troisième semaine, toutefois, une remontée s'amorce. Elle devient spectaculaire dès le lundi suivant : le bouillon – la différence entre le nombre des exemplaires tirés et le nombre des exemplaires vendus – a considérablement diminué dans les jours précédents. Il finit par être nul. Les deux femmes que j'ai formées pour contrôler les points de distribution me signalent même une rupture de stock – une vingtaine de points de vente n'ont pu répondre à la demande. Un rapide coup d'œil sur le plan de la ville met en évidence une donnée essentielle : c'est à l'entour des ministères que ces ventes records ont eu lieu. Trois coups de téléphone de Sergueï nous confirment l'idée que nous avions déjà : une directive générale est tombée, conseillant l'achat de notre *Négoce*. J'éprouve à nouveau un sentiment d'irritation : on continue de m'aider mais on peut, du jour au lendemain, cesser de me soutenir.

Sergueï ne me rejoint pas. Il n'est pas inquiet, lui.

– Si tu suivais un peu mieux ce qui se passe autour de toi, tu le comprendrais.

– La politique, tu veux dire ?

– La politique.

– Je m'en fous complètement.

Il rit. Selon lui, ce n'est plus un mystère pour personne. Il m'apprend que les journalistes de *Négoce* m'ont surnommé le danseur aveugle. L'information me laisse parfaitement indifférent.

On passe le cap de cent mille à la cinquième semaine. Philippe Medviedkine n'est pas un vendeur – son unique spécialité est le journalisme économique – mais il consent néanmoins à s'intéresser aux résultats. Après tout, il a débuté à la *Litératournaïa Gazéta* en 1967, à l'époque où cet hebdomadaire tirait à quatre cent mille, et il a assisté à sa formidable ascension, jusqu'à le voir atteindre les cinq millions d'exemplaires.

– Ne rêve pas, Filip. Nous n'arriverons jamais aussi haut.

– Je ne rêve pas. Mais je t'avoue que je ne pensais jamais dépasser cinquante mille. Et nous allons vers le triple, sinon davantage.

– On m'aide.

– Merde ! C'est tout simplement que notre canard est bon !

Reste – et c'est un fait patent, indiscutable – que *Négoce* gagne de l'argent. J'ai en principe droit à vingt-huit pour cent des bénéfices. Je n'y touche pas ; je laisse l'argent sur le compte. En prévision de mauvais jours éventuels et, surtout, parce que je veux me servir de ces capitaux, qui, pour l'instant, n'atteignent même pas mille roubles – c'est dérisoire ! – pour racheter peu à peu leurs parts à tous mes bailleurs de fonds.

– Tu veux devenir seul propriétaire, c'est ça ? demande Marina.

Elle accomplit un travail considérable à mes côtés, mi-secrétaire de direction, mi-associée (encore qu'aucune espèce d'accord n'ait été passé entre nous et qu'elle ne reçoive aucun salaire).

– C'est mon intention.

– Tu as pensé à Gogui ?

– Je lui ferai une proposition le moment venu, et c'est lui qui décidera s'il veut l'accepter ou non.

– Tu sais qu'il veut partir ?

– Partir pour où ?

– Pour l'étranger. Émigrer. Tu l'ignorais ?

Oui et non. Il me semble me souvenir, en effet, de quelques allusions. Gogui a, quelque part aux États-Unis, une sorte de cousin éloigné, avec lequel je sais qu'il entretient une correspondance.

– Chicago, dit Marina.

– Tu en sais plus que moi.

– Forcément : j'ai pris la peine de lui poser des questions, moi.

Je suis un peu troublé. Un peu. Suffisamment pour m'interroger moi-même. Et si j'émigrais, moi aussi ? Je ne me suis jamais vraiment intéressé (sauf pour la musique et le football) à ce qui se passait à l'Ouest. Au plus ai-je le sentiment assez vague que réussir, comme je suis en train de le faire ici, me serait peut-être plus facile là-bas. Peut-être. Quoi qu'ils prétendent tous, j'ai une idée assez exacte du pays dans lequel je suis né, où le destin m'a, en quelque sorte, condamné à vivre. Je sais que ce que j'y ai entrepris n'a probablement été possible qu'en raison des carences d'un système ; j'ai joué sur les « déficits ». Rien ne prouve que je puisse espérer connaître un succès semblable ailleurs, où cette pénurie n'existe pas. Mais une bonne idée est valable partout. Surtout si elle est mise en application avec suffisamment d'énergie et de persévérance.

– Tu aurais envie d'émigrer, Marina ?

(Nous sommes dans le grand lit à baldaquin de la Grande Catherine. Marina est dans mes bras ou je suis dans les siens ; mon nez s'enfouit entre ses seins, et je ne pourrais imaginer, pour lui, plus plaisante situation géographique.)

– Je ne sais pas. Et toi ?

Je ne sais pas non plus. Il y a quelques mois, ma religion était faite : je ne quitterais jamais mon pays, sinon pour visiter des endroits dont les noms me faisaient rêver, ou qui m'intriguaient ; à présent, je suis moins sûr de moi et de ce que je veux vraiment.

– Gogui t'a dit quand il voulait partir ?

– Il l'ignore lui-même. Tu le connais ; il est prudent. Il ne partira pas sans s'être assuré d'un point de chute. Pourquoi ne pas lui poser la question ?

– Je verrai.

Je me rappelle que, ce soir-là – cette nuit-là plutôt –, il est près de deux heures du matin et que nous avons travaillé dix-sept ou dix-huit heures de suite. J'ai fixé par des punaises, sur le contre-plaqué des murs de la chambre, les premières pages de chacune des trois publications. L'hebdomadaire consacré à la musique (et aux autres sujets susceptibles d'intéresser les jeunes, qui sont fous, décidément, des petites annonces – nous en sommes à six pages –), *Négoce*, et la revue rédigée en anglais, qui vient enfin de voir le jour.

Mon empire de presse.

Je ne me lasse pas de les contempler.

– J'aurais envie de marcher le long des quais de la Seine, dit Marina, rompant le silence.

– La quoi ?

– La Seine. C'est le fleuve qui traverse Paris. En France.

– Je sais quand même où est Paris.

– Je n'en suis pas si sûre. Quelle est la capitale de la Belgique ?

– Buenos Aires ?

Je sais qu'elle prépare sa question. Je le sens. Et elle la pose :

– Qu'est-ce que tu vas faire, pour Kourachvili ? Et quand ?

C'est la remarque de Vassia Morozov, le roi des voleurs, à propos de « *ce qui s'est passé en Ouzbékistan* » qui m'a donné l'idée d'étudier un peu le dossier de la lutte engagée par le pouvoir central de Moscou contre la corruption dans les républiques – notamment les républiques du Sud de l'Union, autrement dit, celles des métèques. Vassia nous a demandé, à Gogui et à moi, si nous savions quelque chose sur le sujet. Gogui a répondu qu'il en avait vaguement entendu parler. J'ai dit que j'en ignorais tout. Je n'ai pas menti. Ma résolution de ne jamais lire aucun journal, de ne pas écouter la radio, de ne pas regarder la télévision a fait que je n'ai jamais accordé d'attention à des événements, dont mon entourage, par ailleurs, ne parlait pas. Apparemment, le moment était venu de m'intéresser à l'actualité. La question de Vassia avait tout l'air d'un conseil. Que j'ai suivi. J'ai interrogé Sergueï, Filip, d'autres. Ils m'ont regardé comme si je tombais de la Lune mais m'ont indiqué les procédures à suivre. Je suis allé compulser les archives de publications comme *Ogoniok, Les Nouvelles de Moscou, Znamia, Novy Mir* ou *Djrouba Narodov*. Filip Medviedkine m'a ouvert sa bibliothèque personnelle. J'ai feuilleté les travaux de Borodine, Kogan et Nikiforov, ceux de Makarenko, ceux encore de Smolentsev, et, enfin, ceux d'Alexandre Vassilev.

Rien de ce que j'ai lu ne m'a surpris. Comme dit Marina, je dois être porteur d'un gène spécial. Je suis convaincu de naissance de la totale crapulerie de l'ensemble de l'humanité.

J'ai lu à n'en plus finir. Une interminable litanie de pots-de-vin, de concussions, de détournements. Qu'ai-je à faire de tout cela ? En quoi ce qui s'est passé en Ouzbékistan ou ailleurs peut-il m'aider à combattre Kourachvili ? Certaines affaires m'amusent. Celle du caviar de Sotchi par exemple : durant des années, les plus hautes autorités en place sur les rives de la mer Noire et de la mer Caspienne ont exporté à l'Ouest des boîtes de conserve contenant officiellement des harengs à bas prix alors qu'en réalité elles renfermaient du caviar de première qualité. Conséquence : des dizaines de millions de roubles de bénéfices illicites, en devises étrangères pour la plupart.

On ne produit pas de caviar en Géorgie. Ou peu.

Spectaculaire aussi l'affaire du trafic du coton en Ouzbékistan. Trafic dont la découverte a révélé un monumental réseau de prévarication, qui n'est pas simplement local mais touche jusqu'aux cercles les plus proches du pouvoir, à Moscou – le gendre de Léonid Brejnev se retrouve devant la Cour suprême, en attendant que sa femme, Galina, passe à son tour dans le box des accusés. Trois milliards de roubles de détournement dans la seule industrie du coton. Pas mal ! D'après Philippe, c'est le chiffre officiel, et on peut le doubler, voire le tripler, sans crainte de se tromper.

Nom d'un chien ! Près de dix milliards de roubles ! Si blasé que je puisse être, c'est quand même une somme qui fait rêver.

Trois milliards, également – simple estimation –, pour le trafic sur l'industrie automobile au Kazakhstan. Je me demande s'ils ont compté là-dedans les deux misérables autocars d'Eldar Nourpeïsov.

Sûrement pas.

Mais, en tout état de cause, je ne vois vraiment aucun lien entre l'Ouzbékistan, le Kazakhstan, l'Azerbaïdjan (quatre milliards de roubles, il paraît ; les Azéris ne se défendent pas mal du tout) et la Géorgie, qui m'intéresse.

L'histoire d'Akhmadjan Adylov retient davantage mon attention. Non qu'elle se situe en Géorgie, elle se passe en Ouzbékistan, dans la ville de Gouroumsaraï, au cœur du district de Pap. Ces précisions sont bien représentatives de notre organisation et de nos divisions administratives. En haut, l'État, à la tête duquel se trouve le comité central du Parti communiste. Au-dessous, les républiques, dont chacune a son propre comité central. Puis les régions, dirigées par un comité régional (obkom), elles-mêmes divisées en districts, administrés par des raïkoms. Enfin, les villes. Soit une hiérarchie qui, de la république à la ville, est constituée, par ordre décroissant, de kraïkoms, obkoms, raïkoms et gorkoms. (Moi, je suis le Tantzorkom.) Cet Akhmadjan Adylov, donc, m'intéresse. Je lis ses aventures avec plaisir. C'est que le personnage me fait irrésistiblement penser à quelqu'un. Voilà un homme qui, au moment de son arrestation, en août 1984, règne comme un sultan sur le district de Pap. Membre de la commission de contrôle du Parti communiste de l'URSS, député au Soviet suprême, à Moscou, député au Soviet suprême d'Ouzbékistan, membre du bureau du Parti communiste d'Ouzbékistan, trois fois décoré de l'ordre de Lénine, il est aussi une fois héros du travail socialiste (quand on reçoit deux fois cette distinction, on a le droit de faire sculpter son buste et de le livrer à l'admiration des foules dans la rue).

C'est pourtant le même homme qui entretient une armée privée, avec ses propres gardes-frontière. Ceux-ci se permettent, pendant quinze ans, d'interdire l'entrée du district à quiconque n'a pas été invité par le chef. Adylov est un admirateur de Staline, même si c'est sous Brejnev qu'il accomplit son ascension. Il a ses camps de travaux forcés personnels et c'est lui seul qui fixe les peines. Ses bureaux sont au deuxième étage de l'immeuble du combinat Lénine, qui comporte officiellement neuf niveaux (architecte : Adylov, direction des travaux de construction : Adylov). En réalité, pourtant, il existe un dixième niveau : le sous-sol, où se trouvent les cellules et la salle réservée aux interrogatoires (chef interrogateur : Adylov). Il possède dix à quinze maisons, chacune avec des domestiques à demeure, qui, chaque jour, préparent le festin vespéral au cas où le maître les honorerait de sa présence. Pas de harem établi mais des viols, grâce à une équipe de rabatteurs. Un autobus-cuisine suit en permanence le chef, avec trois cuisiniers à bord. Un tunnel de plusieurs kilomètres de long et assez large pour que deux voitures puissent y rouler de front relie le bureau du chef à une sortie, hors de l'agglomération ; ainsi les visites sont-elles discrètes. Adylov a soixante-dix pur-sang arabes dans ses écuries, dans lesquelles il a fait installer trois lignes téléphoniques et la télévision. Il possède aussi le plus beau jardin ; des antilopes y circulent librement.

Djoundar Kourachvili a-t-il des antilopes dans ses jardins ?

Je ne le crois pas. Il n'a pas non plus de tunnel ni d'autobus-cuisine ni de domestiques. Adylov était, en fin de compte, un crétin absolu, enivré par son propre pouvoir et ne cherchant plus, s'il l'avait jamais fait, à dissimuler les preuves de son avidité.

– Ce n'est pas le cas de Kourachvili, Marina.

– Tu m'as dit toi-même qu'il avait des tas de maisons.

– Il les a. Mais aucune n'est probablement à son nom. Officiellement, elles doivent appartenir à des amis. Aucune loi n'empêche un homme d'aller passer une soirée – ou plusieurs jours si ça lui chante – dans la maison d'un ami.

D'autant que la maison où je l'ai trouvé, où je l'ai menacé avec son propre fusil (si le fusil était officiellement à lui, ce qui n'est même pas sûr), cette maison n'était pas tellement ostentatoire.

– Il est en place depuis vingt-cinq ans et, depuis vingt-cinq ans, il rackette toute la Géorgie. Il doit avoir des millions et des millions de roubles.

Et davantage. Mais il a dû faire comme tant de millionnaires clandestins dans ce pays : trouver une cache sûre et y entasser billets, pièces et lingots d'or, bijoux et diamants.

– À propos de diamants, tu sais comment on achète une pierre précieuse dans ce pays quand on est un personnage important ?

– Ça a un rapport avec Kourachvili ?

– Peut-être.

Cela se passe en septembre de chaque année. Un salon de la joaillerie se tient alors dans l'enceinte du théâtre de l'armée soviétique. C'est un honneur recherché que d'y exposer ses fabrications ; les joailliers de tous les pays s'y font connaître et y vendent beaucoup, aussi bien à des clients particuliers qu'à des revendeurs professionnels ayant pignon sur rue. Le salon dure dix jours puis ferme ses portes. Du moins les ferme-t-il officiellement. En réalité, ces portes restent entrebâillées trois jours encore. Le premier jour se présentent les notables de très haut rang, les grands dignitaires, avec leurs femmes. Ils achètent à des prix spéciaux, c'est-à-dire que vendeurs et acheteurs font semblant de croire que tel diamant a un crapaud ou un gendarme – enfin, un défaut –, qui lui fait perdre quatre-vingts pour cent de sa valeur. Voire quatre-vingt-dix pour cent.

– Ce qui est faux.

– Ce qui est faux. C'est du racket pur et simple, et les fabricants n'ont pas le choix s'ils veulent être admis au salon l'année suivante. Le deuxième jour après la fermeture officielle arrivent les dignitaires de deuxième rang, et les défauts des pierres sont déjà moins importants ; les prix remontent un peu.

Les pierres prennent davantage de valeur encore le troisième et dernier jour de la vente non officielle, lorsque sont admis les petits, les sans-grade de la caste supérieure.

– Comment sais-tu tout ça, Tantzor ?

Khan Pacha. Parallèlement à son commerce de vêtements importés, mon Tchétchène favori a également depuis quelque temps des intérêts dans les diamants et l'or. C'est un commerce des plus lucratifs dans un pays où, quand on dispose d'argent dont l'origine n'est pas très claire, on ne peut le déposer dans aucune banque ni dans aucune caisse d'épargne si bien qu'il ne reste plus que la possibilité de l'enterrer dans un endroit propice et discret ou de le dissimuler dans un mur. Et il est plus facile de cacher des diamants que des liasses de billets qui risquent, de surcroît, d'être dévalués ou retirés.

– Kourachvili achète des pierres ?

– Oui. C'est même l'un des heureux élus admis à entrer le premier jour, bien qu'il ne soit pas secrétaire du comité central ni membre du gouvernement de l'URSS ni ministre du gouvernement géorgien ni même premier secrétaire.

Eh non ; je ne sais pas encore si cette affaire de diamants peut ou non représenter un terrain d'attaque. Nom d'un chien ! Que croit Marina ? Que c'est facile, d'abattre cet homme ?

Voilà des semaines que je cherche un point faible dans ses défenses sans rien trouver de bien précis. Bien entendu, je peux toujours me procurer un pistolet ou un revolver et aller le trouer de balles.

– Tu n'en es pas capable, Tantzor.

Probablement pas, en effet. Révolvériser un Kourachvili m'expédierait tout droit en prison dans le meilleur des cas. Ce serait la solution idiote par excellence. Sans compter que, si je peux parfaitement casser la gueule de quelqu'un à coups de poing, je ne me vois pas du tout l'exécuter de sang-froid. Et puis, c'est dans ma nature, d'employer mon imagination de préférence à la force brutale.

J'ai lu et relu certains passages des documents qui m'ont été fournis sur les affaires de corruption et d'abus de pouvoir. Des milliers d'affaires. À se demander s'il existe, dans ce pays, un seul responsable qui ne soit pas corrompu. Et les républiques du Sud ne sont pas les seules à figurer au catalogue. Les pays baltes, par exemple, ne sont pas épargnés, pas plus que la République de Russie, où les affaires sont, toutefois, moins nombreuses, moins systématiques. Mais c'est peut-être qu'on y pratique les détournements avec moins d'ostentation. Je ne suis pas naïf au point de ne pas discerner, dans cette offensive anticorruption, qui a surtout commencé dans les dernières années de Brejnev, qui a continué sous le court règne d'Andropov et qui se poursuit aujourd'hui, de véritables règlements de comptes entre factions rivales luttant pour le pouvoir central. Kourachvili est un homme du passé, ce que Sergueï nomme un brejnévien type. Il a commencé son ascension au début des années 60 mais, à la différence de tant d'autres, il a survécu à tous les changements. Sûrement parce qu'il a su demeurer discret. Plus certainement encore, grâce à la stratégie qu'il a constamment appliquée : il a su sceller des amitiés ; pas uniquement en Géorgie et dans le Caucase ; à Moscou même, dans les plus hautes sphères. Kopicki ne prendrait pas tant de précautions autrement.

– Ça veut dire quoi, ça ?

– Kopicki a besoin de moi pour prendre Kourachvili. À tort ou à raison, il estime que je détiens un atout que nul autre ne possède : la haine que Kourachvili me porte.

– Autrement dit, tu.es manipulé ? Et mon grand-père aussi ?

– Pas dans la mesure où mes intérêts coïncident avec ceux de Kopicki – ou avec ceux des hommes qui lui donnent des ordres. Nous sommes associés en quelque sorte.

Je suis à peu près certain – c'est l'évidence même – que Kourachvili a, au fil des vingt-cinq dernières années, constitué des dossiers contre des hommes actuellement en place dans la capitale. Il s'est protégé.

– Il est imprenable ?

– Il ne l'est pas, Marina. Personne ne l'est. Mais les protections qu'il s'est assurées me compliquent la tâche.

– Tu as une idée, oui ou non ?

– Sur la façon dont je vais m'y prendre pour le démolir ?

– Crétin de l'Oural ! De quoi d'autre parlons-nous ?

J'ai une idée. Un peu moins faiblarde qu'elle ne l'était voilà quelques semaines. Un peu plus nette mais pas encore renversante ; je dois en convenir.

– Et c'est quoi, cette idée ?

Je me décide à abandonner provisoirement la contemplation de mon empire de presse et je vaque aux affaires courantes. Autant dire que je remets mon nez entre les seins de Marina. Peut-on faire l'amour, et avec quelle intensité, avec une femme que l'on aime tout en pensant à des milliers de lignes que l'on a lues et relues avec le sentiment très vague qu'on passe à côté de quelque chose qui aurait dû vous frapper, dont la découverte, à ce moment de l'histoire, aurait tout changé, aurait sauvé au moins une vie si précieuse ?

On peut.

Je le fais.

– Quelle idée, Tantzor ?

– Pas maintenant.

Je suis passé à côté de la vérité. Que je découvrirai enfin, mais plus tard. Trop tard, malheureusement. Elle me crevait pourtant les yeux.

– Tantzor, tu me dis ton idée ou je te torture.

Ces tortures-là, j'adore.

J'ai lu un épais dossier sur la Géorgie. Celle d'il y a quinze ou vingt ans. On y relate la purge orchestrée par un des dignitaires d'aujourd'hui. Purge dont les principales victimes ont été le premier secrétaire – dirigeant suprême de la République géorgienne – et un millionnaire clandestin du nom d'Otari Lazichvili. Je me suis particulièrement intéressé à ce dernier. Sans jamais trouver, associé à son nom, celui de Djoundar Kourachvili – à croire que les deux hommes vivaient sur des planètes différentes. Lazichvili est un ancien étudiant en sciences économiques. Il débute comme chauffeur de taxi privé et, très vite, contrôle plusieurs véhicules. Ses premiers capitaux clandestins sont aussitôt investis dans un laboratoire, non moins secret, puis une usine, également clandestine. C'est un fait reconnu qu'il y a dans le caractère géorgien une aptitude supérieure à entreprendre. Lazichvili en est le parfait exemple. Cet économiste de formation se révèle excellent chimiste. Il se lance dans la production de tissus synthétiques en utilisant des matériaux volés et inonde les Soviétiques d'imperméables copiés sur des magazines de mode occidentaux, de sacs, voire de parapluies de plastique. Il produit même des dessous féminins presque mousseux et, dans tous les cas, rouges, couleur que, au pays de Lénine, personne n'avait encore osé utiliser pour envelopper son intimité. Le succès est énorme. Lazichvili, vers la fin des années 60 et le début des années 70, se fait construire deux somptueuses villas (l'une et l'autre avec piscine, circonstance épouvantablement aggravante), près de Tbilissi et en République autonome d'Abkhazie, la partie de la Géorgie qui baigne dans la mer Noire – l'ancienne Colchide. Supporter enthousiaste du Dynamo de Tbilissi, équipe de football de première division dans le championnat soviétique, il suit les joueurs dans tous leurs déplacements et, lorsqu'une victoire est remportée sur les adversaires, de Moscou ou de Kiev, il offre des banquets gigantesques.

Bref, il attire l'œil.

La légende veut qu'il ait participé à une réunion, à Tbilissi, rassemblant tous les millionnaires clandestins de Géorgie et un haut dignitaire venu de Moscou (d'ailleurs géorgien lui aussi). Le haut dignitaire demande à tous les participants de lever le bras droit. Tous s'exécutent. Il n'en est pas un seul qui ne porte à son poignet une Rolex ou une Cartier. La démonstration est spectaculaire. La totalité des millionnaires clandestins verse son obole et émigre vers la Russie, et de l'autre côté du Caucase, à Krasnodar, où personne ne s'est encore avisé de racketter les racketteurs, ou à Stavropol, localité dont l'administration n'est pas regardante.

La totalité d'entre eux sauf un : Lazichvili s'estime suffisamment protégé. Il finira par passer à la casserole.

Le personnage, par lui-même, ne m'inspire qu'un intérêt très relatif. À la limite, j'aurais pour lui de la sympathie. Hormis le délit qui consiste à se servir de matériaux volés à l'industrie officielle, je ne vois pas grand-chose à lui reprocher. Il a fait preuve d'intelligence, de savoir-faire, d'esprit d'entreprise.

Non, ce qui m'a frappé dans son histoire, le seul point qui ait retenu mon attention, c'est un nom parmi ceux des témoins à charge qui ont accablé Lazichvili, qui ont étroitement collaboré avec le haut dignitaire de Moscou dans cette vaste purge, qui y ont acquis, du même coup, une réputation de parangons de la vertu socialiste.

Djoundar Kourachvili n'est pas cité en premier. Il figure en troisième position sur une liste de cinq hommes, donnée dans une note rendue publique. Sergueï Alexeïev m'a fourni cette note parmi quantité d'autres.

J'ai si peu à me mettre sous la dent que je me suis accroché à ces infimes indices, pour autant que ce soient des indices. J'ai demandé des informations sur les quatre autres hommes.

– L'un d'eux est mort il y a quinze ans.
– Mort naturelle ?
– Le cœur.

Khan Pacha déambule au milieu des éventaires du marché Tichinski, qui offrent de la viande, des légumes et des fruits frais. je marche à côté de lui, Eldar Nourpeïsov nous suit à quelques mètres. Nous ne sommes pas seuls ; toute une foule de gens qui, pourtant, n'ont pas les moyens d'acheter aux prix pratiqués ici, sont venus pour regarder, pour le seul spectacle de cette denrée dont ils ont oublié le goût depuis des années : la viande.

– Un deuxième est mort aussi, il y a deux ou trois ans. Celui-là, il a été victime d'un accident. Son fusil de chasse lui est parti tout seul dans la figure. Ça pourrait très bien être un meurtre. Mais ne compte pas sur moi pour te trouver des preuves.

– Il était en relation avec Kourachvili ?

– Et comment ! Ils étaient ensemble à Gori ; ils y ont travaillé côte à côte pendant des années. Quand Kourachvili a déménagé pour Tbilissi, l'autre a suivi. Une sorte de bras-droit. Des associés comme nous. On est toujours associés, Tantzor, non ?

– Pas plus qu'hier mais pas moins. Pourquoi acceptes-tu de me chercher des renseignements, Pacha ? Tes propres affaires ont l'air prospères.

Elles le sont, dit-il. Il vient de changer de voiture et circule désormais au volant d'une Samara 6, qu'il ne quitte pas de l'œil, de crainte qu'on la lui vole. Il a réglé définitivement son différend avec les milliers de Tchétchènes avec lesquels il était un peu fâché. Il s'est marié et a une maîtresse, comme tout le monde.

– Je suis un homme rangé, un homme d'affaires respectable. Mais je n'oublie pas que nous sommes associés. La preuve : quand je t'ai demandé d'intervenir pour qu'on arrête de me bloquer mes marchandises à la frontière, tu l'as fait, et, depuis, je n'ai plus d'ennuis.

Ah bon ? En réalité, je ne suis pas intervenu du tout. Les choses ont dû s'arranger d'elles-mêmes. Je ne vois pas l'intérêt de détromper Pacha – si tant est qu'il soit dupe. Jamais je n'ai très bien compris pourquoi il tenait tant à ce qu'il appelle notre association, qui, à mes yeux, n'est qu'une relation amicale (ce qui n'est déjà pas si mal ; c'est même mieux). Peut-être, pour des raisons obscures, qui lui sont personnelles, s'est-il convaincu que je lui portais chance. Et il m'estime d'autant plus que j'ai toujours refusé de prendre part à ses affaires.

– Pacha, tu crois possible que Kourachvili se soit débarrassé de son bras-droit ?

– Je te l'ai dit l'autre jour : tous les types qui, à un moment ou à un autre, ont accompagné ton copain Kourachvili dans

410

sa carrière ont eu de gros ennuis, il les a éliminés à mesure qu'il montait.

– Je t'ai fourni quatre noms. Qu'est-ce que tu sais des deux autres ?

– Numéro-Trois. Pour le voir, il te suffit d'aller à Tbilissi. C'est maintenant la gloire de la Géorgie. Tu devrais quand même t'intéresser un peu plus à la politique. Il a gagné les élections en distançant de près de vingt-cinq points le parti communiste. Il est pour l'indépendance de la Géorgie. En 1977, il a été arrêté parce qu'il voulait jouer les Sakharov du Caucase. Il a passé un an dans un hôpital psychiatrique mais, contrairement à ceux qui avaient été arrêtés avec lui, il s'en est tiré. Il est passé à la télévision pour confesser ses crimes. Ça n'a pas été très glorieux, pour un héros.

– C'est Marat Kopicki qui t'a donné toutes ces informations, Pacha ?

– Qui ?

– Tu es sûr de ne pas connaître Kopicki ?

Il éclate de rire : certain. Il n'a jamais entendu prononcer ce nom. Je n'insiste pas. Peut-être est-ce vrai.

– Numéro-Trois et Kourachvili s'entendent ?

– Ils ont chacun leur armée personnelle, mais il n'y a pas encore eu de guerre.

– Reste le quatrième.

Numéro-Quatre pose un petit problème selon Khan Pacha.

Numéro-Quatre s'appelle Chota Noukzarévitch Mingadzé. Lui aussi a été expédié chez les fous une quinzaine d'années plus tôt. Mais il n'a pas fait de prestation télévisé, et il a tiré cinq ans de camp, puis encore dix, parce que, à sa sortie, il a placé une bombe ou deux. Mingadzé est un irréductible, un têtu.

– Un illuminé même. Pour lui, une chose est certaine : il est en bisbille avec Numéro-Trois, qu'il trouve trop tiède. Tout le monde est trop tiède à ses yeux. Il est pour le nettoyage par le vide.

– Ses rapports avec Kourachvili ?

– Aucune idée, dit Pacha. Je crois que je vais acheter un peu de cette viande. Elle est belle, non ? Tu en veux ?

– Merci, non.

Je ne suis pas venu dans ce marché pour faire mes courses.

– Je te l'offre, propose Pacha.

– Merci quand même. Où est Mingadzé ?

– Les flics voudraient bien le savoir.

– Tu veux dire qu'il est hors la loi.

– Tu rigoles ou quoi ? Il aurait monté une organisation terroriste et tué des gens. Un vrai danger public.

– Aurait ?

– Je n'étais pas là quand il l'a fait, dit suavement Pacha, en train de négocier des côtelettes de mouton.

– Qu'est-ce que tu cherches à me dire ? Que ce n'est pas vrai ?

– Tu as trop d'imagination, associé. Je dis ce que je dis.

– Tu saurais retrouver Mingadzé ?

– Pas impossible. Difficile mais pas impossible. Je connais quelqu'un. Ton type est peut-être à Moscou. C'est un bon endroit pour se cacher, Moscou. On se cache mieux dans une grande ville qu'à la campagne. Ou, alors, il se promène dans les montagnes du Caucase. C'est tranquille là-bas aussi, remarque.

– Essaie de savoir s'il est à Moscou.

– D'accord.

Le début de commencement d'idée que je traîne et tourne dans ma tête depuis des semaines est en train de prendre forme, malgré toute la réticence que m'inspire l'attitude de Pacha, qui a quelque chose de bizarre. Mais c'est vrai qu'il a toujours adoré jouer les grands mystérieux ; il a le goût des cheminements secrets.

D'ailleurs, je n'ai rien d'autre.

Nous convenons, Pacha et moi, que, comme d'habitude, je le contacterai par le truchement d'Issa, au restaurant *Grozniy*, près de la gare fluviale.

– Tu devrais venir y manger un de ces jours avec ta bonne femme, Tantzor. Les grillades et les *djirgdlnich* sont fabuleux.

Les *djirgdlnich* sont des sortes de pâtés bouillis avec de l'agneau et du mouton, du lait caillé et une montagne d'ail. Mais l'allusion à ma « *bonne femme* » me fait dresser le sourcil.

412

– Quelle femme ?

Je ne lui ai, évidemment, jamais parlé de Marina.

Il rit :

– Quelle femme ? Je n'en sais rien, moi. Tu n'as pas une tête à rester célibataire, c'est tout.

Je jurerais qu'il connaît l'existence de Marina, et même son nom. Ma conviction est faite : d'une façon ou d'une autre, peut-être pas directement d'ailleurs, Pacha est en relation avec Kopicki.

Lequel continue donc à me manœuvrer. Ou à m'aider.

Cette rencontre avec Khan Pacha date du 15 ou du 16 avril. Le printemps commence à pointer l'oreille. La veille, Sergueï m'a appris que notre demande d'autorisation d'ouverture de deux magasins spécialisés dans la musique était acceptée. Ce n'est pas une surprise. Il ne faudrait pas grand-chose pour me convaincre tout à fait que je peux attendre tout et le reste des autorités.

– J'aurais dû faire une offre d'achat pour un hôtel. J'aurais proposé mille roubles comptant, pour le *Moscou*, et le reste à crédit à raison de cent roubles par mois pendant trois cent cinquante ans. Tu crois qu'on m'aurait dit oui, Sergueï ?

Il me regarde, étonné : qu'est-ce qui me prend ? Il a adressé une demande en règle, qui a suivi la voie ordinaire. Un peu accélérée, c'est vrai ; il a beaucoup d'amis, mais c'est normal, avec les relations de sa famille et les fonctions qu'il occupait avant notre association. Que cette demande ait été acceptée n'a rien d'extravagant.

– Tu travailles en pleine légalité, au vu et au su de tout le monde ; pourquoi te refuserait-on le droit de créer une entreprise qui ne fait de tort à personne ? Les temps ont changé.

– Ça va ; je laisse tomber.

Mais il insiste, me décrivant par le menu tous les obstacles, toutes les pesanteurs administratives dont il a dû venir à bout. Il finit par me faire douter. Et si je me trompais en pensant que ma réussite est uniquement due à l'intervention de je ne sais quelle puissance tutélaire ?

– Parlons d'autre chose, Seriojka.

Des baladeurs par exemple. Enfin, des casques d'écoute amputés de leurs lecteurs de cassette. Et qui, pourtant, se vendent. Voilà bien un succès que je ne peux attribuer à aucun passe-droit. Mon raisonnement imbécile se révèle fondé : on achète bel et bien mes *À la grâce de Dieu*. On les achète par milliers pour l'instant, et tout donne à penser que les chiffres vont atteindre cinquante mille, voire davantage. Je ne sais trop comment expliquer ce succès – que je n'avais envisagé que dans un délire. C'est vrai que nos appareils coûtent soixante pour cent moins cher que n'importe quel matériel importé de l'étranger. C'est vrai que leur vert fluorescent est spectaculaire : on les voit la nuit. En traversant la place Rouge, tout à l'heure, j'en ai compté des centaines. Mais, enfin, ils ne servent à rien !

– Ils sont en train de devenir un phénomène de société. Au début, les jeunes les ont achetés pour bluffer leurs copains. Ou dans l'attente du lecteur. Maintenant, ils se jettent dessus parce que c'est à la mode, et justement parce que ça ne sert à rien. Tu peux y voir le symbole de notre société ou tout ce que tu voudras.

– Très bien.

– Quel enthousiasme. Qu'est-ce qui t'arrive, Tantzor, ça ne va pas ?

Tout ce que Sergueï sait de mon affaire avec Kourachvili, c'est que je lui ai demandé un dossier sur la Géorgie de ces trente dernières années. Rien de plus. Je n'ai jamais prononcé devant lui le nom de l'homme de Gori. J'ai néanmoins le sentiment qu'il est au courant. Comme tant d'autres. Je me demande si tout Moscou n'est pas au courant.

– Ça va très bien.

Je suis au téléphone mais j'appelle trois fois en vain.

Marina ne décroche pas. Elle devrait être dans le petit bureau que Gogui a insisté pour avoir et qui se trouve rue Petchanikov, deux étages au-dessus de l'appartement de MacHendricks – c'est le journaliste anglais qui nous l'a trouvé. Curieux.

– Les autres affaires, Sergueï.

Nous passons les quarante minutes suivantes à faire le point. L'agence de consultants a enregistré ses premiers clients – des Allemands à la voracité de cannibales, des

Italiens moins farfelus qu'ils n'en ont l'air, des Français infiniment moins sérieux qu'ils ne le croient.

— Le jour où nous aurons des Japonais, ce sera l'Amérique, dit Sergueï en riant.

Quatrième et cinquième appel rue Petchanikov. Toujours le silence.

— Il n'y a pas de quoi s'inquiéter, Tantzor. Elle est seule ?

— Le Kazakh est avec elle.

Et Gogui ? Où est passé Gogui ? Il devrait m'avoir rejoint depuis une bonne demi-heure, à son retour d'une réunion avec les responsables de deux usines situées dans la banlieue ouest.

Sur les deux autres lignes, la sonnerie retentit sans discontinuer. Alexeïev et moi sommes dans les bureaux de *Négoce,* et, en dépit de la petite angoisse que j'éprouve, je me dis qu'un jour je pourrai peut-être réunir toutes mes entreprises dans un seul et même immeuble.

Avec mon nom, ou mon surnom, brillant en lettres de néon peut-être.

Complètement idiot ! Ce n'est pas demain la veille que l'on pourra étaler sa réussite dans ce pays.

Philippe me fait des signes. Il est occupé à vérifier des chiffres, puisque ce foutu Gogui n'est pas là pour le faire. Je tarde à prendre l'appareil.

— Tantzor ?

Je reconnais la voix dans la seconde. C'est celle du porte-parole téléphonique de Choura, le sourd-muet.

— Message de Choura au Danseur : va vite à la librairie de la place Sovietskaïa.

— Qu'est-ce qui se passe ?

— Pavlé, dit simplement l'homme avant de raccrocher.

17

Sergueï arrête sa voiture une première fois devant l'immeuble des Archives du marxisme-léninisme. Il a vu, comme moi, la troupe de policiers.

– Il n'y a pas longtemps qu'ils sont là.

Et il a aperçu, lui aussi, la masse sombre du cadavre, à une dizaine de mètres de l'entrée de la boutique, sur le trottoir.

– Je vais me rapprocher.

Il roule encore un peu puis stoppe tout à fait. Aux deux premières voitures de la milice, qui sont arrivées presque en même temps que nous, une troisième vient se joindre. Je fixe le corps étendu, qu'un écran de policiers me dissimule en grande partie. C'est Eldar. Qui d'autre ? Enfin, je me décide ; j'ouvre ma portière et je descends.

– Vous n'avez rien à faire ici. Circulez.

Un milicien se dresse devant moi, mais c'est à peine si je l'entends. Je le dépasse et je me glisse au milieu du groupe qui s'est formé. Un homme en civil mais qui porte un brassard de la milice est penché sur le corps ; il se redresse.

– Il est mort.

Ce n'est que lorsque cet homme en civil s'écarte que je découvre le visage du cadavre. Ce n'est pas Nourpeïsov. C'est celui que j'appelais Petit-Gros.

– Vous le connaissez ? questionne un milicien.

Petit-Gros a une plaie ouverte à la poitrine. On distingue nettement le trou percé dans son imperméable par l'arme. Du sang tache le tissu, mais très peu. On lui a tranché la gorge. Là, le sang bouillonne encore.

– Vous le connaissez ?

Je me retourne et je regarde en direction de la boutique. La porte en est ouverte, le volet n'est pas mis sur la vitrine. Je commence à m'éloigner du cadavre et marche vers cette porte, en sentant vaguement que quelqu'un m'a saisi le bras et me retient.

– Où allez-vous ? Qui êtes-vous ? Vos papiers.

Je demande :

– Il y a quelqu'un dans la boutique ?

– Vos papiers.

Je sors mon passeport et je le tends, en même temps que je m'obstine à vouloir entrer dans la librairie. En vain. On me retient.

– Laissez-le passer.

La voix qui vient de donner l'ordre m'est familière. Je ne cherche pourtant pas à regarder l'homme. On a finalement lâché mon bras. Je parcours les quelques mètres qui me séparent de la boutique. Quelqu'un me suit, mais peu m'importe. La pièce du bas est en ordre, telle que je l'ai toujours vue ; elle est chichement éclairée par une seule lampe, posée sur le petit bureau de Vassia. L'escalier qui conduit à l'étage, en revanche, reçoit la lumière de l'appartement.

– Attention où vous mettez les pieds, dit-on derrière moi.

Je baisse les yeux. Les marches sont pleines de sang ; une immense traînée donne l'impression qu'on y a fait glisser des quartiers de viande. Je pénètre dans la salle à manger-cuisine. Le corps supplicié est un peu plus loin. On l'a pendu par les poignets au battant de la porte.

– Ne touchez à rien.

Je contemple les yeux de Vassia, le roi des voleurs. Ils sont à demi clos ; on dirait que la mort l'a surpris au milieu d'un battement de paupières. La bouche est démesurément ouverte ; on y a enfoncé un morceau de ce qui doit être du savon. Enfoncé avec une extraordinaire brutalité : les lèvres ont éclaté sous l'effet des coups, des dents sont brisées.

– Il est possible qu'il soit mort étouffé, dit, dans mon dos, la voix de Kopicki.

Vassia est presque entièrement nu. On lui a ôté sa chemise et sa veste, son pantalon et son caleçon ont été roulés sur ses chevilles. Il a encore ses chaussures. Le couteau – ou le rasoir – a tailladé les chairs, y traçant une sorte de damier. Par endroits, les sillons sont si profonds qu'on aperçoit l'os. Le sang commence à se coaguler ; les coupures se boursouflent de caillots noirâtres.

– Il a incisé une première fois, n'entaillant que la peau, puis le couteau est repassé et repassé encore, creusant à chaque fois un peu plus les plaies. C'est sa technique, elle est caractéristique.

La voix de Kopicki, derrière moi, sonne lointaine, une sorte de ouate m'enveloppe et semble m'isoler du monde extérieur. J'ai dans les oreilles comme un léger bourdonnement ; on dirait du mica qui s'effrite doucement. Le battant de porte sur lequel le vieux Vassia est pendu pivote lentement. Un milicien apparaît. C'est avec le canon de son arme de service, pour ne laisser aucune empreinte, qu'il déplace ce battant. Il sort de la chambre.

– Personne, dit-il. On a dû attendre le vieil homme en bas et le traîner jusqu'ici.

– Venez, me dit Kopicki.

Je me retourne et je frappe. Mon poing droit le touche au menton. Il part en arrière et va heurter la table. J'avance d'un pas pour frapper encore, mais, déjà, le milicien me ceinture. Je tente de frapper à nouveau, avec le pied cette fois – je vise le bas-ventre –, mais Kopicki s'est mis hors de ma portée. Au moins ai-je la satisfaction sauvage de constater que je lui ai fait mal. Il est un peu sonné, secoue la tête, tâtant avec précaution sa mâchoire.

– Je mettrai ça sur le compte de l'émotion, dit-il.

– Où est Marina ? Où est-elle ?

– Elle va bien. Vassili, je l'ai protégé autant que cela m'était possible. Mais je ne pouvais pas le protéger contre lui-même. N'oubliez pas que l'un de mes hommes a été tué, lui aussi.

Un peu de sang coule de sa bouche.

– Lâchez-le, dit-il au milicien.

Puis, à moi :

– Venez.

Sans m'attendre, il tourne les talons et redescend l'escalier, que d'autres hommes gravissent, l'un d'entre eux portant un appareil photo. Le milicien qui me tenait me lâche.

– Fais ce qu'on t'a dit et calme-toi.

Au rez-de-chaussée, les lampes sont maintenant toutes allumées, tandis qu'un attroupement s'est formé sur le trottoir. Je retrouve Kopicki en discussion avec un représentant de la brigade criminelle. Me voyant sortir, il me fait signe et, sitôt que je les ai rejoints :

– Répétez ce que vous venez de me dire, Iouri Stepanovitch.

On me montre un jeune couple aux yeux effarés qui a assisté à la mort de Petit-Gros (dont le vrai nom est Kaminski). Ils ont vu un homme sortir de la boutique et se heurter à Kaminski, qui a fait le geste de tirer son arme. Mais l'autre l'a aussitôt frappé d'un coup de couteau à la poitrine et l'a ensuite égorgé. Le tueur a agi très calmement, sans hâte ; il n'avait pas l'air affolé. Il a regardé le jeune homme et la jeune femme figés à une quinzaine de mètres de lui, l'air de se demander s'il allait les supprimer également. Après quoi, il s'est éloigné vers la rue Gorki, sur le trottoir de droite, et s'est perdu dans la foule.

Le couple décrit l'homme.

Pavlé-l'Albinos. Aucun doute. D'ailleurs, Kopicki tire de sa poche une photographie et la présente. Le couple acquiesce : c'était bien cet homme-là. Kopicki me fixe, et c'est à moi qu'il tend le cliché. Un seul coup d'œil me suffit. Je demande :

– Où est Marina ?

Ils ont été arrêtés, Eldar Nourpeïsov et elle. Des miliciens du Gaï, qui ont repéré l'autocar, se sont montrés plus curieux que leurs collègues ne l'avaient été jusque-là. Le conducteur et sa passagère ont été retenus pour enquête. Mais Kopicki est déjà intervenu et a demandé qu'ils soient libérés.

– Elle ne sait encore rien au sujet de son grand-père. Je crois qu'il vaut mieux qu'elle ne voie pas le corps. Je vous laisse le soin de lui apprendre la nouvelle, me dit Kopicki.

Il se tamponne la lèvre que mon coup de poing a fendue et considère d'un air impassible la petite tache de sang sur son mouchoir. Ce n'est pas la première fois qu'Eldar est interpellé par la police de la circulation. En une occasion, je me trouvais avec lui, et il a fallu des heures avant que nous fussions relâchés – peut-être Kopicki était-il déjà intervenu cette fois-là. Serguëi fait son apparition. Jusque-là, il s'était tenu à l'écart. Rien, dans son attitude, n'indique que Kopicki et lui se soient déjà rencontrés. Il m'entraîne.

– Tantzerev.

Kopicki tient toujours son mouchoir à la main et me rappelle alors que je commençais à m'éloigner.

– Qui vous a prévenu, Tantzerev ? Il paraît que vous êtes arrivé en même temps que la milice ?

– Je passais par hasard.

Pas question de lui parler de Choura et de son mystérieux message d'alerte.

Choura, à qui je vais devoir également demander une explication. Je me sens très las et j'ai envie de pleurer.

Kopicki hoche la tête.

– Faites attention à vous.

Je note qu'il a formulé son avertissement de telle sorte que les policiers ordinaires, qui nous écoutent, n'auront pas de raison particulière d'établir un rapprochement entre Pavlé d'une part, Vassia et moi de l'autre.

Gogui nous attend dans les parages du parc Gorki. Il a tout simplement manqué son train.

L'autocar de Nourpeïsov a déjà regagné le magasin des décors quand j'y arrive, après avoir quitté Serguëi.

Je monte à l'étage et j'apprends la nouvelle à Marina.

Le plus difficile est de la convaincre de ne pas aller à l'enterrement de son grand-père, au cimetière Vagankov. Il me paraît évident que Pavlé doit nous y attendre. C'est un risque que je me refuse à prendre, non sans éprouver moi-même une rage extraordinaire. Peut-être est-ce, en fin de compte, ma fureur qui persuade Marina mieux que ne l'ont fait tous mes raisonnements.

– Jure-moi que tu auras la peau de ce Kourachvili.

– Tu sais que je vais essayer.

– N'essaie pas. Fais-le.
– D'accord.
– Et ce Pavlé, tu crois pouvoir le retrouver ?
Oui.

Les doigts de Choura s'agitent :
– *Tu as bien fait de ne pas aller au cimetière Vagankov.*
– Pavlé y était ?
– *Pas lui. Un de ses hommes.*
– Tu sais où Pavlé se cache, Choura ?
– *Non.*
– Tu as pourtant identifié ses hommes ?
– *Deux ou trois.*
J'ai un peu de mal à comprendre la suite ; les mouvements des doigts sont un peu trop rapides pour moi. J'aurais préféré que quelqu'un fût là pour nous servir d'interprète.
– *Pas de témoin. Juste toi et moi.*
– Pourquoi ? Tu ne veux pas que l'on sache que tu travailles avec la police. C'est ça ?
– *Suis un truand. Te suis utile pour ça.*
– Choura, comment as-tu appris, pour Vassia ?
– *Kopicki m'a demandé de l'aide. Un homme à moi suivait le roi des voleurs et Kaminski. Je t'ai appelé en premier, puis Kopicki. Kopicki n'était pas dans son bureau. Je l'ai joint après toi.*
– Ton copain a vu Pavlé ?
– *Oui.*
– Et il n'a rien pu faire ?
– *Pavlé très dangereux. Un copain a suivi Pavlé quand il partait. Il n'a pas pu le suivre longtemps. Pavlé très malin. Mon copain est sourd-muet comme moi, il n'a pas pu crier pour demander du secours.*
– Ton copain a vu Pavlé entrer dans la boutique ?
Non. Le sourd-muet qui suivait Vassia a vu ce dernier entrer dans la librairie mais il a seulement compris que quelque chose se passait quand Petit-Gros – enfin, Kaminski – s'est précipité soudain vers la porte de la librairie en tentant de dégainer son arme. Il était trop tard pour intervenir. D'autant que l'homme de Choura est un gamin d'une quinzaine d'années ; il n'aurait eu aucune chance contre

Pavlé. Il a donc essayé de le suivre, mais il l'a perdu dans la rue Gorki.

– Et il t'a alerté ? Comment ? Puisqu'il ne peut pas parler.

Nous sommes dans l'appartement de l'entrepôt où j'ai passé deux semaines en septembre dernier. Choura soulève le récepteur du téléphone et tapote avec l'ongle de l'index.

Du morse.

– Choura, tu viens de me dire que Kopicki t'a demandé de l'aide. Pourquoi peut-il faire ainsi appel à toi ?

– *Affaires privées.*

– Il te couvre dans tes activités. C'est ça ?

– *Affaires privées*, répète Choura en souriant.

– L'année dernière, quand tu m'as engagé, c'était sur la demande de Kopicki ?

– *Oui.*

– Il t'a donné une raison ?

– *Tu étais trop exposé, place des Trois-Gares. Ici, tu étais à l'abri, tranquille.*

– Kopicki t'a donc demandé ton aide pour protéger le roi des voleurs. Tu connaissais Vassia Morozov ?

– *Un peu. Pas le même genre, lui et moi. Il était gentil.*

– C'est vrai, il était très gentil. Je l'aimais beaucoup, Choura. Et je veux la peau de Pavlé, qui l'a tué. Et la peau de ceux qui ont ordonné à Pavlé de le tuer – sauf si Pavlé a agi de sa propre initiative.

– *Non. Pavlé est un tueur à gages. Il ne tue jamais en son nom.*

– Tu sais qui a payé le contrat à Pavlé ?

– *Non.*

Mais une lueur dans les yeux du colosse sourd-muet m'intrigue.

– Tu n'en as pas la moindre idée ?

– *Rumeur...*

– Des bruits courent. C'est ça ?

– *Oui. Pas certain.*

– Qui, Choura ?

– *Homme du Sud.*

Les doigts de Choura composent le mot, comme toujours – en tous cas avec moi – quand il s'agit d'un nom propre : *Géorgie.*

– Tu connais le nom de Djoundar Kourachvili ?

– *Non.*

– Kopicki n'a jamais prononcé ce nom devant toi ?

– *Non.*

– Ces hommes de Pavlé, que tes hommes et toi avez identifiés, tu pourrais me conduire à eux ?

– *Ça ne sert à rien. Ils communiquent avec Pavlé par téléphone. Toujours.*

– Kopicki aussi t'a posé la question que je viens de te poser ?

– *Oui. Même réponse.*

– Choura, tu peux me trouver Pavlé ?

– *Je peux essayer.*

– Pourquoi le ferais-tu ? Je ne suis pas un policier, qui pourrait te couvrir dans le cas où tu aurais des ennuis avec la police.

– *Si tu as des ennuis aujourd'hui, c'est à cause de Lienka, ma sœur.*

– C'est la seule raison ?

Le poing de l'ancien boxeur me caresse le menton :

– *Amitié.*

– Kopicki t'a demandé de te mettre à ma disposition ?

– *Je ne suis à la disposition de personne. Je suis libre. C'est seulement par amitié pour toi.*

– Je voudrais te croire, Choura. Mais on m'a trop manipulé depuis que je suis arrivé à Moscou.

– *Tu as fait ton chemin. Tes affaires vont très bien. Tu es déjà riche.*

– On m'a aidé. Je n'ai pratiquement rien eu à faire.

Le visage de Choura exprime une profonde surprise. Jouée.

– *Tu te trompes. Tu as fait beaucoup.*

– Choura, si j'arrive à mettre la main sur Pavlé, tu m'aideras ?

– *Comment t'aider ?*

– Je veux le tuer, Choura.

– *Tu n'es pas capable de tuer quelqu'un.*

– Ça veut dire quoi ? Que tu serais d'accord pour le tuer à ma place ?

Il rit. Il fait non de la tête :

424

– *Je ne dis pas ça.*

Son regard s'écarte soudain de moi. Je me retourne et je découvre ce que Choura a vu : un clignotant rouge vient de s'allumer sur l'appareil téléphonique. Le grand sourd-muet va décrocher, me fait signe de prendre l'appareil.

– Choura est là ?

Une voix d'homme.

– Passe-le-moi, dit la voix.

Comment passer une communication téléphonique à un sourd ? Mais je n'en tends pas moins le récepteur à mon compagnon. Qui ne le porte pas à son oreille. Simplement, il tapote rapidement l'appareil de son ongle. J'ignore le morse, je sais tout au plus taper SOS.

Nouvel échange. Je me retrouve avec le téléphone dans la main. J'entends la même voix que quelques secondes plus tôt :

– Choura dit que je peux te parler. Tu lui répètes ce que je vais te dire. Parle en le regardant, il doit voir tes lèvres.

– Je sais.

Suit un message où il est question de paquets jaunes qui sont arrivés à l'heure dite à l'endroit convenu et repartiront quand il le faudra pour la destination prévue.

– Répète que je puisse t'entendre.

Je m'exécute docilement. Choura a compris. Il reprend le téléphone et tape de l'ongle quelque chose comme : *Bien reçu, message terminé.* Il raccroche et me sourit.

– Je t'aiderai.

– Contre Pavlé ?

– *Tu ne peux pas te battre contre Pavlé. Trop dangereux pour toi.*

– Il faudra bien que je m'en débarrasse, Choura. Je ne peux pas vivre des années avec ce fils de pute me guettant derrière chaque porte.

– *Tu as peur de lui ?*

– Oui.

– *N'attaque pas Pavlé. Attaque l'homme qui commande à Pavlé.*

– Et tu m'aideras contre cet homme ?

Il tarde à me répondre, et il me faudra longtemps, trop longtemps, pour interpréter cette hésitation et lui donner sa véritable signification.

– *Amitié.*

Son bras puissant m'entoure les épaules. Choura ne fait guère que quatre ou cinq centimètres de plus que moi, mais je me sens un enfant à côté de lui ; je ne vois guère qu'Eldar pour être capable de se mesurer à lui. Il m'entraîne vers le sas et la double porte qui donne sur la rue. Il met un terme à notre entretien. Il me sourit encore :

– *Amitié. Bonne chance.*

Vers le 22 avril, nous dînons, Marina et moi, chez les Chamchourine. Sacha s'est parfaitement remis de ses effroyables tortures. Du moins me l'a-t-il affirmé lorsqu'il m'a invité. Je le trouve changé. Il a maigri, il est pâle, son épaisse musculature s'est distendue, ce n'est plus qu'un gros homme un peu flasque. Personne, dans sa famille, ne semble le remarquer. Volodia lui-même me prend gaiement à témoin de la résurrection de son père, avec lequel il paraît s'entendre. La paix qu'ils ont signée dure, et mon chef informaticien a indiscutablement meilleure allure que lors de nos premières rencontres. En somme, ce que le père a perdu par ma faute, puisque Pavlé ne se serait pas attaqué à lui si je n'avais pas existé, le fils l'a trouvé, ou retrouvé, également grâce à moi.

Sachinka me fait parler de mes affaires. Marina a filé dans la cuisine pour donner un coup de main aux femmes qui préparent le repas.

– Viens.

Il m'entraîne dans ce qu'il appelle son bureau, une petite pièce, à peine plus grande qu'un débarras, sans fenêtre, où passent les colonnes du chauffage central de l'immeuble, dans laquelle on a pourtant trouvé le moyen de loger un lit. C'était là que Volodia dormait, du temps où il vivait encore avec ses parents. Mais il ne pouvait sans doute y coucher qu'en chien de fusil, le lit n'ayant pas plus d'un mètre cinquante de long. Sachinka allume un petit écran de télévision, saisit une télécommande.

– Regarde.

Des images défilent, programme après programme. Chamchourine capte soixante-seize chaînes différentes grâce aux antennes qu'il a bricolées et posées sur le toit. L'Europe entière est là, avec toutes ses langues, mais aussi le Proche-Orient, l'Afghanistan, l'Inde et la Chine, et une chaîne américaine.

– Ça te plaît ?

– Infiniment.

Si, un jour, j'ai un appartement à moi…

– Pourquoi pas ? dit Chamchourine. Je ferai pour toi la même installation que j'ai faite pour le Kremlin. Tu es déjà millionnaire, jeune Géorgien ?

– Pas tout à fait, il en manque.

– Tu vas y arriver. Un million de roubles, cela fait beaucoup d'argent. Y a-t-il un seul de ces kopeks que tu aies gagné illégalement ?

– Je ne crois pas.

– Pour le dîner de ce soir, il a fallu une semaine de préparation. On ne trouve plus rien à Moscou. Ni ailleurs. On m'a raconté, ce matin, que des soldats de notre armée, en Allemagne, ont attaqué la cantine d'un jardin d'enfants pour trouver de quoi se nourrir. Chercher à manger est devenu notre sport national. Nous sommes un pays du Tiers Monde.

– Et moi, je fais fortune.

– Tu vas émigrer ?

– Je ne sais pas encore.

– Tu partiras. Il n'est pas possible qu'on te laisse faire. Un jour ou l'autre, ils te couperont la tête – au propre ou au figuré. Tu es une insulte vivante à leur échec. Pars et reviens dans cinquante ans ; les choses auront peut-être un peu changé alors.

Le ton est amer et las. Le couteau de Pavlé n'a pas seulement atteint Sachinka au physique. Ou bien c'est plus profond. Il y a entre nous deux plus qu'une différence de génération.

Il consulte sa montre et change à nouveau de programme.

– C'est l'heure.

La télévision de Tbilissi retransmet je ne sais trop quelle réunion de notables. Un homme parle devant des microphones. Derrière lui, d'autres hommes sont assis, impassibles.

– Lequel est-ce, jeune Géorgien ?

– Le troisième en partant de la droite.

Djoundar Kourachvili tranche sur son entourage. Il se

427

tient droit, les mains posées l'une sur l'autre. Les doigts allongés indiquent un parfait contrôle de soi. Même sans rien savoir de lui, on devinerait, à le voir ainsi, qu'il domine les autres par l'intelligence et la personnalité. Pourtant, il n'occupe qu'une position secondaire, deux places sur la droite du président de séance. L'orateur traite de quelque problème de liaison entre Tbilissi et la mer Noire.

Mes mains tremblent, quelque effort que je fasse pour les contrôler, sous l'effet d'une haine extraordinairement violente.

– Il est bel homme, dit Sacha.

– Changez de chaîne s'il vous plaît.

– Qu'est-ce que tu veux ?

– La chaîne musicale MTV.

Dans la seconde, nous nous retrouvons à écouter Elton John. Chamchourine repose la télécommande et retire une liasse de papiers de sous le matelas du petit lit.

– Tout y est, dit-il. Tout ce que j'ai pu trouver en tous cas. J'ai payé en matériel, que j'ai en quelque sorte volé à l'État. C'est la première fois de ma vie que je trafique.

– Pour la bonne cause.

– Ça n'existe pas, les bonnes causes. Il s'agit toujours de prétextes qu'on se donne et dont, parfois, on est dupe.

Je feuillette les documents. Des listes de noms, des adresses, des photocopies de fiches de police et même des photographies – cinq hommes et une femme.

– Ça te convient ?

– C'est plus que je n'espérais, dis-je, sincère. Merci.

– Ne me remercie pas. Je me venge aussi en quelque sorte – ou j'essaie de le faire. Quoique je doute d'éprouver beaucoup de satisfaction si, par hasard, tu réussis. Je ne sais d'ailleurs pas exactement ce que tu vas fabriquer avec ces choses. Mais je crois le deviner.

– Et vous ne croyez pas en mes chances.

– Non.

– C'est réconfortant.

– J'ai tout essayé pour te dissuader. Reconnais-le. Quand pars-tu ?

– La date n'est pas encore fixée. Dans quelques jours.

– Tu auras sûrement ce Pavlé sur tes talons, tôt ou tard.

– On verra.

– Et, dès que tu mettras le pied en Géorgie, tous les clochers sonneront le tocsin.

– J'aime la musique.

Je range les feuillets dans la poche de ma veste. Elton John, sur le petit écran, est coiffé d'un amusant calot orné de perles ou de strass.

– Ne fais pas trop le malin avec moi, petit morveux. Comme je te l'ai déjà dit, tu es un sacré mélange d'arrogance, de confiance en toi très exagérée et de trouille.

– Très bien.

– Allons manger, dit Chamchourine. Nous allons faire, ce soir, un vrai repas russe, tout de chaleur et d'amitié.

Je passe les trois jours suivants chez les Chamchourine à mettre, une fois de plus, de l'ordre dans mes affaires, en compagnie de Volodia, qui dispose désormais de deux assistants. J'ai insisté pour que, en plus de Marina, Gogui soit présent pendant que l'ordinateur fait défiler le complet récapitulatif de mes entreprises.

– Tu veux tout, Tantzor?

– Tout. Dans le détail.

– Il y en a pour trois bonnes heures.

– Tant pis.

Le regard intelligent de Gogui croise le mien. Il a compris que, d'une certaine façon, je rédigeais mon testament. Dont ils seront, Marina, Volodia et lui, des sortes d'exécuteurs si quelque chose m'arrive. Mais pas de commentaires.

La veille, nous avons évoqué ensemble son départ du pays. Il a reconnu qu'en effet il entrait dans ses projets d'émigrer. Toutefois, aucune date n'est encore prévue.

– À la fin de l'année peut-être.

– Cette année?

– Pourquoi attendre? Tu devrais venir avec moi. Je veux dire : nous devrions partir ensemble plutôt que séparément. Tu finiras par quitter ce pays, toi aussi, de toute façon.

Curieux comme les gens voient en vous des choses dont vous n'avez jamais vous-même pris conscience. Il y a maintenant près d'un an, ils ont été plusieurs à m'annoncer que j'allais faire fortune, même si, par cette expression, ils n'entendaient pas tous exactement la même chose. Et, à présent, on me dit que je vais émigrer.

Gogui a poussé le zèle jusqu'à me dresser le bilan de toutes les affaires qu'il me connaît (il les connaît toutes aujourd'hui, j'ai demandé à Volodia de tout sortir). Je ne suis, paraît-il, pas encore millionnaire, mais l'objectif que je m'étais confusément fixé n'est plus très loin ; c'est l'affaire de quelques mois, sinon de quelques semaines. Et Sergueï et d'autres seraient tout à fait disposés à prendre notre relais, à nous racheter nos parts, celle de Gogui et la mienne. Gogui a même étudié le problème que poserait la détention de tant de roubles non convertibles. Il a plusieurs solutions. Il a tout calculé, à son habitude.

– Et puis, il y a ces livres sterling des Anglais, dit-il paisiblement.

– Nom d'un chien ! Quelles livres ?

Il me considère en secouant la tête d'un air navré. Il me reproche de ne pas l'écouter assez attentivement.

C'est vrai que je suis très occupé – préoccupé même – mais il me parle des Anglais. Nos coéditeurs. Il a obtenu d'eux qu'une partie de leur investissement nous soit versé hors des frontières de l'URSS.

– Je te l'ai dit, Tantzor.

– C'est vrai, je m'en souviens à présent. Mais je pensais qu'il s'agissait de petites sommes. Il y a combien ?

Deux cent soixante mille livres pour moi, quatre-vingt-dix mille pour lui. Déposées dans une banque luxembourgeoise dans un premier temps puis virées en Suisse et, enfin, mises en sûreté à Jersey. Il paraît que c'est une île entre la France et la Grande-Bretagne. Je n'en avais jamais entendu parler. Plus d'un quart de million de livres.

– Tu es sûr de ne pas te tromper, Gogui ? Tu n'as pas mis un ou deux zéros de trop ?

Ce coup-ci, c'est carrément de l'apitoiement que je lis sur son fin visage de fille à l'air triste. Il ne se trompe jamais quand il fait des calculs, ne serait-ce que parce qu'il les refait dix ou douze fois de suite. Il aime compter – pas comme moi.

430

– Et ça fait combien, en roubles, deux cent soixante mille livres sterling ?

Nouveau hochement de tête. Gogui a du mal à comprendre que je sois capable d'imaginer et de créer autant d'affaires et, dans le même temps, d'être un crétin total quand il s'agit d'évaluer les résultats de mes entreprises.

D'abord, il n'y a plus deux cent soixante mille livres sterling, mais un peu plus. Trois à quatre pour cent de plus environ. Cet argent a été judicieusement placé.

Ensuite, il serait idiot…

– Mais tu l'es, Tantzor ! Un vrai miracle !

Il serait idiot de traduire ce capital en roubles. C'est comme si je lui demandais combien valent, chez *Élisseï*, le Gastronom numéro un, dans la rue Gorki (où, de toute façon, il n'y a en général rien à vendre, du moins pour les clients ordinaires), les colliers de coquillages employés comme monnaie dans les mers du Sud. Nos roubles ne valent pas un kopek à l'Ouest.

Cela dit, avec les petites économies que nous détenons déjà dans les banques capitalistes plus ce qui va y arriver encore, par ses soins, nous pourrons envisager de monter des affaires sérieuses.

– Tantzor, c'est pour cela que je voudrais que nous partions ensemble. Tu as toujours des idées à revendre. Je les revendrai. Il paraît qu'ils ont des soupes populaires, là-bas. On y sert à manger aux misérables. Avec dans les quatre cent mille livres ensemble, nous n'en aurons pas besoin. Réfléchis.

L'ordinateur de Volodia continue de cracher de la copie. Je suppose que, si je m'en donnais la peine, j'arriverais à comprendre quelque chose au fonctionnement de cet appareil. Bon, je m'en fiche.

– Terminé, annonce enfin le fils de Sacha. Tantzor, si tu crées encore d'autres trucs, il va nous falloir une bécane plus puissante. Nous sommes presque au maximum des possibilités de la mienne.

– Allons dîner.

Nous allons tous les quatre au restaurant *Arbat*. C'est la

431

première fois que j'y mets les pieds. L'endroit a quelque chose d'un stade couvert. Obtenir des tickets d'entrée a nécessité des démarches à n'en plus finir. Il a fallu l'intervention d'un Sergueï rigolard («*Quand je pense que tu es à Moscou depuis des mois et que tu n'es jamais entré dans ce restaurant! Ce n'est plus de l'économie, c'est de l'avarice. Je ne sais pas où tu dors, mais je suis sûr que ce n'est pas le loyer qui doit t'étrangler. Que diable fais-tu de l'argent que tu gagnes?* ») pour que nous obtenions une table. La carte du restaurant a les dimensions d'un annuaire. Les commentaires sarcastiques d'un serveur je-m'en-foutiste la réduisent très vite au strict minimum : pas de viande, pas de ceci, pas de cela. Volodia veut du caviar, Marina aussi, et même Gogui me trahit lâchement en approuvant de la tête. Je me résigne. Va pour le caviar pressé, le poulet à la Kiev (grillé et farci au beurre) et le «champagne» de Crimée. J'ajoute du borchtch, quantité de pain noir et de la vodka.

– Je sais, dis-je.

C'est à Marina que je m'adresse. Elle allait me reprocher de trop boire.

– Tu sais danser ?

Non. Je ne sais pas. Quand je tenais ma discothèque, à Alma Ata, j'étais trop occupé à surveiller mon assistant, qui enchaînait les disques, et le bar, sur lequel j'avais un pourcentage. Serais-je radin, voire avaricieux ? Je crois que oui. Non que je veuille constamment épaissir mon magot, puisque, sans Gogui, je serais bien incapable de dire combien je possède de roubles, à dix mille près. Je n'ai pas l'habitude de dépenser. Il m'a fallu m'acheter un autre manteau, ma vieille *zipoune* ayant fait son temps. J'ai arpenté des kilomètres jusqu'à trouver un vieil imperméable molletonné, qui a mis Marina en rage. Elle le trouvait, et le trouve toujours, à vomir.

– Ça se fait surnommer le Danseur et ça ne sait pas danser !

Volodia rit, échauffé par le «champagne», dont il a vidé deux bouteilles à lui seul – sur mon compte. Marina et lui sont allés évoluer sur la piste de danse. C'était assez agaçant. Jusqu'au moment où une espèce de maître d'hôtel, encore plus sarcastique que le serveur, a demandé à tout le monde de laisser la piste libre pour le spectacle. À présent, des jongleurs ont pris leur place. Je bois ma vodka, je suis morose et tendu à la fois. Mais la silhouette que je guettais apparaît enfin. Khan Pacha me fait signe, somptueusement vêtu d'un jean américano-japonais qui le moule et d'une veste de cuir qui a dû lui coûter une fortune.

Nous nous retrouvons aux toilettes. Il sourit :

– Tu es habillé comme un miséreux.

– Je t'emmerde.

– Pour six cents roubles, je peux t'avoir une belle veste comme la mienne.

– Plutôt crever.

Cet abruti en pleure de rire. Mais il finit néanmoins par s'interrompre.

– Il arrive demain, Tantzor.

Djoundar Kourachvili. Le député Kourachvili, arrivant de Tbilissi et venant prendre part à la session parlementaire – si l'on peut appeler ça un Parlement.

La Samara de Pacha ralentit et se range le long du trottoir. Il est onze heures et quelques minutes. Le taxi, une Volga traditionnelle, avec sa lumière verte – pour le moment éteinte –, vient de s'arrêter à soixante mètres devant nous.

– Toujours le même taxi, depuis des années. Le chauffeur est un Géorgien. Son vrai métier, c'est avocat. Il gagne dix fois plus comme taxi que comme avocat. Il est de Gori, lui aussi. Tous les pontes géorgiens qui viennent à Moscou utilisent ses services. On le retient à l'avance. Ton Kourachvili est son dieu.

Marina se penche en avant.

– Pourquoi ne descend-t-il pas ?

Je braque mes jumelles sur la lunette arrière de la Volga.

– La chauffeur est en train d'écrire quelque chose.

– L'adresse ou le numéro de téléphone d'une fille, dit aussitôt Pacha. Ton parrain veut une fille dans son lit. Une différente tous les soirs. Plus rarement, deux en même temps. C'est le taxi qui les lui trouve. Excuse-moi, Marina, mais ils sont sûrement en train de parler cul.

Dans les jumelles, je distingue le papier que le chauffeur tend à Kourachvili. Papier que celui-ci empoche. Pas de paiement.

– Il ne paie pas son taxi ?

– Jamais. C'est grâce à Kourachvili que le type a obtenu sa licence de taxi. Et sa famille est à Gori. Il n'a pas intérêt à présenter une facture.

La portière de la Volga s'ouvre enfin, Kourachvili sort et se dirige droit sur l'hôtel *Caucase*, rue Starodsadski.

– Il descend toujours là depuis qu'il est député à Moscou. Il y venait même avant. Le directeur de l'hôtel est géorgien…

– Et c'est Kourachvili qui lui a obtenu sa place, dit Marina.

– Voilà. Mais votre parrain paie sa chambre au tarif normal. Pas la moindre ristourne. J'aime autant vous le dire tout de suite, braves gens : si vous attendez de votre copain qu'il commette la plus petite infraction, vous risquez d'être encore là le jour où on trouvera des entrecôtes dans les boucheries.

– À part sauter des filles, une par soirée, dit Marina.

– À part ça. Mais ce n'est pas une infraction. Et puis, qui en voudrait à un brave représentant du peuple qui échappe un instant à ses écrasantes responsabilités dans les bras d'une amie d'enfance ?

– Et ta sœur, dit Marina.

– Ma sœur ne fait pas la pute. Enfin, je crois, dit Pacha avec la meilleure humeur du monde. Nous avons de la moralité dans la famille.

Je demande :

– Pacha, on peut tenter quelque chose du côté des filles ?

– Rien du tout.

– Et ce chauffeur de taxi ?

– Ça fait maintenant trois semaines que je lui fais la cour, dit le Tchétchène. Nous nous sommes rencontrés par hasard. On venait de lui voler sa voiture avec deux postes de télévision dans le coffre, et un extraordinaire concours de circonstances a fait que je me trouvais sur les lieux. Je n'ai pas réussi à attraper le voleur, mais, au moins, il a abandonné ce qu'il venait de voler. Depuis, le taxi et moi, on est de vrais potes.

– Il sait que tu es tchétchène ?

– Non. Je ne suis pas fou.

– Tout s'explique. Et qui était le voleur que tu n'as pas réussi à coincer malgré tes vaillants efforts ?

434

– Mon frère Roustan. C'est dingue : j'ai neuf frères, et il a fallu que je tombe sur celui-ci. Il courait si lentement que j'ai eu un mal fou à ne pas le rattraper.

Pacha rigole, très content de lui. Je contemple la courte façade de l'hôtel *Caucase*. Ce n'est évidemment pas un établissement ouvert aux touristes étrangers. Kourachvili ne prendrait pas le risque d'être vu en mauvaise compagnie. Ses appétits sexuels mis à part (mais Pacha a raison : personne, dans ce pays, n'ira reprocher à un Géorgien viril et dans la fleur de l'âge quelques petites aventures extraconjugales lors d'un séjour dans la capitale ; ce n'est certainement pas dans ce domaine que je peux mettre un piège en place), cela mis à part, donc, je commence à être convaincu que Kourachvili restera dans la stricte normalité. Même si je le piste nuit et jour pendant les deux semaines qu'il passera à Moscou, même si je truffe sa chambre de micros – ce que je suis bien incapable de faire au demeurant –, je ne trouverai rien contre lui.

– Pacha, qu'est-ce qu'il va faire maintenant ?

– En ce moment, il fait un peu de toilette. Il ressortira dans une vingtaine de minutes. Son taxi personnel viendra le chercher. Il déjeunera avec d'autres députés puis il ira faire un premier tour des ministères. Retour à l'hôtel, où il y a un petit salon au rez-de-chaussée. Ce salon lui sert de bureau pendant tout son séjour. Il y recevra des Géorgiens de Moscou ou des visiteurs non géorgiens.

– Pas de secrétaire ?

– Simplement celui que l'administration lui offre. Il a souvent le même, mais pas toujours. Il ira ensuite dîner. S'il ne mange pas dans sa chambre.

– Il boit ?

– Moins que toi. Il n'est jamais ivre. S'il dîne dans sa chambre, la fille que le taxi lui a retenue pour la nuit viendra le rejoindre vers huit heures et demie, et elle restera une heure ou deux. Aucune ne passe jamais la nuit complète avec lui.

– S'il va au restaurant ?

– Une seule fois par séjour, à l'*Aragvi*.

C'est le restaurant géorgien par excellence, au début de la rue Gorki.

435

– Il pourra aussi aller à l'*Ivéria*, mais c'est en dehors de Moscou et il s'y rend toujours en groupe, jamais seul.

– Qui l'accompagne en général ?

– On ne l'a jamais vu qu'avec de grosses légumes. Aucun voyou comme toi ou moi ; rien que du beau linge. Le restaurant où il va le plus souvent est celui de l'hôtel *Oukraïna*, avenue Koutouzov. Mais c'est surtout parce que, parmi les clients à l'année, il y a même des membres du gouvernement. Difficile d'imaginer plus respectable. Il est toujours invité.

– Il doit bien rencontrer quelqu'un qui ne soit ni ministre ni haut fonctionnaire ni député. Quelqu'un avec qui il n'aimerait pas trop être vu.

– Alors, ça se fait dans la plus grande discrétion. Tantzor, si je croyais en l'honnêteté des gens, je te dirais que ce type est une statue vivante de la vertu socialiste.

– Trouve-moi quelque chose, Pacha. Ces filles lui servent peut-être de courriers.

– Je ne vais pas le lâcher.

– Trouve n'importe quoi. Le plus petit détail. S'il oublie de tirer la chasse en quittant les toilettes. S'il bouscule quelqu'un dans la rue sans présenter ses excuses.

– J'ai compris. Je ne suis pas idiot. Tantzor, j'ai besoin d'une autre intervention pour mes affaires.

Mon Tchétchène préféré sort des papiers de sa poche et me les donne à lire. Curieusement, il ne s'agit pas d'un sombre trafic. Il projette d'ouvrir, avec d'autres personnes dont les noms me sont inconnus, un grand magasin où l'on vendra des vêtements d'importation. Ce serait la plus grande surface consacrée à ce genre de commerce dans tout Moscou, sinon dans toute l'Union soviétique. Il est question de douze cents mètres carrés, à deux pas de la rue de l'Arbat.

– Pacha, il y a un coup fourré quelque part ?

– Tu me connais.

– Justement.

– C'est tout ce qu'il y a de plus régulier. On monte l'affaire en coopérative. Mes associés ont la meilleure réputation.

D'après les noms qui figurent sur la demande, quatre de

ces associés sont russes et trois sont tchétchènes. Les locaux qu'ils ont en vue appartiennent à un syndicat de la métallurgie. C'est vrai que, s'il s'en donnait la peine, et si, bien sûr, je le lui demandais, Serguéï pourrait peut-être décrocher les autorisations nécessaires.

– Pacha, on fera une enquête serrée sur tes associés.

– Pas de problème.

– Je ne te promets rien.

– Tu recevras vingt pour cent des bénéfices que je ferai, comme associé.

Sûrement pas. Il fera vraiment chaud le jour où je m'associerai pour de bon avec Khan Pacha. Mais je me limite à un vague hochement de tête. J'ai besoin du Tchétchène dans ma lutte contre Kourachvili. J'en ai un besoin vital, à présent et pendant deux ou trois semaines encore. Il est une pièce essentielle de mon dispositif, qu'il soit ou non manipulé, télécommandé, par Kopicki – je crois qu'il l'est, mais il ne servirait à rien d'essayer de le lui faire dire ; il nierait. Pacha est sans aucun doute l'un des meilleurs collecteurs d'informations de ce côté-ci de l'Oural. Je ne peux pas croire qu'il a réuni seul, comme il le prétend, tous ces renseignements, si précis, sur l'homme de Gori. Quand je l'entends me réciter dans le moindre détail le programme de Kourachvili à chacun de ses séjours dans la capitale, il me paraît évident qu'il s'appuie sur le travail de quelqu'un d'autre, disposant de plus de moyens encore – quelqu'un qui a pisté et épié le Géorgien depuis des mois, sinon des années.

Qui d'autre que Kopicki ?

Kourachvili est l'un des deux mille deux cent cinquante membres du Congrès des députés du peuple. Avant la réorganisation de décembre 1988, il était l'un des mille cinq cents élus – élus si l'on veut – du Soviet suprême, et avait déjà effectué deux mandats. Les changements n'ont rien modifié dans son cas. Non seulement il fait partie du Congrès mais il est encore membre de Soviet suprême, élu par ce Congrès. En somme, le gratin : ils ne sont que cinq cent quarante-deux à participer à cette instance, et, même si ses membres sont soumis à une rotation régulière pour que tous les députés y fassent un passage, ce n'est pas par hasard que Kourachvili s'est trouvé dans la première fournée.

À cause de lui, j'ai dû renoncer à ma belle ignorance des
choses politiques. Je me suis enfin informé des structures
de mon pays. J'ai appris que nous avions un président de
l'Union et un conseil présidentiel. Je connais maintenant
les noms de tous ces hommes.

Kourachvili a d'autres cartes de visite. Membre du Parti
depuis trente ans, il prend part aux congrès (cinq mille participants). Il n'est pas l'un des deux cent quarante-neuf
membres du comité central, mais on le retrouve parmi les
cent quinze suppléants. Il n'est pas non plus au politburo,
l'organe dirigeant, mais je ne doute pas qu'il entretienne
les meilleures relations du monde avec l'un de ses membres,
désigné de droit : le premier secrétaire de la République de
Géorgie. (Soit dit en passant, j'ai appris, sans surprise, que,
durant les quarante ou cinquante premières années d'existence de ce politburo, plus de la moitié de ses membres sont
morts de mort violente ; je me demande si le pourcentage
n'est pas nettement supérieur à celui des républiques
d'Amérique du Sud.)

Je mets dans ma poche les papiers que Pacha vient de
me confier.

– Je m'en occupe. Tu vas pister Kourachvili tout seul ?

– Il faut bien que je dorme et que je m'occupe de mes
propres affaires, camarade. J'ai six Tchétchènes avec moi.
Regarde là-bas, dans la Jigouli verte.

Deux hommes.

– Plus un troisième à l'angle de la rue. Ça va te coûter
la peau des fesses, Tantzor.

– Je ne paierai pas n'importe quoi. Parle-moi de Chota
Mingadzé.

C'est le poseur de bombes, l'exalté, l'illuminé, qui,
paraît-il, rêve d'exterminer tous les Russes de la planète et
d'obtenir pour la Géorgie une indépendance gagnée par la
force.

– Tu l'as retrouvé, Pacha ?

– Je crois l'avoir localisé. Tu veux toute l'histoire ?

– Je m'en fous complètement. Et notre train part dans
deux heures. Tu vas lui mettre la main dessus, oui ou non ?

Pacha éclate de rire : bien sûr que oui, c'est comme si c'était fait.

Mais il dresse l'oreille. Un mot a accroché son attention dans ce que je viens de dire.

– « *Notre* » train ?

– Oui. Nous partons ensemble pour la Géorgie, Marina et moi.

Parce que je ne voulais pas la laisser à Moscou, exposée au couteau de Pavlé.

Parce que je n'ai aucune envie de me séparer d'elle.

Parce qu'elle a menacé de me châtrer si elle n'était pas du voyage.

18

J'ai lu des livres sur la Géorgie. Contraint et forcé : Marina m'a fait une sélection et m'a tendu les ouvrages avec une autorité d'institutrice.

– Je sais tout ce qu'il y a à savoir sur la Géorgie, Marina.

– Tu ne sais rien. Certains jours, je me demande si tu sais seulement lire. Je parie que tu pourrais compter sur les doigts de ta main les livres que tu as lus en entier.

– Les deux mains ?

Bon. J'ai appris des tas de choses.

– Sans aucun intérêt d'ailleurs. Ça ne sert à rien, ces trucs. C'est peuplé depuis huit ou neuf mille ans, c'était plein de types qui cassaient des cailloux pour en faire des gamelles. Il y a un type, appelé Jason, qui est venu y chercher un machin appelé la Toison d'Or. Dans l'Ouest, ça faisait commerce avec des Italiens, qui ne portaient pas de culottes mais des robes…

– Des Romains.

– Des Italiens – c'est pareil sauf qu'ils n'avaient pas encore la Juventus de Turin et l'Inter de Milan et ne jouaient pas au football. Des sauvages. Dans l'Ouest, donc, c'était la Colchide, et ils se beurraient déjà avec le vin de leurs vignes. Des types sont arrivés de Mésopotamie, et, après, les Perses sont venus, et Alexandre avec son canasson sacré et une esclave catholique qui a baptisé tout le monde, et puis les Byzantins et les Arabes, et puis c'est devenu indépendant, il y a dans les mille ans, avec une reine prénommée Thamar, et vlan ! les Mongols arrivent avec leurs méchants yeux bridés, c'est le père Tamerlan qui débarque, puis les musulmans, pires que Khan Pacha, ce qui n'est pas peu dire, et des Turcs, et enfin les Popovs. J'ai tout compris.

Je lis et je relis les journaux de sport que j'ai achetés avant de monter dans le train, et, par la fenêtre, la Russie défile, plate.

Marina me dit que je le fais exprès, que je ne peux pas être inculte à ce point, que c'est juste pour faire le malin, que je l'énerve, que, sûrement, j'ai lu plus que je ne veux le reconnaître. D'ailleurs, parfois, elle remarque que j'ai des connaissances ; pourquoi est-ce que je fais l'imbécile ? Nous avons sommeillé, mangé, dormi, remangé ce qui restait de nos pommes de terre bouillies relevées de crème aigre. Nous aurions très volontiers fait et refait l'amour, mais il y avait trop de monde ; les gens auraient peut-être été choqués. Nous sommes descendus enfin à Groznyi, au pays des Tchétchènes et, si ce n'était pas Khan Pacha, qui était là sur le quai, à nous attendre, nom d'un chien ! il lui ressemblait comme un frère.

– Je suis son frère. Ce n'est pas étonnant.

– Un seul Khan Pacha, c'était déjà plus que le monde n'en peut supporter. Mais deux, c'est carrément le trop-plein, dit Marina, sarcastique.

– Est-ce que cette morue parle pour toi, Tantzor ?

– Je ne la connais pas.

– Morue ? dit Marina.

Et la voilà partie à expliquer à Khan Pacha II qu'il a toute son intelligence entre les jambes, et que c'est franchement minuscule.

– Ne fais pas attention à elle, dis-je. Si elle n'a pas son câlin toutes les six heures, elle entre en éruption.

Nous sommes au bord de l'incident diplomatique, mais Khan Pacha II vaut Khan Pacha 1er, et réciproquement : le grand rire tchétchène éclate, nous apprenons que notre ami s'appelle Aslan Bek, qu'il a dix mois de plus que Pacha et une voiture prête. Nous montons dans la voiture en question, qui est, en fait, une camionnette, et nous mettons le cap au sud.

Droit sur le Caucase.

Je n'ai jamais vraiment vu de montagnes. De vraies montagnes. Celles dont nous approchons m'impressionnent. L'Elbrouz, qui en est le point culminant, doit se trouver dans le lointain, à droite. Il s'élève à cinq mille six cents et quelques mètres. J'ai lu, donc, ce que Marina m'a fait lire. Je sais qu'ici étaient les dernières marches de l'empire romain, et qu'il fallait aux légions cent cinquante interprètes différents sur cent kilomètres carrés. Je sais que les Arabes surnommaient le Caucase la montagne des Langues tant y étaient nombreux les dialectes qu'on y parlait. Je sais aussi que les armées nazies ont été plutôt bien accueillies dans ces contrées, où l'on goûtait peu les Russes, et que Staline, vénéré par ma mère, y a fait procéder à des déportations massives vers l'Asie centrale et la Sibérie.

– Tu es déjà passé par ici, Aslan ?

Oui. Oui, forcément. Et la contrebande du tabac et du thé géorgiens, alors ?

Nous passons à l'ouest d'Ordjonikidzé. Nous sommes en Ossétie.

– Les Ossètes, dis-je, descendent des Alains, qui sont passés par ici, avec les Visigoths et les Vandales aux fesses, et ont fini par s'établir en Espagne, où ils sont tous devenus matadors.

– Tu n'es pas obligé de nous réciter le seul livre que tu as jamais lu, dit Marina, ensommeillée.

– Moi, quand je lis un livre, je le lis, et je le sais par cœur ensuite. Tu veux que je te parle des Koumuks ou des Balkars ?

Elle n'y tient pas outre mesure. Dommage ; je suis d'humeur à parler. C'est la tension nerveuse. Il pleuvait au départ de Grozniy. Il a plu une bonne partie de l'après-midi, mais, au matin, le ciel s'est éclairci, comme par miracle. Il fait un temps admirable. Nous suivons les lacets d'une route qui longe le Terek ou l'un de ses affluents. La route monte interminablement. En me retournant, j'aperçois, par intervalles, la deuxième camionnette, prévue pour remplacer la nôtre en cas de panne, qui transporte ma garde impériale toute prête à entrer dans la fournaise. Pour l'heure, c'est dans la montagne que nous entrons plus avant. D'immenses rochers gris nous surplombent. Dans le ciel tournoient des faucons crécerelles. Nous sommes partis, avant l'aube, d'un village tchétchène. Vers midi, Aslan Bek décide d'une halte. Nous quittons la piste pour une sente, nous entrons dans une gorge étroite et, soudain, dans ce silence absolu et ce désert, une espèce de campement apparaît : trois hommes barbus aux yeux d'assassins autour d'un feu où cuisent des chachliks.

– Et l'autre véhicule ?

– Il suit ; ne t'inquiète pas, me répond le frère de Pacha.

Je ne m'inquiète pas, j'ai carrément peur. En Khan Pacha, je n'ai, en somme, qu'une très relative confiance. Il est très capable de m'avoir vendu. Et l'endroit est des plus adéquat pour qu'on nous capture, Marina et moi, et qu'on nous livre franco de port et d'emballage au couteau de Pavlé. Ce doit être le paysage qui m'inspire.

Nous repartons vers trois heures. Nous passons une série de crêtes sur une piste rocailleuse. Le paysage devient plus doux. Des plantations de thé en terrasse s'étagent à flanc de coteau.

– On ne va pas plus loin aujourd'hui, dit Aslan Bek. Il faut attendre de savoir si la voie est libre.

Il y a un village en contrebas, au bord d'un fleuve qui n'a rien de russe – pas plus que tous ceux que nous avons longés ou franchis depuis notre départ de Grozniy : il n'exprime pas la puissance paisible mais la fureur bondissante. La nuit vient. Nous roulons lentement vers de bien étranges constructions. Certaines ont des toits faits d'un mélange d'ardoise et de pierre ; d'autres, bâties en pierres sèches, sont presque misérables ; toutes sont coniques et étroites ; chacune comporte une ouverture unique, parfois fermée par un battant de pierre ou de bois ouvragé.

– Des tombes. C'est un cimetière. Il est très vieux. Peut-être qu'il a des centaines d'années. Mais il sert encore.

Aslan Bek aurait pu, décidément, nous trouver un autre refuge. L'endroit est réfrigérant. Marina se penche et passe la tête par l'une des ouvertures béantes. Aussitôt, elle se rejette en arrière avec une grimace. Je regarde à mon tour. On voit des cadavres au fond d'un puits. Les corps sont allongés sur des planches, comme sur des étagères. Il y en a de momifiés, d'autres ne sont plus que des squelettes, quelques-uns se putréfient. Et des chauves-souris volètent.

– Aslan, on ne pourrait pas aller pique-niquer ailleurs ?

– Pourquoi ?

– Fichons le camp d'ici, dit Marina.

Aslan convient qu'un peu plus bas, dans la vallée, il connaît un endroit tranquille. Moins tranquille qu'ici, mais puisque nous sommes assez bizarres pour ne pas apprécier ce refuge qu'il nous proposait…

Nous repartons. Nous dépassons le village que j'ai aperçu tout à l'heure. Il paraît que nous sommes, à présent, sur la route militaire de Géorgie. Elle a cent cinquante ans. Je me souviens d'avoir lu que les légions romaines d'un type appelé Pompée ont fait ici leur dernière halte. Elles estimaient avoir atteint le bout du monde et, pour le cas où d'affreux Barbares se seraient avisés d'entrer là, elles ont construit d'énormes portes de bois, qu'elles ont soigneusement cadenassées.

– Tu dis n'importe quoi, remarque Marina.

– Je l'ai lu dans tes foutus bouquins. Et dans ces forteresses, tout en haut, notre vieille copine, la reine Thamar, flanquait ses amants d'une nuit par-dessus les murailles après leur avoir coupé le zizi et la tête.

– La ferme, Tantzerev.

Nous sommes dans un cirque. De quelque côté que l'on regarde, des pans verticaux de deux kilomètres de haut nous écrasent. Et, courant comme un fou au milieu de ce cirque, un fleuve nous éclabousse de gouttelettes glacées. Aslan Bek a arrêté son moteur. Le grand silence nous dégringole sur la tête, seulement rompu, pour un instant, par le bruit du moteur de l'autre camionnette, qui stoppe à son tour, hors de notre vue. Du moins, j'espère que c'est l'autre camionnette. Que se passerait-il si ce véhicule était en fait bondé de kourachviliens carnassiers crapahutant déjà pour nous découper en rondelles ?

– Arrête de te faire peur tout seul, dit Marina.

Nous mangeons de l'agneau rôti froid et des pommes.

445

Aslan nous fait du thé. Je bois un tout petit coup de vodka – Marina me prend ma bouteille et la casse.

Nous dormons sur la plate-forme arrière, où est posé un matelas. Il fait frais mais pas froid. Aslan est à vingt mètres, penché sur le feu qu'il entend faire brûler toute la nuit, dans un creux de rocher.

– On a peur, Tantzor ? demande Marina.

– Ouais.

– Il est à Moscou. Nous l'y avons vu avant-hier. Khan Pacha et ses Tchétchènes le surveillent comme le lait sur le feu. S'il venait dans le coin, nous le saurions aussitôt.

– Je sais.

– Et Pavlé aussi est à Moscou. Comment te chercherait-il ici ? Il ne peut pas surveiller toutes les gares ni tous les trains, ni, moins encore, toutes les routes. Je crois que tu aimes t'angoisser tout seul. Ce doit être ta façon à toi de te pousser en avant. Est-ce que ce que je suis en train de faire te calme ?

– Oui. C'est-à-dire que ça me détend sûrement à bien des égards, mais, d'un autre point de vue...

– Quel point de vue ? dit-elle.

Je lui montre de quel point de vue. Avant de venir à Moscou, j'avais rêvé de toutes les femmes, je m'étais dit que rien ne pressait si je devais un jour en trouver une à laquelle m'attacher plus qu'aux autres. Bernique ! Je n'ai pas fait trois pas dans la gare de Kazan que je suis tombé sur elle, dont je n'imagine même plus d'être séparé. À peine entrouverte, la porte s'est refermée sur toutes les belles passantes que je n'aurai jamais. Je suis frustré et ravi en même temps.

Le grondement du fleuve a, heureusement, couvert le bruit de nos ébats.

Le cirque de pierre avait une issue côté sud. La camionnette a vaillamment franchi des cols incroyables. Nous avons dépassé l'endroit où les légions de Pompée ont fait demi-tour, et nous sommes entrés en Géorgie. Nous avons encore grimpé des heures et des heures durant. Vers midi, nous laissons derrière nous le mont Kazbégui. Nous gravissons encore une piste, que les éboulements de terrain rendent tout juste praticable et que traversent des cochons noirs à longs poils. Il y a de la neige partout. L'ascension dure tout l'après-midi. Le jour s'achève quand, enfin, nous nous engageons dans une longue descente sinueuse au milieu de gorges pleines de cascades.

Deux hommes nous attendent à l'entrée de Passanaouri. L'un d'eux est le cousin de Gogui. C'est un grand diable osseux. Je sais qu'il se prénomme Tenghiz, que c'est un vétéran d'Afghanistan, qu'il a commandé ensuite un peloton de *spetnats* – forces spéciales de sécurité – qu'il appartient maintenant à la police géorgienne – Gogui n'a pas su me dire avec quel grade (assez élevé certainement) ni dans quel service.

Nous suivons sa voiture jusqu'au moment où Aslan gare la camionnette derrière le bâtiment bas d'une petite ferme, dans laquelle nous entrons. Un repas nous y attend. Tenghiz me dévisage.

– Je peux voir cette liste ?

Je lui remets les documents que m'a procurés Sacha Chamchourine.

– Tu parles géorgien ?

– Oui.

– Et tchétchène. Elle parle géorgien, elle ?

Marina.

– Non, dis-je.

Tenghiz hoche la tête. Depuis deux heures, déjà, nous faisons route vers le sud dans la voiture de Tenghiz. La camionnette d'Aslan nous suit à cinq ou six cents mètres. Quant au véhicule qui a été derrière nous durant toute la traversée du Caucase, il n'est plus en vue, pour autant que je puisse m'en rendre compte. Mais je ne veux pas trop le chercher du regard ; j'ignore si Tenghiz connaît ou non sa présence.

– On a fait circuler ta photo. Tu le sais ?

– Oui. Mais cela remonte à des mois, presque un an.

– Quelqu'un finira tôt ou tard par te reconnaître.

– C'est un risque à prendre.

Le soleil de ce printemps, déjà bien avancé, est chaud. Marina et moi nous sommes débarrassés de nos vêtements du dessus. Je suis en chemise. Nous dépassons Mskheta, l'ancienne capitale, que Tbilissi a supplantée il y a treize siècles.

– Je veux te parler en tête à tête, me dit Tenghiz en géorgien. Dis-lui de descendre et d'aller faire un tour.

Je traduis pour Marina, qui nous lance un regard meurtrier mais s'éloigne de la voiture, arrêtée.

– Avant d'aller plus loin, dit Tenghiz, je veux connaître les raisons qui te poussent à t'attaquer à Kourachvili.

Je résume. Il m'écoute, impassible. Toute une bande de gamins en vadrouille a surgi sur notre droite, où s'alignent à perte de vue des pêchers en fleur. Tenghiz les regarde approcher. Ce matin, il a revêtu son uniforme de la milice. Les gosses ont aperçu notre voiture, immobile, et viennent vers elle. Je suis en train de raconter la mort de Vassia. Tenghiz lève une main pour m'enjoindre de me taire. Il entrouvre sa portière et se dresse, fixant les gamins. Qui s'arrêtent dans la seconde puis font demi-tour et s'en vont. Tenghiz se rassied. Enfant, je n'aurais pas non plus insisté devant cet homme au visage de pierre vêtu d'un uniforme.

J'ai terminé mon récit. Je dis :

– À toi, maintenant.

Son lourd regard noir vient se poser sur moi.

– Tenghiz, je t'ai dit pourquoi je voulais la peau de Kourachvili. Quelles raisons as-tu, toi, de m'aider ?

Un silence qui se prolonge, puis il dit :

– Les ordres.

Je n'en crois pas mes oreilles.

– Tu as reçu ordre de m'aider ? De qui ?

– De ceux qui sont en droit de me donner des ordres. Je dois t'assister en toutes choses et empêcher que tu sois pris. Tu dois pouvoir repartir de Géorgie vivant, et en bonne santé.

– De qui viennent ces ordres ? Kourachvili a perdu le pouvoir en Géorgie ?

– Il a toujours son pouvoir habituel. Je n'ai pas à répondre à ta première question. Parlons de cette liste, que tu m'as montrée. Elle est très incomplète.

– Tu peux la compléter ?

Avec une réticence manifeste, après un moment d'immobilité, il retire de la poche intérieure de sa vareuse quelques feuillets dactylographiés et les dépose sur mes genoux. Je lis une trentaine de noms, suivis des prénoms, voire des surnoms, d'un bref descriptif anthropométrique, des adresses, des « *relations connues* ». Cela a tout des fiches de police, des informations extraites du sommier de quelque service remarquablement renseigné.

– Quelles sont, au juste, tes fonctions, Tenghiz ?

– Je suis policier.

Il n'en dira pas davantage. Je doute qu'il ait jamais été de garde à la sortie des écoles. Je le vois plutôt émarger au budget du service qui a établi des fiches si précises. Les Organes peut-être. Son uniforme de milicien n'est sans doute qu'un déguisement.

– Tu es vraiment un cousin de Gogui ?

– Oui.

– Tu connaissais Myriam Sémionova ?

– Oui.

– Et son assassinat t'a bouleversé ?

– J'ai été très touché par sa mort, dit-il.

Je note qu'il emploie « *mort* » quand je dis « *assassinat* ».

– C'est Marat Kopicki qui te donne tes ordres ?

– Je ne connais pas cet homme.

Et voilà. À quoi d'autre pouvais-je m'attendre ? Nous en revenons toujours au « *pas de question* » que Kopicki m'a opposé systématiquement lors de notre première rencontre, il y a des mois, quand je quittais la place des Trois-Gares pour aller prendre mes quartiers chez Choura, dans l'entrepôt. La voiture dans laquelle nous sommes assis est arrêtée à l'écart de la route conduisant à Tbilissi. Mskheta n'est pas loin derrière nous. Il me suffirait de pivoter pour apercevoir encore sa cathédrale, avec ses murailles crénelées, ses longues ailes de pierre beige clair et son clocher conique. Entre Tbilissi et nous s'étend à présent la vallée de la Koura, torrentueuse, qu'il nous suffira de suivre.

– Je vais t'aider, dit Tenghiz. Quelle était ton idée en venant en Géorgie ?

– Obtenir le maximum d'informations sur les hommes dont on m'a donné les noms – l'endroit où ils habitent, leurs habitudes, leurs relations.

Et aussi (mais, cette intention, je la garde pour moi) aller jeter un coup d'œil sur chacune des résidences de Djoundar Kourachvili, dont Gogui m'a très précisément indiqué les situations. Non sans de machiavéliques arrière-pensées.

L'impressionnant regard de Tenghiz est à nouveau sur moi.

— Tu sais que le député Kourachvili est à Moscou pour environ deux semaines ?

— Évidemment.

— Tu es venu parce qu'il était absent ?

— À ton avis ?

Hochement de tête et silence. En sorte que c'est moi qui relance :

— Un homme appelé Pavlé. Je ne sais pas son nom entier. Tu le connais ?

— Il est recherché pour plusieurs meurtres. Comme témoin. Certaines affaires remontent à des années. Pourquoi ?

Il n'aurait jamais entendu parler de Pavlé ? Je suis surpris.

— J'ai toutes les raisons de croire qu'il rêve de me trancher la gorge, dis-je. J'aimerais assez savoir s'il se trouve en Géorgie en ce moment.

— Je vais me renseigner. Tu as besoin d'autre chose en plus de ce que je t'ai donné ?

J'hésite, puis j'y vais :

— Tous les endroits où Kourachvili pourrait cacher quelque chose.

Je devine à la réaction – d'ailleurs peu marquée – de Tenghiz, que les instructions qu'il a pu recevoir, de Kopicki ou d'un autre, ne comportaient pas les renseignements que je lui demande maintenant. Mais il acquiesce.

— D'accord. Ce sera un assez gros travail. Ces Tchétchènes, qui te servent de guides et de gardes du corps, sont des contre-bandiers – entre autres choses. Ils ont de la chance que ma mission ne les concerne pas. J'aurai peut-être à les joindre dans les jours qui viennent. Si j'ai quelque chose pour toi, c'est à eux que je le transmettrai.

— D'accord.

Tenghiz se penche vers moi et ouvre la portière.

— Descends. Officiellement, je ne t'ai jamais vu. Ne traîne pas en Géorgie.

450

J'ai à peine posé le pied au sol qu'il referme et démarre.
Il s'en va sans un regard. Marina revient près de moi.

– Ami ou ennemi, Tantzor ?

Je n'en sais fichtre rien. La camionnette d'Aslan Bek
s'approche. Il pleut.

La ville est encaissée entre les montagnes et la Koura,
un peu assagie. Les grands boulevards y ont été percés, au
siècle dernier, dans un enchevêtrement de ruelles et de passages bordés de balcons, de moucharabiehs et d'une mul-
titude de boutiques étalant sans vergogne des produits de
contrebande, des denrées partout ailleurs introuvables.
L'ambiance orientale, faite d'indolence et de gaieté,
contraste avec le silencieux piétinement des foules russes.
Nous sommes entrés dans Tbilissi à la nuit tombée par des
chemins discrets. Marina ouvre de grands yeux. C'est
l'Orient pour elle, un autre monde. Ici, les Russes font tache.
Les regards, aussitôt, les détaillent, et les visages se ferment.
Je retrouve aux devantures, au-dessus des étalages de
fruits, des portraits de Staline, toujours bizarrement flan-
qués de Madones à l'enfant ou de photos de Marilyn
Monroe. La camionnette d'Aslan a fini sa course au fond
d'une impasse, mais il paraît qu'il existe deux issues de
secours secrètes – en cas d'urgence. Je remarque un tas de
caisses et de ballots mystérieux. Je jurerais qu'il y a des
armes là-dedans.

– De la drogue, Aslan ?

Grand rire. Bien sûr que non ! Quelle imagination j'ai !
C'est juste un peu de commerce. Et puis, tout le monde a
des armes, ici. De la Caspienne à la mer Noire en passant
par les vallées du Caucase, c'est une tradition. Surtout que
les circonstances ont fait monter la demande ces derniers
temps. Entre les cent et quelque différents partis géorgiens,
tous ennemis mortels les uns des autres, les Ossètes, qui ne
sont pas trop d'accord entre eux non plus, les rebelles et
les non-rebelles d'Adjarie – la République autonome dont
Batoumi, sur la mer Noire, est la capitale –, d'Abkhazie –
sur la mer Noire aussi mais dans le Nord de la Géorgie –,
les Arméniens, les Azéris et les gens du Haut-Karabakh –
sans parler des Tchétchènes et des Ingouches, des

bonshommes du Daguestan ou de la Balkarie, et des Tcherkesses –, ce ne sont pas les clients qui manquent. On ne compte plus les milices, privées ou non. Les compterait-on qu'on en trouverait des centaines.

Nous allons demeurer trois jours dans ce logement à sorties multiples. Sorties que nous utilisons d'ailleurs – j'ai commencé ma tournée. D'abord, les hommes dont Sacha Chamchourine m'a indiqué les noms, puis ceux – parfois les mêmes – qui figurent sur la liste de Tenghiz. J'accumule un maximum de données. Dans le même temps, avec toutes les précautions possibles, je vais inspecter une à une les maisons dans lesquelles Djoundar Kourachvili va dormir en compagnie galante quand il n'est pas, tout simplement, à son domicile officiel, une maison relativement modeste comparée à ses voisines, située rue Galskaïa. Rien de bien utile. Souvent, il s'agit simplement de cabanes-datchas d'une pièce ou deux. Toutes sont gardées, généralement par un homme seul. Mais c'est encore trop. Ce que je veux trouver, c'est un refuge parfaitement discret.

Les informations promises par Tenghiz me parviennent le soir même du troisième jour. Trois feuillets dactylographiés, strictement anonymes, indiquant au total quatorze adresses, quelquefois accompagnées de plans dessinés à la main. Sur les quatorze, onze me sont déjà connues, grâce à Gogui. Des trois adresses qui restent, l'une est celle d'un appartement proche de l'avenue Roustavelli, en plein centre de Tbilissi.

– Pourquoi Kourachvili utilise-t-il autant de maisons ? demande Marina.

La réponse est évidente. L'homme de Gori vit comme il a toujours vécu : en observant une discrétion quasi paranoïaque. Ce n'est pas lui qui irait s'installer dans l'une de ces somptueuses demeures où vivent aujourd'hui les nouveaux dirigeants de la république géorgienne. Il n'a pas non plus de voiture extraordinaire. Même sa garde personnelle est modeste comparée aux puissantes escortes qui précèdent et suivent le moindre cheffaillon local bardées d'armes automatiques, qui sillonnent la ville en Volga à des allures démentes sans le moindre souci des règlements. Kourachvili règne en maître depuis un bon quart de siècle sur cette partie de la Géorgie. Il est évident qu'il doit avoir une cache, sinon plusieurs. Je l'estime bien trop prudent pour n'avoir pas prévu l'éventualité d'une fuite précipitée. Je parie qu'aucune de ces caches ne se trouve dans les endroits où l'on sait qu'il se rend – ceux où il y a des gardes. Il a dû être plus malin que cela.

J'écarte d'office l'appartement en ville. J'y passerai au cas où je ferais chou blanc aux deux autres adresses, mais un appartement ne peut pas cacher grand-chose.

Il reste deux endroits possibles.

Nous sommes à Tbilissi depuis trois jours et cela en fait six que nous avons quitté Moscou. À chaque instant, je me suis attendu à ce que les choses se gâtent.

Ce moment est venu.

À une quarantaine de kilomètres au nord-est de Tbilissi, la route de Tianeti fait le double virage qu'indique le dessin de Tenghiz.

– Arrête, Aslan.

Je descends et je fais une centaine de pas sur le côté droit de la route, en escaladant un groupe de rochers. Je m'élève à une vingtaine de mètres, et la vallée m'apparaît d'un coup. La vieille chapelle en ruine est bien là, plantée sur un éperon, dominant une gorge assez évasée au fond de laquelle coule la Iori, dont les eaux se mêlent à celles de la Koura. Il fait très beau mais il souffle un vent violent. La vue s'étend sur des dizaines de kilomètres. Pour un peu on apercevrait la Caspienne. Aucune construction en vue hormis cette ruine, qui m'a servi de point de repère.

Marina et Aslan Bek me rejoignent. Le Tchétchène juge impossible de lancer son véhicule dans cette descente. Il secoue la tête.

– Il y a un lac dessiné sur ton espèce de carte. Regarde-le ; il est à quatre ou cinq heures de marche. Il aurait fallu faire le tour par le sud et remonter la vallée de la Iori.

Je promène mes jumelles sur la pente que nous dominons. Pas le moindre thalweg, aucune sente ; je ne vois que des gradins de schiste sombre. L'idée me vient que l'on pourrait marcher, passer et repasser sur cette pierraille sans jamais y laisser de trace. Et je crois au plan de Tenghiz. Il me faut quelques minutes à peine pour découvrir un passage, presque un escalier naturel.

– Et tu vas où ?

Marina marche derrière moi tandis que le Tchétchène reste sur la crête, un AK 47 entre les mains. J'avance sur une cinquantaine de mètres, le long d'un entablement étroit – il y a un précipice de trente mètres sur ma droite –, sans trouver aucun moyen d'aller plus bas. Qui plus est, les bourrasques sont si fortes qu'elles menacent de me faire perdre l'équilibre sur cette corniche large d'à peine une soixantaine de centimètres.

– N'insiste pas, c'est ridicule, dit Marina. Tu vois bien qu'il n'y a rien.

Mais je m'obstine, m'allongeant à plat ventre et me penchant au-dessus du vide. Sans rien apercevoir en effet. Et, enfin, je découvre le piton. En fait, c'est une simple excroissance de roche, haute de quatre doigts. De minuscules fragments de pierre le camouflaient. C'est en nettoyant que je le dégage. Cela a la forme d'un bec de perroquet dont la partie incurvée porte des traces d'usure.

– La corde de remorquage de la camionnette.

Elle mesure, cette corde, une quinzaine de mètres. Soit à peine la moitié de la hauteur de l'à-pic. Je la fixe et me laisse glisser, emportant comme dernière image celle d'une Marina rencognée dans une petite faille et qui a peur autant que moi.

Quatre mètres de descente à la seule force des poignets, et, soudain, mes pieds, qui cherchent un point d'appui sur la paroi, battent dans le vide. Un bruit de ruissellement d'eau me parvient entre deux rafales de vent. Je continue à m'éloigner du bord de la corniche, et la caverne apparaît. Un simple petit balancement d'avant en arrière suffit : j'atterris. La grotte ne fait guère plus d'un mètre et demi de haut, mais elle s'allonge sur trente ou trente-cinq pas. Dans un premier temps, je l'estime peu profonde. Je n'ai toujours pas lâché la corde, terrifié à l'idée qu'elle pourrait aller baller à la verticale, hors de ma portée. Mais un morceau de bois fiché dans une anfractuosité semble bel et bien disposé tout exprès. Je l'y attache et pars à la découverte. Je n'ai pas à aller loin. À l'endroit même où un mince filet d'eau coule, je trouve une ouverture. Je remarque d'anciennes traces de métal. On a élargi la faille ; et le travail est ancien. Je me glisse dans un boyau tout juste assez large pour moi (apparemment, je me suis trompé sur les mensurations de Kourachvili, il n'est pas plus épais que moi) et, pendant quelques secondes, j'ai une peur panique à l'idée de rester coincé là. Mais non, le goulet s'élargit assez vite. Je parviens à dégager mes jambes. Je me redresse en tâtonnant, dans une pénombre accentuée par le fait que je me tiens devant la seule source de lumière. Je gratte une allumette…

Et je hurle. L'homme est dressé juste devant moi, bras levés et tenant au-dessus de sa tête un rocher destiné à me fracasser le crâne. Deuxième allumette – j'ai lâché la première. Ce n'est, décidément, qu'un cadavre. Il est momifié, ses poignets sont liés par une corde fixée à une des stalactites du plafond. Il porte encore ses vêtements et ses chaussures. Il a une soixantaine d'années.

Ma troisième allumette sert à allumer une des deux lampes à pétrole. Cette grotte-ci se creuse très profondément, je n'en vois pas la fin. Elle est pleine d'eau. Le boyau par lequel je suis entré sert d'écoulement en cas de trop-plein.

Les petits coffrets d'acier sont sur ma droite, alignés sur des sortes d'étagères, à l'abri de l'eau. J'essaie les serrures mais sans réussir à les ouvrir. Sauf une. À l'intérieur de cette mallette, de pleines liasses de billets de cent dollars américains, des rouleaux de pièces d'or, des papiers. Je les feuillette. Ce sont les confessions manuscrites de quelqu'un. Il y a des photocopies de documents, des bordereaux d'expédition divers. Le nom de Kourachvili ne figure évidemment nulle part, mais les preuves assemblées ici suffiraient à faire condamner à mort, pour crimes économiques, au moins trois hommes, qui, eux, sont cités nommément. Et il y a une vingtaine de caissettes.

Il me faut encore trois à quatre minutes pour effacer les empreintes que j'ai pu laisser sur le métal et la seule trace de mes pas qui subsiste, au bord du bassin de pierre.

Fouiller le cadavre momifié me prend un peu plus de temps. Il a encore son passeport sur lui.

J'ai fait ce que j'étais venu faire.

– Tu as fait ce que tu voulais faire. Fichons le camp de ce pays, dit Marina.

Je me souviens des ruches. Trois heures plus tôt, je faisais l'acrobate au bout d'une corde puis dans deux grottes en enfilade. Nous sommes redescendus des monts Kartalinski, nous avons traversé les faubourgs de Tbilissi sans véritablement entrer dans la ville. Il m'a semblé remarquer une voiture, qui nous suivait avec deux hommes à son bord, mais, au carrefour d'après Mskheta, où une route va vers Ordjonikidzé et l'autre vers Gori et la mer Noire, elle a pris à droite tandis que nous roulions vers l'ouest. La seconde retraite secrète se trouve à quelques kilomètres d'un bourg appelé Léningori, en Ossétie du Sud. Selon les informations, concordantes et complémentaires que m'ont procurées Sacha Chamchourine, Gogui, Khan Pacha et, depuis hier, Tenghiz, il se trouve, par là, une cabane d'altitude où Chota Mingadzé, le poseur de bombes fou, s'est longtemps caché. Une piste en terre serpente longuement entre des vignes et des pommiers. Depuis le dernier carrefour, il n'y a plus aucune circulation – nous avons croisé notamment des camions transportant des chevaux et toute une théorie d'autocars emplis de jeunes hommes barbus indubitablement armés. D'après Aslan Bek, la région est actuellement très troublée. Les Ossètes réclament leur indépendance (non pas vis-à-vis de Moscou mais vis-à-vis de la Géorgie). Voilà quelques jours, une violente manifestation a fait une dizaine de morts et beaucoup de blessés. Plus âme qui vive à présent. Des forêts bordent les deux côtés de notre piste avant de faire face à des prairies semées d'innombrables ruches. Il fait chaud. La vue sur la grande chaîne du Caucase est superbe, mais il y a, dans l'air, le sourd et lancinant bourdonnement de ces milliards d'abeilles, et c'est bien assez pour accentuer ce sentiment de malaise qui ne me quitte décidément pas. Le plan de Tenghiz annonce un tumulus surmonté d'une croix et entouré de ruches rouges et blanches. Nous y sommes. Aslan engage la camionnette sur un chemin herbu, y roule pendant environ deux kilomètres. Les ruches sont nombreuses maintenant, à croire qu'on les a disposées de façon à former une ligne de défense.

– C'est peut-être le cas.

Le timbre de la voix de Marina me confirme qu'elle est tout aussi tendue que moi.

– Voilà des traces, dit soudain Aslan. Un ou deux camions sont passés ici récemment. Qu'est-ce qu'on fait ? On continue ?

Toujours d'après mon plan, nous ne sommes plus qu'à deux ou trois cents mètres de la cabane. C'est idiot d'être venus jusqu'ici pour faire demi-tour, si près du but. Aslan et moi allons examiner les traces de roues dans la terre herbeuse, que la pluie d'il y a trois jours a trempée.

– Deux camions, décrète le Tchétchène. Je dirais qu'ils étaient là il y a deux jours. L'un au moins a fait l'aller et retour. L'autre, je ne sais pas.

La piste contourne un éperon très boisé. La cabane doit se trouver derrière.

– On y va.

Toujours ce bourdonnement, et, pourtant, on ne distingue aucun essaim. Je remonte dans la cabine de la camionnette, à côté de Marina, mais Aslan, lui, va fouiller dans sa cache, sous le plateau arrière, et revient avec un fusil d'assaut américain, un M 16. Il me le tend.

– Tu sais t'en servir ?

Plus ou moins. Je n'ai jamais été un tireur d'élite. Le Tchétchène se remet au volant après avoir déposé contre sa portière son AK 47 et un pistolet mitrailleur Uzi. Il démarre lentement. La pente est rude et très boueuse, les pneus dérapent, et n'accrochent qu'une fois atteint le bas-côté. Ça passe. Encore des centaines de ruches sur le côté droit de la piste. Un angle de la cabane en rondins apparaît, le reste est caché par un vallonnement hérissé de ruches. Cent cinquante mètres, cent, cinquante. Aslan Bek stoppe et saisit son fusil d'assaut. Moi-même, je relève le canon du M 16.

– Oh non ! s'exclame Marina à mi-voix.

La porte de la cabane est ouverte, et un cadavre est allongé en travers du seuil, la moitié supérieure du corps à l'extérieur, le visage contre le sol. Le camion offre un spectacle plus saisissant encore. Je compte six morts : le chauffeur

457

affalé sur le volant, trois hommes étendus par terre, un autre qui a dû être abattu au moment où il tentait d'enjamber la ridelle latérale, un autre encore, dont on n'aperçoit que les jambes pendantes.

– Ils ne viennent pas d'être tués, dit Aslan avec détachement, comme si de tels carnages étaient, pour lui, un spectacle coutumier. Ça remonte à ce matin, peut-être.

Il ne coupe pas le moteur mais ouvre sa portière et descend avec souplesse, l'index sur la détente du kalachnikov, l'œil en alerte. Et, comme un imbécile, je l'imite.

– Reste là et partons ! me chuchote Marina.

Aslan Bek fait lentement un tour complet sur lui-même en pointant le canon de son arme. Moi, je regarde, fasciné, ces cadavres. On ne s'est pas contenté de tuer ces hommes, on les a hachés – une boucherie sans nom. De grosses mouches bleues recouvrent les innombrables plaies.

– Il y en a deux autres dans la cabane, dit Aslan. Neuf en tout. Quatre tireurs au moins.

Comment peut-il préciser ce genre de choses ?

– Les douilles, dit-il. Quatre armes différentes. Ils avaient une réunion dans la cabane, ils parlaient. Les tueurs sont arrivés : un à chaque fenêtre, deux à la porte. Ou alors, ils ont commencé à tirer, en ont tué deux ; les autres sont sortis pour fuir et on les attendait dehors.

– Tantzor !

Marina crie mon nom. Je m'avance vers les cadavres. Je veux savoir. Le bourdonnement des abeilles a quelque chose de mécanique ; il est incessant mais presque doux – ou, alors, je m'habitue. Le premier mort sur lequel je me penche n'a quasiment plus de visage. On a dû l'achever à bout portant en lui vidant un plein chargeur dans la tête. Je fouille sa veste. Je suis obligé de décoller le tissu, que le sang a englué. Une balle a déchiré le coin du passeport mais l'identité est encore lisible.

Le mort suivant a subi le même sort.

Et le troisième encore.

– Tantzor !

Il y a de l'hystérie dans la voix de Marina, et, soudain, le premier coup de feu part. Je me baisse aussitôt par réflexe. Quelque chose a éclaté devant moi, à quelques mètres.

Il y a encore deux autres explosions.

– En haut ! crie Aslan Bek.

Il lâche une courte rafale en direction de la crête qui surplombe la cabane. Quatrième, cinquième et sixième explosions. Le bourdonnement augmente brusquement en intensité, il couvre presque tous les autres sons, même les détonations de l'AK 47 du Tchétchène. Je comprends enfin : ce n'est pas sur nous que l'on tire, mais sur les ruches. Qui, l'une après l'autre, éclatent et libèrent leurs essaims. Je sens une piqûre à ma main droite, une autre sur ma joue. Je me mets à courir, je me jette comme un fou dans la cabine du camion, dont Marina referme la portière sur moi. Après quoi, elle s'active frénétiquement à remonter la vitre. Aslan est déjà là, mais une douzaine d'abeilles lui couvrent le visage. Il a abandonné son arme et s'assène de grandes gifles pour se débarrasser des insectes. Je le hisse à bord, le couche, réussis à fermer la deuxième portière, dont je relève la vitre. Il y a deux minutes de véritable panique ; nous luttons contre les abeilles entrées dans la cabine. J'écrase la dernière. Aslan gémit, couché, le visage contre le plancher.

– Prends le volant, Marina. Je ne sais pas conduire.

Mais on ne voit rien, le pare-brise et les deux vitres latérales sont recouverts d'une croûte d'insectes agglomérés.

– Essuie-glaces.

Les balais raclent, dégagent par instants des espaces, très vite obstrués. La camionnette démarre.

– Je vais où ?

– Devant !

Nous roulons. Nouvelle flambée de panique quand les roues dérapent dans la boue et quand la camionnette commence à glisser sur le côté, vers le ravin. Il n'est que trop facile d'imaginer le camion renversé dans le ravin et les abeilles pénétrant par les vitres fracassées.

Mais le va-et-vient des essuie-glaces se fait plus aisé. Marina parvient à redresser. Nous prenons de la vitesse.

La croûte d'insectes se désagrège. Cent mètres encore, et les dernières abeilles consentent à nous abandonner. J'ai relevé Aslan Bek et, tant bien que mal, je l'ai allongé sur la banquette. Son visage et ses mains sont rouges et enflés, il respire avec difficulté. Il ne répond pas quand je lui parle. On ne voit déjà plus ses yeux, et ses lèvres ont quadruplé de volume.

– Qu'est-ce qu'on fait pour les piqûres d'abeille ?

Pour ma part, j'ai été touché trois ou quatre fois à la main droite, deux fois au cou. Marina est indemne ; ses cheveux lui ont protégé le visage. Elle pleure tout en conduisant – réaction à la peur. Elle voudrait s'arrêter mais j'insiste pour qu'elle continue à rouler. Je crains ce ou ces tireurs perchés sur les crêtes. Nous ne stoppons que des kilomètres plus loin, dans un vallon au fond duquel coule un ruisseau.

– De l'ammoniaque, dit Marina. Je crois qu'il faudrait de l'ammoniaque pour les piqûres. Et des antihistaminiques.

Le Caucase, et rien d'autre à l'horizon.

– Marina, parmi ces neufs hommes morts, trois, au moins, portaient des noms qui figurent sur la liste que Tenghiz m'a donnée.

Elle ne semble pas m'entendre. S'aidant d'un couteau trouvé dans la camionnette, elle essaie de retirer un à un les dards enfoncés dans le visage d'Aslan Bek. Ma main me fait un mal de chien, mon cou aussi.

Le véhicule censé nous servir d'escorte nous rejoint plus de deux heures plus tard. C'est ma faute : je leur avais donné l'ordre de nous attendre au bas de la route menant à la cabane. Ce n'est qu'au bout d'un moment qu'ils ont décidé d'aller voir ce qui se passait. Arrivés devant la scène du carnage, ils ont repéré nos traces et les ont suivies. Ils n'ont vu ni entendu aucun tireur. À leur avis, revenir en arrière, vers Tbilissi et Gori, est impossible ; la descente est bien trop dangereuse avec cette boue. Le mieux est de poursuivre vers le nord-est, en direction de la vallée de l'Aragvi et de la route militaire de Tbilissi à Ordjonikidzé, par les sentiers de contrebande qu'ils connaissent.

Ils soignent Aslan Bek du mieux qu'ils le peuvent, avec des compresses humides et une crème à base de plantes, qu'ils assurent être efficace. Ils ne sont pas inquiets ; c'est solide, un Tchétchène.

Et puis, ils ont une autre raison de ne pas vouloir revenir en Géorgie : ils nous voient très bien accusés du massacre. Par les temps qui courent, mieux vaut ne pas s'attarder. Les morts étaient tous des Géorgiens. Assassinés en Ossétie du Sud.

– Ils ont raison. Fichons le camp, répète une fois de plus Marina.

D'accord.

Aslan Bek est toujours vivant, le lendemain à l'aube, quand nous arrivons en vue de l'Aragvi. Des heures plus tôt, il nous a fallu abandonner les véhicules. C'est à pied que nous avons franchi la montagne, les Tchétchènes se relayant pour porter leur compatriote et me racontant que, il y a quelques mois, un journaliste de Moscou a dû s'enfuir à pied de la même manière, après avoir assisté à une sanglante échauffourée entre Ossètes et Géorgiens.

L'un des Tchétchènes du groupe, parti la veille en éclaireur, nous a précédé. Nous le retrouvons flanqué d'un médecin dans une église désacralisée, où seules des fresques rappellent qu'un culte a été célébré ici. Une enceinte fortifiée court tout autour d'un piton rocheux.

– Aslan va s'en tirer.

L'un des Tchétchènes est venu me rejoindre. C'est lui qui nous conduira au cours de la dernière étape – jusqu'à Grozniy. C'est un autre des innombrables frères de Khan Pacha.

– Abdou, selon toi, qui a pu tuer ces neuf hommes ?

Des professionnels, dit-il. Peut-être d'anciens soldats d'Afghanistan. Il hoche la tête.

– Je ne sais pas qui, mais je crois que je sais pourquoi. Et je crois que tu le sais aussi.

– Parce que j'étais sur les lieux.

– Voilà.

Il lève une main : non ; il ne veut rien savoir de mes affaires. Khan Pacha leur a demandé de m'amener en Géorgie puis de m'en faire sortir en me renvoyant sain et sauf à Moscou. Il ne veut pas en apprendre davantage. Khan Pacha est parfois impulsif mais c'est le plus intelligent de la famille, voire du *teïep* (du clan). On compte beaucoup sur lui, surtout parmi les jeunes, qui voudraient bien aller réussir à Moscou, eux aussi ; et Khan a dit que j'étais son meilleur ami et son associé.

Un camion monte vers nous. Il va nous emmener, Marina et moi, et une forte escorte est prévue. La route, jusqu'à Grozniy est déjà sous surveillance.

Abdou a raison : je crois, moi aussi, que ces neuf hommes ont été tués pour la seule raison que je suis venu en Géorgie.

Et on ne s'est pas livré à ce carnage à seule fin de me le mettre officiellement sur le dos.

À tort ou à raison, je commence à distinguer une stratégie dans tous les événements survenus autour de moi depuis mon arrivée à Moscou.

Une stratégie à glacer le sang. C'est vrai. Mais c'est la seule explication possible.

Et je n'ai pas d'autre choix, pour l'instant, que de continuer à me laisser manipuler.

La fin est pourtant proche.

– On part quand tu veux, dit Abdou.

– Maintenant.

19

Gogui et Eldar Nourpeïsov sont venus nous attendre à l'arrivée du train. Il y a dix jours que nous avons quitté Moscou. J'ai le sentiment d'en être parti depuis bien plus longtemps que cela. C'est presque avec surprise que nous constatons, Marina et moi, que le printemps est bien plus tardif ici que dans le Sud. Bizarrement, il me semble rentrer chez moi. Je ressens comme de la commisération à la vue de ces jeunes gens qui, comme je l'ai fait moi-même l'année précédente, arrivent visiblement pour la première fois dans la capitale. Ils vont devoir passer par où je suis passé. Pour un peu, je leur aurais fait une conférence, dans le train, sur les moyens de survivre à Moscou et de s'y faire une place.

– Beaucoup de choses à te raconter, dit Gogui.

Nous sommes à peine montés dans l'autocar de Nourpeïsov que, sans transition, le voici qui se lance et commence à me faire le point de nos affaires. Je l'interromps.

– Merci de nous demander de nos nouvelles et de t'enquérir des résultats de notre mission en Géorgie.

Il ne sourit même pas.

– Puisque vous êtes rentrés sains et sauf… Qu'est-ce que tu as à la main ?

– Des abeilles géorgiennes.

Je constate que je n'ai guère envie de raconter, somme

toute. Gogui a raison : nous sommes rentrés ; j'ai fait, là-bas, ce que j'étais allé y faire ; tout le reste est de peu d'importance. Je demande :

– Où est Khan Pacha ?

Gogui lui a fixé rendez-vous ; il devrait être dans un peu moins de deux heures près d'une des entrées du théâtre Vert, dans le parc Gorki.

– Tu l'as vu ces derniers jours, Gogui ?

Une seule fois. Le Tchétchène a dit que tout allait bien. Rien depuis. Et cela me vient d'un coup. La longue immobilité à bord du train, m'avait engourdi à tous les égards. Une brusque décharge d'adrénaline me réveille : si Pacha, tout à l'heure, me donne les informations que j'attends, tout pourrait être terminé dans les vingt-quatre ou dans les quarante-huit heures qui viennent.

– D'accord, Gogui. Parle-moi de mes affaires.

Il ne demandait que cela. Comme toujours, son rapport est méthodique, clair et complet. La conclusion qui s'en dégage est que, à quelques difficultés près, tout va bien, et même très bien.

– J'ai les comptes exacts, dit Gogui. Arrêtés hier soir.

– Plus tard.

Je suis en proie à une sorte de fièvre à présent. Au point que Gogui consent enfin à s'extraire de ses chiffres.

– C'est pour bientôt, Tantzor ?

J'ai failli oublier que lui aussi a toutes les raisons d'éprouver de la haine pour Djoundar Kourachvili.

– Nous sommes lundi. La session parlementaire s'achève vendredi. S'il n'a pas changé ses plans, Kourachvili prendra samedi matin l'avion pour Tbilissi.

Nous devrions – je devrais – en avoir fini d'ici là. Il faut à tout prix que j'attaque pendant qu'il est encore à Moscou. Certes, j'ai imaginé des plans très compliqués pour mener mon offensive en Géorgie, mais Moscou est mieux. Infiniment.

Khan Pacha est au rendez-vous.

Il rit :

– Raconte-moi, ou je ne te dis rien.

Je suis obligé de faire un récit complet de tout ce qui s'est passé, à compter du moment où Aslan Bek et son équipe nous ont pris en charge à Grozniy, Marina et moi, jusqu'à celui où Abdou et les autres Tchétchènes nous ont remis dans le train de Moscou. L'affaire des abeilles et, surtout, celle des neuf cadavres excitent la curiosité de Pacha. Il regrette beaucoup de ne s'être pas trouvé là. Quant à son jeune frère…

— Aslan va sûrement bien. S'il était mort, je le saurais déjà. Il va s'en tirer sans problème. Ils sont biens, mes Tchétchènes; non?

Et d'éclater de fierté. Il me pose de nouvelles questions à propos de la cache secrète de Kourachvili, sur les hauteurs de la vallée de la Iori, mais, pas plus que la première fois, je ne lui révèle ce que j'y ai trouvé.

— Pacha, tout ce que tu as besoin de savoir, tu le sais. Parle-moi de Kourachvili maintenant.

— C'est à croire que tu n'as pas confiance en moi.

— Même à Marina, je n'ai rien dit.

Je suis venu à pied au rendez-vous. L'autocar est garé à des centaines de mètres de là, hors de vue. Pacha en ignore l'existence. Il ignore aussi notre refuge, dans le magasin des décors. C'est vrai que je ne me fie pas à lui. Mais c'est vrai aussi que je ne me suis confié à personne. Personne, à part moi, ne connaît les détails, et moins encore le plan d'ensemble, de mon opération contre l'homme de Gori.

La petite lueur de rage s'efface enfin des prunelles noires de Khan Pacha. Le sourire revient.

— Même à Marina?

— Même à elle, Pacha. Tu me parles de Kourachvili, oui ou merde?

— Tu sais que j'ai obtenu la licence pour mon magasin?

— Tu m'en vois ravi.

— Je ne sais pas comment tu t'es débrouillé, mais tu as une sacrée influence dans cette ville.

Ouais. Tout ce que j'ai fait, en réalité, a été de transmettre le dossier à Sergueï Alexeïev. Mais il paraît que ça a suffi. Tant mieux.

— Kourachvili, Pacha.

— Cent mille roubles, camarade.

Il veut cent mille roubles pour le travail qu'il a déjà fait, pour l'aide que ses frères et les hommes de son clan m'ont apportée en Géorgie, pour le travail qu'il va encore faire. Je m'attendais à une demande de ce genre. Je me détourne et commence à m'éloigner.

— C'est trop, cent mille ; c'est ça ?

Je ne réponds même pas. Si bien qu'il doit courir pour revenir à ma hauteur.

— Et cinquante, ça irait ?

— Pacha, ce soir même, on fera sauter la licence de ton magasin, on reverra les conditions dans lesquelles tu as fait entrer dans le pays tous ces lots de vêtements que tu as vendus, on commencera une enquête sur toi – par exemple, sur la façon dont tu t'es procuré ta voiture.

Je bluffe. Un peu. Je n'ai pas la moindre idée de la réaction de Serguéï – ni de ses possibilités – si je lui demandais de détruire mon Tchétchène préféré.

— D'accord. Vingt mille. J'ai eu des frais.

Je ne peux m'empêcher de sourire, mais je tourne la tête pour qu'il ne me voie pas rigoler.

— J'ai eu des frais, Tantzor ! Merde !

— Je te les rembourserai. Plus exactement, je te les aurais remboursés si tu avais fait le travail que je t'ai demandé.

— Je piste ton Géorgien nuit et jour depuis la minute où il est descendu de son avion. Et j'avais étudié le terrain avant.

— Tu n'as rien étudié. C'est Marat Kopicki qui t'a appris tout ce que tu sais des habitudes de Kourachvili. Et il t'aide encore. Sans lui, tu n'aurais presque rien obtenu.

Le coup porte. Nous marchons un instant côte à côte en silence.

— D'accord, dit enfin le Tchétchène. Tu m'offres combien ?

— Cinq mille.

— Plus les frais.

— Frais inclus. Et réfléchis avant de parler.

— Tu ne sais même pas ce que je vais dire.

— Que si ! Tu allais dire que tu pourrais très bien rendre visite à Kourachvili et lui raconter toute l'histoire.

— Je ne ferais jamais un truc pareil.

— J'espère que non. Mais tu as pensé à me menacer de le faire.

– C'est vrai. Mais ce n'est vraiment pas beaucoup, cinq mille.

– Plus la licence du magasin et un gros couvercle sur tous tes trafics. Du moins en ce qui me concerne. Je te donne ma parole qu'il n'y aura jamais d'enquête sur toi à mon initiative.

– Ça ne fait quand même pas beaucoup.

– Continue et je descends à quatre mille, Pacha. Chaque mot de plus sur le sujet va te coûter mille roubles à partir de cette seconde.

– Ce flic, si c'est un flic…

– C'en est un.

– Je ne connaissais même pas son vrai nom. Je veux dire que je ne croyais pas qu'il s'appelait vraiment Kopicki. Il est plutôt mystérieux. Tu veux que je raconte toute l'histoire ? Comment je l'ai rencontré et tout ?

Non. Je m'en fiche complètement. À l'extrême rigueur, peut-être, je serais curieux de savoir depuis quand Kopicki et Pacha se connaissent.

– Ça fait dans les trois à quatre mois. Des flics m'ont arrêté avec des choses que j'avais dans ma voiture, et j'étais pour ainsi dire dans la merde, et…

– Et Kopicki est arrivé et t'a fait relâcher. On arrête d'en parler, Pacha.

Je lui tends mille roubles.

– Kourachvili. Le reste de l'argent après la bataille.

– Et si tu crèves, dans cette bataille ?

– Tu ne seras jamais payé, mon brave. Et je penserai à toi dans mon testament. Kopicki dira à ses copains flics de remettre leur nez dans tes affaires.

– Autrement dit, j'ai, comme qui dirait, intérêt à ce que tu gagnes.

– Voilà.

J'interromps ma déambulation et je fais face à cette crapule, pour laquelle je ne peux m'empêcher d'éprouver, en dépit de tout, de la sympathie, voire de l'affection. Une idée me vient.

– Pacha, je te conseille de quitter Moscou si ça tournait mal pour moi. Pars très vite et planque-toi.

– C'est à ce point-là ?

Oui ; c'est à ce point-là ; il n'imagine pas combien. Tout est désormais très clair dans ma tête. Et, s'il y a deux points sur lesquels je n'ai aucun doute, c'est, d'une part que j'ai une chance sur deux d'être mort avant la fin de la semaine, d'autre part que ma mort en entraînera d'autres. Celle de Khan Pacha notamment.

Nous passons encore deux heures, le Tchétchène et moi, à faire le point sur Kourachvili. Sur ses habitudes, ses horaires, son programme pour les jours suivants, heure par heure.

– Pacha, tu me garantis l'exactitude de chaque détail ?

– Parole de Tchétchène. D'ailleurs, tu peux vérifier auprès de Kopicki.

Apparemment, j'ai vraiment réussi à le convaincre qu'il existait entre Marat Kopicki et moi la plus étroite des connivences. Pourquoi pas ?

Je prends en main les notes qu'il a rédigées. Assez curieusement, l'écriture de Pacha est très régulière. Mais j'ai toujours su qu'il était intelligent et, surtout, bien plus maître de ses émotions qu'il ne le laisse paraître. Il demande :

– Quand veux-tu que ça ait lieu ?

Mardi – c'est-à-dire demain – conviendrait très bien. L'itinéraire de Kourachvili pour la journée est parfait de mon point de vue. Mais je doute d'avoir le temps de tout mettre en place en une trentaine d'heures ; le délai est trop court. Mercredi ne convient pas du tout : Kourachvili se joint à une délégation d'autres députés pour assister à une inauguration sur la route de Léningrad, et il ne regagnera Moscou que dans la soirée, pour filer directement à son hôtel d'après les informations de Pacha.

– Jeudi. Juste avant ce dîner à l'*Aragvi*.

– Si tu rates ton coup ce jour-là, tu n'auras plus aucune chance. Il passe la journée du lendemain dans la datcha du ministre. Je te l'ai marqué.

– Jeudi, Pacha.

Jeudi entre six et sept heures du soir. Les circonstances ne seront pas idéales mais je n'ai pas le choix.

– Qu'est-ce que je fais, moi, dans ton coup ? s'enquiert le Tchétchène.

– Rien. Absolument rien. Tu le pistes jusqu'à six heures.

Jusqu'à sa sortie du ministère, tu t'assures qu'il se dirige bien dans la direction prévue, et tu décroches. Immédiatement. Tu entends ? Ne traîne surtout pas sur les lieux. Il me faut un endroit où je puisse te joindre ou te faire joindre par téléphone. Où seras-tu à partir de, disons, six heures trente ?

Il m'indique un numéro de téléphone. Un appartement – grand éclat de rire paillard – qu'il partage avec trois filles.

– Pacha, si moi ou quelqu'un agissant pour moi ne t'a pas appelé à huit heures, fiche le camp. Dans la seconde. Ne va pas chez tes parents ou chez tes amis tchétchènes ; ce serait le premier endroit où l'on irait te chercher. Trouve-toi une planque que personne ne connaît. Même pas tes propres frères. Si quelqu'un t'appelle en mon nom, il prononcera le mot Bakou dans une phrase pour te donner l'alerte. Dans ce cas, franchis la porte avant même qu'il ait fini sa phrase.

Je lis dans son regard qu'il me prend pour un fou. Je ne vois pas ce que je pourrais lui dire d'autre pour le convaincre que la situation peut prendre un tour dramatique. Tant pis pour lui.

Je serai mort, moi. Et je n'aurai plus ce genre de souci, ni aucun autre.

Nous déjeunons avec Sergueï dans un restaurant en coopérative de la rue Kropotkine. Nous, c'est-à-dire Marina, Gogui et moi. Sergueï n'aime pas plus que moi discuter en public de nos affaires. Il tient presque à lui seul la conversation, sur le thème de la famine qui sévit à Moscou et s'étend à tout le pays. On ne trouve plus rien dans les magasins, les rayons sont vides, s'approvisionner devient chaque jour un problème de moins en moins soluble, même les grands hôtels pour touristes étrangers sont touchés, ce qu'on y sert est infâme.

– Nous vivons peut-être les derniers jours de Pompéi, Tantzor.

– Il ne sait pas ce que c'est que Pompéi, dit Marina, caustique.

Je proteste avec énergie. Tout le monde sait que c'est le milieu offensif droit de l'Inter de Milan.

Mais je n'ai guère la tête à des bavardages. Interminablement, je repasse dans ma mémoire la liste de tous ceux qui vont prendre part à mon opération.

Dont Sergueï.

– À moins que tu préfères te tenir à l'écart – ce que je comprendrais –, dis-je.

– Non. Je veux en être.

Nous sommes sortis du restaurant et nous marchons le long du trottoir. Sergueï parle affaires à présent. Son compte rendu répète quelque peu celui que m'a fait Gogui ce matin. Soit ils se sont mis d'accord sur leurs mensonges, soit l'un et l'autre me disent la vérité (je deviens paranoïaque, avec ma fichue méfiance !). Le roi des voleurs m'a plusieurs fois conduit par ici. Le quartier s'appelait autrefois Staraïa Koniouchennaïa – les Vieilles Étables. La haute aristocratie moscovite y était chez elle, loin des rumeurs populacières. «*Le faubourg Saint-Germain de Moscou, gamin. Mais c'est vrai, j'oubliais : tu ne sais pas ce qu'était le faubourg Saint-Germain, à Paris.*» Vassia Morozov, le roi des voleurs me manque horriblement.

– Ce que je te dis t'intéresse, Tantzor ?

– Passionnément.

– Tu es tendu comme une corde de violon. C'est pour jeudi alors ?

– Oui.

– À ta disposition. Tu me dis simplement ce que je dois faire, où je dois me trouver et à quelle heure.

Je le lui dis. Mais en me cantonnant strictement à la description du rôle que je lui demande de jouer. Je n'indique rien de ce qui passera avant et de ce qu'il adviendra après – s'il y a un après, si ma folle mécanique fonctionne.

– Que je sois pendu si je comprends où tu veux en venir ! dit Sergueï.

– Depuis quand connais-tu Marat Kopicki ?

À la différence de Khan Pacha, Alexeïev s'attendait plus ou moins à la question. Il hoche la tête et sourit.

– Quelques mois.

– Quand exactement, Sergueï ?

Trois jours avant que je pénètre dans le bureau de

Sergueï. Ce n'est pas Evguéni, le metteur en scène, qui a demandé à Alexeïev de me faire bon accueil…

– C'est quelqu'un d'autre. Que je ne peux pas te nommer. Un ami de Vassia.

– Qui ?

– N'insiste pas. Cette personne m'a fait savoir que je devais t'aider, voire m'associer avec toi si tes idées me semblaient bonnes et, bien sûr, si elles ne contrevenaient à aucune loi. Et la même personne m'a demandé de recevoir Marat Kopicki, à qui je devais me fier entièrement. Tantzor, tu n'en es tout de même pas à croire que ce que nous avons réussi à créer, toi surtout, nous le devons à cette protection ?

– C'est une idée qui m'est venue.

– Tu te trompes. Nous avons réussi… Tu as réussi parce que tes idées étaient fabuleuses et parce que tu as travaillé avec un incroyable acharnement pour les réaliser.

– Je n'y serais pas arrivé sans cette aide mystérieuse.

– C'est faux. Il nous aurait fallu effectuer un peu plus de démarches et convaincre – généralement avec des dessous-de-table – plus de gens. Mais tu y serais parvenu. Les temps se prêtent à l'avènement de cinglés dans ton genre. Je ne saurai jamais si tu as eu une chance incroyable ou si c'était un calcul de ta part. À propos, où est Pompéi ?

En Italie, à côté de Naples. C'est une ville qui a été recouverte par l'éruption de je ne sais plus quel volcan. Et alors ? Qu'est-ce que ça prouve, que je puisse répondre à des questions aussi idiotes ?

– Ça prouve ce que j'ai toujours pensé de toi, Tantzor : que tu es un monstre de méfiance, de ruse et de machiavélisme. Tu ne veux vraiment pas me dire comment tu vas piéger Kourachvili ?

– Non.

– Tu l'as dit à quelqu'un ?

– Non.

– À Marina, tout de même ?

– Non.

C'est faux. J'ai presque tout dit à Marina. Elle sait ce qui va arriver jeudi à partir de six heures du soir, elle connaît toute ma mécanique… sauf le dernier déclic. Déclic capital. C'est celui par lequel tout va se jouer, celui qui va peut-être me coûter la vie. Je n'ai pas voulu lui faire peur. J'ai déjà assez peur tout seul !

— J'ai parlé à Marat Afanassiévitch Kopicki il y a trois jours. Je lui ai demandé s'il savait ce que tu étais allé faire en Géorgie. Il m'a dit que non. Il me mentait, j'en suis certain. De son côté, il m'a demandé de lui faire savoir quel rôle j'allais jouer dans ton opération anti-Kourachvili. Je suis censé l'appeler dès que je t'aurai quitté.

— Fais-le.

— Tu as confiance en lui ? Non. Excuse-moi. Je retire ma question, qui est idiote — tu n'as confiance en personne. Tantzor, nous travaillons côte à côte depuis des mois. Tu m'as fait gagner beaucoup d'argent, et dans la plus stricte légalité. J'espère que nous continuerons à travailler ensemble. Je l'espère ardemment.

— Très bien, dis-je.

— Kopicki a une très haute opinion de toi.

— Tu le remercieras pour moi.

— Moi aussi. Et je voudrais une réponse franche. Pour une fois. Ton opération est dangereuse ?

— Pour Kourachvili, sûrement.

— Je voulais dire pour toi.

Je croise son regard, et je me demande si cette question ne lui a pas été soufflée par Marat Kopicki. Je souris.

— Pour moi personnellement ? Je ne vois pas pourquoi elle le serait. Sauf, bien sûr, si Kourachvili m'expédie tout un bataillon de tueurs. Mais il l'a déjà fait sans succès. Et j'aurai sa peau avant qu'il ait la mienne.

Non ; je ne serai pas en danger.

C'est le plus beau mensonge que j'ai fait de toute mon existence.

Je cours tout l'après-midi et toute la soirée. J'ai procédé, à pied tout du long, à une reconnaissance du terrain, après avoir pris mille précautions pour m'assurer que je n'étais pas suivi. Avec un peu de chance, je ne l'étais peut-être pas.

Ce n'est que tard dans la nuit que je regagne, en métro puis à pied, le magasin des décors. Le compte est vite fait : il me reste trois nuits, encore, à y passer. Ensuite, ou bien je n'aurai plus à me soucier d'un endroit pour dormir, ou bien j'irai m'installer ailleurs – un ailleurs prévu et arrangé depuis déjà des semaines, dont Marina elle-même ne sait rien. Je l'ai laissée dans l'ignorance pour lui faire une surprise – c'est la seule raison.

Je travaille toute la journée du mardi et du mercredi. En plus, je fais deux nouvelles reconnaissances pour vérifier, encore et encore, que je n'ai rien oublié, que j'ai prévu tout ce qui n'est pas totalement imprévisible. À chacun des participants à l'opération, j'ai fait répéter les gestes et les mots que j'attends qu'il fasse. J'ai même fait répéter son rôle à Sergueï, « en costume » , comme on dit au cinéma. Et quasiment sur les lieux du « tournage ».

Mener de front mon travail et ces préparatifs n'a pas été facile. Même si le travail peut être un refuge. Mais, à présent que les dés sont jetés, il faut bien que je mette tout en place pour le cas où, jeudi soir, je ne m'en tirerais pas, le plus dur étant d'envisager ma propre mort et de prévoir ma succession. Et cela, sans qu'il y paraisse rien. Sur ce plan, je suis à peu près sûr d'avoir réussi – sauf auprès de Gogui, dont j'ai plusieurs fois senti le regard posé sur moi.

– Tu me caches quelque chose.

Nous venons de faire l'amour. Marina s'est, à son habitude, recroquevillée en chien de fusil. Je suis à plat ventre, le nez dans les édredons de notre vieille copine la Grande Catherine.

– 1729-1796. Elle avait soixante-sept ans quand elle est morte. Si je mourais au même âge qu'elle, cela m'en ferait encore quarante-quatre à vivre. Je me demande si je tiendrai jusque-là.

– Ne change pas de conversation.

– C'est comme ce lit, où nous sommes, dis-je. Ça m'étonnerait qu'elle y ait jamais posé ses fesses impériales. C'est un décor fabriqué pour un film. Nous sommes peut-être des décors, nous aussi.

– Je t'ai posé une question, Tantzor.

– Pas entendu.

– Tu parles !

– Je ne te cache rien. Je suis un tout petit peu nerveux

parce que, demain, je vais régler son compte à ce fils de pute. Rien de plus.

— Il y a autre chose.

— Je repense à chacun des rouages de la mécanique, j'établis le pourcentage d'erreur et je prends dix ans à chaque fois. Je commence à me faire drôlement vieux !

Elle m'agrippe les cheveux, tire de toutes ses forces pour me contraindre à me retourner. Je résiste. Nous nous battons. Cela réveille mes ardeurs. Nous refaisons l'amour. Cela nous prend vingt minutes. J'y mets la sauvagerie la plus tendre, la douceur la plus délicatement brutale, je prends et retiens le temps autant qu'il est possible.

Échec total : elle n'a pas changé d'idée fixe pour autant.

— Je veux la vérité.

— Je préfère pas.

Elle m'embrasse très doucement.

— Il y a autre chose, en plus du piège pour Kourachvili. C'est ça ?

— Oui.

20

Il est exactement six heures et deux minutes, ce jeudi soir, quand Djoundar Guiorguiévitch Kourachvili sort du Kremlin par la Troïtskaïa Bachniya – la tour de la Trinité. Il porte un complet-veston gris-bleu assez mal coupé (mais je suis sûr que cette médiocrité vestimentaire est délibérée), une chemise bleu ciel, une cravate à fond gris et légers motifs rouges. Il tient à la main gauche sa serviette de cuir usagée, gonflée de documents. C'est l'image même du député soviétique surchargé de travail et de responsabilités, tout entier voué à sa mission.

– Je ne le voyais pas si beau, dit Marina.

Elle aussi, comme Gogui et moi, a braqué ses jumelles. Nous sommes à bord de l'autocar d'Eldar Nourpeïsov. Le véhicule est rangé sur l'avenue Marx, à environ trois cents mètres de la tour de la Trinité.

Kourachvili termine sa conversation avec deux autres hommes puis se sépare d'eux. Il traverse à pied les jardins d'Alexandre, monte à bord de la Volga, dont la lampe verte est éteinte, que conduit Otari, son chauffeur attitré. (J'ai, un moment, projeté d'acheter la complicité d'Otari, mais j'y ai très vite renoncé. Outre qu'il est géorgien et originaire lui aussi de Gori ou d'un village voisin, il est fanatiquement dévoué à Kourachvili. Il aurait été trop risqué de l'approcher. Et, d'ailleurs,

Volodia a résolu le problème posé par la présence de cet homme.)

Je regarde à la jumelle la Volga, qui démarre et s'éloigne lentement (Otari roule toujours lentement quand il transporte son client préféré – sans doute sur son ordre). Sur la droite j'aperçois les deux voitures de Khan Pacha et de ses amis tchétchènes. Elles ne bougent pas, respectant les consignes que j'ai données. Enfin, je les vois se mettre en route, et, comme je le leur ai demandé, décrocher. Quitter le champ de bataille. Leur rôle est terminé.

J'établis le contact radio.

– Un et Deux, je ne veux plus voir voir.

– Bien reçu, dit la voix allègre de Khan Pacha.

– Et va où je t'ai dit d'aller.

C'est-à-dire à l'appartement des trois filles, où mon Tchétchène attendra jusqu'à huit heures une éventuelle alerte rouge.

– Je vais les sauter toutes les trois à ta santé, dit Pacha.

– Ta gueule ! Dégage !

Eldar vient de démarrer dans l'avenue Marx. La Volga est déjà à cinq cents mètres devant nous. Tout se déroule comme prévu pour l'instant.

Appel radio.

– Trois en place, annonce une voix.

– Il arrive.

Nous avons passé des heures, Gogui et moi, à essayer le matériel radio que Khan Pacha nous a obtenu – dans des conditions que j'aime autant ne pas connaître. À ma grande surprise, il a toujours fonctionné parfaitement. Il continue de marcher fort bien, aujourd'hui. Quel soulagement ! J'aurais pu m'en passer. J'ai même prévu une défaillance totale de tout le système, au prix d'un chronométrage que Gogui a lui-même effectué à cinq reprises et que j'ai vérifié une sixième fois.

La Volga disparaît de notre vue. Nous sommes stoppés par les feux de circulation à peu près à la hauteur de l'hôtel *Intourist*. Une nouvelle vague d'angoisse m'envahit, même si je sais que ma présence, celle de Marina, de Gogui et d'Eldar sur les lieux n'ont en fait aucune importance – à la limite, il vaut même mieux que nous ne soyons pas en vue de Kourachvili et de son chauffeur.

476

Radio :

– Cinq. Il passe.

Cinq est mon guetteur – l'un de mes deux guetteurs postés à l'angle de l'avenue Marx et de la rue Gorki. Je respire un grand coup. Je craignais un changement d'itinéraire de la Volga, qui se serait engagée dans la rue Gorki. Mais non.

– Ça va presque trop bien, dis-je.

– Il faut toujours que tu te fasses peur tout seul, remarque Marina.

Qui tricote – une maille à l'envers, une maille à l'endroit – avec une dextérité et une vitesse impressionnantes. Et qui semble tout à fait paisible.

J'établis le contact radio.

– J'appelle Six.

– Six. Je reçois. Il est en vue. Arrêt au feu rouge. Il est dans la file centrale.

Six est posté à l'entrée de la station de métro Sverdlova Polchkad (en fait, ils sont deux, eux aussi ; j'ai doublé tous les postes dans mon obsession de l'erreur possible). C'est Six qui doit nous dire si la Volga conduite par Otari poursuit sa route sur l'avenue Marx en direction de la place Dzerjinski ou bien, comme je l'espère, si elle tourne à gauche dans la rue Petrovka. Cinq jours plus tôt, Kourachvili est venu dans cette rue avec son taxi personnel, et il est entré dans le grand magasin du passage Petrovski pour y passer commande d'un circuit automobile – un de ces jouets pour enfants et adultes. Il y a trois possibilités :

Soit Otari viendra demain au magasin (Kourachvili va passer toute sa journée au palais des congrès et participer, immédiatement après la fin de la session de clôture, à un banquet de trois mille couverts.)

Soit le magasin a déjà livré le circuit directement à l'hôtel *Caucase*, dans la rue Starodsadski.

Soit – et c'est l'hypothèse qui m'a paru la plus vraisemblable compte tenu de ce que je sais de son profil psychologique et de ses habitudes – Kourachvili passe lui-même, dès ce soir, prendre – avec la modestie qui le caractérise – le cadeau destiné à ses chers petits enfants.

Mais, si Otari veut gagner la rue Petrovka puis l'avenue

Marx, c'est dans la file de gauche qu'il aurait dû placer sa voiture, d'ores et déjà.

Je vais hurler. J'ai envie de hurler.

Radio :

– Six appelle. Il tourne dans la rue Petrovka.

Nouvelle envie de hurler, mais de satisfaction sauvage cette fois.

– Il s'arrête devant le passage Petrovski. Il descend. Il entre dans le magasin.

Trois minutes de silence. Gogui est impassible. Assis de l'autre côté du couloir central du car, il refait inlassablement nos comptes. Je suis sûr qu'il pourrait me donner dans la seconde le montant, au kopek près, de nos bénéfices du jour et de ce que j'ai gagné depuis qu'il tient ma comptabilité et me sert de bras-droit. Marina tricote toujours. En somme, je suis le seul à avoir les nerfs à fleur de peau, si je comprends bien.

– Il ressort du magasin. Il tient un gros paquet enveloppé de papier. Taille du paquet...

– Ça va, Six. Décrochez dès que sa voiture repart.

– Sa voiture repart.

– Décrochez. Sept et Huit en ligne ?

– Sept et Huit en ligne.

– Il ne va pas tarder.

– Nous le voyons. Dispositif en place.

Marina relève la tête et me sourit, sans que ses doigts si agiles cessent une seconde de faire cliqueter les aiguilles. Eldar a, lui aussi, redémarré, mais les feux de circulation qui ont bloqué, voilà trois ou quatre minutes, la Volga d'Otari nous arrêtent à notre tour. La radio est silencieuse. Je ne peux qu'imaginer ce qui est en train de se passer au carrefour des rues Petrovka et Rakhmanovski : le taxi a voulu s'engager dans cette dernière pour se rabattre vers l'est, en direction de la rue Starodsadski. Kourachvili doit, en principe, passer rapidement à son hôtel pour se changer et repartir pour le restaurant *Aragvi*, au 6 de la rue Gorki. Il doit y être entre sept heures quinze et sept heures trente, juste à temps pour les premiers toasts. Le taxi trouve la rue Rakhmanovski barrée par deux miliciens du Gaï.

Les miliciens informent Otari que l'accès à la rue est provisoirement interdit en raison d'une fuite de gaz.

Il y a, d'ailleurs, un peu plus loin, deux camions des services municipaux pour confirmer cette assertion.

– Sept et Huit. Qu'est-ce qui se passe ?

– Tout va bien. Le sujet vient de repartir dans la rue Petrovka. Il a été informé que le passage par la rue Rakhmanovski est impossible et il roule en direction du boulevard Petrovski.

– Décrochez immédiatement. Immédiatement !

Je n'ai aucune envie qu'une patrouille de vrais miliciens du Gaï paraisse et vienne s'enquérir avec suspicion de ce que leurs faux collègues fabriquent. Cela dit, les voitures municipales du service du gaz sont authentiques, si l'alerte est fausse comme un billet de trois roubles.

Contact radio :

– Neuf en place ?

– Évidemment.

C'est la voix de Volodia Chamchourine. S'il a respecté à la lettre mes instructions, il se trouve à l'angle gauche de la rue Petrovka et du boulevard Petrovski – ce dernier faisant partie de l'enfilade de boulevards qui constituent la ceinture des Jardins, cercle presque parfait dont le Kremlin est le centre et qui enferme le cœur de Moscou. Volodia sera donc forcément à moins de quinze mètres de la Volga quand celle-ci passera devant lui.

Il m'a juré que la portée de sa télécommande était de plus de deux cents mètres, et, donc, que son système allait fonctionner.

Je ne vais pas tarder à savoir s'il a raison.

La Volga roule toujours aussi lentement. Elle débouche enfin sur le boulevard. Elle stoppe. La circulation, sur Petrovski, est dense à cette heure de la journée, et s'insérer dans ce trafic ininterrompu prend du temps. La Volga trouve tout de même à s'infiltrer. Elle repart, amorce un virage sur la droite…

Et stoppe.

La télécommande de Volodia a fonctionné. Elle a déclenché le coupe-circuit général du taxi. Privé de toute son électricité, le taxi s'arrête net au beau milieu du carrefour, déclenchant un concert d'avertisseurs indignés. À l'intérieur, Otari et Kourachvili discutent, le second reprochant manifestement au premier cette panne imbécile.

Otari descend et ouvre son capot. Il vérifie les cosses de sa batterie, mais ça ne donne rien. (Il ne peut pas voir le coupe-circuit, dissimulé sous le moteur, à l'aplomb du tableau de bord. Pour le découvrir, il faudrait qu'il mette la voiture sur un pont. C'est, d'ailleurs, ainsi que Volodia l'a installé la nuit dernière dans son garage.)

Volodia à la radio :

– Attention ! Il va descendre.

Je branche aussi ma radio.

– Attention, Dix ! C'est à toi.

– On ne peut pas être plus prêt que je le suis, répond Dix.

Autrement dit : Sergueï. Dont le ton indique un peu trop qu'il s'amuse.

Kourachvili est maintenant descendu de son taxi. Il se tient près de la voiture avec, dans les bras, son gros paquet contenant le circuit automobile importé d'Allemagne. Il parle à Otari, et, visiblement, l'engueule.

Il consulte sa montre. Le détour que le taxi vient de faire l'a déjà mis en retard. Il ne peut décemment pas se rendre directement à l'Aragvi avec son costume de paysan. L'Aragvi est un restaurant géorgien typique, et une notabilité de Tbilissi ne peut y arriver dans un costume à soixante roubles – c'est une question de bienséance. Sans compter qu'il transporte son foutu paquet, qu'il voudrait bien déposer à son hôtel.

Nouvelle diatribe destinée à Otari, qui, pour sa part, a toujours le nez plongé dans son moteur et écarte les bras d'un air d'impuissance.

Le taxi surgit alors. Il s'arrête à moins de dix mètres de son confrère qui bloque tout le centre du carrefour et décharge les trois passagers qu'il transportait. (Il faut savoir que trouver un taxi à Moscou puis le convaincre de vous prendre à son bord est une entreprise généralement vouée à l'échec, surtout à une heure de pointe, encore plus lorsqu'on ne brandit pas ostensiblement une liasse de billets en devises fortes.) Kourachvili n'a pas de dollars sur lui. Ni de marks allemands. Ni de livres sterling. Ni de francs suisses (ceux-ci sont moins populaires, on les confond avec les francs français). Mais il est tout de même député. Il brandit sa carte sous le nez du chauffeur. Qui accepte, non sans maugréer.

Et je dois reconnaître que Sergueï est parfait dans son rôle. Il a toute l'ordinaire insolence, l'extraordinaire arrogance, des chauffeurs de taxi moscovites. Il en rajoute même. Il dit qu'il se fout complètement des fonctions de son client. Qu'il l'emmerde profondément. Et il passera par où ça lui chantera de passer pour se rendre à cette putain de rue Starodsadski et à cet hôtel à la con. Il dit qu'il connaît Moscou mieux que personne, qu'il n'a pas l'intention de s'engager dans la ceinture des Jardins – ni, non plus, de s'aventurer sur le périphérique –, et qu'à son avis, pour aller à l'est, le mieux est de filer vers le nord avant de se rabattre. Le ton des réponses de Kourachvili est d'abord calme ; puis on discerne l'exaspération. J'ai dit, répété, ressassé à Sergueï qu'avec un Kourachvili il ne serait pas nécessaire d'en faire trop. L'homme de Gori est intelligent, il est terriblement méfiant (presque autant que moi peut-être, et c'est tout dire) et il ne faut pas éveiller cette méfiance avec des cymbales.

La radio de la voiture de Sergueï est branchée, en sorte que je peux entendre tout ce qui se dit dans la voiture. J'entends les premières injonctions de Kourachvili ordonnant à Sergueï de prendre à droite.

Sergueï ne répond pas, et le régime de son moteur augmente. Conformément à ce que je lui ai expressément recommandé de faire, Sergueï accélère. Il a traversé le boulevard Petrovski en ligne droite et fonce à présent vers le nord.

Kourachvili constate alors que les deux portières arrière sont cassées de l'intérieur. Réponse, un peu trop nonchalante et assez inquiétante, de Sergueï : que le client ne s'inquiète pas, cela fait longtemps que ces portières auraient dû être réparées, c'est vrai, mais lui-même ouvrira la porte...

–... Sitôt que vous serez arrivé où je dois vous conduire.

Juste ce qu'il faut de sous-entendu dans la dernière phrase.

481

Nous avons étudié l'hypothèse dans laquelle Kourachvili serait armé. Sans trop y croire : un député sortant du Congrès du peuple ne se promène pas avec un pistolet sur lui. Même s'il est géorgien et grand mafieux devant l'Eternel. Personnellement, je penchais pour de simples menaces physiques. Sergueï estimait plus probable la tentative d'étranglement.

C'est lui qui avait raison. Je devine à un gargouillement que Sergueï Alexeïev a du mal à respirer. Et j'entends la voix, soudain très dure, de Kourachvili :

– Tu arrêtes immédiatement ta bagnole ou tu es mort.

J'établis le contact radio :

– Attention, Onze. Vous l'avez ?

– Le taxi vient de nous dépasser. Nous sommes à cinquante mètres. Le sujet nous a vus.

Kourachvili, en train d'étrangler Sergueï, a, en effet, tourné la tête au moment où le taxi, lancé à toute vitesse, doublait un fourgon de la milice. Il était logique que l'l'homme de Gori, jugeant qu'il était en danger dans le taxi de Sergueï (danger peut-être imaginaire, mais ce n'est pas un homme à courir le moindre risque), choisisse d'en descendre juste au moment où passait à proximité immédiate un fourgon plein de policiers pouvant le protéger.

Sergueï stoppe. Kourachvili descend pour la deuxième fois de voiture et hèle le conducteur du fourgon.

Les miliciens s'arrêtent. Kourachvili brandit sa carte de député, tandis que Sergueï se hâte de décamper. Les miliciens font à Kourachvili un accueil respectueux. Le camarade député veut se rendre à l'hôtel *Caucase*, dans la rue Starosadski ? La milice de Moscou se fera une joie et un honneur de l'y conduire. Qu'il monte.

C'est la première fois, disent les policiers, qu'ils ont un député en fonction dans leur panier à salade. Et le camarade député est géorgien ? Ah ! Que c'est beau, la Géorgie ! Et le vin de Géorgie ! Le thé de Géorgie ! Le tabac de Géorgie ! Et, surtout, les filles de Géorgie !

Plaisanteries qui ne font pas rire Kourachvili.

Un appel radio d'apparence très officielle interrompt malheureusement ce bel enthousiasme. Kourachvili entend et comprend la teneur de cet appel. On réclame d'urgence le fourgon aux alentours de l'hôtel *Minsk*. C'est, hélas! dans la direction opposée à celle de l'hôtel *Caucase*. Les camarades policiers sont épouvantablement navrés de ne pouvoir rendre plus longtemps service au camarade député de la Géorgie, mais celui-ci doit descendre. Et le meilleur conseil qu'ils puissent donner à leur infortuné passager est de prendre le métro. Voici justement une station, là, à vingt mètres. Allez! On le rapproche encore un peu pour le déposer devant. C'est vraiment tout ce que l'on peut faire. Mille fois désolés…

Kourachvili se retrouve, du coup, avec sa grosse serviette et une boîte en carton longue d'un bon mètre cinquante devant les premières marches de la station Kolchoznaïa.

– Douze, il entre dans le métro oui ou non?

– Il cherche un taxi.

L'autocar d'Eldar Nourpeïsov n'a pas été retardé par des pannes, lui. Ni par des chauffeurs fous. Il est venu se garer au début de l'avenue Mira. J'en suis descendu avec Marina. Gogui est demeuré à l'intérieur et n'a même pas levé la tête à notre départ, mais sa main tremblait. Nourpeïsov est reparti. Il lui était impossible de demeurer en stationnement sur cette importante artère. Il est allé se garer un peu plus loin, dans la rue Guilarovsk. Lui aussi décroche et quitte le champ de bataille, où les derniers combats vont maintenant se dérouler.

Je ne le reverrai que si tout va bien, lors de l'avant-dernier déclic de ma mécanique.

L'ultime déclic restant néanmoins le plus redoutable, celui qui me fait le plus peur.

– Douze?

– Il cherche toujours un taxi.

J'ai parié que Kourachvili n'en trouverait pas. Je n'ai pas de solution de rechange si, par un catastrophique concours de circonstances, un foutu taxi se présentait.

– Douze? Qu'est-ce qu'il fout?

L'homme de Gori s'obstine, planté sur le trottoir avec son paquet. Une nouvelle envie de hurler – de rage – me vient. Selon le dossier prétendument constitué par Khan Pacha – mais plus probablement réuni par Marat Kopicki –, Kourachvili n'a jamais pris le métro lors d'aucun de ses séjours à Moscou. Il appréhende peut-être tout simplement de se fier à un moyen de transport qui n'existe pas à Tbilissi et dont il ne sait rien. Si ça se trouve, il va renoncer à gagner son hôtel et partir directement, tout chargé qu'il est, en direction de l'*Aragvi*.

– Il entre dans le métro !

Une indubitable excitation dans la voix de Douze (c'est une femme, une amie de Marina).

Je composte mon propre billet et pénètre sur le quai. Je me suis affublé d'une casquette pour le cas – une chance sur dix mille, d'après mon estimation des lieux – où l'homme de Gori repérerait ma silhouette à distance dans cette foule compacte – d'autant qu'il doit se trouver à une bonne cinquantaine de mètres vers le haut et qu'il doit encore suivre deux couloirs avant de s'engager sur l'escalier mécanique.

Marina m'a quitté, comme prévu. Je ne la vois plus. Je sais, bien entendu, ce qu'elle est en train de faire. Si Kourachvili, après avoir sans doute consulté le plan du réseau, est en train de descendre vers les rames, elle, en revanche, remonte vers la surface, comme une voyageuse parvenue à destination.

Ils vont donc se croiser.

Elle ne le bousculera pas – rien d'aussi visible. Ce ne sera qu'un simple frôlement. Elle s'est bien assez entraînée sur moi pour que je n'aie que très peu de doute sur ses capacités à tenir le rôle que je lui ai assigné.

Envie de hurler encore. D'angoisse. Je n'ai presque pas dormi depuis deux jours.

Je passe sur le quai et me place vers le fond. Je croise l'homme sans, d'abord, le reconnaître. Avec ses fausses moustaches, sa nouvelle coupe de cheveux et l'espèce de béret à la Guevara qu'il a enfoncé sur sa tête, il ne ressemble guère aux clichés anthropométriques que Pacha m'a fournis.

Ce n'est que cinq ou six pas plus loin que je l'identifie enfin : Chota Mingadzé, le poseur de bombes fou.

Pas de rame en vue. La foule, sur le quai, compte au moins deux cents personnes. Je prends le risque de me retourner, juste à la seconde où Kourachvili débouche, son ridicule paquet-cadeau tenu à deux mains.

Lui et Mingadzé sont à sept ou huit mètres l'un de l'autre. Ils ne se sont pas vus. Au demeurant, se verraient-ils qu'ils ne se reconnaîtraient pas. Il n'y a aucune raison pour qu'il en soit autrement puisqu'ils ne se sont jamais rencontrés à ma connaissance.

À ma connaissance. Dans les deux secondes suivantes, je découvre que toutes ces informations, que j'ai si laborieusement recueillies, sont incomplètes. Il me suffit de voir le visage de Kourachvili pour le comprendre. Il a aperçu Mingadzé, l'a reconnu malgré son camouflage, et c'est carrément de la peur que je lis soudain sur le visage de l'homme de Gori.

Qui fait brusquement demi-tour, s'élance vers la sortie.

Il ne va pas loin. Un premier homme lui saisit le bras droit, un deuxième lui bloque le gauche. Trois autres policiers surgissent, l'encadrent, armes sorties et pointées. Il est jeté contre un mur, bras et jambes en croix. On lui arrache sa serviette et le paquet-cadeau qu'il transporte. On le fouille.

On trouve sur lui les documents que Marina a glissés dans la poche intérieure de son veston.

À quelques mètres de là, c'est carrément une meute qui a sauté sur Chota Mingadzé et le ceinture, le force à s'allonger à plat ventre sur le quai. Une nuée de policiers s'est abattue, soudain, sur le quai.

Marat Kopicki est près de moi. Il me sourit.

— Vous saviez que j'étais sur vos talons, Tantzerev ?

— Je m'en doutais. J'aurais juste parié ma tête, mais pas plus.

Il hoche la tête et m'entraîne, me prenant par le bras. Le geste n'a rien de policier, c'est celui d'un homme tenant à toutes forces à entraîner un ami loin de la foule pour bavarder dans une plus agréable intimité.

— Le député Kourachvili va affronter de très gros problèmes dans les heures, les jours et les mois qui viennent. Songez que nous venons de le surprendre alors qu'il s'apprêtait à rencontrer, à l'occasion d'un rendez-vous secret, un agitateur géorgien des plus dangereux que tous les services de police de notre pays recherchaient depuis plus d'un an. Et ce ne sera pas la seule charge retenue contre lui. Sous réserve d'un inventaire plus détaillé, Kourachvili avait sur lui des documents extrêmement compromettants, que, d'évidence, il se préparait à remettre à Mingadzé. Bien entendu, il va prétendre que quelqu'un les aura glissés dans la poche de sa veste – peut-être quand il est entré dans cette bouche de métro, au milieu de la foule. Explication un peu faible de la part d'un homme de son intelligence. Mais, quand on est pris la main dans le sac, comme lui, forcément, on improvise et on raconte n'importe quoi. D'autant qu'il va lui falloir expliquer pourquoi son chauffeur et lui ont joué cette comédie de la panne, sur le boulevard Petrovski. À propos, le chauffeur aussi a été arrêté. Il mentait aux miliciens en prétendant que sa Volga refusait de rouler. Un milicien s'est mis au volant et le véhicule est reparti comme par miracle. Non. Il est évident que la panne était un prétexte.

(En réalité, tout comme il avait actionné le coupe-circuit à distance et provoqué un arrêt général de l'électricité de la Volga, Volodia Chamchourine a rétabli le courant dès qu'un milicien – un vrai – a voulu relancer le moteur. Seule preuve du piège : le minuscule interrupteur, sous le tableau de bord. Mais les hommes de Kopicki le feront disparaître, j'en suis sûr.)

Nous ressortons du métro. La nuit descend sur Moscou. Kopicki poursuit :

– La panne était jouée et n'avait d'autre but que d'expliquer pourquoi Kourachvili a renoncé à son itinéraire habituel, pourquoi il est monté dans un mystérieux taxi dont le numéro ne correspond à aucun véhicule enregistré en tant que taxi. Kourachvili serait déjà prêt à nous raconter une histoire fumeuse selon laquelle sa voiture et lui ont été arrêtés par des miliciens à l'entrée de la rue Rakhmanovski en raison d'une prétendue alerte au gaz. Or, il n'y a eu, à notre connaissance, aucune alerte au gaz dans la rue Rakhmanovski, et, bien entendu, aucun détachement de la milice ne se trouvait là, ce soir, pour y interdire la circulation. Il paraît aussi que Kourachvili serait monté dans un fourgon de police qui l'aurait transporté jusqu'à cette station de métro. Vérification faite, aucun fourgon n'était dans ce quartier. Kourachvili ment sur toute la ligne, son histoire ne tient pas debout.

Kopicki cesse de marcher, lâche enfin mon bras. Il plonge ses mains dans les poches de son imperméable.

– Ascension et chute d'un grand parrain géorgien. Et encore Kourachvili ne sait-il pas tout. Il ignore quelles preuves terribles nous possédons contre lui. Par exemple, ces centaines de milliers de dollars, cet or, ces armes, ces documents si accablants que nous avons retrouvés en Géorgie même, dans deux caches, l'une au cœur des monts Kartalinski, l'autre dans les environs d'une petite ville appelée Léningori, en Ossétie du Sud. Sans parler de tous ces hommes qu'il a fait exécuter. Pensez que, rien que dans la cache de Léningori, on a dénombré neuf morts. Les tueurs ont été appréhendés et ont tous avoué travailler pour Kourachvili. Des aveux complets. Une chance que vous ne soyez pas allé vous-même en Géorgie au cours des derniers mois, Tantzerev. Avec la haine qu'il vous portait, Kourachvili aurait très bien pu lancer ces tueurs contre vous. À Moscou, il disposait, heureusement, de moins de moyens.

Je ne réponds pas. Je ne dis toujours pas un mot. Voilà quelques minutes, j'ai vu des hommes en civil emmener Kourachvili menottes aux poignets et le faire monter dans une voiture. L'opération a été très discrètement conduite. Très peu de passants l'ont remarquée.

– Kourachvili est un homme fini, dit encore Kopicki. Je ne vois pas comment il pourrait échapper à la peine de mort. C'est un signe des temps nouveaux que l'arrestation de tels hommes, héritiers de la tradition stalinobrejnévienne. Le grand nettoyage est en cours. Je ne sais pas ce que cela fait à des garçons de votre génération, mais, pour des hommes de mon âge, des policiers surtout, c'est une grande satisfaction. Je crois savoir que vous n'aimiez pas Djoundar Kourachvili. Votre famille a beaucoup souffert de ses agissements. Certains de vos amis aussi. Mais c'est terminé. Je suis un homme très prudent, Tantzerev. Je n'entrerai donc pas dans les détails. Nous savons, vous et moi, que vous avez fait certaines choses qui nous ont aidé à mettre ce bandit hors d'état de nuire. Comment vous en vouloir ? Je vous comprends. À la limite, je vous remercie de l'aide que vous nous avez apportée. Nos intérêts étaient liés en somme. Et vous pouviez, vous, prendre certaines initiatives interdites à un policier, tenu de respecter les formes et les procédures. Plus j'y pense, plus il me semble que votre concours nous a été très précieux. Je vais vous faire un aveu : je savais depuis le début que vous étiez une pièce importante sur l'échiquier. Du seul fait que Kourachvili vous haïssait. Et parce que vous êtes un jeune homme plein d'imagination et de ressources. J'ai convaincu mes chefs qu'ils devaient favoriser votre ascension sociale en leur représentant que c'était une façon d'attiser encore les sentiments violents que Kourachvili éprouvait à votre endroit, en sorte qu'il finirait, tôt ou tard, par commettre une faute, dans sa volonté obsessionnelle de vous éliminer. J'avais d'autres raisons de demander que l'on vous aide à réussir. Vassia Morozov avait insisté pour que je le fisse. Et il était un ami très cher. Dont je déplore la mort autant que vous. C'est d'ailleurs un autre des crimes que la justice fera payer à Kourachvili. Et non le moindre. Je ne suis qu'un policier mais je ferai tout au monde pour que ce fils de pute crève, croyez-moi.

J'ai fait quelques petites choses plus ou moins faciles durant mes vingt-trois années d'existence. Mais rien d'aussi difficile que de demeurer impassible et immobile, sur ce trottoir, à écouter Kopicki pérorer sans broncher ni rien manifester. Je fixe le trottoir, les deux mains dans les poches de mon blouson.

— Tantzerev, je me suis, certes, servi de vous pour capturer Kourachvili. Mais il me semble que cette aide, que mes chefs vous ont accordée et qu'ils continueront de vous accorder, compense assez largement les problèmes que j'ai pu vous créer. Je me trompe ?

Je n'arrive tout simplement pas à redresser la tête et à regarder Kopicki en face. Rien ne m'empêcherait plus de frapper si je croisais son regard.

— Vous ne parlez guère, Tantzerev. Nous sommes entre nous, sans témoin, et ce que je vais vous dire ne sera jamais officiel. Je sais très bien que c'est vous qui avez piégé Kourachvili pour moi. Je sais que vous êtes allé en Géorgie avec la petite-fille de Vassia et que vous y avez truffé les caches de Kourachvili de documents compromettants. Si, demain, Kourachvili est accusé, avec toutes les preuves nécessaires, d'avoir tenté d'organiser un coup d'État à Tbilissi en s'appuyant sur les factions les plus extrémistes de la république géorgienne, c'est largement grâce à vous que sa condamnation sera prononcée. Je sais tout cela, et bien d'autres choses. Par exemple, que c'est la petite-fille de Vassia qui a mis ces papiers dans la poche de Kourachvili il y a une heure. Mais je sais aussi que Kourachvili ne serait pas tombé dans le piège qui lui était tendu s'il n'avait pas deviné que vous en étiez l'auteur. Je crois que, avant de descendre dans la station de métro, il savait que vous vous y trouviez. On ne trompe pas un Kourachvili avec de faux miliciens interdisant la circulation en raison d'une fausse alerte au gaz, avec une fausse panne de voiture, avec un faux taxi, avec un faux fourgon de police. Il a su dès le départ – j'en jurerais – que c'était vers vous qu'il allait. Question de style. Il a reconnu le vôtre. Mais sa haine et son mépris pour vous l'ont emporté. Il est bel et bien descendu dans le métro. Il a commis l'erreur que j'espérais le voir commettre. Vous le savez. Tout comme vous savez aussi que, ayant pu arrêter Kourachvili grâce à vous, je vais me servir de ses aveux pour m'attaquer à d'autres, ici, à Moscou, avec qui il avait des complicités. Je suis sûr que vous avez compris que ma stratégie allait au-delà de l'arrestation d'un seul parrain géorgien. Ce n'est pas vrai ?

– Si.

– Vous avez deviné que nous voulions Kourachvili d'abord en raison de ses propres crimes, mais aussi parce que, en l'impliquant aussi fermement, nous allions pouvoir l'obliger à parler et à dénoncer d'autres personnes ?

– Oui.

– Content de voir que vous avez retrouvé l'usage de votre langue. C'est fini, Tantzerev. Nous ne nous reverrons plus, vous et moi. Et je vous rassure : la bienveillance dont on a fait preuve à votre égard en haut lieu, durant ces derniers mois, ne suffirait pas à expliquer votre réussite ; vous la devez essentiellement à vous-même ; soyez-en certain. Je ne vois, d'ailleurs, aucune raison pour que cette bienveillance cesse de s'exercer. Notre pays a besoin de jeunes gens audacieux.

Mes poings fermés dans mes poches me font mal, tant je les serre. Je demande :

– C'est tout ce que vous aviez à me dire ?

– Rien d'autre, dit Kopicki. Sinon, peut-être, vous souhaiter bonne chance. La petite-fille de Vassia est une jeune femme de grande qualité. Vous formez un très beau couple.

– Merci.

Je suis monté dans l'autocar de Nourpeïsov. Marina s'y trouvait déjà, avec Gogui. Nous n'avons pas échangé un mot. Je me souviens de ce silence, qui a duré tout le temps que nous avons traversé la ville. Nous sommes entrés dans la cour du magasin de décors. Glieb, le gardien, était absent, comme je m'y attendais, puisque c'est moi qui l'avais éloigné, avec l'aide d'Evguéni, le metteur en scène. Il était un peu plus de neuf heures. Il a été assez dur d'entretenir un semblant de conversation. Seul Eldar y est parvenu : il n'a pas cessé de parler, de nous expliquer encore et encore pourquoi, dès le lendemain, il allait reprendre la route et rentrer à Alma Ata. Peut-être en faisant un crochet par la Baltique, avant de descendre, par l'Ukraine, jusqu'en Crimée. Et il était triste de nous quitter, très triste, mais c'était plus fort que lui, ses montagnes lui manquaient, et aussi son appartement au-dessus du garage. Il passerait nous dire bonjour à Moscou à l'occasion de son prochain voyage, quand il se rendrait en Espagne pour voir les matadors. Nom d'un chien ! Il a parlé pendant deux bonnes heures.

Gogui a feint de refaire ses comptes, j'ai fait semblant d'y trouver de l'intérêt, Marina a repris son tricot, et la chaussette en laine qu'elle me destinait a nettement dépassé le mètre de long.

Il était près de onze heures quarante quand nous avons entendu le premier bruit.

Un coup sourd. Presque immédiatement suivi d'une sorte de râle.

Les coups de feu sont venus ensuite, étouffés par des silencieux. Peut-être dix ou douze détonations. Puis le silence s'est abattu. Marina a filé derrière la table, renversée pour lui servir d'abri. Gogui s'est réfugié sous un tas de matelas.

Je suis debout dans l'angle que fait le mur avec le pilier de brique et j'ai l'air d'un crétin, avec mon pistolet-mitrailleur, sur la détente duquel je crispe trop mon index.

Le silence se prolonge, et c'est plutôt un très léger glissement qu'un bruit de pas que j'entends, du côté de la vaste zone d'ombre. Quelqu'un vient, avance très lentement. Je relève le canon de mon arme à l'horizontale.

Ce que je vois d'abord, ce sont les doigts :

– *Amitié*.

– Bonsoir Choura.

Le colosse sourd-muet me sourit. Il tourne la tête et sourit aussi à Marina, qui sort prudemment la tête. Les doigts s'agitent :

– *Très belle*.

– C'est aussi mon avis, dis-je. Vous les avez eus ?

– Oui.

– Ils étaient combien ?

– *Quatre. Tu avais raison. Ils t'ont suivi pendant les deux derniers jours. Ils auraient pu te tuer à n'importe quel moment.*

– Pavlé est là, Choura ?

Choura lève sa main droite, fait trois pas en arrière sans cesser de me faire face, se penche, attrape quelque chose derrière lui, sur le sol, et tire. Le corps d'un homme apparaît dans la lumière. Il y a du sang sur les cheveux presque blancs à l'endroit où le coup a été donné. Choura retourne le corps ; je peux voir le visage.

Pavlé-l'Albinos. Dont les yeux s'ouvrent. Dont la main bouge et se porte à la cuisse, très vite. La main de Choura bloque le geste, les doigts du sourd-muet assurent leur prise. Un mouvement très sec. Craquement de bois mort dans le silence. Le poignet de Pavlé, cassé, prend un angle anormal.

Choura me sourit à nouveau.

Deuxième craquement. Cette fois, c'est le poignet gauche qui est brisé.

– Arrête, Choura, s'il te plaît.

– *Pavlé est une ordure*.

– Je sais, Choura. Mais nous le tenons à présent.

Choura me montre, au creux de sa paume, un couteau à la lame extraordinairement effilée.

– *Il avait deux couteaux. Un boucher.*

– Il t'a touché ?

– Pas grave.

Choura désigne une estafilade sur son flanc gauche. Il lève la main. Et ils se montrent tous, sortant un à un de l'ombre. Ils sont neuf. J'en reconnais deux ou trois – des colporteurs, notamment, qui vendaient des calendriers dans le train.

Deux d'entre eux sont blessés. Gogui sort de son abri et allume toutes les lampes. Outre Pavlé-l'Albinos, encore étendu sur le sol et qui halète presque sans bruit à la façon d'une bête qui souffre, les sourds-muets ont capturé trois autres assaillants. L'un d'eux est mort. Il a été atteint en pleine tête d'une balle tirée par l'un de ses équipiers – les hommes de Choura, conformément à ma demande, n'ont employé aucune arme et ont neutralisé leurs quatre adversaires de leurs mains nues.

La guerre est terminée.

– Je n'y croyais pas, me dira et me répétera Sergueï Alexeïev.

Et deux représentants de je ne sais trop quelle administration manifesteront devant nous la même incrédulité.

Djoundar Kourachvili ne m'a pas envoyé de tueurs en Sibérie. Ni à Novosibirsk ni à Barnaul. Il n'a pas lancé contre moi Pavlé-l'Albinos. Ce n'est pas sur son ordre que ce dernier nous a poursuivis, Gogui et moi, jusqu'à la frontière turque.

Kourachvili ne m'a pas fait rechercher après la visite imbécile que je lui ai faite à son rendez-vous de chasse, où je l'ai humilié en le forçant à se mettre nu. Il avait mieux à faire que de traquer, des mois durant, un jeune crétin dans mon genre.

Les hommes qui m'ont enlevé dans le hall de l'hôtel et qui m'ont transporté dans un entrepôt avec l'intention apparente de m'expédier en Géorgie n'avaient aucune chance de parvenir à leurs fins. Celui qui les avait enrôlés et dont ils avaient reçu leurs ordres avait décidé de les tuer – et de les tuer jusqu'au dernier – pour qu'aucun ne puisse révéler le nom de leur employeur.

Marat Kopicki.

Il faut remonter à près de deux ans en arrière pour découvrir l'origine de l'affaire. Celle-ci prend sa source dans les rivalités qui opposent deux des trois ou quatre hommes qui se disputent le pouvoir en Union soviétique. Appelons-les A et B. A veut se débarrasser de B, et réciproquement. Une offensive directe est impossible – on n'est plus au temps de Béria; pas question d'élimination physique. Reste les stratégies plus secrètes. D'une façon ou d'une autre, A en vient à penser que la seule façon pour lui d'atteindre B à mort est de contraindre l'un des plus vieux amis de B, le Géorgien Kourachvili, à parler et à ressortir des dossiers redoutables. Une enquête sur Kourachvili ne donne rien. L'homme de Gori est inattaquable, la brigade spéciale chargée de l'investigation échoue dans toutes ses tentatives.

Marat Kopicki fait partie de cette brigade. Il apprend, par Vassia Morozov, mon existence et le vieux conflit qui a opposé Kourachvili à mes parents.

Kopicki est ambitieux. S'il réussit à satisfaire A, il peut espérer toutes les récompenses possibles – du moins le pense-t-il. Il sait qu'on ne l'autorisera pas à piéger Kourachvili pour le contraindre à dénoncer B. La découverte du piège risquerait de déclencher contre lui les foudres de B (voire de A – on ne peut jamais savoir comment vont réagir les hommes politiques).

L'idée vient à Kopicki de se servir de moi. Je suis encore à Novosibirsk ou à Barnaul, je vais partir pour la Sibérie avec Sacha Chamchourine. Eh bien, il suffit de me fournir des raisons de prendre Kourachvili en grippe. On multiplie contre moi les attentats – qui tous échouent, forcément; il n'est surtout pas question de me tuer; on a besoin de moi vivant.

Je pars pour Moscou et je commence à m'y débrouiller. Kopicki ne me lâche pas. Il est logique qu'il m'aide. Plus tard, il pourra ainsi attester qu'il m'a protégé contre le méchant Kourachvili.

Malheureusement pour Kopicki, je ne bouge pas. Je tarde à réagir. Je ne pars pas immédiatement en guerre contre l'homme de Gori, quelque preuve que l'on me donne de sa cruauté.

L'attentat contre Sacha Chamchourine n'a pas d'autre but que de me déterminer à agir.

L'assassinat de Myriam Sémionova relève du même motif, outre qu'il incite Gogui à entrer en guerre à mes côtés.

Quant au meurtre de Vassia Morozov, s'il répond toujours au même mobile, il en a aussi un second : Vassia s'est rendu en Géorgie et, rusé comme il l'est, il a commencé à entrevoir la vérité, à savoir que Kourachvili n'est pas le méchant, dans l'histoire. Il faut donc le faire taire.

Et, enfin, je bouge. Je prépare mon offensive. Je pars pour la Géorgie à mon tour. Pour éviter que j'y fasse les mêmes découvertes que Vassia, Kopicki me flanque d'un assistant chargé de me faciliter le travail : Tenghiz, qui est, certes, un cousin éloigné de Gogui mais qui est surtout totalement dévoué à Kopicki.

Je mets en place mon dispositif et je réussis à piéger Kourachvili.

Sergueï me regarde.

— Tu avais compris que ton véritable adversaire était Kopicki ?

Oui. C'était la seule explication valable à ma si surprenante immunité. Pavlé ne réussissait pas à me tuer parce que l'ordre de m'achever ne lui avait pas encore été donné par Kopicki.

Question (inévitable) de Sergueï et des deux autres hommes qui l'accompagnent : dès lors que je savais que Kourachvili n'était pas responsable de la mort de Vassia, du meurtre de Myriam Sémionova, des tortures infligées à Sacha Chamchourine, pourquoi avoir continué à m'acharner contre lui ?

— Parce que, si Kourachvili n'a pas commis les meurtres dont vous parlez, il en a commis d'autres. J'ai recueilli tous les témoignages nécessaires. C'était même la première raison de mon voyage en Géorgie. Je voulais savoir si j'avais affaire à une ordure ou à une victime. Et je voulais savoir si les affirmations de Vassia concernant ce que Kourachvili a fait à mes parents il y a une vingtaine d'années étaient fondées. Elles l'étaient. Kourachvili était et est une ordure. J'ai donc continué.

494

Parce que c'était la seule façon d'amener Pavlé à se dévoiler et à m'attaquer. Parce qu'il m'a paru évident que, aussitôt après que j'aurais enfermé Kourachvili dans mon piège, Kopicki m'enverrait Pavlé pour me tuer et supprimer mon témoignage. Et mon assassinat par Pavlé – et ceux de Marina, de Gogui et de Nourpeïsov – serait alors apparu comme logique. On aurait dit que le tueur lancé contre moi par Kourachvili était arrivé à ses fins alors même que je pensais l'avoir emporté.

Des preuves de ce que Pavlé a toujours travaillé, depuis le début, pour Marat Kopicki ?

– J'en ai deux. Le fait que Pavlé et ses trois tueurs nous ont suivis ces deux derniers jours sans intervenir quand je me suis attaqué à Kourachvili. Deuxième preuve : l'argent que Pavlé a reçu. Sergueï ?

Sergueï confirme. Pour mener à bien son enquête et pour payer Pavlé, Kopicki a utilisé des fonds mis à sa disposition par ses chefs.

– Les numéros des billets avaient été relevés.

Et puis, il y a toujours la possibilité de faire parler Pavlé.

C'est même la première des raisons pour lesquelles je me suis opposé à ce que Choura et ses sourds-muets le tuent. Je le voulais vivant.

21

Eldar Nourpeïsov est parti voilà deux semaines. Le mois de juin est venu. Juillet approche. Il neige sur Moscou, mais les flocons ténus proviennent des tilleuls en fleurs. Les nuits sont courtes, les jours n'en finissent pas. Le quadrige d'Apollon, sur le toit du Bolchoï, étincelle. Marat Afanassiévitch Kopicki a disparu de mon existence, Pavlél'Albinos aussi, Djoundar Kourachvili n'est pas rentré en Géorgie. Gogui a obtenu des passeports extérieurs pour Marina, pour moi, pour lui-même. Il a aussi des billets d'avion et des visas et il sait déjà où il va habiter, à Chicago.

La même vieille angoisse me fait encore trembler.

Le jour où tu arrêteras enfin de te faire peur tout seul, il fera bien plus chaud qu'aujourd'hui, dit Marina.

Eldar nous a quittés au volant de son autocar. Son stock de batteries et de pièces de rechange était presque épuisé de toute manière. Il n'avait pour ainsi dire plus rien à échanger contre de la nourriture, et, qui plus est, à Moscou, même avec une solide monnaie d'échange, les marchés n'ont plus rien. «*Vsio.*» – «*C'est fini ; il n'y a plus rien.*» Le Kazakh a un peu pleuré au moment du départ. En fait, seul Gogui est demeuré impassible à l'instant de la séparation. Eldar a prévu un très long périple, qui s'achèvera avec les premières neiges à Alma Ata, au Kazakhstan. Dans l'intervalle, il espère bien pouvoir franchir la frontière de l'Ouest, passer en Pologne et, de là, aller plus loin. En théorie, c'est impossible, il n'a aucun document lui permettant de quitter le pays. Je ne suis pourtant pas si sûr qu'il échouera. Il s'expliquera avec les gardes de la frontière, les rendra fous en deux ou trois heures et finira par passer. J'ai parié dix kopeks avec Serguëi qu'il y parviendrait. Ça m'ennuierait de les perdre.

Marat Afanassiévitch Kopicki n'a pas été jeté en prison. Il n'a pas seulement disparu de ma vie, il s'est volatilisé de la surface de la terre. Je sais qu'il n'appartient plus, officiellement, à la police. Officiellement. Peut-être réapparaîtra-t-il un jour sur mon chemin, mais j'en doute. Certaines nuits, je rêve encore de le massacrer.

Pavlé-l'Albinos est à la prison de Lefortovo. On l'a condamné à mort. Il sera exécuté. Je n'éprouve plus de haine pour lui. On ne hait pas un instrument ou une arme. Il m'indiffère.

Pas de nouvelles de Kourachvili. Depuis le jour où il a été appréhendé, à la station de métro, le grand silence l'a englouti. Il paraît que les hôpitaux psychiatriques ont été fermés, du moins à ceux qui n'étaient pas malades de la tête. Je ne parierais pas dix kopeks sur ce sujet ; je déteste dilapider mes sous. Aucun journal n'a mentionné son nom. Son arrestation n'a été évoquée nulle part, même pas à Tbilissi. Serguëi croit qu'un matin nous apprendrons qu'il s'est suicidé dans un moment de dépression. Il est possible qu'A le conserve sous la main pour tenir B en respect – ce sont des choses qui se font, m'a-t-on dit. Je n'éprouve aucune haine pour Pavlé et aucun remords de ce que j'ai fait à Kourachvili. Je le referais si c'était à refaire. C'était le prix à payer pour démasquer Kopicki.

Il m'a fallu moins de temps encore pour divorcer d'Olga que pour l'épouser. Elle a refusé l'argent que je lui offrais, refusé l'appartement et le nouvel emploi que je lui avais trouvés à Moscou. Elle n'a pas voulu démordre de l'idée que ma proposition d'un pourcentage sur mes gains était une plaisanterie. Et puis, elle ne voulait pas revenir à Moscou, elle préférait rester en Ukraine, à la campagne, où l'alimentation posait un peu moins de problèmes et où ses enfants étaient plus heureux et avaient désormais leurs habitudes. D'ailleurs, elle envisageait de se remarier – pour de bon cette fois – avec un cousin de Boria Zaporojko. Ç'a été une formidable affaire que de lui faire accepter une rente – non pour elle mais pour ses enfants. Pareil pour la maison, la voiture et les appareils électroménagers venus d'Allemagne grâce aux soins (pour une fois gratuits – Olga était son amie aussi) de Khan Pacha.

– Et, enfin, il y a eu Gogui.

Je regarde Serguéï, qui regarde Gogui, qui regarde par terre. Je demande :

– Ça remonte à quand ?

– Inutile de t'énerver, dit Serguéï. Nous ne t'avons pas volé que je sache. C'est pour ton bien que nous l'avons fait.

– Ça remonte à quand ?

Début avril, admet enfin Gogui. À l'époque où nous avons signé ce contrat avec les Hongrois pour les Spoutniks, les casques sans lecteurs, et pour la livraison, par une des usines que nous avons en régie, de quantités astronomiques d'aluminium sous forme de gamelles militaires. Le contrat que j'ai contresigné était en règle. Je viens d'apprendre qu'il ne couvrait qu'une partie de la transaction. Il en existe un deuxième, moins officiel, qui prévoit un règlement, bien plus discret, en marks allemands, à nos trois noms – le mien, celui de Gogui, celui de Serguéï.

– Tantzor, nous t'avons réservé soixante pour cent et nous avons pris vingt pour cent chacun. Nous pouvons te donner tous les chiffres. Nous ne t'en avons pas parlé à l'époque parce que tu étais en plein dans l'affaire Kourachvili ; tu avais d'autres soucis. Mais nous ne t'avons pas escroqué d'un kopek.

Je pourrais sans problème casser la figure à Gogui. Quant à Serguéï, il me résisterait un peu plus longtemps. Une minute, disons. Il a beau être de ma taille et peser dix kilos de plus que moi, je le massacrerais sans difficulté.

– J'en suis sûr, dit-il. Pas la peine de me le démontrer.

Je jette un coup d'œil en direction de Marina, assise derrière mes deux zèbres. Elle contrôle des bordereaux d'expédition et ne relève pas la tête, mais, de la main, elle me fait signe de me calmer.

– Tu n'étais pas à prendre avec des pincettes toutes ces semaines. J'ai essayé plusieurs fois de t'en parler, mais tu n'avais que Kourachvili en tête.

Gogui, au moins, soutient mon regard.

– Tu crois que je t'ai trahi ?

J'ai envie de répondre oui, mais uniquement sous l'effet de la colère. Je me lève, je marche un peu dans les deux petites pièces qui nous servent de quartier général, rue Petchanikov. Je compte jusqu'à vingt, lentement, et ça va mieux.

– Où est l'argent ?

– Dans une banque des îles Caïmans.

– Je ne sais même pas où c'est.

– Ce sont des îles dans les Caraïbes, à six cents kilomètres au sud de la Floride, près de la Jamaïque.

– Autant dire sur la Lune. Il y a combien ?

Cent soixante-quatorze mille sept cent cinquante-trois dollars. Déposés sur un compte numéroté. Pas plus secret que le secret bancaire des Caïmans. Et, pour le numéro de mon compte, il est facile à retenir : ma date de naissance à l'envers plus les initiales des prénoms de mon père et de ma mère.

– Une idée à moi, dit Gogui. C'est ce que j'ai trouvé de plus simple à retenir.

– Si je veux retirer l'argent ?

D'après Gogui, ce sera enfantin. Mais, si j'attends un peu pour mon retrait, ça vaudra mieux : il rentre cinq mille deux cent vingt dollars par mois sur le compte.

Marina continue de m'inciter au calme et à la réflexion. D'accord, je m'adresse à Sergueï.

– Tu as l'intention, toi aussi, de quitter ce pays ?

– Pour l'instant, non. J'attends de voir comment les choses vont se passer. Mais je suis toujours prêt à te racheter toutes tes parts dans toutes tes affaires.

– Tu n'as pas assez d'argent.

– J'ai des associés – ou, plus exactement, des gens qui voudraient bien devenir mes associés.

– Ceux qui jouaient si gros hier soir ?

500

La veille, Sergueï nous a emmenés dans un cercle de jeu clandestin – pas si clandestin que ça, au demeurant ; tout le monde avait l'air d'en connaître l'existence ; c'est tout juste si des miliciens en uniforme n'y assuraient pas le service d'ordre et la sécurité (les attaques à main armée sont, paraît-il, très courantes, en pareils lieux). J'ai vu des hommes miser des centaines de millions de roubles sans sourciller. Et les perdre avec le sourire. Dans un pays où déposer son argent dans une banque relève encore du suicide, il faut bien faire quelque chose avec les millions de roubles que l'on a gagnés.

– Ceux-là et d'autres, dit Sergueï en souriant.

– Ils pourraient ainsi blanchir leurs petites économies, c'est ça ?

Haussement d'épaules.

– Tu vas me vendre tes parts, Tantzor ?

Je le fixe. Je n'ai pas la moindre idée de ce que j'ai envie de lui répondre. Marina continue de faire courir la pointe de son crayon sur des documents. Elle compte encore plus vite que Gogui, ce qui est une référence, et – j'ai eu vingt fois l'occasion de le constater – elle a le cerveau bien organisé. Si je venais un jour à me séparer de Gogui je n'aurais pas à aller loin pour trouver à le remplacer. Je dis :

– Gogui ? J'ai envie de marcher un peu. Tu viens ?

Il se lève sans commentaire. Nous sortons. Nous nous promenons autour du cirque de Moscou.

– Gogui, je n'ai évidemment pas voulu en parler devant Sergueï, mais je me pose une question : ces dollars dans ces îles à la con, je dois les ajouter aux livres sterlings qui sont au Luxembourg ?

– Évidemment. Tu veux un chiffre global ?

Je m'en fous. Enfin presque.

– Je serai riche, à l'Ouest, avec tout ça ?

– Tu auras de quoi monter une grosse affaire ou deux ou trois moins importantes. Tu seras très à l'aise.

– Fais voir les billets d'avion.

J'aurais juré qu'il les avait sur lui. Il les sort de sa poche. Trois allers simples pour Londres. En économique sur un vol British Airways. Les réservations sont pour le lendemain.

– Il faudra que vous soyez à l'aéroport à neuf heures cinquante au plus tard, dit Gogui. Je resterai moi-même à Londres quelques jours. J'y ai un cousin. Ensuite, vous déciderez, Marina et toi, si vous venez ou non aux États-Unis avec moi. Mon cousin de Londres peut nous obtenir un visa pour trois mois. Ça suffira pour commencer.

Je ne trouve rien à dire. Ce doit être la première fois de ma vie que cela m'arrive.

C'est la première fois, toute réflexion faite.

Ça fait drôle.

– Moi, je serai à l'aéroport, dit Gogui. Je vous attendrai. Si vous n'êtes pas là à dix heures, je partirai seul. Mais réfléchis. Ce pays s'écroule. C'était un empire colonial, et les colonies vont probablement foutre le camp une à une. La Géorgie était une colonie. Nous sommes des Géorgiens. Il faudra cinquante ans pour mettre de l'ordre. Du moins, un ordre dans lequel nous puissions vivre, toi et moi – et d'autres comme nous. Je ne veux pas attendre cinquante ans. Surtout que je ne suis pas sûr de survivre à tout ce qui pourrait se passer pendant ce demi-siècle. Ça peut exploser demain. Les militaires peuvent faire un putsch. Il y en a peut-être un, parmi eux, qui croit être un nouveau Staline. Tu sais tout ça aussi bien que moi.

Jamais je n'ai entendu Gogui parler si longtemps, et pas une seconde il ne s'est départi de son calme. Si je suis en jeans, blouson de toile et chemise à fleurs, lui porte un costume-cravate très strict. Il fera très bien à Londres, sur les trottoirs de South Audley Square, la rue dont ma mère rêvait.

– Demain, neuf heures cinquante. Tu pourras signer l'acte de vente à Serguéï à Londres. Il prend aussi l'avion. Sauf que lui ne fera qu'un aller et retour.

Il me considère de ses grands yeux tristes et pensifs.

– À demain, Tantzor.

Le roi des voleurs m'a parlé d'Annouchka. C'était la ligne A du tramway, dont l'ancien itinéraire suivait les boulevards. Le tramway frôlait les arbres, et les passagers pouvaient caresser les branches des tilleuls et humer le parfum des lilas. Son tracé a été modifié, en même temps que l'on supprimait la ligne B – comme Boukachka. Je ne connaîtrai jamais le Moscou d'autrefois et je le regrette. Évoquée par Vassia, cette ville avait tant de charme.

J'ai emmené Marina déjeuner. Nous avons mangé géorgien, dévoré des *piritchki* – des soupes à l'agneau fortes en poivre, en ail et en piments rouges –, qui ont enflammé le palais russe de Marina, des *gomi* de maïs à la sauce de noix contenant des morceaux de coquelets, des brochettes marinées, des *djordjoli*, qui sont du raisin vert en grappe mariné, des fromages de chèvre *soulougoumi*, et nous avons bu du makusani rouge et de l'alexandrioli blanc, non dans des verres mais dans des cornes incrustées d'or et d'argent. Nous avons répondu à des toasts et nous en avons nous-même proposés, dans une atmosphère de chaude amitié à laquelle le double fait que je parle géorgien et que j'ai payé en dollars n'a pas peu contribué. C'était de cette Géorgie-là que je voulais garder le souvenir.

Nous avons pris un tramway – fabriqué en Tchécoslovaquie. Nous avons roulé paresseusement de la station de métro de la place Kirov, près de Tchisti Proudi, jusqu'à Zamoskvoretchié sur l'autre rive de la Moskova.

– « *Sur les Tchisti Proudi, le cygne blanc voguait, hélant le conducteur…* »

– Et depuis quand peux-tu réciter du Maïakovski ? demande Marina. Je croyais que tu n'avais jamais rien lu.

– J'ai, comme ça, des trous béants dans mon inculture. Personne n'est parfait.

La grosse Volvo que j'ai fait repeindre de la couleur des yeux de Marina est venue nous chercher à notre descente du tramway. Son chauffeur aurait dû être un Tchétchène pris au hasard, mais c'était Khan Pacha en personne, qui avait poussé le culot jusqu'à s'affubler d'une casquette.

– On est prié de ne pas parler au conducteur, dit-il en riant comme un fou. Et tu me dois toujours quatre mille roubles.

– Je te les ai déjà payés.

– C'est vrai, mais j'espérais que tu l'avais oublié.

Il nous a conduits chez *Mars* et, tout de même, nous a attendus dehors tandis que nous nous empiffrions de glaces.

Le jour commençait à tomber quand nous sommes repartis de la rue Gorki. Pacha s'est dirigé vers le sud, vers le lointain quartier de Nagatino.

Nous roulons. Marina fredonne la chanson de Maria Bregvatzé *Cet arbre rouge*, qui dit : « *Je te regarde, mon amour, du pays dont on ne revient pas.* »

Le bateau nous attend au crépuscule. Il est blanc. Il devrait transporter je ne sais combien de dizaines de personnes. Je l'ai réservé pour nous seuls. Pour nous et un orchestre de *duduki*, des musiciens géorgiens, avec leur *zourna* une sorte d'orgue de Barbarie. La musique qu'ils nous font entendre est tour à tour très triste et d'une grande gaieté, et c'est exactement ce que nous souhaitions.

Nous naviguons sur la Moskova, très lentement, dans la nuit. Sur notre droite, un à un, les monastères de Simonovski et de Novospasski se détachent contre le ciel. Le fleuve s'incurve vers l'ouest. La ville illuminée apparaît dans toute sa splendeur. La ville aux quarante fois quarante églises. Si ces églises sont surmontées de bulbes d'or, c'est, dit-on, pour que Dieu n'oublie pas tout à fait la cité, pour que son œil soit attiré par ces dorures qui miroitent au soleil. Nous longeons les murs du Kremlin. De sous ces murs partait un tunnel, creusé par Ivan le Terrible, qui allait aboutir rue des Hordes, dans le quartier des marchands mongols. Vassia m'a longuement parlé d'eux. De leur temps, déjà, il y avait un roi des voleurs. La muraille du Kremlin est interminable et n'incite guère à l'allégresse.

« *Tous les corridors finissent sur un mur, mais les tunnels sur le soleil.* » C'est de Vissotski.

Nous dépassons maintenant la monstrueuse piscine, où vingt mille nageurs peuvent s'ébattre. On l'a construite sur l'emplacement d'une cathédrale. Les morts mystérieuses se sont multipliées sur le chantier. Vassia disait y avoir vu le châtiment de Dieu. Mais, pour d'autres, une secte religieuse fanatique était à l'origine des meurtres.

– Tu as faim, Marina ?

Il est plus de onze heures du soir, les épices géorgiennes du repas de midi ont cessé d'agir et j'ai un petit creux. Notre bateau a dépassé Saint-Nicolas-le-Tisserand puis Loujniki.

504

Il a parcouru la boucle de la Moskova et remonte vers le nord. Les monts Lénine apparaissent sur la gauche. Je vais finir par ne plus pouvoir voir ce Lénine en peinture.

– Où allons-nous, Tantzor ?

– Tu verras bien.

Le bateau a jeté l'ancre. L'orchestre nous a salué de sa dernière mélodie. Nous marchons dans le quartier de l'Arbat. Il est minuit passé, les rues sont presque vides.

J'ai suivi le cheminement bizarre que Vassia m'a appris. Après être passés sous plusieurs arcades et par des ruelles à peu près inconnues, nous voici dans une sorte de cour. Il n'y a aucune lumière, et les façades sont aveugles.

– Ça n'a pas de sens, dit Marina. Qu'est-ce que nous fichons ici ?

Je retrouve le soupirail à ras du sol, avec ses vitres très sales et la grille en croix qui le ferme. Je frappe selon le code convenu. Il y a de la curiosité dans les yeux de Marina.

Je frappe de nouveau, mais c'était inutile. J'entends un bruit de targette. Un vantail s'ouvre. Une main apparaît et se tend, paume vers le haut. Je dépose les billets de cent roubles et la pièce de monnaie ancienne que Vassia m'avait confiée.

Le soupirail se referme comme le ferait la porte d'une prison. Nouveau silence.

– Et maintenant, Tantzor ?

– Attends.

– C'est grand-père qui t'a conduit ici ?

– Oui.

– À moi, il ne m'a pas montré cet endroit.

– Il savait sans doute que je le ferais pour lui.

Une porte s'ouvre. Un très vieil homme se tient sur le seuil et nous fait signe : *vite*. Il referme le battant derrière nous. Un couloir d'immeuble, une autre porte, un premier escalier. Une première cave et encore une porte. Si nous ne sommes pas, d'ores et déjà, sous le niveau de la Moskova, il ne doit pas s'en falloir de beaucoup. Nous traversons des caves, un corridor. J'aperçois une grille d'égout. J'entends le claquement de deux ou trois cadenas invisibles. La grille se soulève et nous descendons encore, en suivant toujours le vieil homme.

Soudain, c'est le miracle. Tout au bout d'un boyau dans lequel nous avons avancé quasiment en rampant, le goulet s'élargit et c'est une vraie porte de chêne qui apparaît, dissimulée, jusque-là, derrière un faux mur de pierre.

Il y a de la lumière. Celle de centaines de bougies dans des chandeliers d'argent posés sur des meubles. Des tapis couvrent le sol, des tableaux de maîtres sont accrochés aux murs. C'est un appartement de cinq pièces, qui n'a pas changé depuis peut-être un siècle. Le vieil homme a rejoint sa compagne, qui n'est pas moins âgée que lui. Le couple de nonagénaires s'incline, nous sourit, nous conduit dans une salle à manger où le repas est prêt pour deux personnes. Marina s'assied à une extrémité de la table, moi à l'autre.

Vassia m'a conté aussi cette histoire-là. Le mot *Arbat* vient de l'arabe et signifie « faubourg », il désignait autrefois tout un quartier, centré sur la tour de défense du Kremlin. Les armées napoléoniennes ont brûlé les maisons de bois du seizième siècle. Dans les premières décennies du dix-neuvième siècle, on a construit des demeures patriciennes. Le vieux couple habitait l'une de ces demeures. À mesure que se déroulaient les événements successifs, il a, par une bizarre précaution, descendu d'un étage ou de deux ses pénates et aménagé ce sous-sol.

La démente entreprise de reconstruction des années 60 a enfoncé l'appartement de deux niveaux supplémentaires, des issues ont été murées, des murs en trompe-l'œil ont été construits, les vieux se sont faits à une existence souterraine. Ils n'ont pas d'électricité évidemment – cela dénoncerait leur présence. Ils survivent grâce à la vente de certains de leurs meubles. Ils mourront ici. Sauf si, à la surface, « *ils* » redevenaient raisonnables. Ils n'y croient plus, s'ils y ont jamais cru.

Les vieux Moscovites savent qu'à toute heure de la nuit, quand tout est fermé dans la ville, il suffit d'aller frapper selon le code au carreau du soupirail, d'attendre qu'on vous ouvre, de déposer un billet de vingt roubles dans la paume tendue. C'est le seul endroit de Moscou où trouver de l'alcool pour terminer la nuit.

Le champagne qu'on nous sert avec le caviar, à Marina et à moi, qui sommes assis comme des boyards de jadis dans des cathèdres de chêne ciré, ce champagne provient des caves de Lavrenti Béria. Le vieil homme en a racheté la presque totalité lors de la vente aux enchères.

Plus surprenant encore : Marina sait-elle d'où venaient ces vins rares et ces champagnes que le grand tueur de Staline avait entassés ?

– Des caves d'un certain Adolf Hitler. Le monde est petit.

Je soulève ma flûte de cristal taillé et je bois à nous deux, à tous ceux que nous aimons, que nous avons aimés, à nos deux hôtes cacochymes, qui ont refusé de s'asseoir à notre table et ont voulu jouer à nous servir. Je suis triste et gai à la fois. C'est tout moi. Ma vieille angoisse me tient et me tiendra toujours, mais je ressens aussi de l'allégresse et de l'enthousiasme à en revendre à la terre entière.

– Et je t'aime, Marina.

L'appartement que je nous ai trouvé est dans une belle maison en briques rouges et jaunes construite sous Nikita Khrouchtchev pour les grands favoris du régime. La veuve du général qui me l'a loué pour deux cents roubles par mois s'est jetée sur mes dollars. L'appartement est situé au 1 de la rue Frounzenskaïa. Il comporte trois belles pièces, une salle de bain, une immense cuisine de huit mètres carrés, un balcon avec loggia pour y déjeuner en été, un garage pour ma Volvo.

Je suis riche.

Nous n'irons pas à l'aéroport tout à l'heure. Le jour qui se lève nous trouvera au lit, occupés peut-être à y faire sans fin l'amour, si mes forces me le permettent. Un jour, peut-être, à l'aube, puisque c'est à cette heure-là qu'« *ils* » préfèrent faire irruption, « *ils* » viendront frapper à notre porte.

Je parie qu'« *ils* » ne viendront pas.

DU MÊME AUTEUR

MONEY, Denoël, 1980.
CASH Denoël, 1981, Prix du Livre de l'été 1981.
FORTUNE, Denoël, 1982.
LE ROI VERT, Édition• 1/Stock, 1983.
POPOV, Édition, 1/Olivier Orban, 1984.
CIMBALLI, DUEL À DALLAS, Édition• 1, 1985.
HANNAH, Édition 1/Stock, 1985.
L'IMPÉRATRICE, Édition• 1/Stock, 1986.
LA FEMME PRESSÉE, Édition• 1/Stock, 1987.
KATE, Édition, 1/Stock, 1988.
LES ROUTES DE PÉKIN, Édition• 1/Stock, 1989.
CARTEL, Édition 1/Stock, 1990.

Dans Le Livre de Poche

Biographies, études...
(*Extrait du catalogue*)

Badinter Elisabeth
  Emilie, Emilie. L'ambition féminine
    au XVIIIe siècle (*vies de Mme du Châtelet, compagne de
    Voltaire, et de Mme d'Epinay, amie de Grimm*).

Badinter Elisabeth et Robert
  Condorcet.

Bona Dominique
  Les Yeux noirs (*vie des filles de José Maria de Heredia*).

Borer Alain
  Un sieur Rimbaud.

Bourin Jeanne
  La Dame de Beauté (*vie d'Agnès Sorel*).
  Très sage Héloïse.

Bramly Serge
  Léonard de Vinci.

Bredin Jean-Denis
  Sieyès, la clé de la Révolution française.

Castans Raymond
  Marcel Pagnol

Chalon Jean
  Chère George Sand.

Champion Jeanne
  Suzanne Valadon ou la recherche de la vérité.
  La Hurlevent (*vie d'Emily Brontë*).

Charles-Roux Edmonde
  L'Irrégulière (*vie de Coco Chanel*).
  Un désir d'Orient (*jeunesse d'Isabelle Eberhardt, 1877-1899*).

Chase-Riboud Barbara
  La Virginienne (*vie de la maîtresse de Jefferson*).

Chauvel Geneviève
  Saladin, rassembleur de l'Islam.

Clark Kenneth
  Léonard de Vinci.

Clément Catherine
Claude Lévi-Strauss ou la structure et le malheur.

Contrucci Jean
Emma Calvé, la diva du siècle.

Delbée Anne
Une femme (*vie de Camille Claudel*).

Desanti Dominique
Sacha Guitry, cinquante ans de spectacle.

Dormann Geneviève
Le Roman de Sophie Trébuchet (*vie de la mère de Victor Hugo*).
Amoureuse Colette.

Eribon Didier
Michel Foucault.

Girard René
Shakespeare – Les feux de l'envie.

Giroud Françoise
Une femme honorable (*vie de Marie Curie*).

Kafka Franz
Journal.

Lacouture Jean
Champollion. Une vie de lumières.

Lange Monique
Cocteau, prince sans royaume.

Lever Maurice
Isadora (*vie d'Isadora Duncan*).

Loriot Nicole
Irène Joliot-Curie.

Mallet Francine
George Sand.

Michelet Jules
Portraits de la Révolution française.

Monnet Jean
Mémoires.

Pernoud Régine
Héloïse et Abélard.
Aliénor d'Aquitaine.
La Reine Blanche (*vie de Blanche de Castille*).
Christine de Pisan.

Perruchot Henri
   La Vie de Toulouse-Lautrec.
Peyrefitte Roger
   Tableaux de chasse ou la vie extraordinaire de
      Fernand Legros.
   La Jeunesse d'Alexandre, t. 1 et 2.
Renan Ernest
   Marc Aurèle ou la fin du monde antique.
   Souvenirs d'enfance et de jeunesse.
Rey Frédéric
   L'Homme Michel-Ange.
Roger Philippe
   Roland Barthes, roman.
Séguin Philippe
   Louis Napoléon le Grand.
Sipriot Pierre
   Montherlant sans masque.
Stassinopoulos Huffington Arianna
   Picasso, créateur et destructeur.
Sweetman David
   Une vie de Vincent Van Gogh.
Thurman Judith
   Karen Blixen.
Troyat Henri
   Ivan le Terrible.
   Maupassant.
   Flaubert.
Zweig Stefan
   Trois Poètes de leur vie (*Stendhal, Casanova, Tolstoï*).

Dans la collection « Lettres gothiques » :

   Journal d'un bourgeois de Paris (*écrit entre 1405 et 1449
par un Parisien anonyme*).

Composition réalisée par INFOPRINT

IMPRIMÉ EN FRANCE PAR BRODARD ET TAUPIN
Usine de La Flèche (Sarthe).
LIBRAIRIE GÉNÉRALE FRANÇAISE - 6, rue Pierre-Sarrazin - 75006 Paris.

ISBN : 2 - 253 - 06232 - 4 ⊕ 30/9561/9